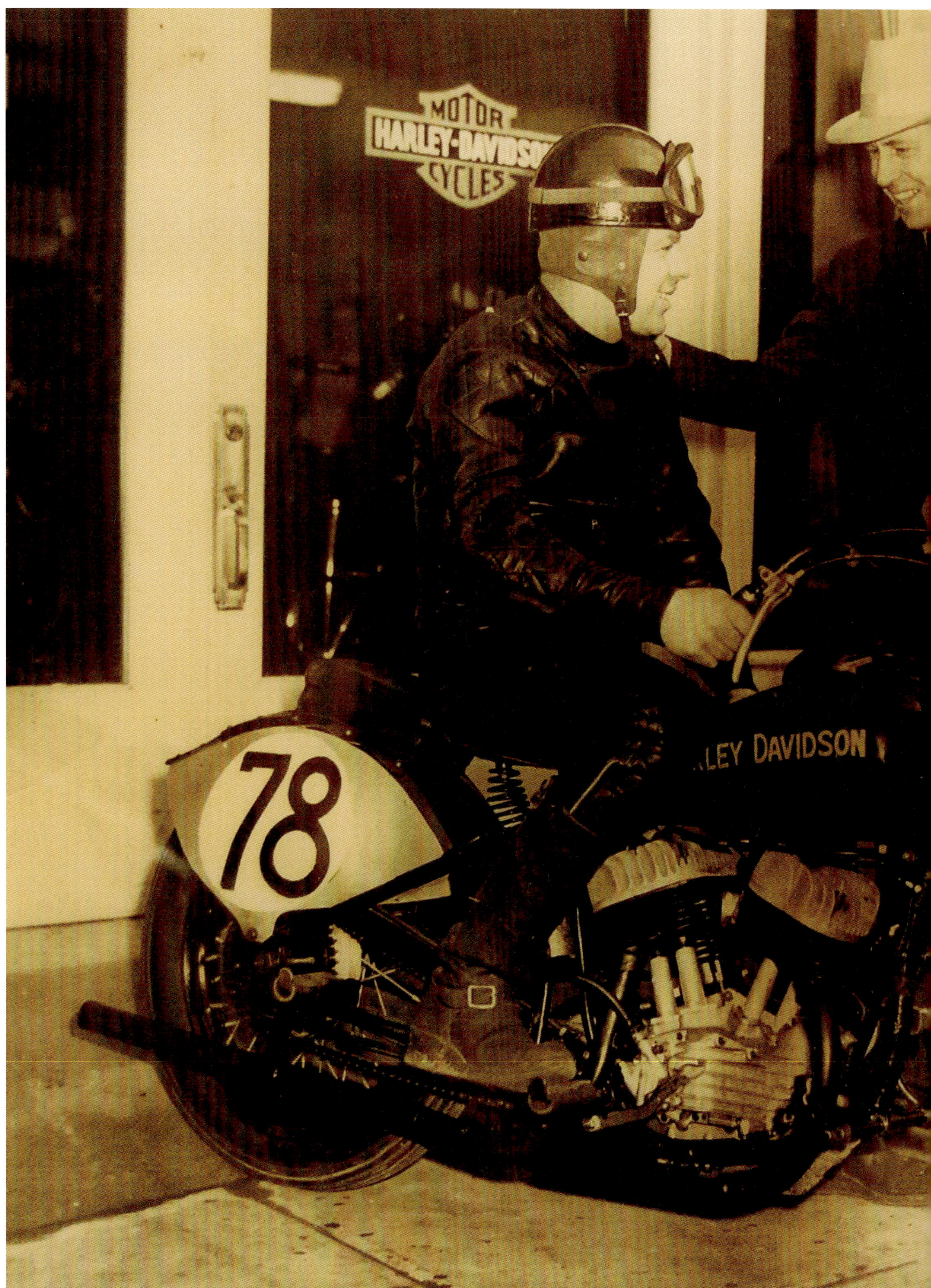
MOTOR
CYCLES
78

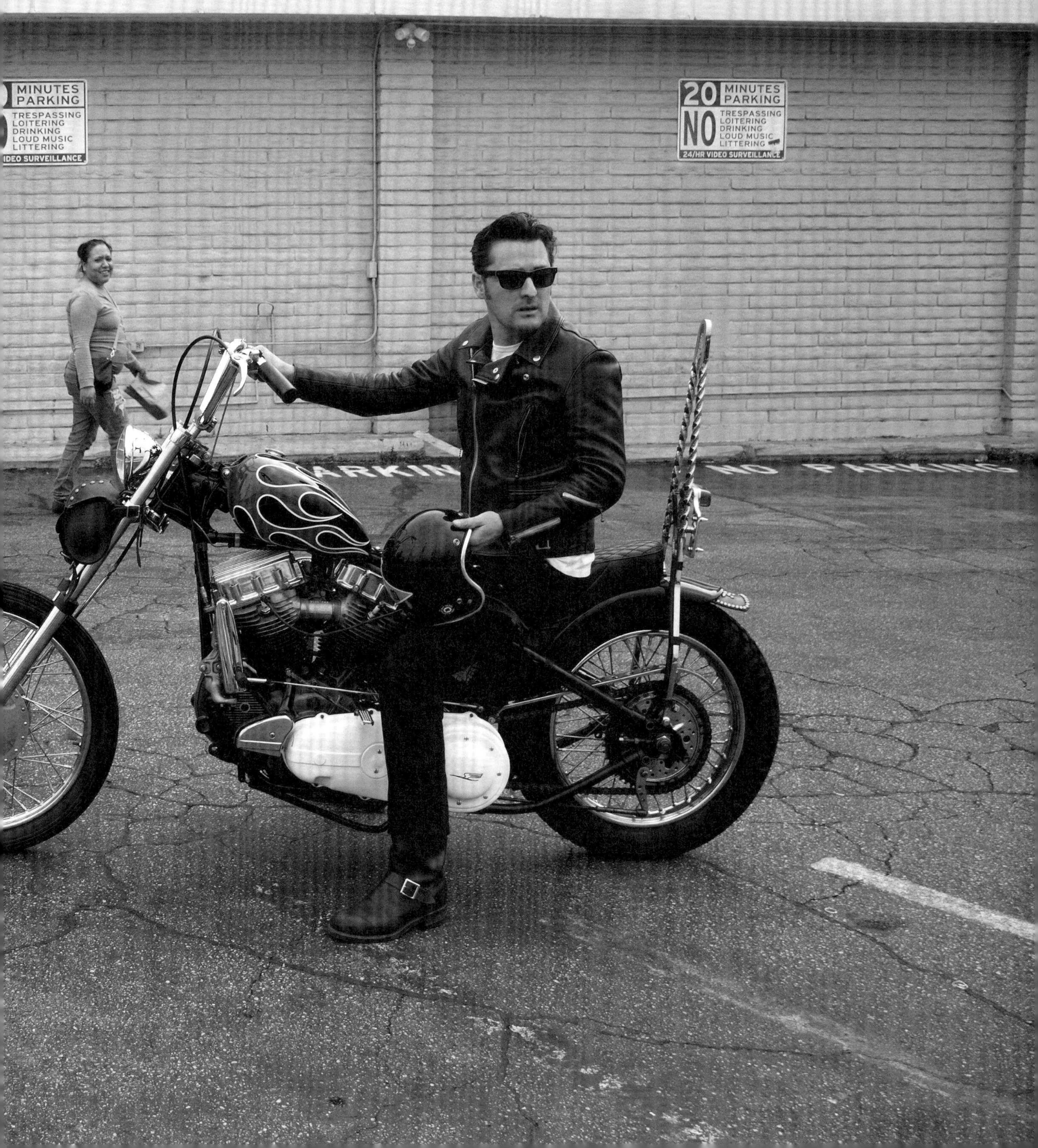
MARKE
20 MINUTES PARKING
NO
TRESPASSING
LOITERING
DRINKING
LOUD MUSIC
LITTERING
24/HR VIDEO SURVEILLANCE
NO PARKING

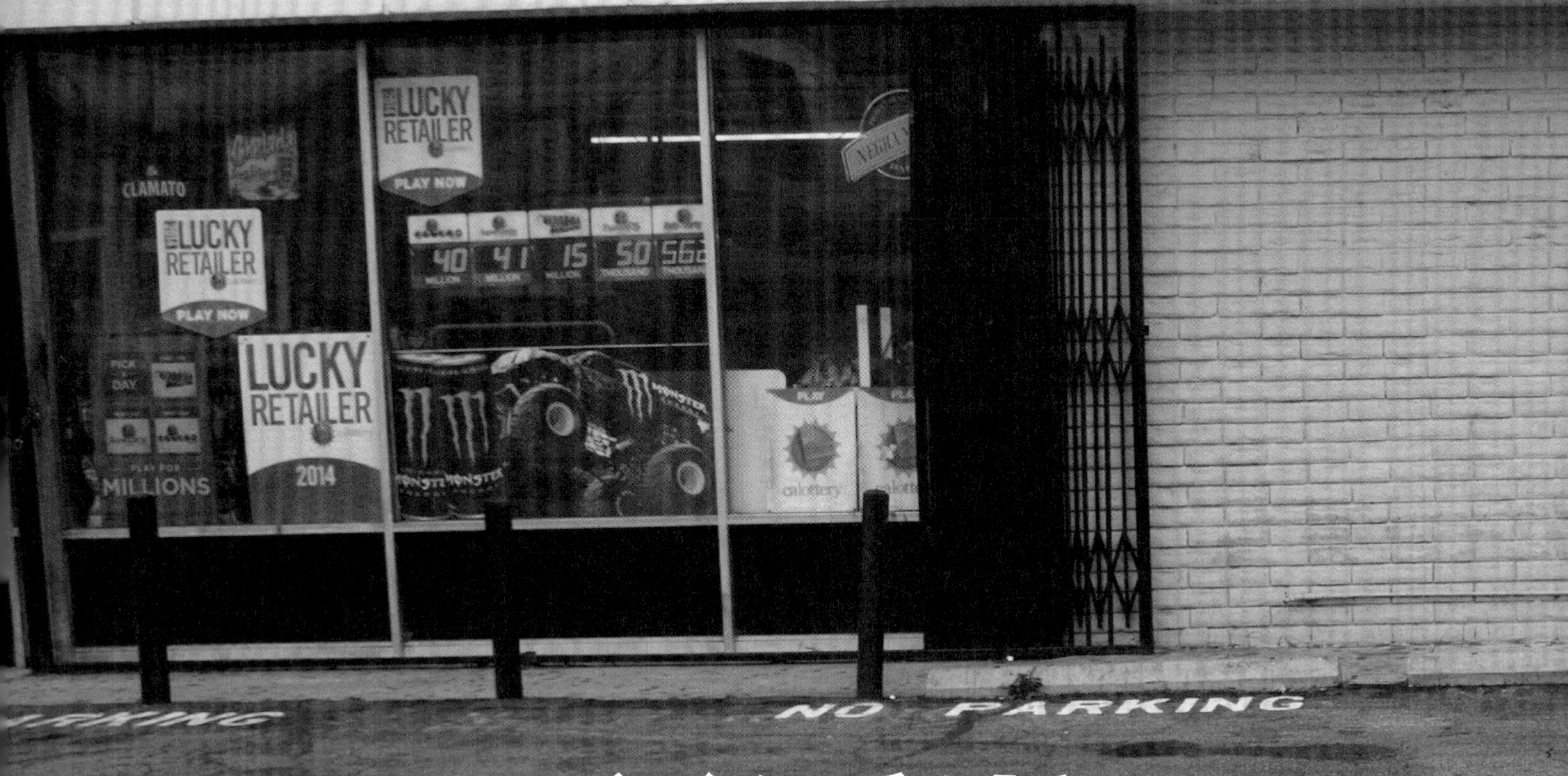


# バイク乗りとライダースジャケット。

He is always with Riders Jacket

旧きよき時代に築かれたその関係は、
ともに成長し、多くの文化を作り、多くの人を魅了してきた。
それはきっと、これからも。

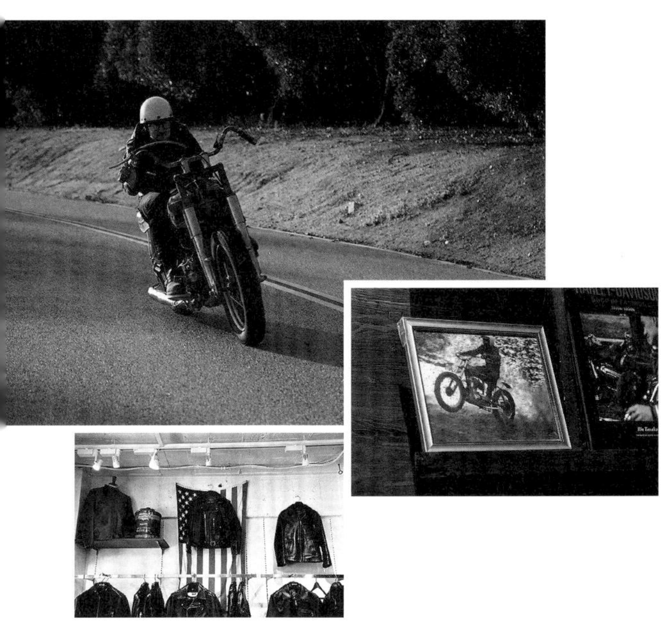

He is always with Riders Jacket

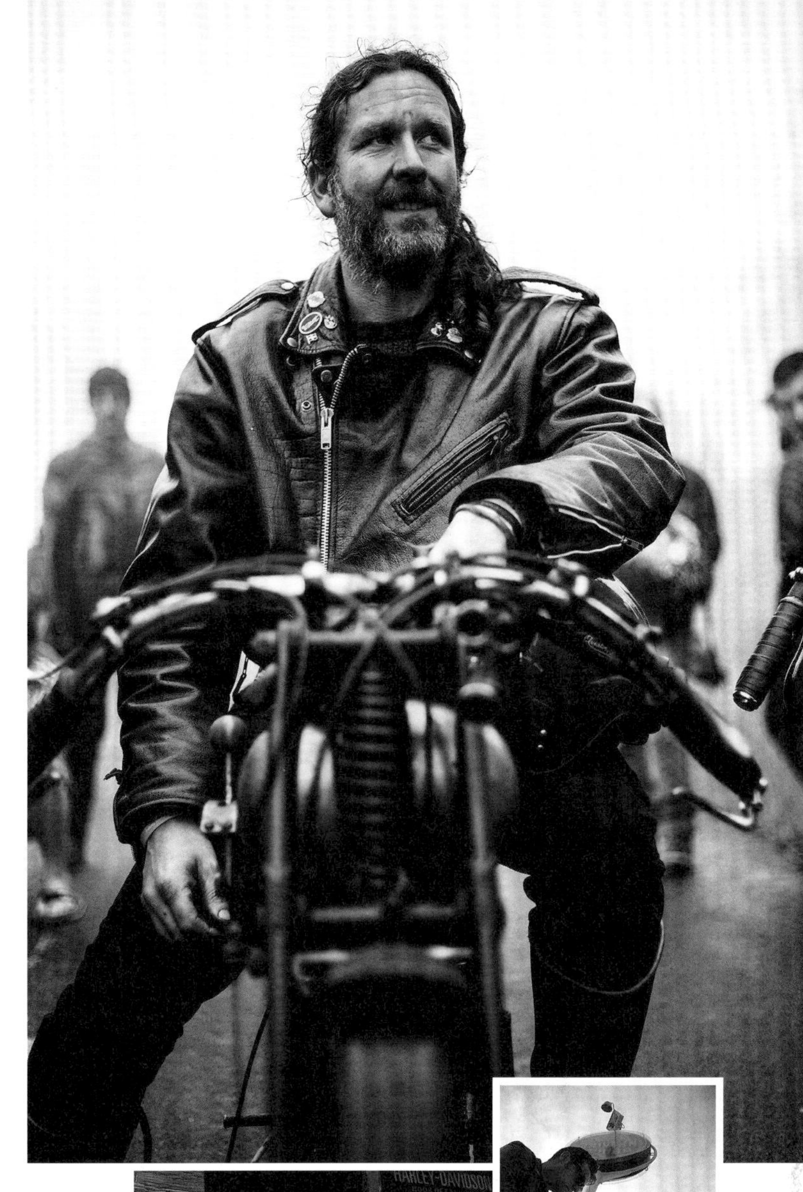

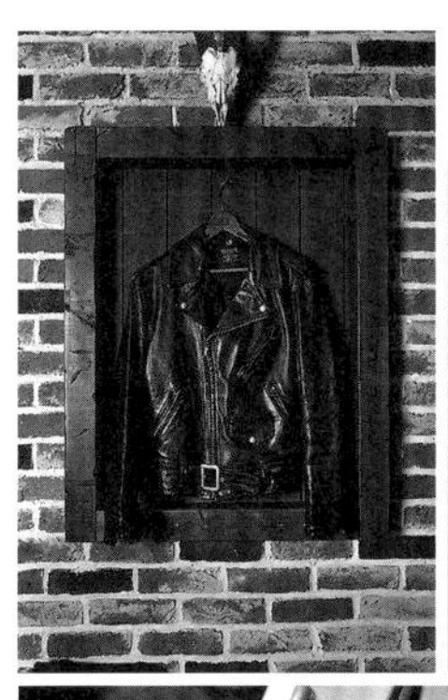

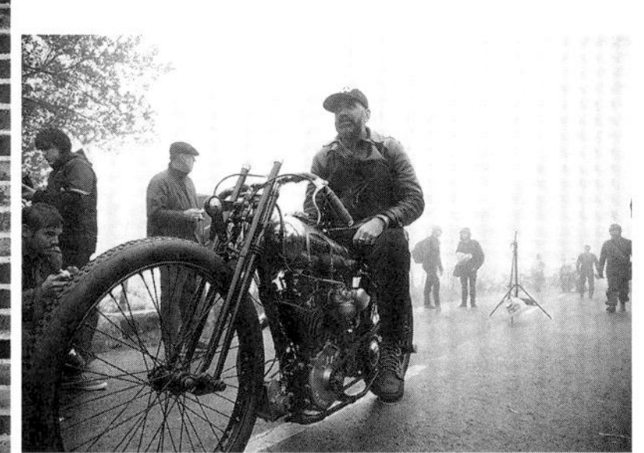

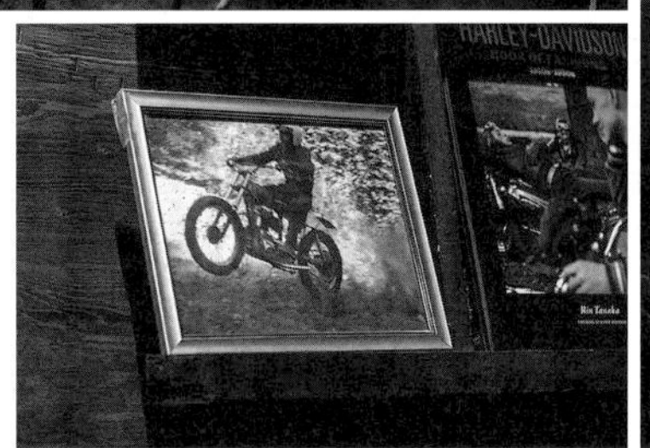

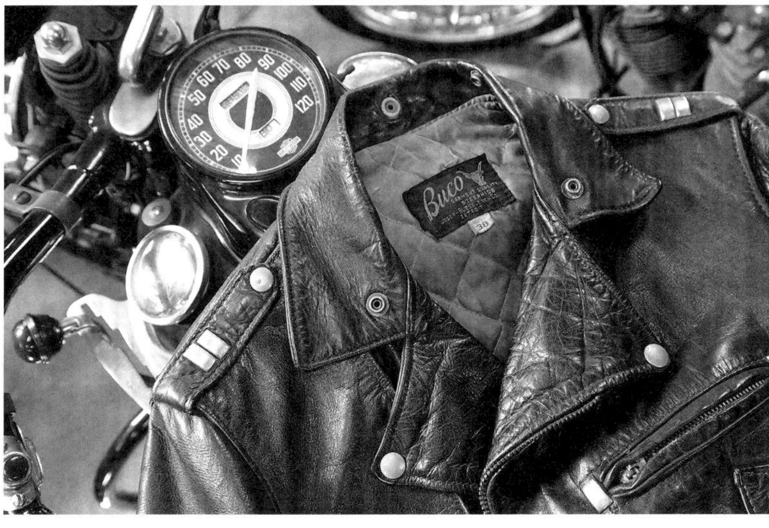

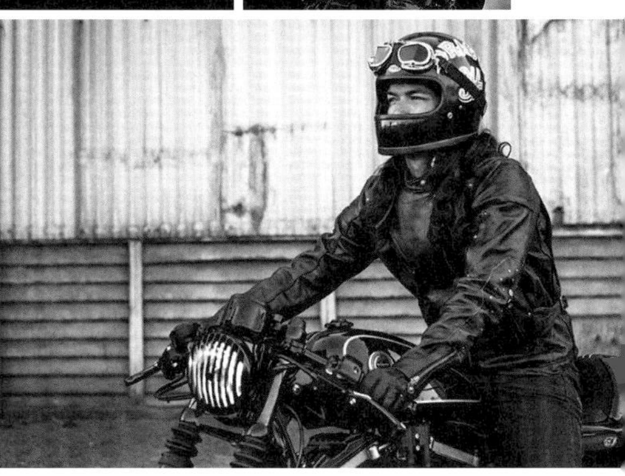

いつの時代、どんな時でも。
バイクシーンには
ライダースジャケットの姿がある。
革に身を包み、自慢の愛車に跨ることは
バイク乗りの特権であり、バイク乗りの誇り。
ファッションで着るのもいいけれど、
忘れないでほしいことがある。

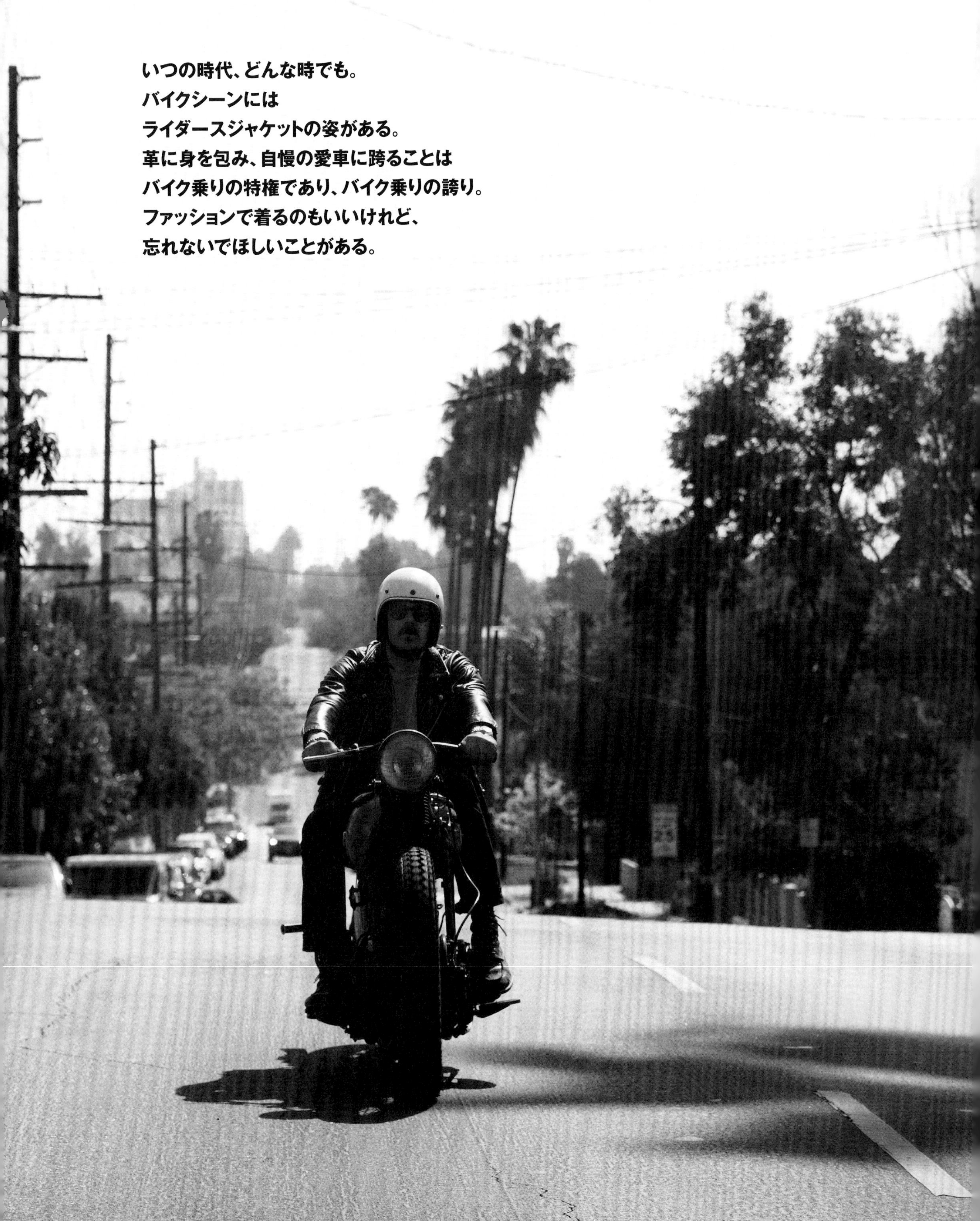

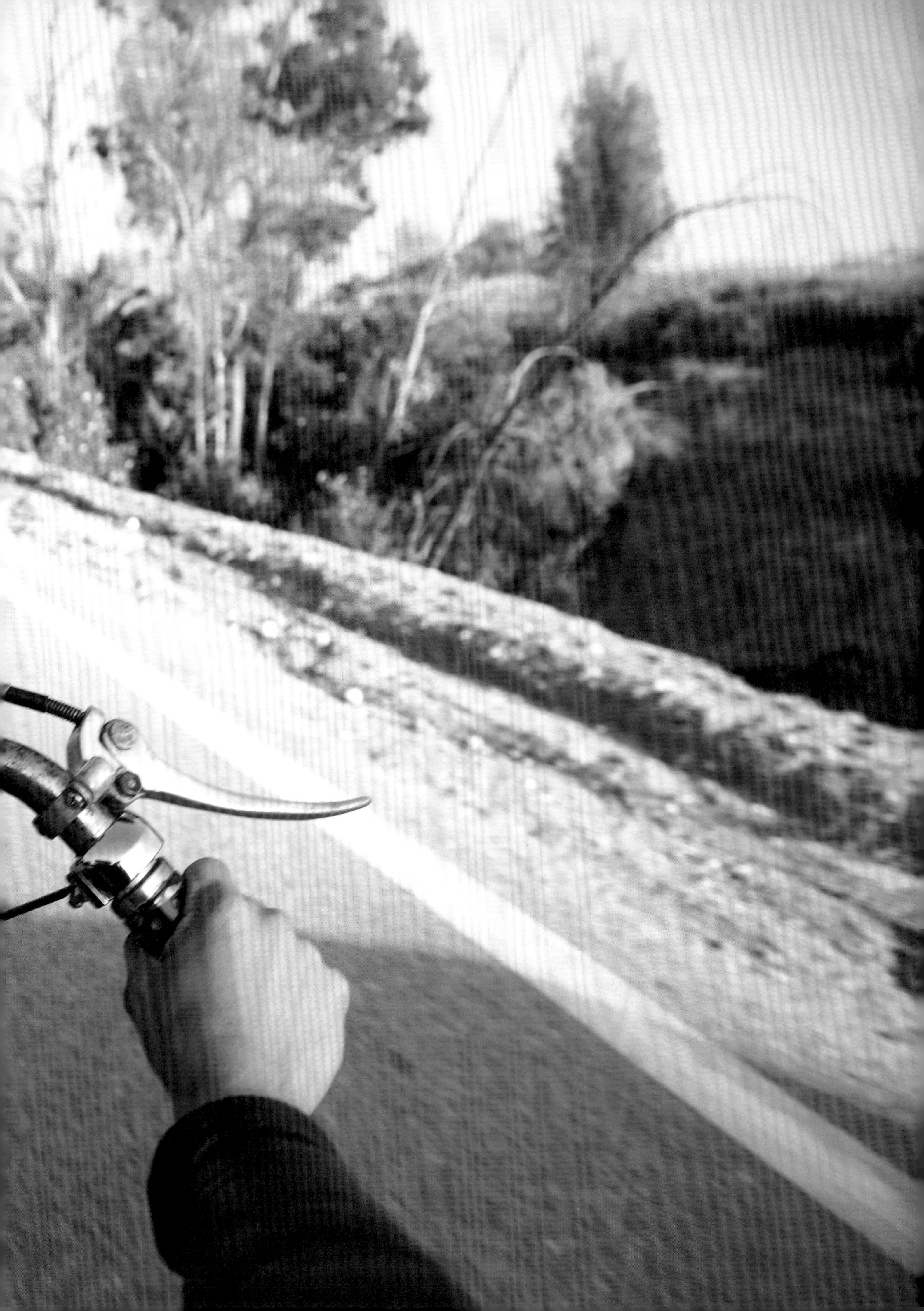

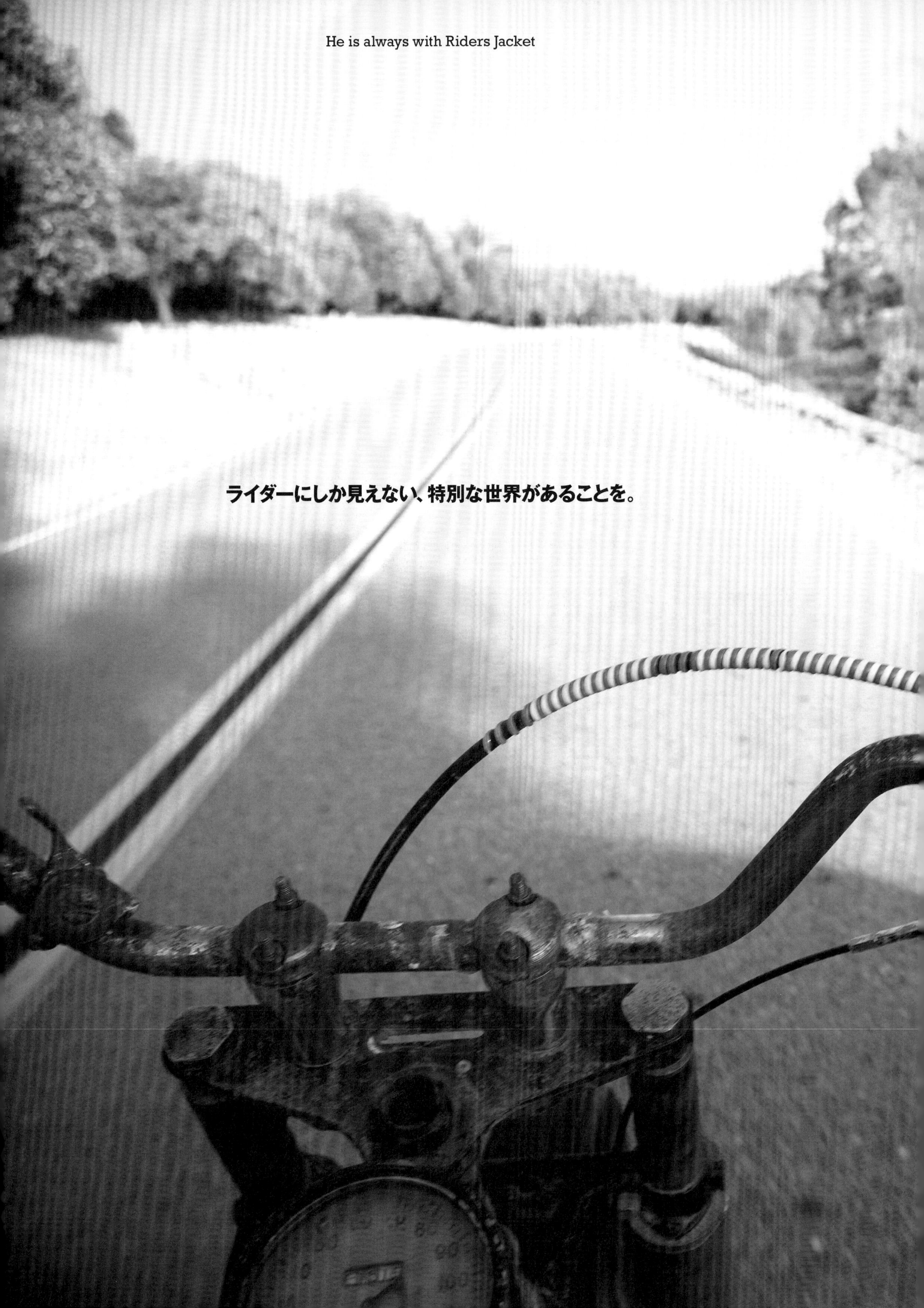

ライダーにしか見えない、特別な世界があることを。

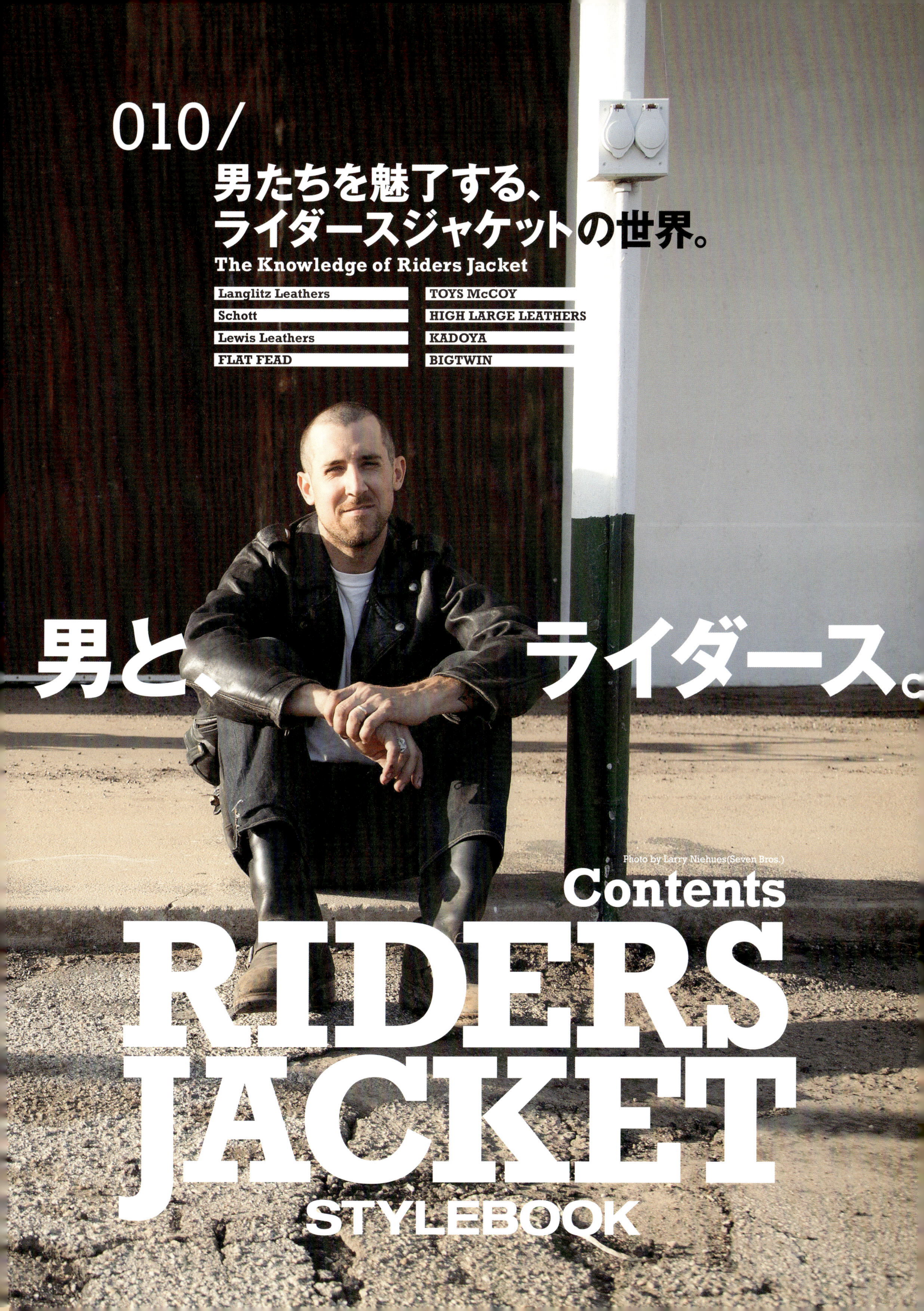

010/

# 男たちを魅了する、ライダースジャケットの世界。

The Knowledge of Riders Jacket

Langlitz Leathers
Schott
Lewis Leathers
FLAT FEAD
TOYS McCOY
HIGH LARGE LEATHERS
KADOYA
BIGTWIN

# 男と、ライダース。

Photo by Larry Niehues(Seven Bros.)

Contents

# RIDERS JACKET STYLEBOOK

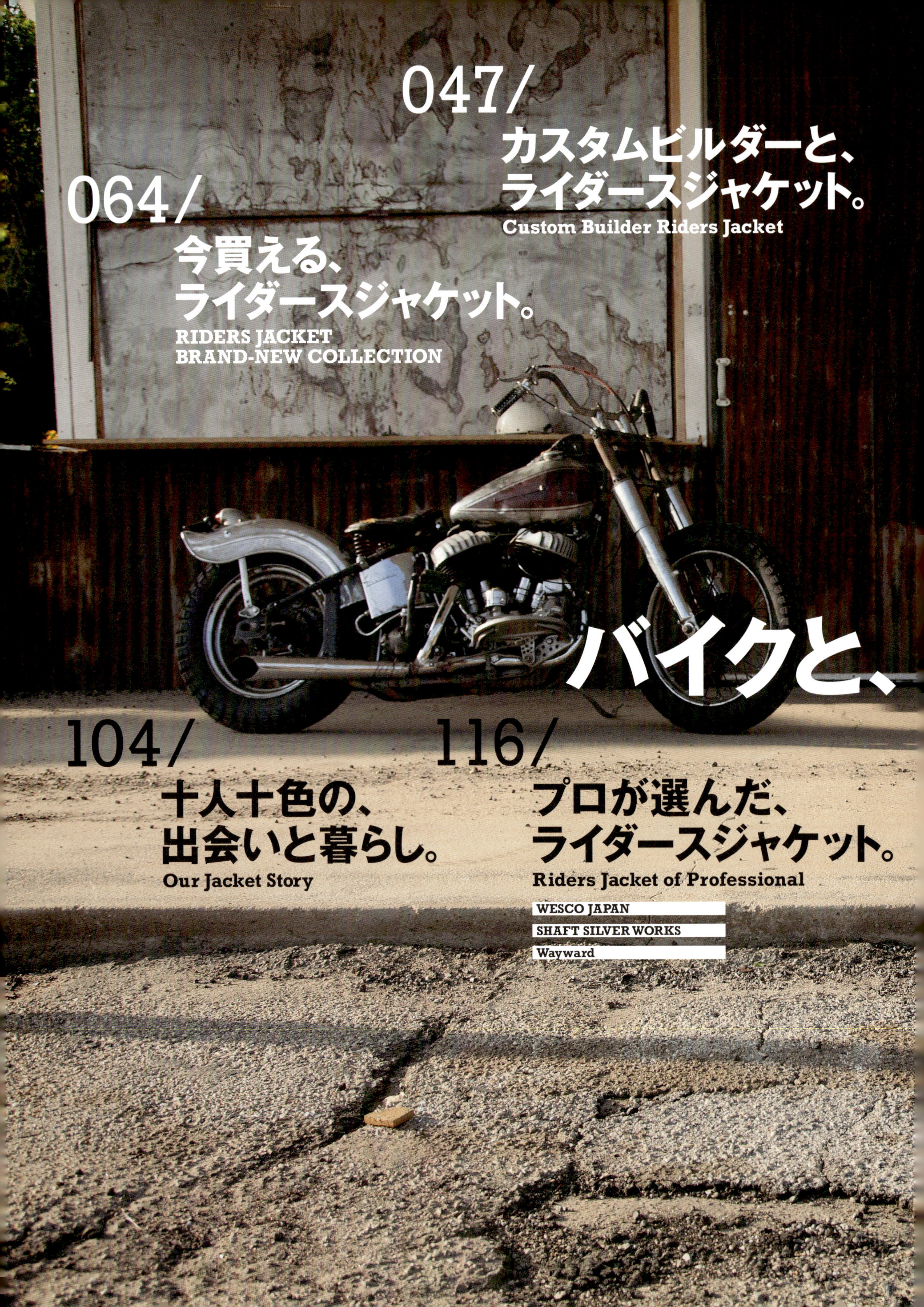



バイクと、

# 男たちを魅了する、ライダースジャケットの世界。

オトコの美学は何事も愛すべきアイテムを
手に入れることからはじまる。
バイクも、そしてライダースジャケットも。
たとえそれが、アジの薄い新品であったとしても、
自ら汗を流して得た報酬で手に入れ、
乗り、着続けることで、所有欲は愛に変わり
自分の世界が構築されていく。
それは一日にして成らない。
誰かのモノ、借り物でも作ることはできない。
レンタルやシェアという現代用語では
到底、理解すらできない価値。
だからこそ、人が憧れる男の世界と
なりうるのだ。
もちろん、愛をそそぐ相手は美しくなければならない。
シルエット、心沸かせる走り。
機能を求めたカタチ、素材。
生まれ持って与えられた素質は、
時間という戦いの中で鍛えられ輝きを放つようになる。
バイクも、そしてライダースジャケットも。
手に入れるべきはここにある。
男たちを魅了する世界のトビラを、
さあ、開いてみないか。

# The Knowledge of JACKET

**#01_Langlitz Leathers #02_Schott**
**#03_Lewis Leathers #04_THE FLAT HEAD**
**#05_TOYS McCOY #06_HIGH LARGE LEATHERS**
**#07_KADOYA #08_BIGTWIN**

# RIDERS

GettyImages

## 知っておきたい革ジャンの歴史

# 学んでおくべき〝ダブルライダース〟の変遷。

ライダースジャケットの歴史を遡ると、アメリカを飛び交っていた飛行服にたどり着く。その後、いまに至るまで数々の変化を遂げながら進化するライダースジャケットの変遷を改めて追ってみようと思う。ココにもいま選ぶべきライダースジャケットの秘密が隠されている。

## '20-'30s

### 飛行機からモーターサイクルへ。

第一次世界大戦の影響で、飛行機乗りのためのレザージャケットが大量に作られ始めた。同時にモーターサイクルレースも各地で盛んになり、'30sにはダブル襟のライダースの原型であるアビエイタースタイルのジャケットも作られた。

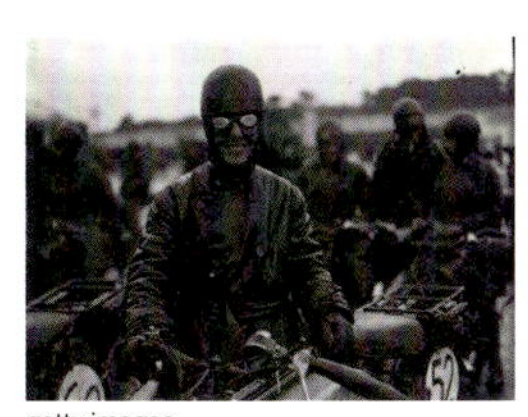

getty.images

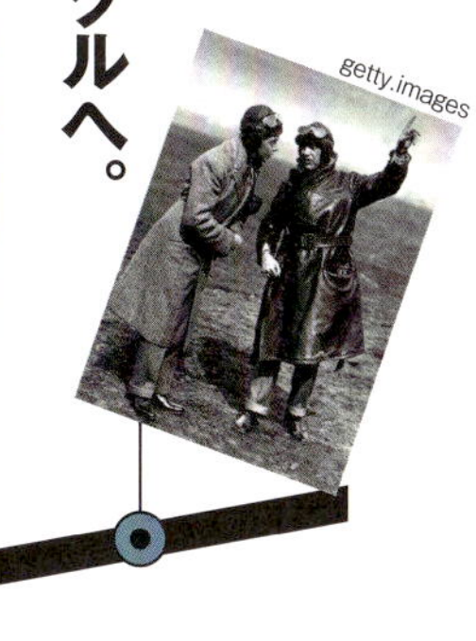

getty.images

## '40s

### 戦争がレザージャケットの完成度を飛躍させた。

アメリカは第二次世界大戦後、高度経済成長を遂げ、衣料品としてはナイロン素材のものが現れ始める一方で、ライダースは、ディテールなどは'40sの流れを受け継ぎながらも現在のライダースに近いデザインが出始め、様々な名作が各ブランドからリリースされた。

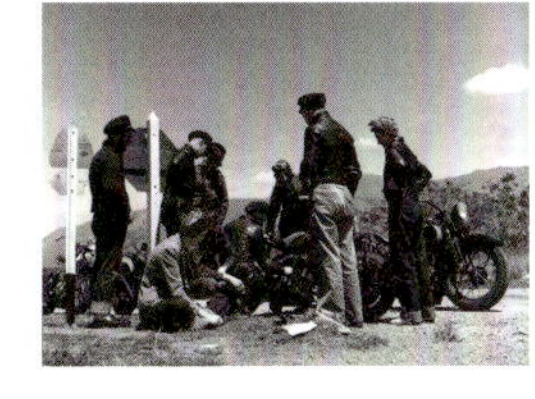

## '50s

### ダブルライダースの名作が量産された。

1940年代はレザージャケットが飛躍した時代とも言える。一般的にもライダースジャケットが出回り、また第二次世界大戦に於いて、A-2を大量生産したこともメーカーを後押ししたようで、レザージャケットの完成度が格段に高くなった。

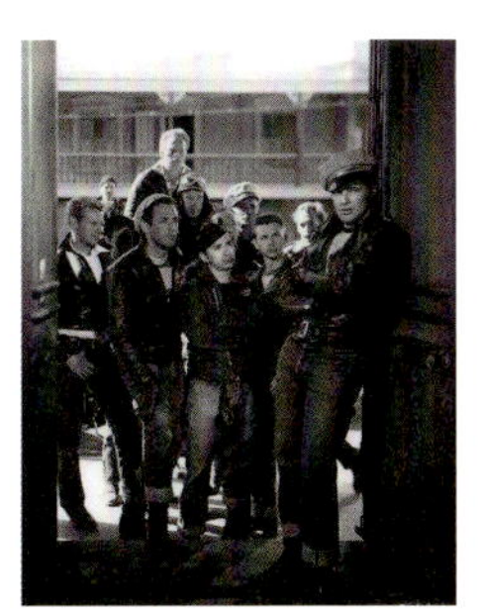

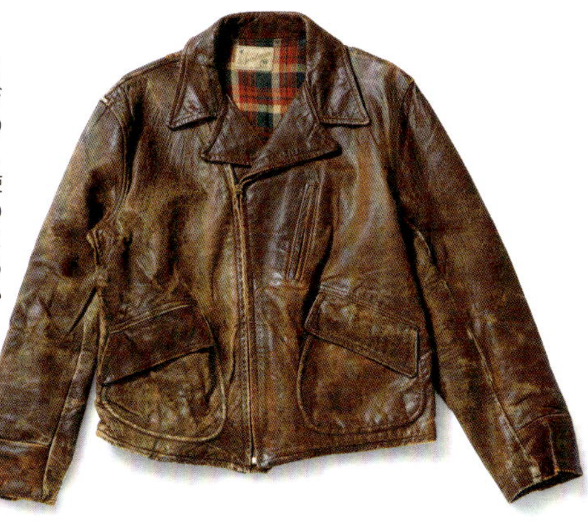

後のライダースに限りなく近い形状を持つスポーツジャケット。TALONのコの字留めジッパーを使用し、フランネルライニングが使われる。パッチポケットの丸いスタイルも特徴で、この時代のものは襟が大きめで、まだ裾にベルトは付かないものが多い

ライダースジャケットの変遷を語る上で、フライトジャケットの存在は外せない。というのもレザージャケットのほとんどはそのルーツを戦場で着用する制服に持つからである。ただフライトジャケットは軍用服である以上、軍の要求に忠実に応える形で進化していくのに対し、ライダースジャケットはあらゆる時代も、一般のユーザーたちの要望に応える形で進化を遂げた。ライディング時の動きやすさや、降りた際の所作など、日常の中で発生するニーズがライダースの進化には不可欠なのだ。例えば、'40～'50年代のライダースは、限りなくボックスに近い形をしている。これは当時のパンツがハイウエストだったことや乗車時に丈が長いものはかさばることが理由だろうが、その後の、ライダースがファッションとしても確立した地位を築きあげた'60～'70年代、ロックミュージシャンなどに多く着られるようになってからは、バイクに乗るようなゆったりとしたシルエットやアームホールは必要なくなり、無駄のないデザインや、逆に完全にファッションアイテムと化した派手なデザインのライダースが数多く誕生した。

いわゆるダブル襟で、大きめの前立てがついたライダースジャケットのデザインも'50～'60年代頃より続くが、その時代その時代で流行を反映したものが生み出された。それでは今の流行はどうか？　世界中でヴィンテージという言葉が一般化され、旧いものを追いかける傾向が強いのは確かだが、その中でもシルエットや機能性という面で現代的な要素を加え、タウンユースでも映えるスタイルを意識したものが人気を得ているようだ。

# '70s

## ライダースがファッションアイテムに昇華した。

フ ァッションが多様化する現代に於ける、ライダースに関しての傾向は、現代的なエッセンスを持ってヴィンテージの雰囲気を再現しているものが多くなっている。ヴィンテージそのものではなく、現代的なパターンでリプロダクトしたものや、クラシカルな風格を持たせながらも、その中でいかにオリジナリティが出されるかに注目が集まっている

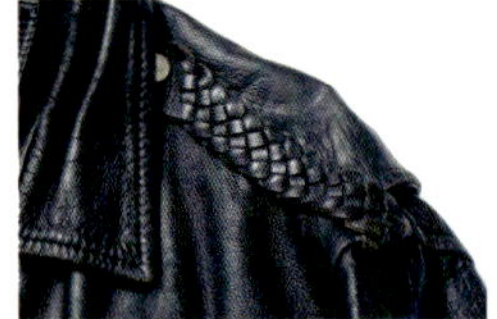

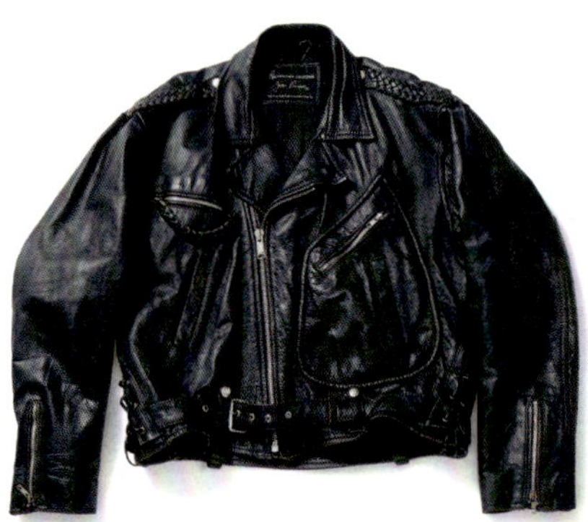

「EXCELLED SHEEPSKIN & LEATHER COAT Co.」の変形ライダース。編み込みのベルトがショルダーや胸ポケットにあしらわれ、Dポケットを思わせるデザインも見られる。急に派手なデザインが目立つようになった'70sらしいデザイン

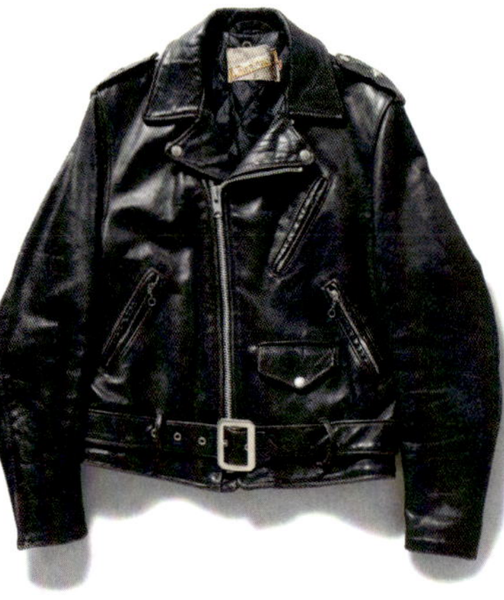

こちらもショットのワンスター。一見'60sのワンスターと変わらないようにも見えるが、シルエットやアームホールなどがかなり細見に作られている。ライダースには必要な前立てがかなりせまいものになり、フロントを開けて着ることが一般的になっていたことが見て取れる

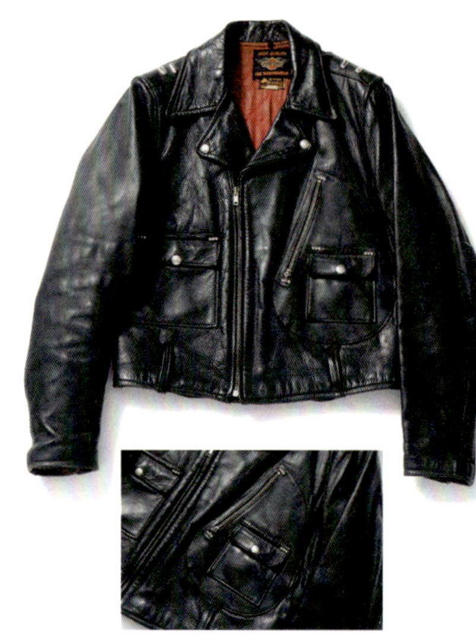

ハーレーダビッドソンの定番モデル、サイクルチャンプ。Dポケットは'50sまで使われた有名なスタイルで、スポーツジャケット時代を引きずるデザイン。裾にベルトループも付く。サテンキルティングのライニングは'50sらしい。

# 60s

## カルチャーと結びつき様々なデザインが生み出された。

ラ イダースジャケットは機能面や耐久性に置いて、'50年代で完成を迎えたといわれるが、'60年代、無駄をそぎ落したシンプルなデザインが主流となり、現代まで続くライダースの形が確立した。

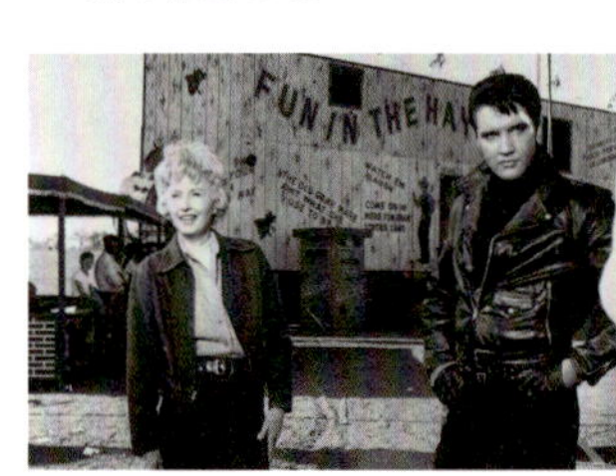

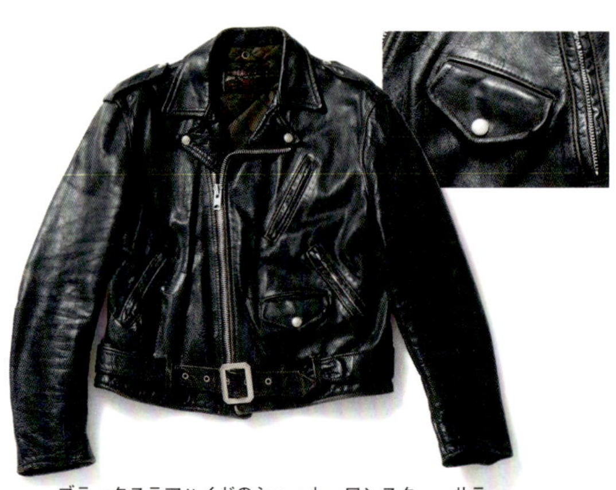

ブラックステアハイドのショット、ワンスター。サテンキルティングライニング。3つのジップポケットに小さなフラップポケットというシンプルな構成は、いまにも続くいわゆるライダースのスタイル

# now

## 旧くさいディテールとスタイリッシュなシルエットが求められる。

ゲルガの馬革ダブルライダース。このスポジャケともライダースとも取れる佇まいに加え、旧くさすぎず、適度にスタイリッシュなシルエットはいまのライダースと言えるだろう

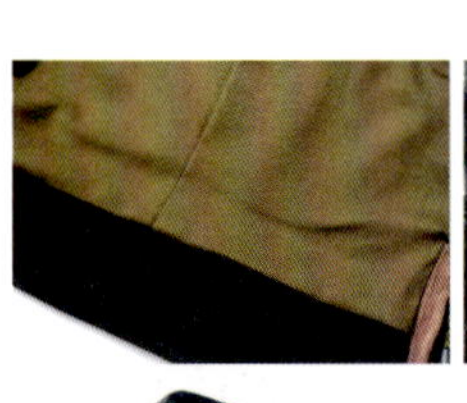

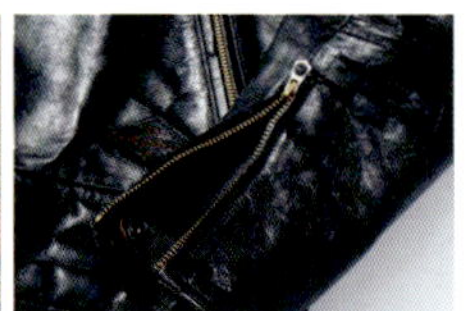

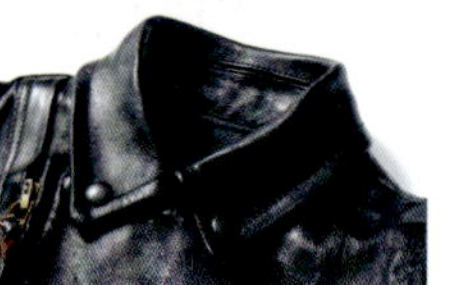

襟にはバタつき防止のスナップボタンがつく。袖口にはマチがつけられ、ジッパーでもボタンでも留められる仕様。裏地には2種類のウール、着心地を重視した

'60年代～'70年代、ロックミュージシャンがダブルのライダースを着ている姿が目立つようになり、もはやライダースジャケットはバイク乗りのためだけのものではなくなっていた。さらにヒッピーなどファッションを意識したカルチャーの影響もあってか、フリンジ付きや派手なデザイン、さらには極端に細いシルエットのものなどもリリースされた。

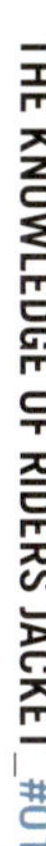

# Langlitz Leathers

## Columbia

ラングリッツを代表する定番モデル。ライディングポジションを取った時に、ウエストのホールド力を高めるデザイン、動きやすいように設けられたアクション・プリーツなど、バイク乗りのためのディテールが満載。35万1000円

## 世界中のバイク乗りが憧れる
# キング・オブ・ライダース。

もちろん、最終的に自分が気に入るかどうかが最重要だが、モノにもこだわりを持つ人なら、最高の1枚が欲しい、と思うハズ。デザイン、機能、素材、製法、希少性、造り手の想い、歴史など、ポイントは数あれど、どの点から見てもラングリッツ・レザーズは最高クラスだろう。その風格はまさにキング・オブ・ライダースと呼ぶに相応しい。

text/M.Terano 寺野正樹　photo/H.Yoda 依田裕章
問い合わせ／ラングリッツ・ジャパン　TEL052-734-6918　www.langlitzjapan.com

# まさに一生モノと呼ぶにふさわしいクオリティ。

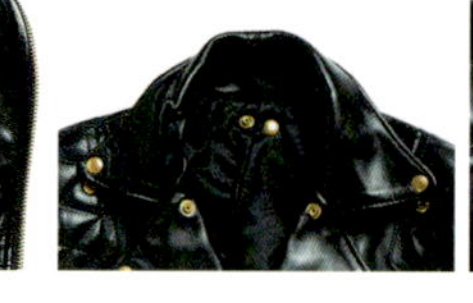

**Padded Pocket Columbia with Padded Black**

コロンビアをベースに背中にも全面にパッドを追加、ほかにも着脱可能なムートンファー、ベルト、ポケット10個など、ほぼすべてのオプションパーツを追加したスペシャルモデル。60万1344円

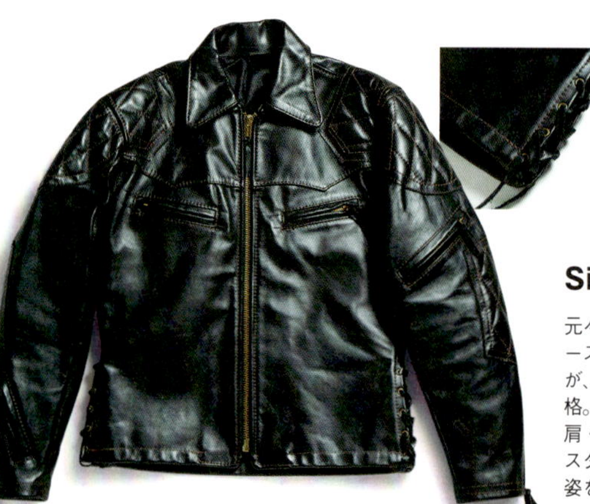

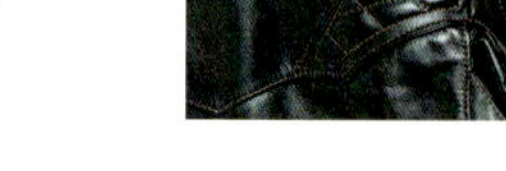

**Sidewinder**

元々、ティンバーラインがベースのカスタムモデルだったが、レギュラーアイテムに昇格。フロントジッパー仕様、肩・肘のパッド、アブンレラスタイルのヨークが個性的な姿を生む。50万5440円

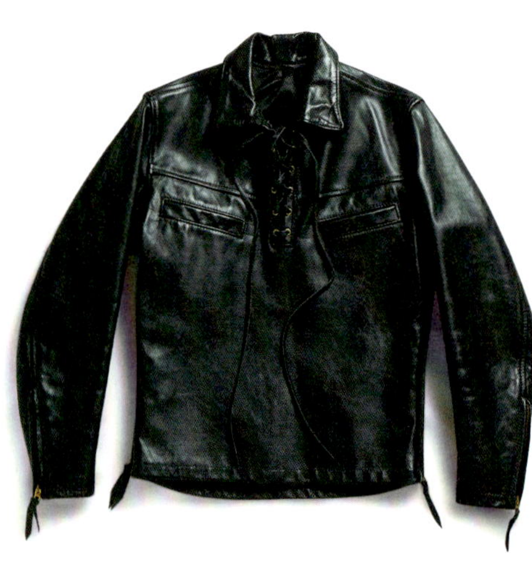

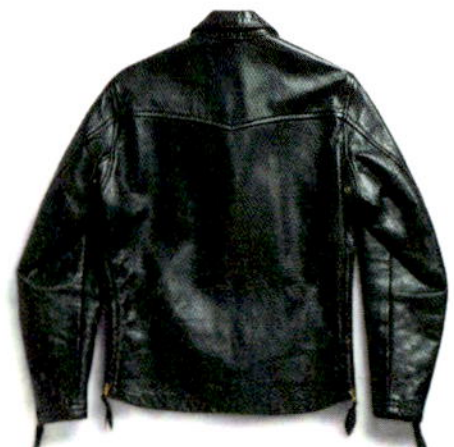

**Timberline**

基本は、サイドがジップ・アップになったプル・オーバー・タイプで胸の部分はレース・アップ。そのまま着てもいいが、オプションを加えて自分の1枚を造るのもまたよし。32万1840円

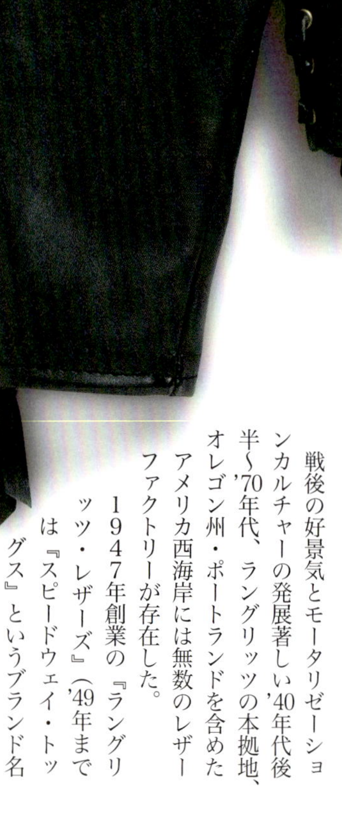

戦後の好景気とモータリゼーションカルチャーの発展著しい'40年代後半〜'70年代、ラングリッツの本拠地、オレゴン州・ポートランドを含めたアメリカ西海岸には無数のレザーファクトリーが存在した。

1947年創業の『ラングリッツ・レザーズ』（'49年までは『スピードウェイ・トッグス』というブランド名を使用）もそのひとつ。

時代の流れとともに大量生産にシフトすることでクオリティを犠牲にするブランドも多かったが、初期の頃からクオリティ重視で〝1日6着〟という少数生産を貫いた。

ちなみに今日、その当時あったブランドのほとんどは姿を消す一方、ラングリッツは未だに〝1日6着〟体制を貫いている。この希少性の高さに加えて、少数生産だからこその細かいサイズ調整など〝自分のための1着〟が手に入るのもこだわる人にはたまらない。

また、創業者ロス・ラングリッツはこだわりの職人である一方、'35年、17歳の時にバイク事故で右足を失いながらも、'38〜'54年までに47個のトロフィーを獲得するという気骨のライダーだったということも見逃せない。自身がコアなバイク乗りだったからこそできる情熱と執念が、高品質かつ革新的なデザインを生み出し、多くのバイク乗りたちの心を掴んだといえる。

ライダースを愛する人たちにとっては、ラングリッツというブランドが今もなお最高峰に君臨するということに異論はないだろう。

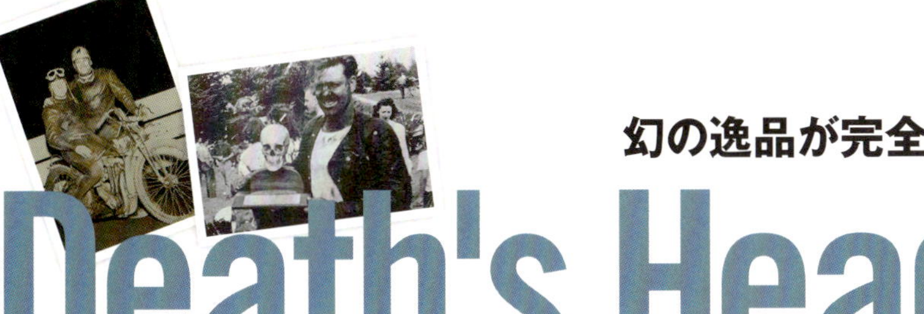

幻の逸品が完全復活!!

# Death's Head Cascade

デスズ・ヘッド・キャスケード

2016年秋、ラングリッツマニア待望のアイテムが登場する。
それが、1945年に5着のみ造られた『デスズ・ヘッド・キャスケード』だ。
これまでフルカスタムでのみ入手不可能だった幻の名作が復活する!

CHECK.2

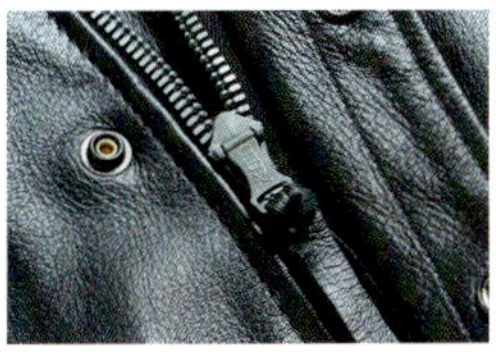

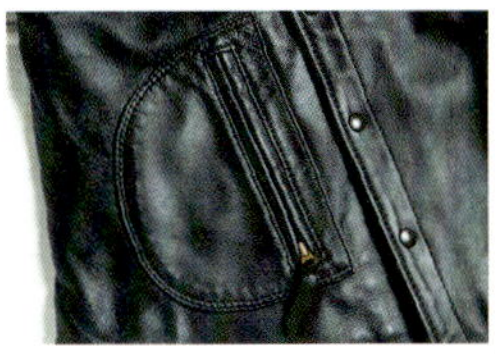

ボタン付きフラップの下にジッパーが。ジッパーは'51年製クラウン社のデッド・ストック・スプリングジッパーを使用。右前の大ぶりのDポケットが個性的な表情を生む

CHECK.1

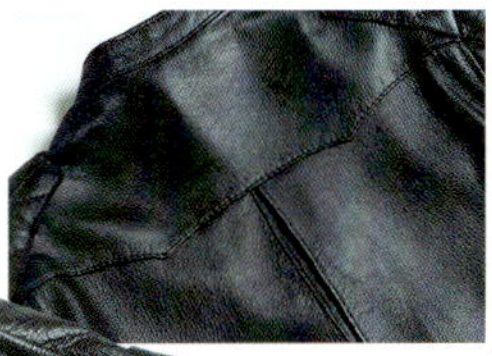

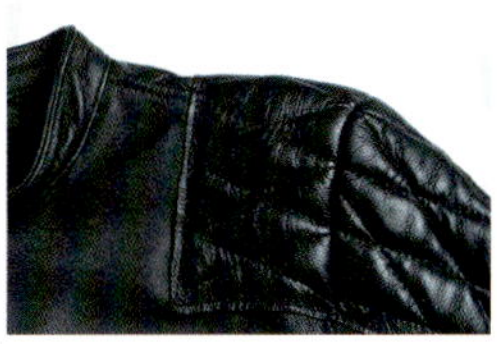

肩にはダイヤモンドスッチのパッドが入る。バックビューは'30年代のスポーツ・ジャケットの名残を残すダブル・ポインテッド・ヨーク、センタープリーツも装備

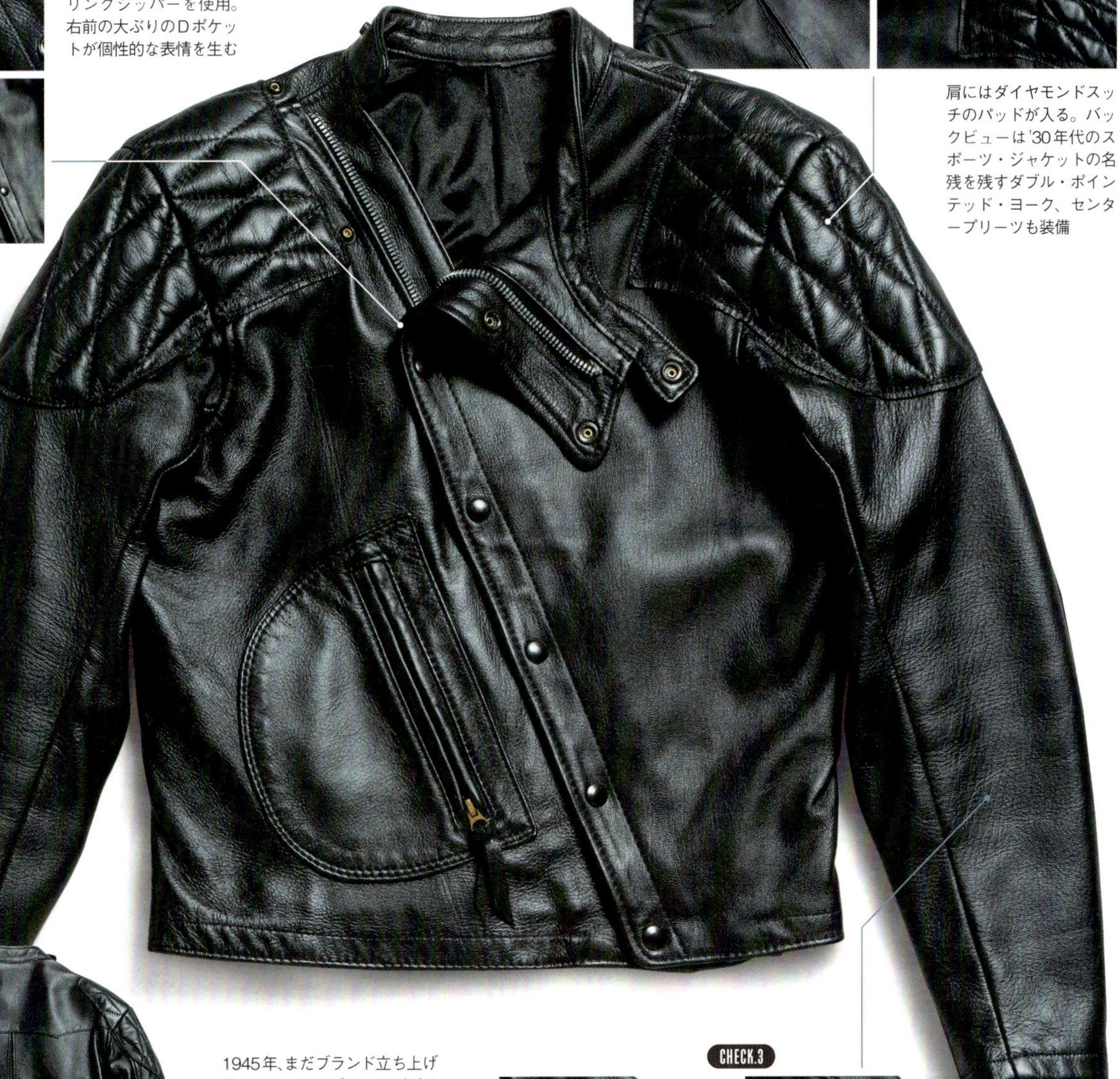

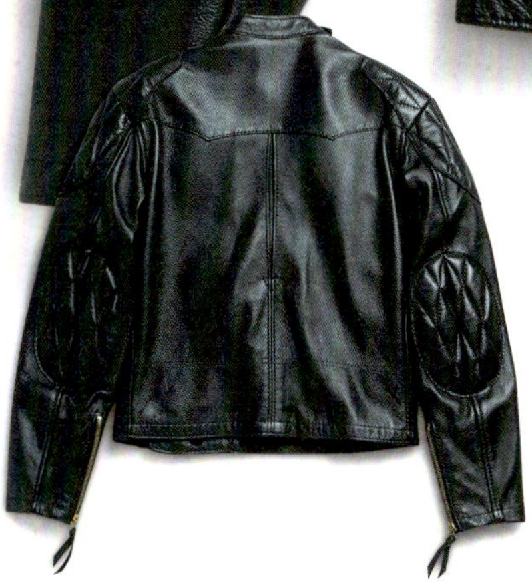

1945年、まだブランド立ち上げ前のロス・ラングリッツがバイク仲間に5枚のみ作ったジャケットを復刻。現在のキャスケードに続く1枚で、これまではカスタムオーダーでしか入手できなかったが多くの要望に応え、めでたくレギュラーに! ベースプライス:51万6240円、クラウン・スプリング・ジッパー:2万1600円、ゴートスキン・チャージ:3万4560円

CHECK.3

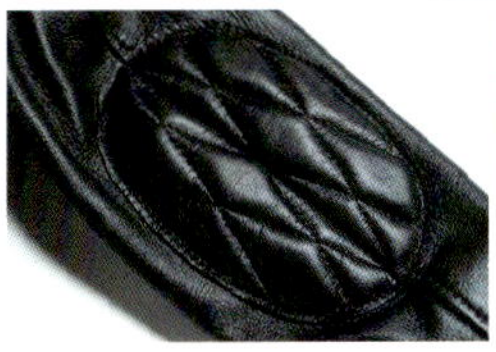

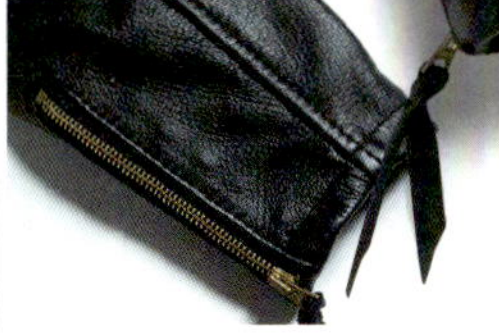

エルボーパッドも装着。楕円形のオーバルタイプでトリムはシングルステッチ。ダイヤモンドステッチも現行よりも細い。袖口はヴィンジテージ同様のシングルステッチ

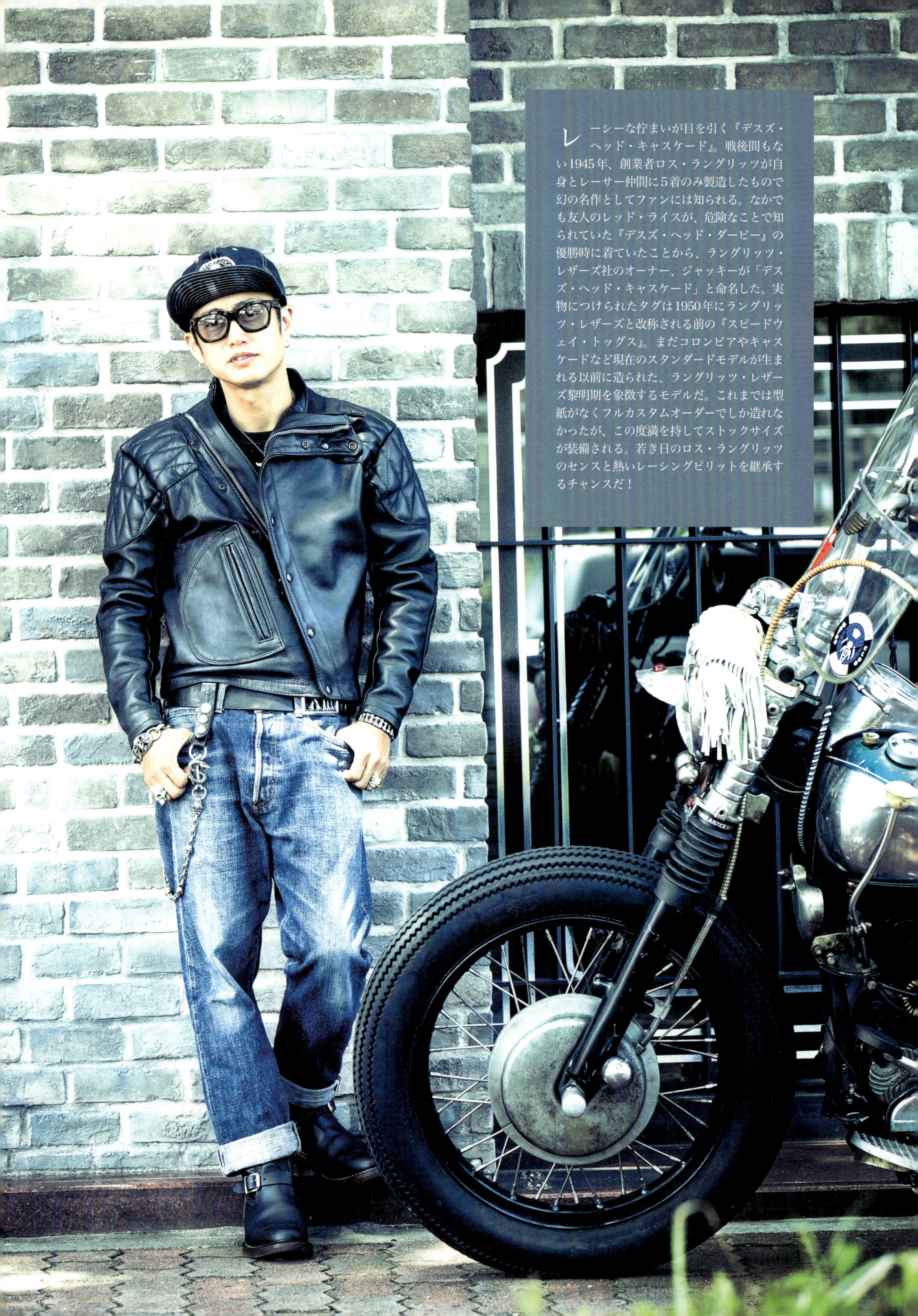

レーシーな佇まいが目を引く『デスズ・ヘッド・キャスケード』。戦後間もない1945年、創業者ロス・ラングリッツが自身とレーサー仲間に5着のみ製造したもので幻の名作としてファンには知られる。なかでも友人のレッド・ライスが、危険なことで知られていた『デスズ・ヘッド・ダービー』の優勝時に着ていたことから、ラングリッツ・レザーズ社のオーナー、ジャッキーが「デスズ・ヘッド・キャスケード」と命名した。実物につけられたタグは1950年にラングリッツ・レザーズと改称される前の『スピードウェイ・トッグス』。まだコロンビアやキャスケードなど現在のスタンダードモデルが生まれる以前に造られた、ラングリッツ・レザーズ黎明期を象徴するモデルだ。これまでは型紙がなくフルカスタムオーダーでしか造れなかったが、この度満を持してストックサイズが装備される。若き日のロス・ラングリッツのセンスと熱いレーシングピリットを継承するチャンスだ！

# スタイルマスターが惚れた ラングリッツコレクション。

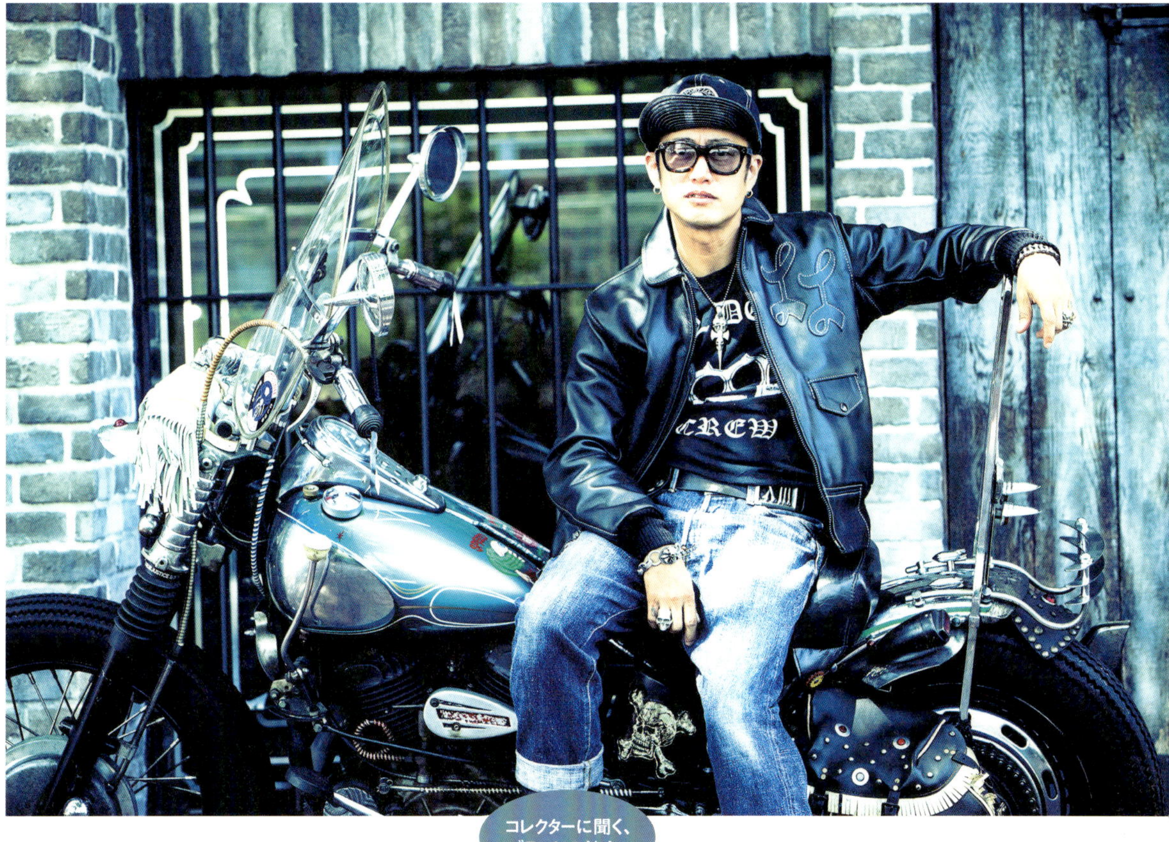

コレクターに聞く、ブランドの魅力。

TATOOアーティスト
## MASATOさん

取材協力／ Cool Tattooing Masato　TEL052-322-7698

19歳で渡米、タトゥー、チョッパー、ホットロッドなどのカルチャーを体験。帰国後、'95年にCool Tattooing Masatoとしてのキャリアスタート。国内外にコアなファンを持つ

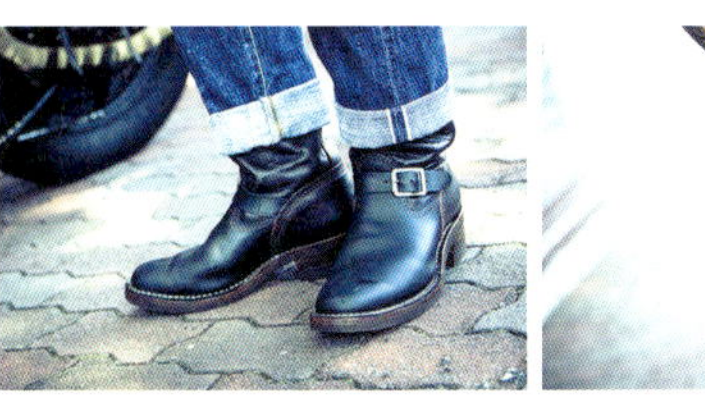

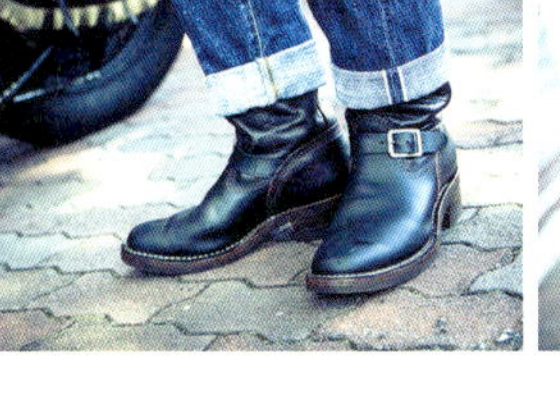

足元は基本ウエスコ。約30足所有。こちらはシャフトをホースハイドに変えたナローエンジニア。ブーツもジャケットやバイクと同じくオリジナルのカスタマイズが施される

### 旧けりゃいいってものじゃない 自分が気に入るかどうか。

名古屋を拠点に活動するCool Tattooing Masato主宰のMASATOさん。独自の世界観を展開するタトゥアーティストとしてはもちろん、デザイナーとしても有名ブランドと数多くコラボするなど、アンダーグラウンドシーンでは世界的な人気を誇る人物だ。

そんなスタイルマスターのMASATOさんは日本屈指のラングリッツ・コレクターでもある。

「20歳の頃かな。古着屋で見つけて革の質と造り込みがすごくて。それ以来バイクに乗るときはラングリッツですね。創業者がレーサーっていうのもいいですね」

現在、ライダースジャケットのコレクション数約50着で、うちラングリッツが約20着。中にはマニアが飛び上がるようなお宝もある。

「基本旧いのが好きですけど、旧けりゃいいってものでもなくて、自分が気に入るかどうか。だから新しいモノもあるし、ピンときたら値段は関係なくて手に入れますね。ヴィンテージでも関係なく着るし、夏以外はほとんど毎日着てますね」

唯一無二の世界観、世界最高峰のクオリティ。ラングリッツ・レザーズはMASATOさんのように自分のスタイルを貫く男にふさわしい。

BIKE 1937 U

19歳でハーレーに出会って以来、旧車を乗り継ぐハーレーフリークでもあるMASATOさんの今の愛車が'37年製のU。車体はもちろん激レアヴィンテージパーツ満載だが、日常の足としてはもちろん遠出も難なくこなすという

# 博物館級のお宝から現行品まで幅広いコレクション。

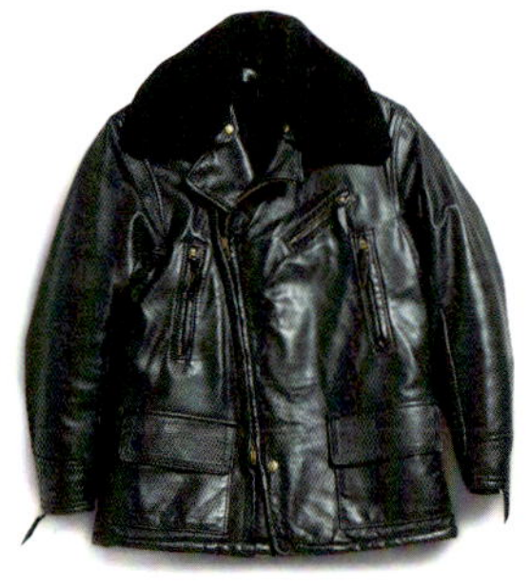

## Red Dog

'50年代初期から中期にかけて数着のみ制作されたレッド・ドッグの復刻モデル。しなやかなゴートスキン製。保温性を高めるために中はフルムートンという贅沢仕様

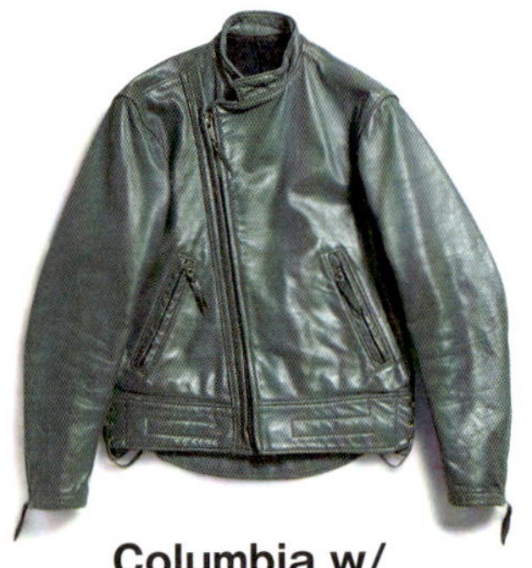

## Columbia w/ Cossack Collar

1960年代のヴィンテージ。モデルはコサックカラーのコロンビアで特にレアではないが、「黒ばかりでも面白くない」と、グレー系の珍しい色に惚れて購入

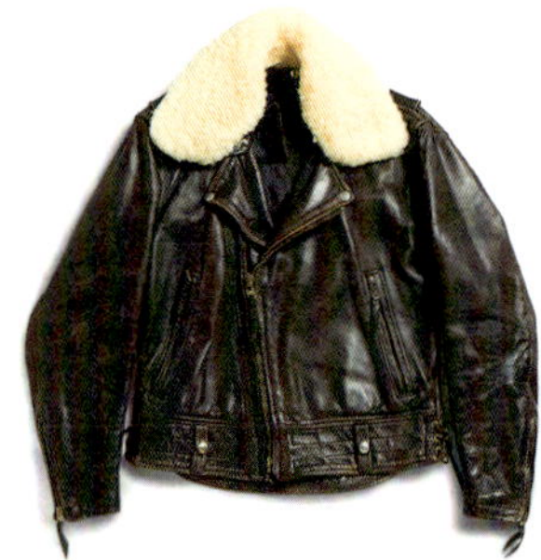

## Columbia Olympia Police Style

1950年代製。ボアは後から追加。当時ワシントン州オリンピアのポリス用に作られた。今はあまり見られない茶芯のカウハイド。いい具合に色が落ちていい風合いに

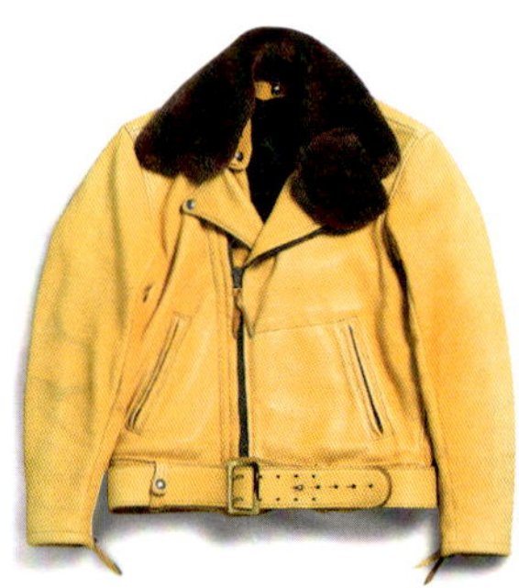

## Elk skin Columbia

ラングリッツのヴィンテージの中でも最もレア度が高いといわれる1947年製作エルク・スキンのコロンビアの復刻モデル。現在はエルクは扱っていないのでこれもレア

## 1947 Columbia

創業年でもある1947年製のコロンビアの本物！世界でも数枚しか現存しないうちの1枚。裏には「スピードウェイ・トッグス」のタグが。博物館クラスの極上品！

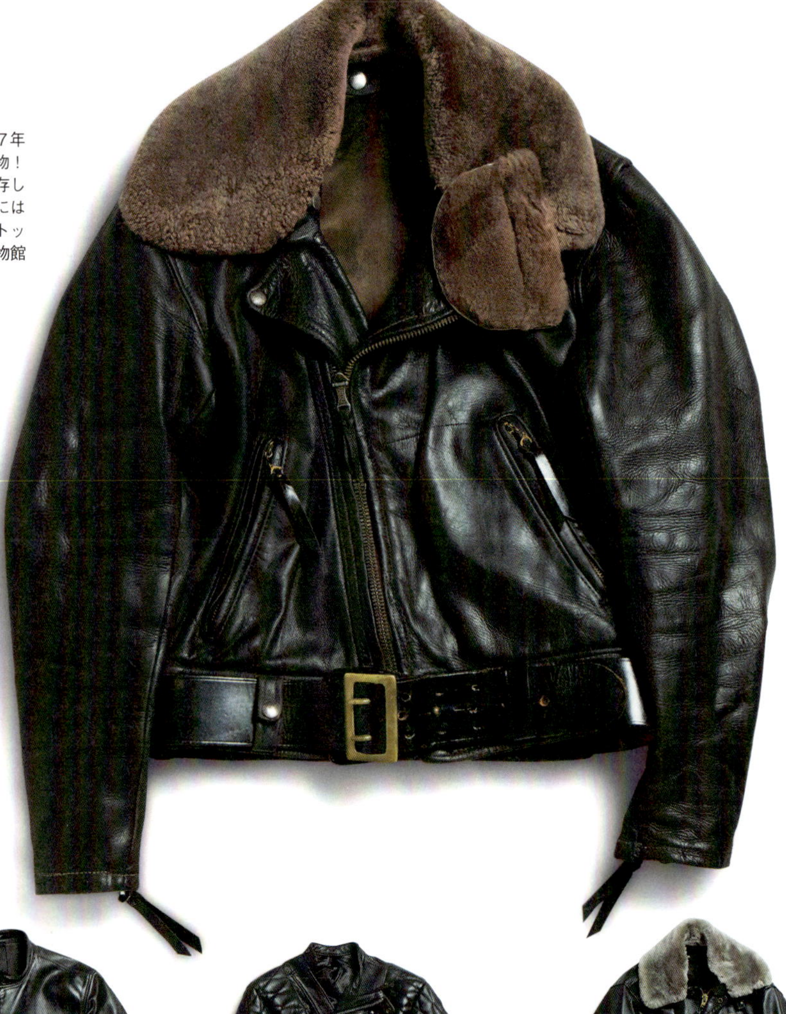

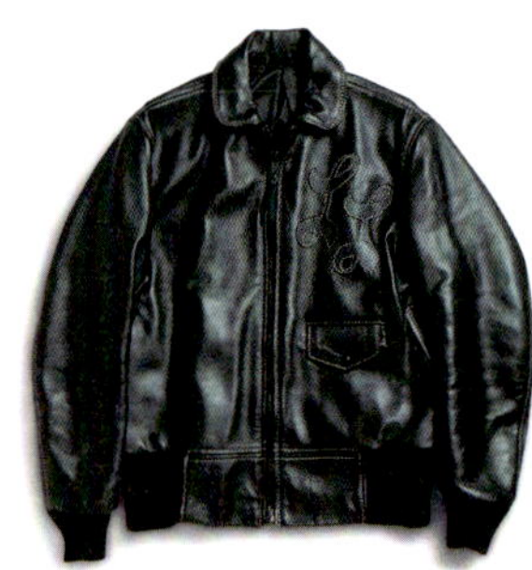

## Flight Jacket

現行モデルのフライトJKTをベースに、自らがデザインしたレタリング、ファスナーをブラックに変更、懐中時計用のポケットを追加。「タウンユースにも使えます」

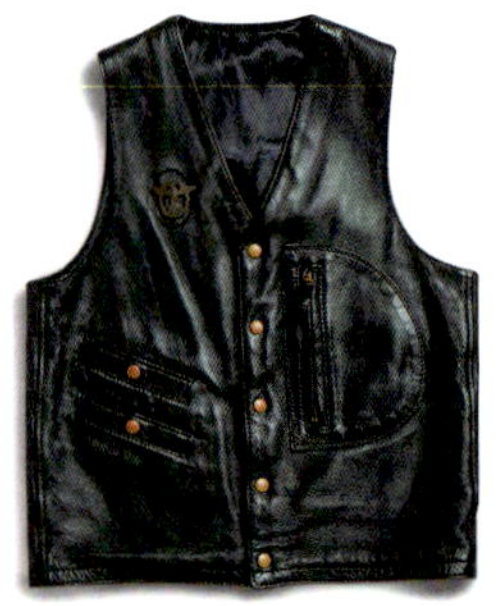

## Square Bottom Vest

ラングリッツのベストで裾がスクエアで注文したのはMASATOさんが初だそう。他にもスラッシュポケット2個、Dポケやバックの仕様などオリジナルのカスタムが

## 1940's Cascade

1940年代製キャスケードの本物。博物館クラスの保存状態！ ハの字型のフロントポケット、袖の1本ステッチなど特徴的なディテール。左右非対称の革の風合いも◎

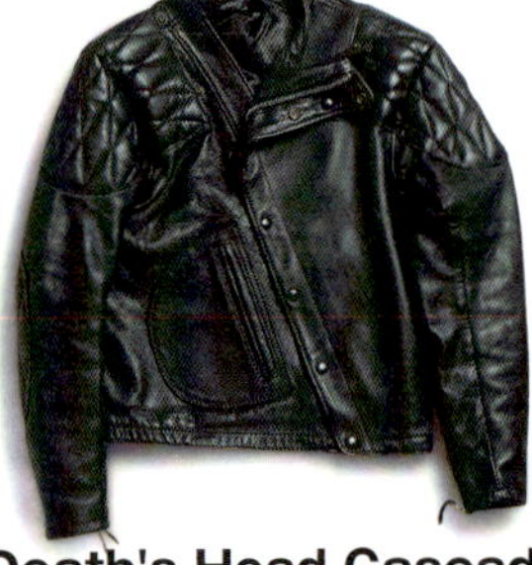

## Death's Head Cascade

この秋復活する作品だが、こちらは2006年にスペシャルオーダーして入手したものでMASATOさんの中でもお気に入りの1枚。着やすさを重視したゴートスキン製

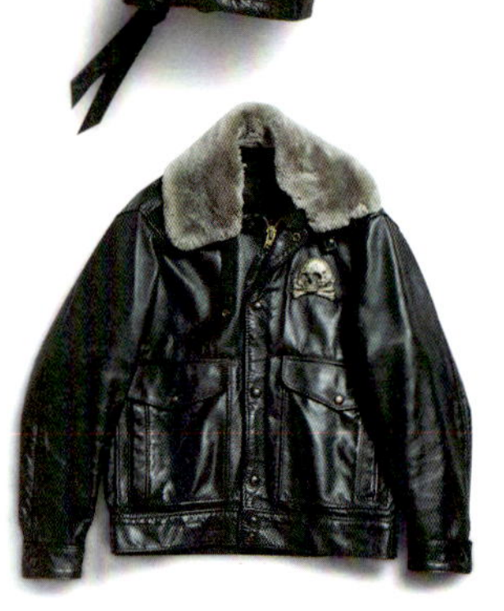

## Police Jacket

実際に警察官が使用していたと思われる1980年代製のポリスジャケット。レギュラーラインにはないスタイル。あえて胸にドクロをつけるあたりさすがのセンス

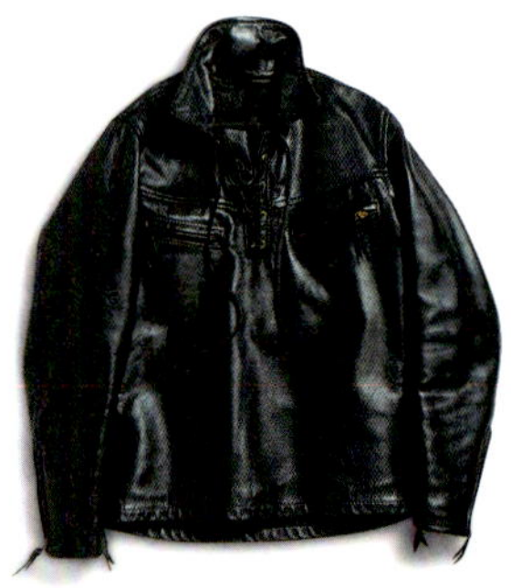

## Timberline

カジュアルなシャツジャケットとして人気の高いティンバーラインの'80sのユーズド。胸のポケットがファスナータイプに変更されている。スタンダードなモデル

# Schott

## バイクカルチャーに愛された
## “ライダースジャケット”の代名詞。

バイクカルチャーと共に歩んできたショットの『Perfecto』シリーズは、モーターサイクリストだけでなく、同時に多くのロックスターにも愛されてきた。究極のスタンダードでありながら、今なお進化し続けるショットの魅力を、改めて紐解いていく。

text/K.Yoneda 米田圭一郎　photo/K.Shinjo 新城孝
問い合わせ／ Schott East TEL03-5778-9656　schott-nyc.jp

Getty Images

# そのデザインは最初から完璧(Perfecto)だった。

ショットの人気を決定づけたのは、'53年に公開された映画『乱暴者』の影響だ。この映画でマーロン・ブランドが着用したのは、それまで主流であったD型ポケットスタイルではなく、ワンスターに代表されるモダンなデザインのライダースジャケット。現在ではスタンダードとされる形ではあるが、この時代はさぞかしスタイリッシュに見えたことだろう。『乱暴者』をきっかけに、様々なバイカー映画が制作され、同時にライダースジャケットも不良たちのアイコンとして広がりを見せていく。

ワンスターにロックのイメージが定着したのは、'70年代の頃。このモデルほどロックスターに愛されたライダースジャケットは他にない。セックス・ピストルズやラモーンズのメンバーも愛用し、特にジョーイ・ラモーンが、ワンスターの右肩にチエーンを垂らし、USピンバッチをつけたカスタムは多くのロックファンを虜にした。この時代のワンスターは、それ以前と比べて細身のシルエット。ロックミュージシャンに受け入れられた理由は、その辺にもあるのかもしれない。

ショットのライダースジャケットの歴史を俯瞰すると、'50年代のモデルから現在までほぼ形は変わっていないことが分かる。バイク、映画、音楽とユースカルチャーの象徴であったショットのライダースジャケットは、時代が変わっても形を変えず、今もファンを熱狂させ続けている。

VINTAGE ONESTAR ARCHIVES

'50s

映画『乱暴者』により、ダブルのライダースジャケットが一躍脚光を浴びた'50年代。この頃は完全にバイク乗りを想定した短丈シルエットで、主に馬革が採用。誇り高き"Perfecto"ラベルにも馬のイラストが描かれている

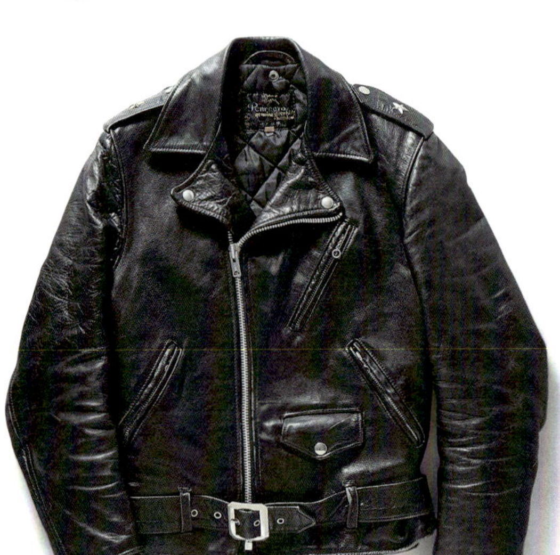

'60s

ショットのアメリカにおける人気を不動のものとした'60年代。ライダースジャケットの革の主流は、ホースハイドからステハイドへ。"Perfecto"ラベルも牛のイラストへと変更され、より無骨な佇まいになっていく

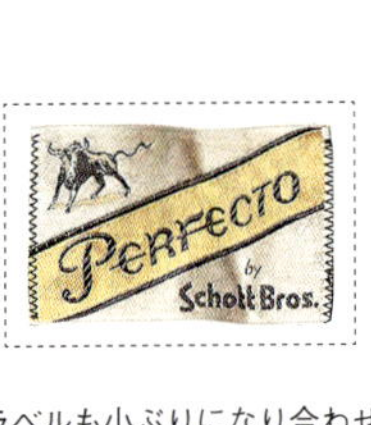


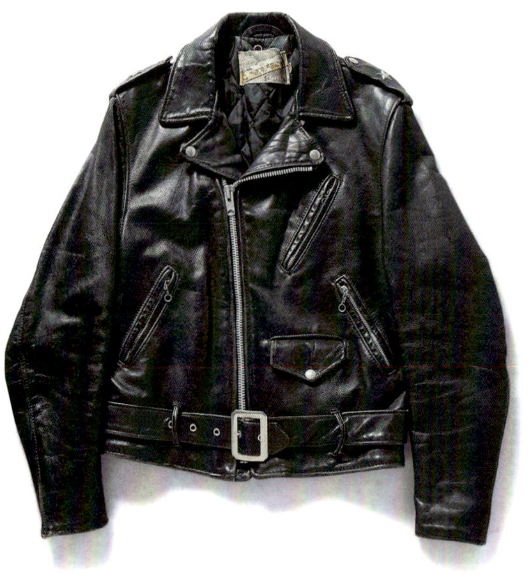

'70s

ラベルも小ぶりになり合わせ部分も細くなったため、前を開けて着ても様になるようになった'70年代。そのためか、多くのロックミュージシャンに支持されるようになり、ロックスターのアイコン的存在となっていく

COLUMN

## 知っておくべき"ワンスター"の歴史。

1928年に世界で初めてフロントジッパーを採用し生まれたモーターサイクルウエア『Perfecto』シリーズ。そのフラッグシップモデルとして'50年代に登場したのがエポーレットに星型スタッズを配したワンスターだ。'50年代は当時の不良だったバイク乗りから絶大な支持を受け、'70年代にはロックミュージシャンたちのアイコンに。現在は日本人体型にフィットするラインも登場し、カジュアルウエアとしての人気も不動のものとしている。

歴史を踏襲したニューモデルにも注目!

# Schott Brand-New Collection

ショット ブランニューコレクション

1950年代にはすでにデザインが完成されていたと言われるショットのライダースジャケットだが、現在も正常進化することを決して怠らない。最新モデルは、従来の形を踏襲しつつオリジナルティに富んだ傑作揃い!!

## STARS&STRIPES GOAT JACKET

脱いだ時に主張できる、ライニングが星条旗となったレザージャケットは、星のデザインのみステンシルをあしらった凝ったつくりに。柔らかいウォシャブルレザーなので、着始めから身体に馴染んでくれる。7万9920円

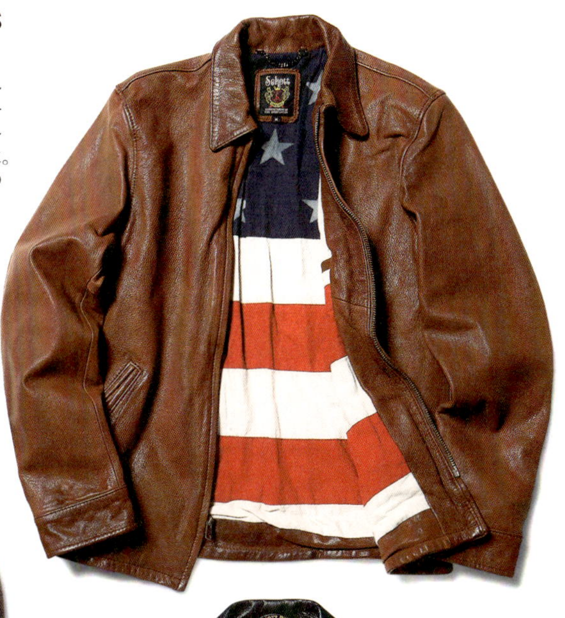

## TRUKER JACKET HORWEEN LEATHER

ホーウィン社クロムエクセルレザーを採用した1着は、着込む程に艶が表れるバーガンディカラー。裏地はクラシックなウールチェック。同シリーズでワンスタージャケット、シングルのカフェレーサー等も展開。16万920円

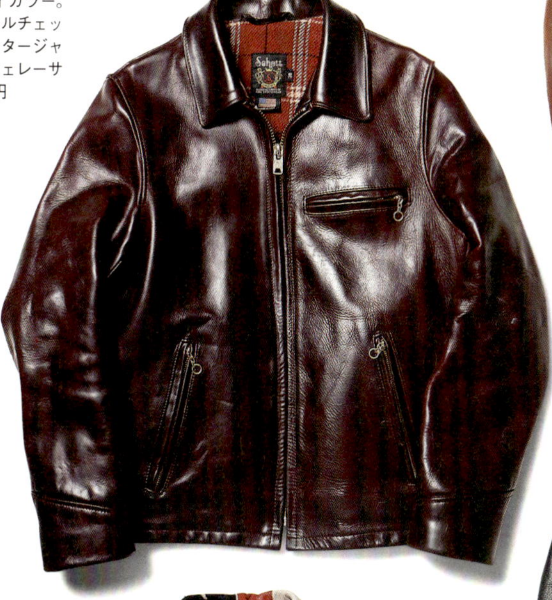

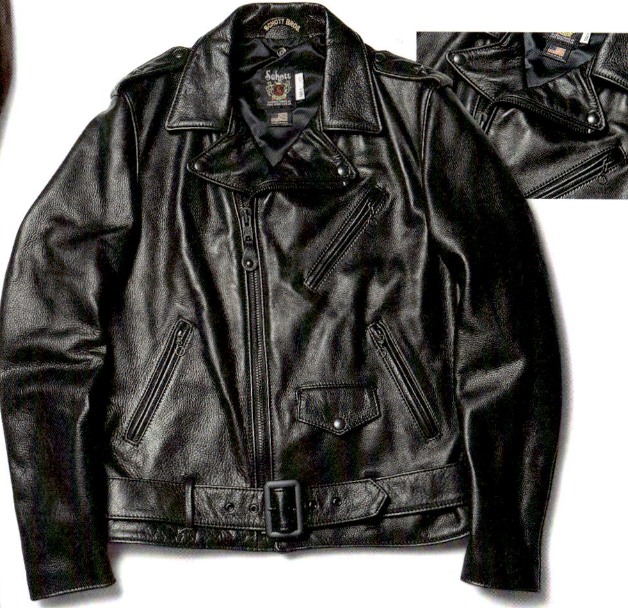

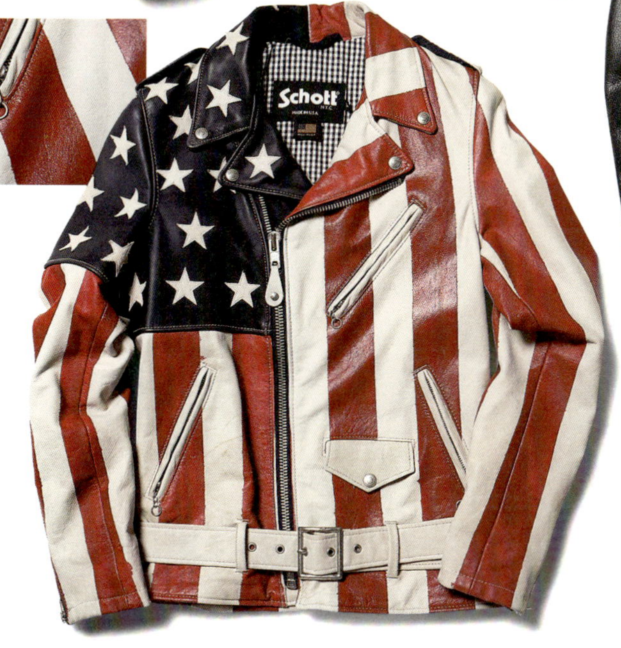


## AMERICAN FLAG RIDERS

レディ・ガガも愛用しているアメリカ企画の100周年の星条旗モデル。ハンドペイントで描かれたストライプは、ポケット等をマスキングして仕上げたアートなライダースジャケット。裏地はギンガムチェック。29万1600円

## ONESTAR RIDERS ONE TONE COLOR

人気の高い613USTモデルのジッパーやスナップボタン等の金属部材を、ボディの色と同様に黒に統一したワントーンライダースジャケット。キャメルカラーの同モデルもあり、そちらの部材はゴールド仕様。11万7720円

# 着込む程に艶が増す、ホースハイドのワンスター。

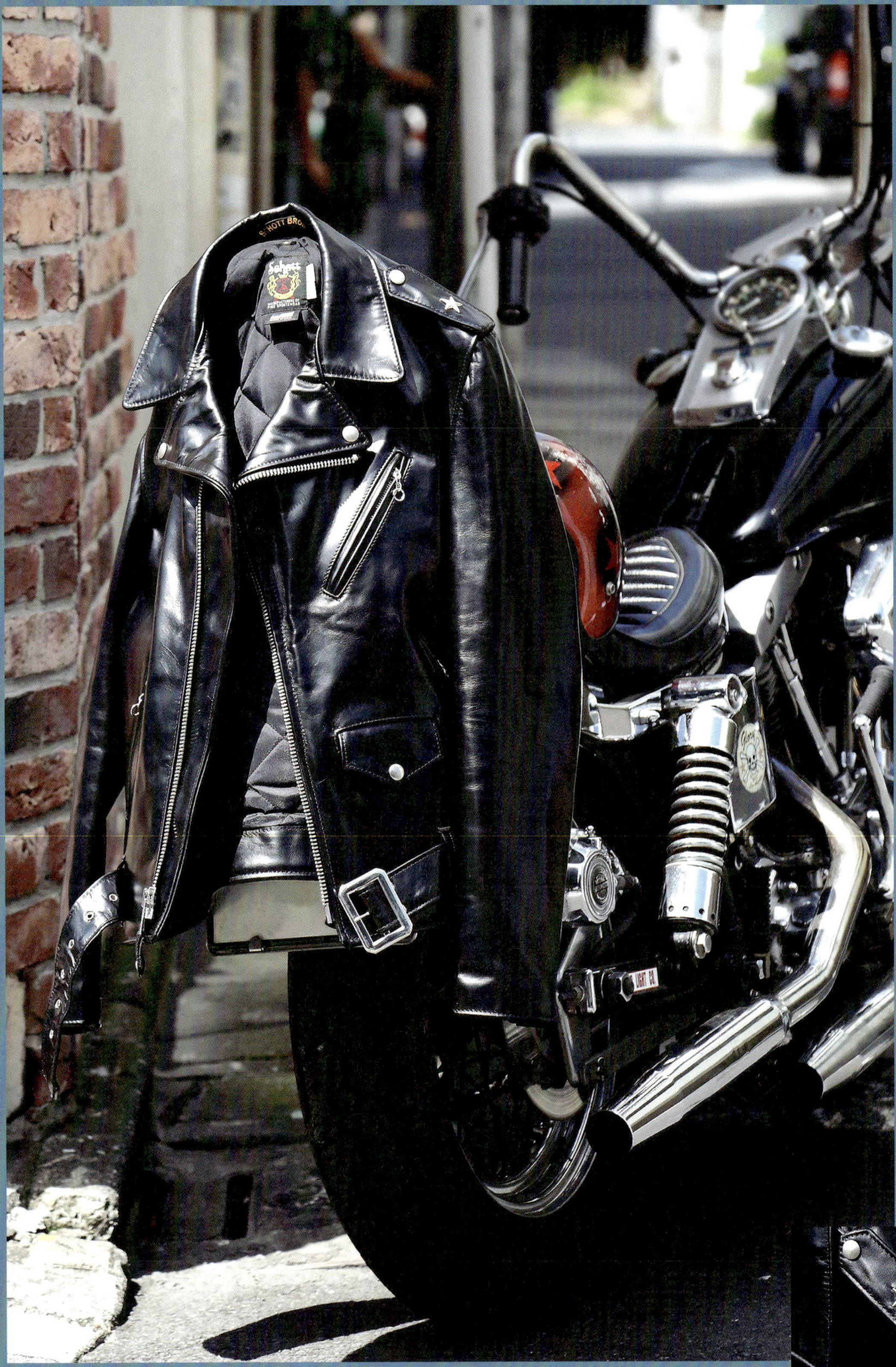

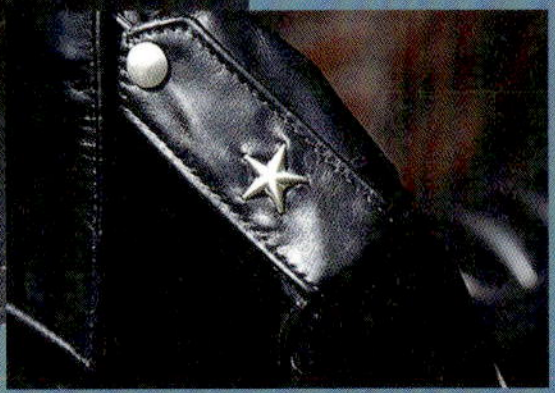

## HORSEHIDE ONESTAR RIDERS

近年、ありそうで無かったワンスターのホースハイドモデルが、多くのファンの要望に応えて初登場。613USTの日本人向けシルエットをベースに、ステアハイドには無い馬革ならではの艶やかな素材感を実現。着込むごとに、風合いが増していく経年変化がお楽しみ。12万8520円

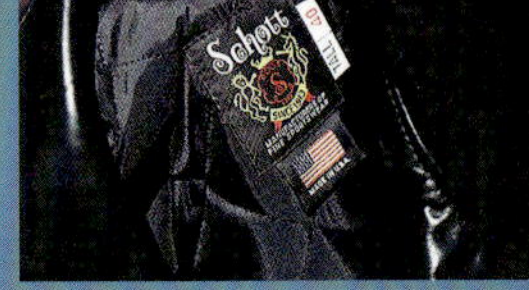

（上）ワンスターの象徴であるエポーレットの星型スタッズ。ステアハイドが主流となった1950年後半以降、馬革のワンスターは存在しなかった。（下）キルティングには現行のワンスターのオリジナルタグ。ショットの誇りであるメイドインUSAタグも健在だ

# 「ヴィンテージを見続けて30年。今でも、まだ新しい発見があるよ」

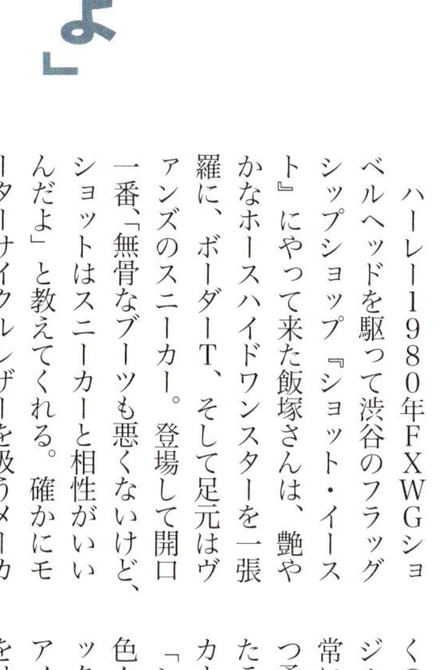

ハーレー1980年FXWGショベルヘッドを駆って渋谷のフラッグシップショップ『ショット・イースト』にやって来た飯塚さんは、艶やかなホースハイドワンスターを一張羅に、ボーダーT、そして足元はヴァンズのスニーカー。登場して開口一番、「無骨なブーツも悪くないけど、ショットはスニーカーと相性がいいんだよ」と教えてくれる。確かにモーターサイクルレザーを扱うメーカーの中でも、ショットほどスニーカーが似合うブランドも他にない。ロックスター、ファッショニスタ、多くの著名人がショットのライダースジャケットを好んで着用する理由は、常に時代に敏感だったショットが持つ柔軟性ゆえ。ワンスターを愛用したラモーンズだって、足元はスニーカーだった。

「ショットの革ジャンは、切り口が色々とあるのが面白い。バイクにロック、そしてタウンユース。つまりアメリカンカジュアル。決して肩肘をはらない、そんな敷居の高くないブランドでありたいよね」

そんな飯塚さんは、ショットのヴィンテージウエアのコレクターでもある。まだ馬革を採用していた'50年代の希少なライダースジャケットも数多く所有。それらは言わば、現在のライダースジャケットのオリジンと呼べる代物たちだ。

「だけど、このデザインは当時かなりモダンだったと思うよ。映画『乱暴者』を観て、それまでのアビエータージャケットやD型ポケットタイプよりも、こっちのほうがカッコイイと若者は飛びついた。ロールアップジーンズにエンジニアブーツを合わせてね。あの映画はまさに教科書だったんだ」

飯塚さん所有の珠玉のショットコレクションの数々は、ヴィンテージライダースに造詣が深い田中凜太郎氏の手により製作されたショットの100周年記念本『Schott Book』でも披露されている。

「ショットの仕事に携わる25年以上前から、地道に収集していたからね。ショットは時代によって様々なシルエットやディテールの変遷があるから面白い。昔のライダースジャケットは使用される部材が統一されているわけではなく、同時期に様々な種類のジッパーがあったりする。でもそこに奥深さを感じるよね。これだけ色々なヴィンテージを見てきても、今なお新しい発見があるから」

コレクターに聞く、ブランドの魅力。

Schottディレクター
**飯塚記一さん**

ショットのディレクションをするボス。愛車はハーレー1980年製FXWG・ショベルヘッド。ショットのヴィンテージコレクターであり、通常では手に入らない希少な逸品を数十枚所有

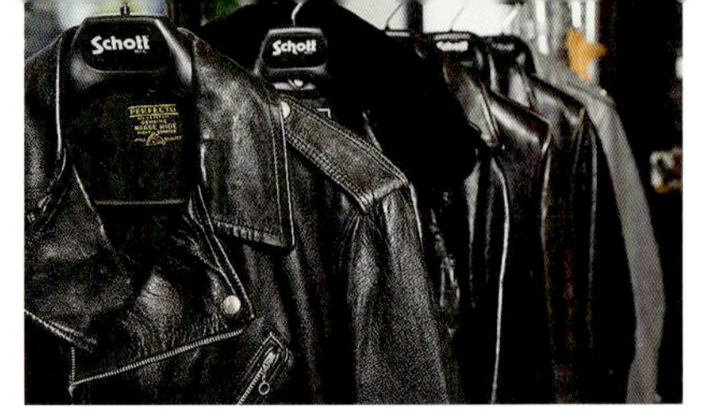

1950～1970年代の希少なヴィンテージコレクションを紹介してくれた飯塚さん。復刻モデルを制作するときも、彼のコレクションをベースにすることが多いそうだ

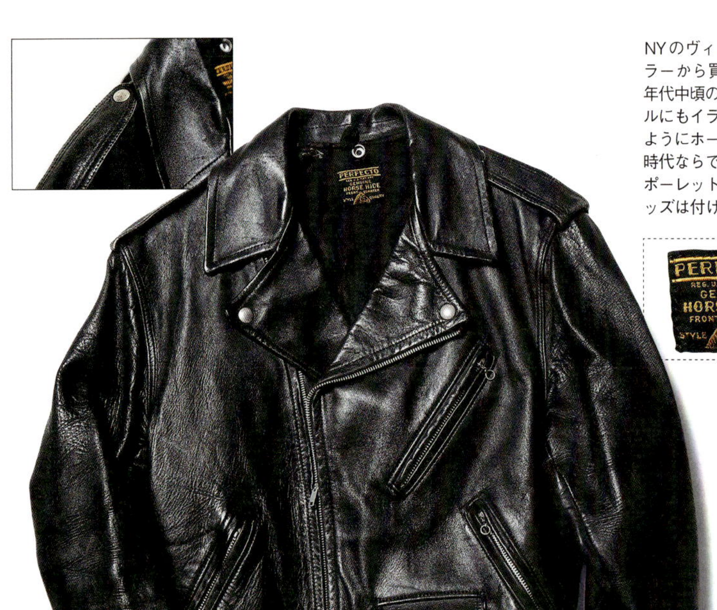

NYのヴィンテージディーラーから買った希少な'50年代中頃のモデルは、ラベルにもイラストが描かれるようにホースハイド。この時代ならではの短丈に、エポーレットにはまだ星スタッズは付けられていない

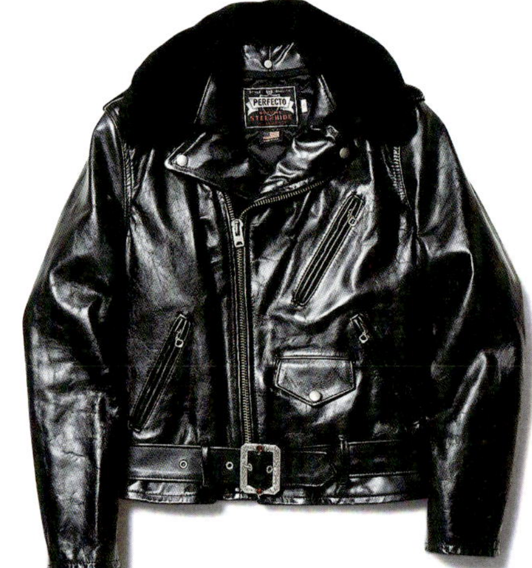

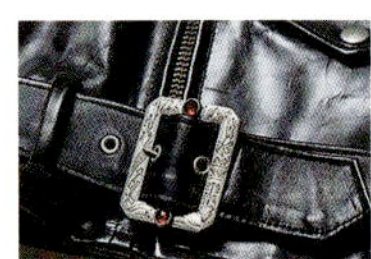

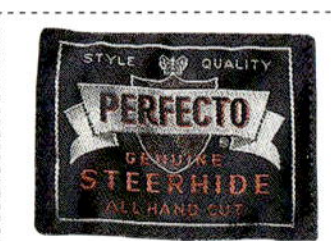


限定300着の2013年の100周年記念モデルはステアハイドに変更された'50s後期モデルがベース。バックルはHTCに製作を依頼したネイティブ柄+ストーン。エポーレットも'50年代のワンスター仕様を再現

## 飯塚さん所有のコレクションが、ショットの歴史を物語る。

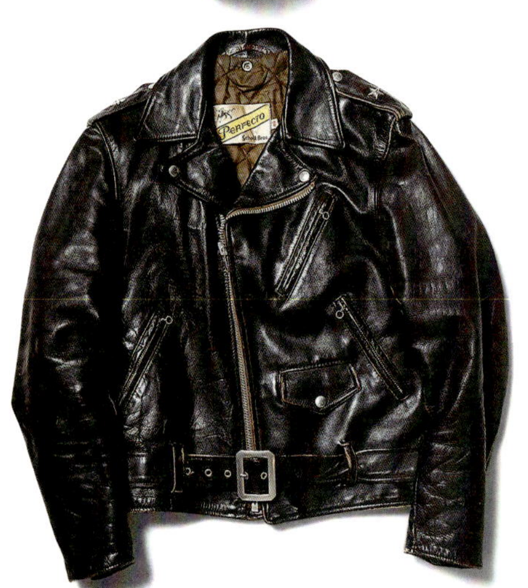

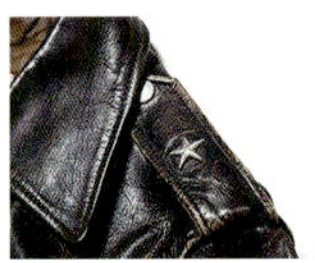

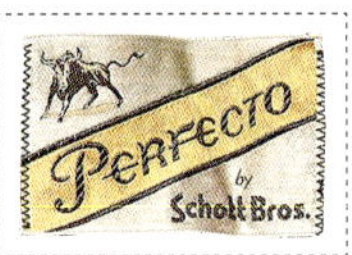


まさにラモーンズスタイルな細みの'70sモデルは、ブラウンボディに、裏地は同色のキルティング。「ウエストベルトがやたら短いのが特徴的。この時代、防寒ではなく、飾りベルトの要素が大きかったのかもね」

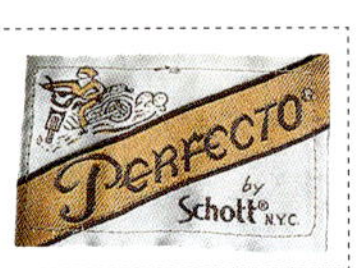


荒々しいステアハイドの'80年代頃のモデル。タグもバイクのイラストのタイプに変更。バイクのピンバッジは1999年に浅井健一さんとコラボしたもので、彼が乗っているバイクがモチーフ。ジッパーの形状も独特

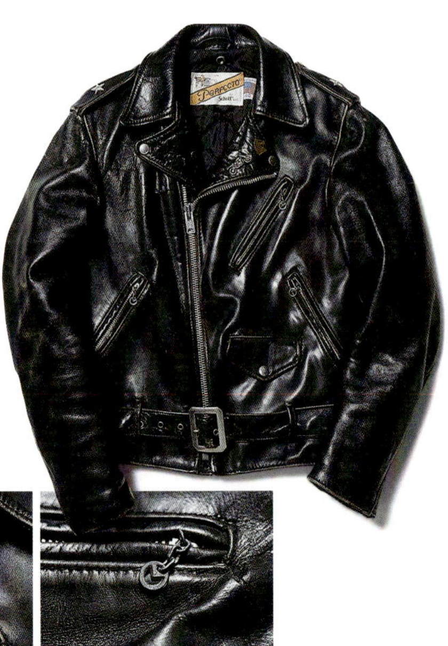

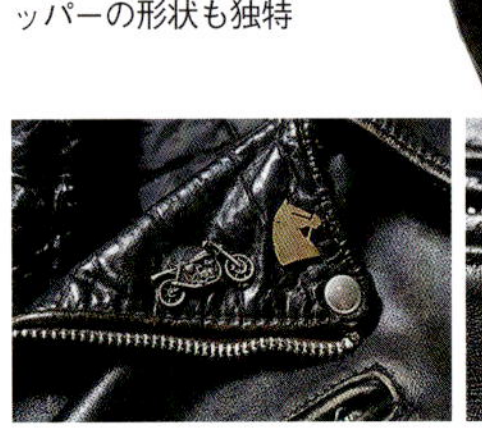

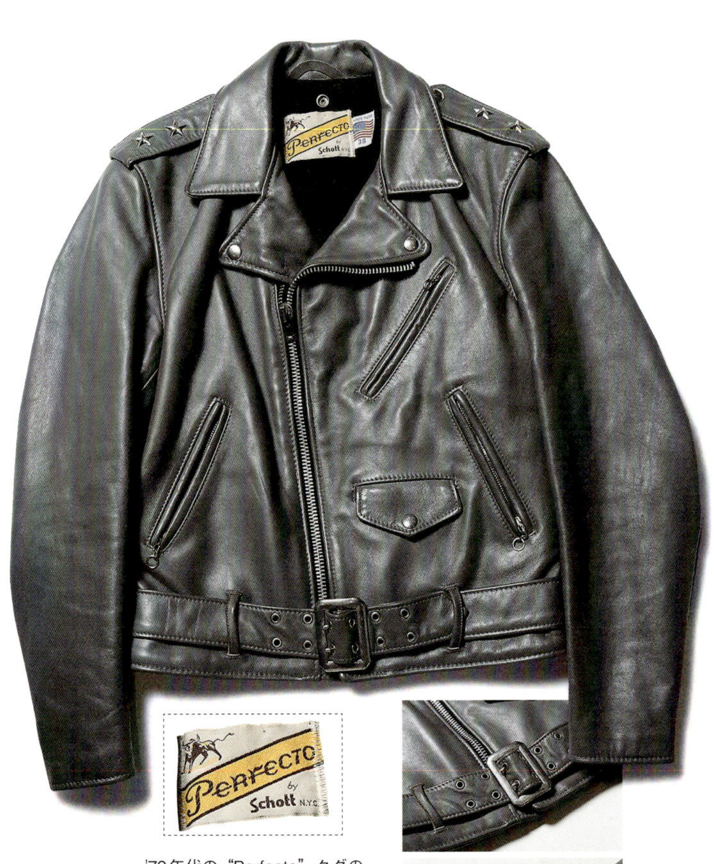

'70年代の"Perfecto"タグのついたこのモデルは、ビームス25周年の際に制作したグレーモデル。2スターでベルトのアイレットも2つ。「ベースは'70sのモデル。でもこの色、コーディネイトは難しいよ」

# Leathers

THE KNOWLEDGE OF RIDERS JACKET_#03

## 英国紳士の美学が宿る
# ブリッティシュライダースの雄。

**米国のメーカーがひしめくライダースジャケットの世界で、
トップブランドの地位を守る唯一の英国ブランド『ルイス・レザーズ』。
英国ならではの細身でタイトなシルエットに、ファッション性の高い色使いは
バイク乗りのみならず、ロッカーズやモッズといったストリートファッションや
数多くの有名ミュージシャン・アーティストを虜にしてきた。**

text/M.Terano 寺野正樹　photo/Y.Nomoto 野本裕司　Getty Images

**#391
LIGHTNING**

1958年に誕生。4つのジップポケットと2連のバックルなどルイスを代表する1枚と言える。クラッシュやセックス・ピストルズのメンバーなど多くのロックスターに愛されたことでも知られる。17万6040円

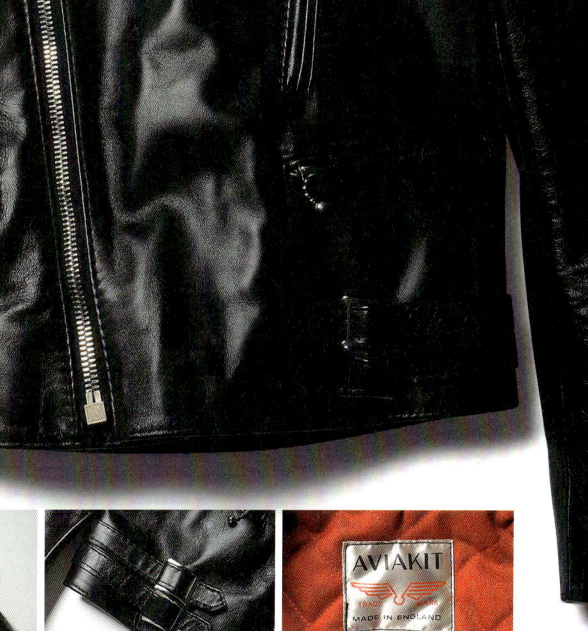

'70sモデルで見られるCLIXジッパーは栓抜き型と言われる形。袖のスリーブポケットやツインウエストバックル、そして赤色のライニングはルイスを象徴するディテールだ

英国生まれのルイス。そのルーツは旧く、1892年、創業者D・ルイスが始めた紳士用オートスポーツ用品店に端を発する。'30年代に当時成長産業だった航空産業の需要に応え『AVIAKIT』ブランドを発表。ちなみにこの言葉はアビエーション（飛行）とキット（道具）を合わせた造語。'30〜'40年代は英国空軍に納入するなど好調だったが、第二次大戦後は不況の影響で低迷する時期も。その後、'50年代には高い技術を活かして再びモーターサイクルウエアに着手し、高い評価を得る。

同じ頃、米国で公開されたマーロン・ブランド主演の『ワイルドワン』（邦題：乱暴者）が若者に大ブレイク。この頃、英国にはいわゆるダブルのライダースジャケットはなかったが、欧州では最も早くダブルタイプを発売し、若者たちの間にルイスの名を知らしめた。'60年代にはバイクカルチャーから生まれた一大ムーブメント『ロッカーズ』や『モッズ』の若者たちからも絶大な支持を集める。'70年代に入り、英国バイクレースの隆盛とともにチームカラーに合わせたカラフルなレザージャケットの製作が盛んに。その後、そのファッション性の高さに目をつけたアーティストやパンクミュージシャンたちもこぞって愛用した。

誕生から120年超、英国らしいスタイリッシュなスタイルで今もなお多くの人を魅了し続けている。

# Lewis

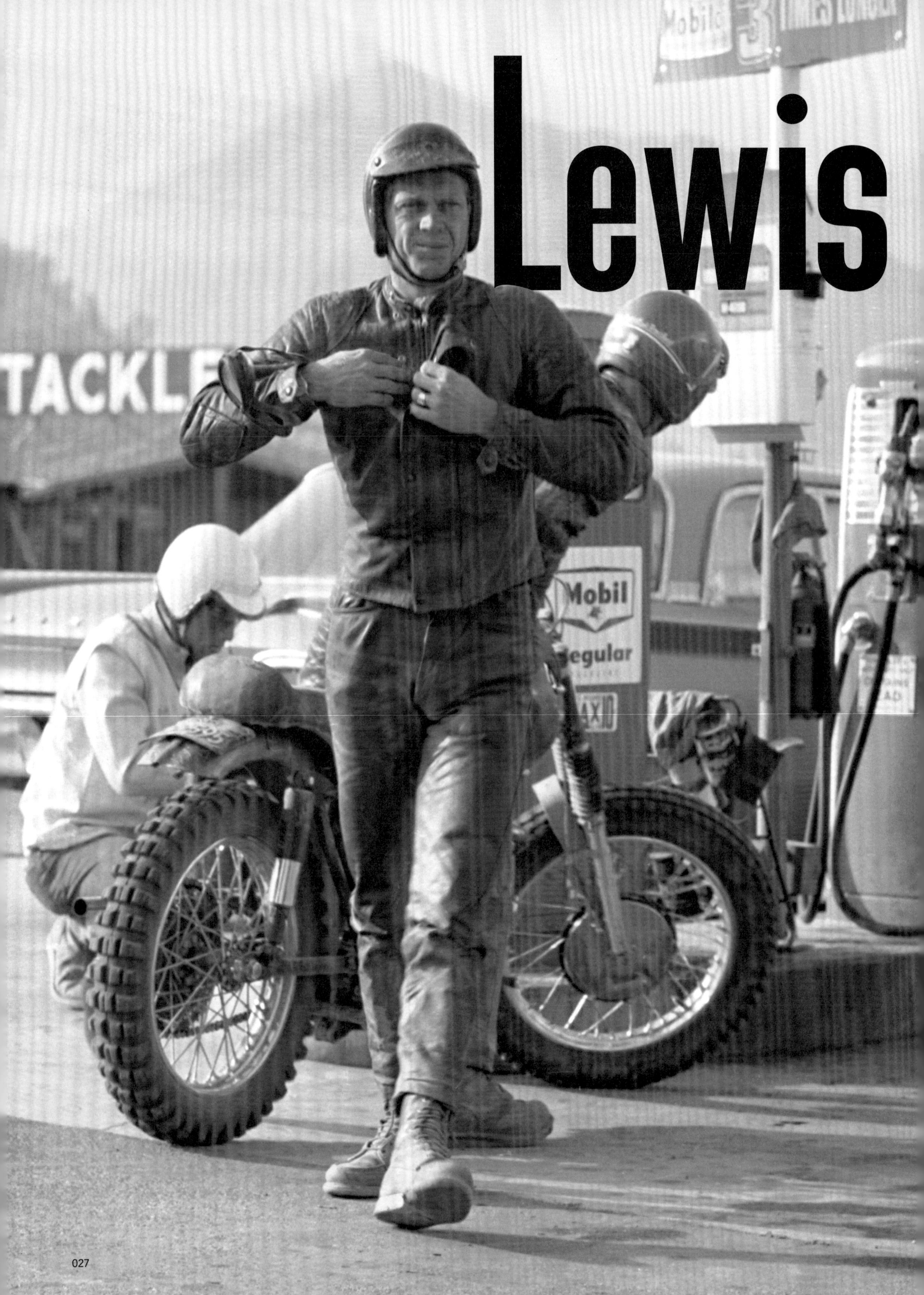

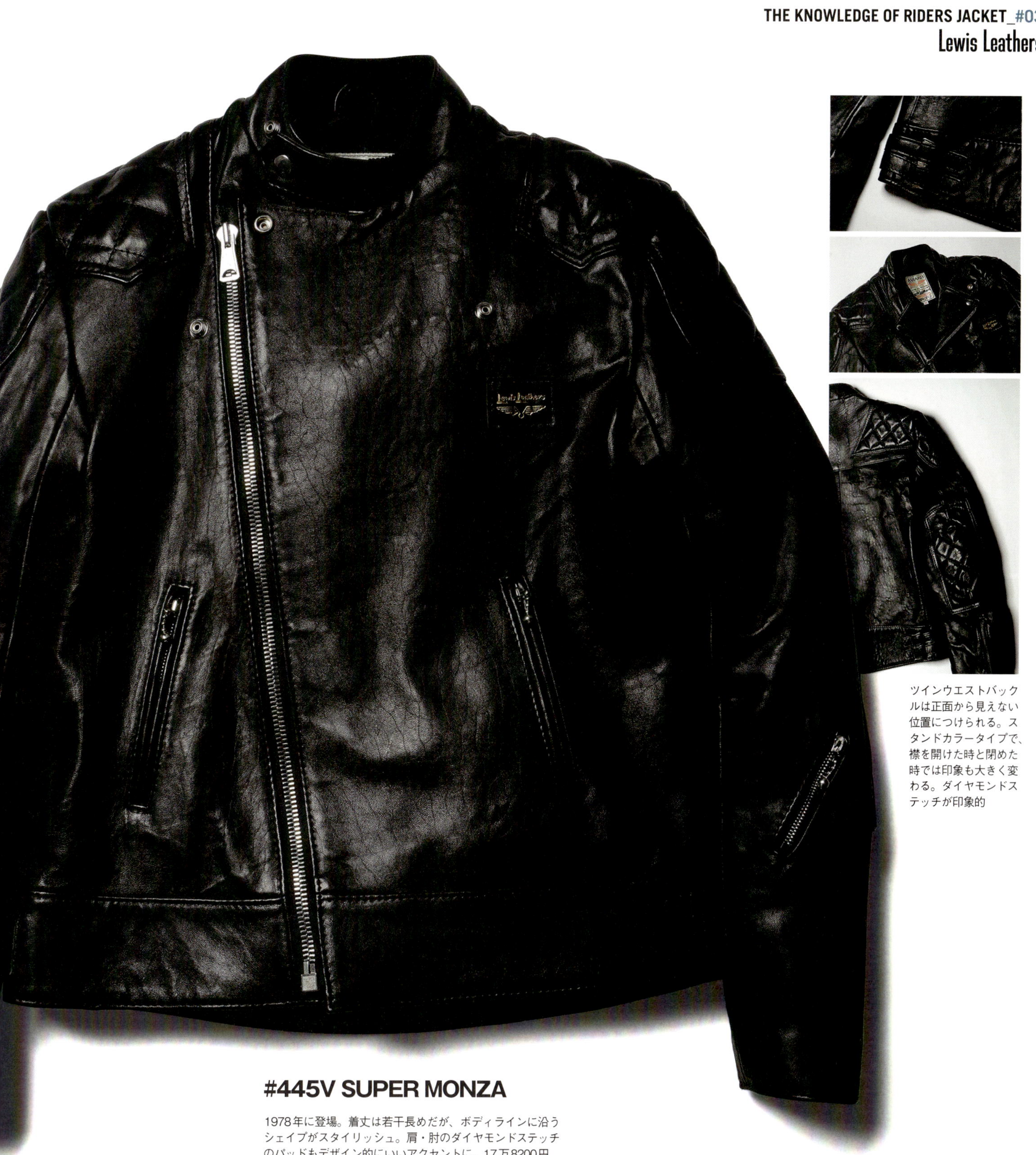

ツインウエストバックルは正面から見えない位置につけられる。スタンドカラータイプで、襟を開けた時と閉めた時では印象も大きく変わる。ダイヤモンドステッチが印象的

**#445V SUPER MONZA**

1978年に登場。着丈は若干長めだが、ボディラインに沿うシェイプがスタイリッシュ。肩・肘のダイヤモンドステッチのパッドもデザイン的にいいアクセントに。17万8200円

## 歴史を彩った名品たちの饗宴。

# athers Products

COLUMN

## 洒落たカラーライダースはルイスの伝統。

1970年代に入るとルイスは世界に先駆けて、多様なカラーレザーをラインアップ。ファッション性の高さを打ち出したことで、ミュージシャンなど感度の高い人たちからの人気を博した

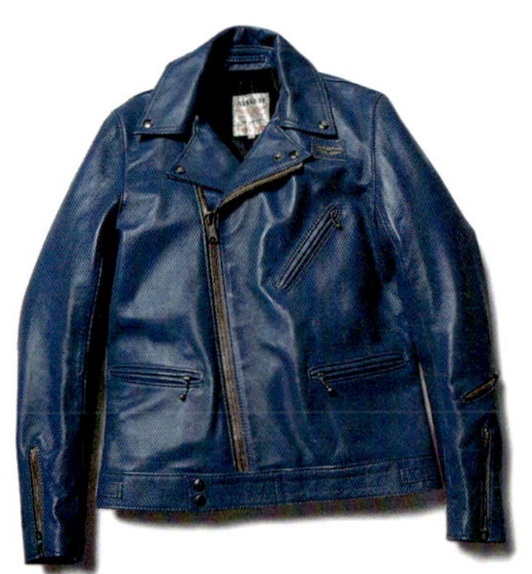

**#441T T.F CYCLONE**

タイトフィットがシェイプラインを持つサイクロンのブルーカラーモデル。もう少し濃いネイビーもある。バイクのカラーとコーディネイトできたら、ライダース上級者

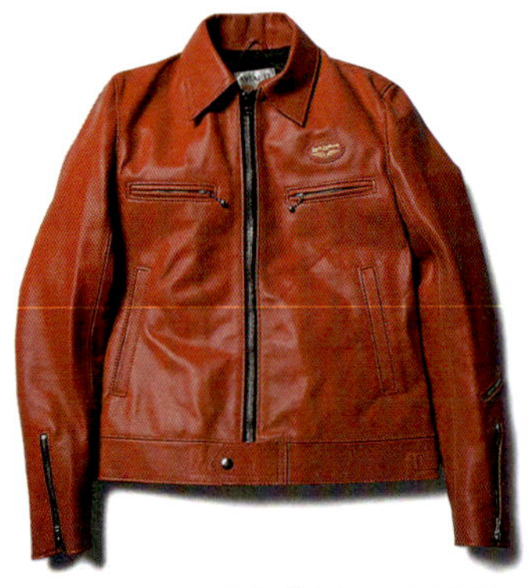

**#551T T.F DOMINATOR**

ドミネーターの赤色バージョン。シンプルなだけに色で遊ぶというのもオシャレ。赤の革ジャンをさらっと着こなすには勇気と自信が必要だが、女性だと着やすいかもしれない

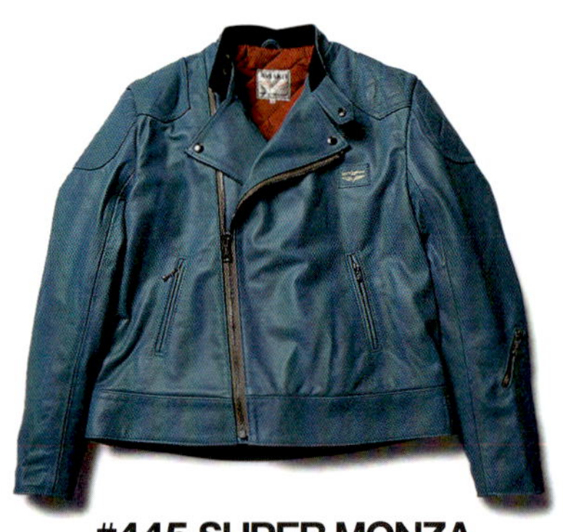

**#445 SUPER MONZA**

鮮やかなターコイズブルー。右ページで紹介している『SUPER MONZA』の色違いだが、色が変わるだけで全く別物に見えるから不思議。他にもブラウンやネイビーもある

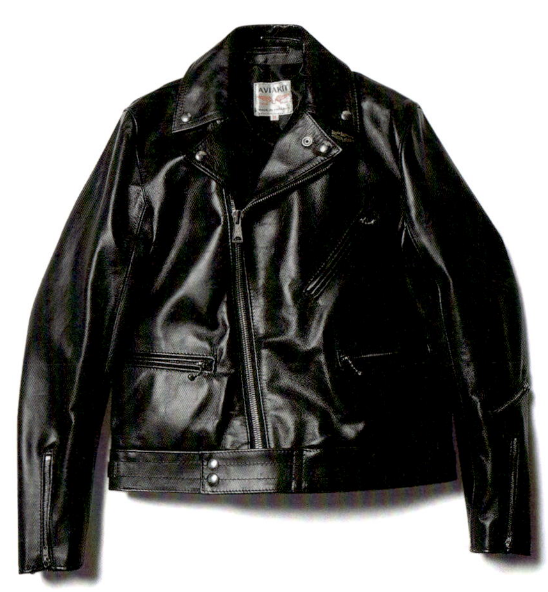

**#441 CYCLONE**

1973年に発売。シンプルなダブルライダース。バックは1枚革を贅沢に使用する。クラッシュのミック・ジョーンズやジョニー・サンダースが愛用していた。17万6040円

**#551 DOMINATOR**

シンプルなシングルモデルのドミネーターは1962年頃に登場した。パンクヒーロー、セックス・ピストルズのシド・ビシャスが着用していたことで知られる。17万6040円

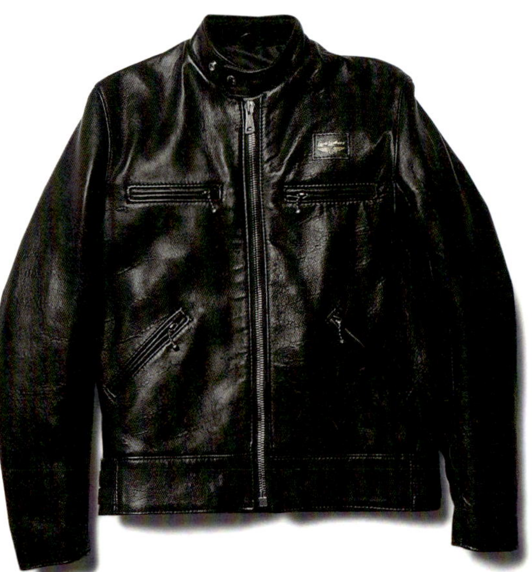

**#68V SUPER SPORTSMAN**

1968年に登場したシングルタイプの『SPORTSMAN』の後継モデルとして'75年に登場。ライディング時、裾からの風の進入を防ぐために着丈も長くなった。17万6040円

# Lewis Le

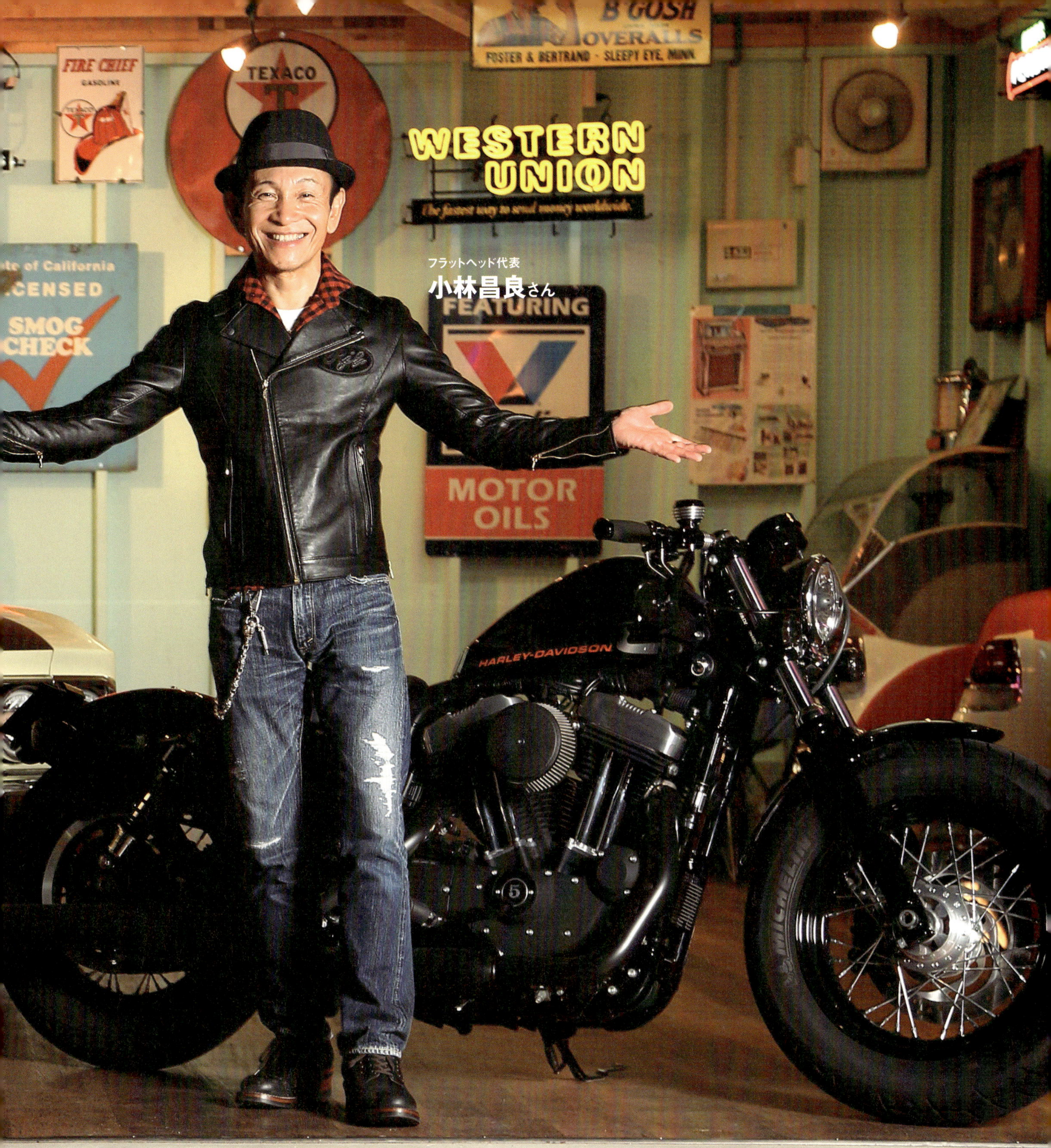

フラットヘッド代表
**小林昌良さん**

# AD

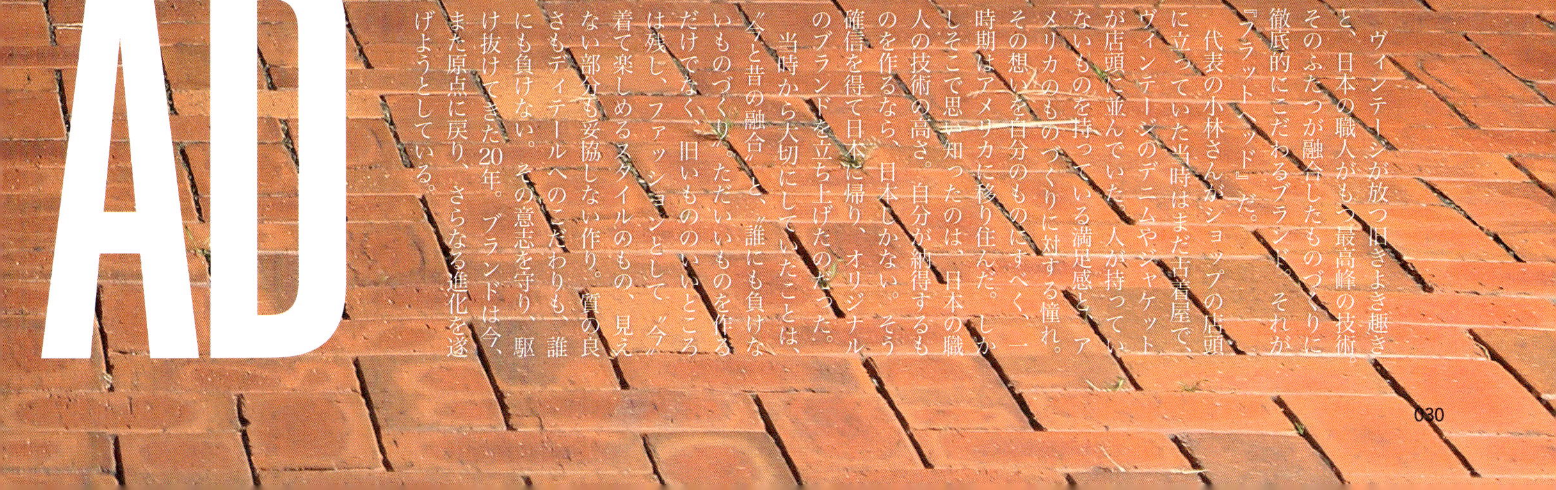

ヴィンテージが放つ旧きよき趣きと、日本の職人がもつ最高峰の技術。そのふたつが融合したものづくりに徹底的にこだわるブランド。それが『フラットヘッド』だ。

代表の小林さんがショップの店頭に立っていた当時はまだ古着屋で、ヴィンテージのデニムやジャケットが店頭に並んでいた。人が持っていないものを持っている満足感とアメリカのものづくりに対する憧れ。その想いを自分のものにすべく、一時期はアメリカに移り住んだ。しかしそこで思い知ったのは、日本の職人の技術の高さ。自分が納得するものを作るなら、日本しかない。そう確信を得て日本に帰り、オリジナルのブランドを立ち上げたのだった。

当時から大切にしていたことは、〝今と昔の融合〟と、〝誰にも負けないものづくり〟。ただいいものを作るだけでなく、旧いもののいいところは残し、ファッションとして〝今〟着て楽しめるスタイルのもの、見えない部分も妥協しない作り。質の良さもディテールへのこだわりも、誰にも負けない。その意志を守り、駆け抜けてきた20年。ブランドは今、また原点に戻り、さらなる進化を遂げようとしている。

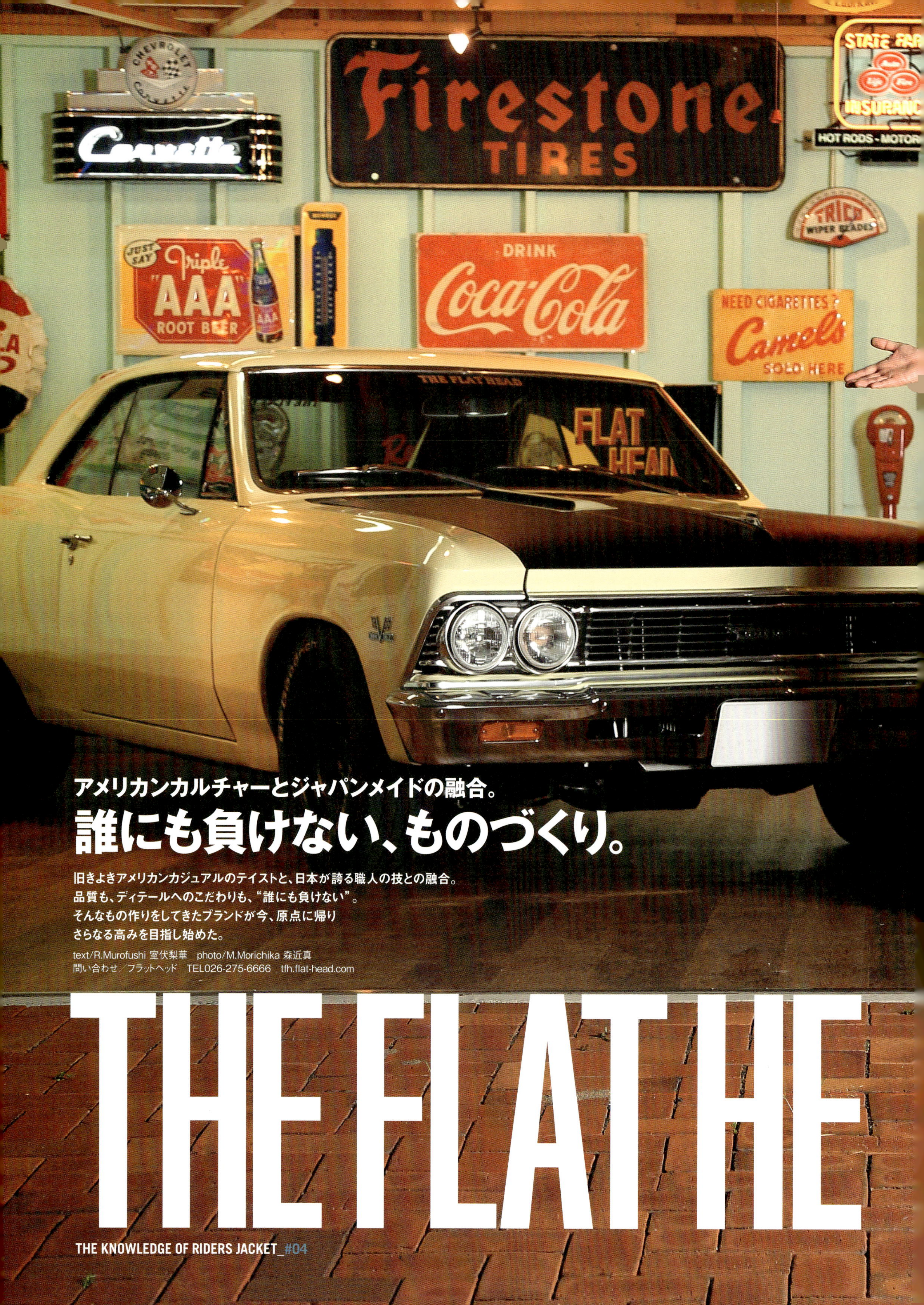


アメリカンカルチャーとジャパンメイドの融合。

# 誰にも負けない、ものづくり。

旧きよきアメリカンカジュアルのテイストと、日本が誇る職人の技との融合。
品質も、ディテールへのこだわりも、“誰にも負けない”。
そんなもの作りをしてきたブランドが今、原点に帰り
さらなる高みを目指し始めた。

text/R.Murofushi 室伏梨華　photo/M.Morichika 森近真
問い合わせ／フラットヘッド　TEL026-275-6666　tfh.flat-head.com

# THE FLAT HE

THE KNOWLEDGE OF RIDERS JACKET_#04

フラットヘッドのこだわり❶

## 薄化粧の上質な革を使用。

**中の地が見えるのは、いい革の証!**

ごまかす必要のない上質な革を厳選しているので、表面はほんのり化粧するだけ。すると、着こむことで地の色が見えてくるのだ。「昔のヴィンテージっぽく、極端に見せようとしたら、初期のモデルはやりすぎちゃった(笑)」

Before

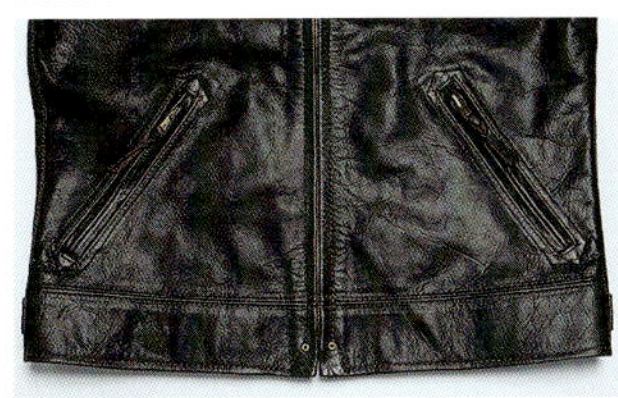

After

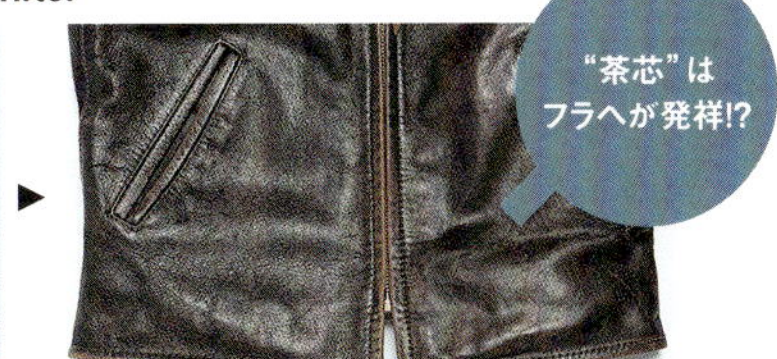

"茶芯"はフラへが発祥!?

フラットヘッドのこだわり❷

## パーツごとに適した革質を割り当てる。

**動きをジャマしない快適な着心地!**

例えば同じ馬革でも、体の部位によってシボの入り方や柔らかさに違いがある。その違いを適材適所使い分け、着ていてもストレスを感じない1着に仕立てているのだ

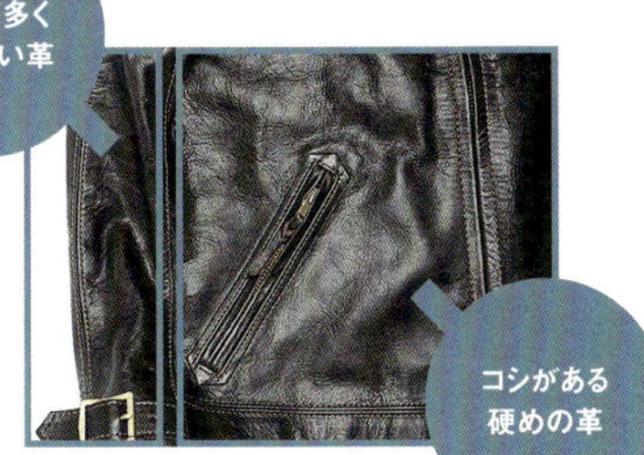

シボが多く柔らかい革

コシがある硬めの革

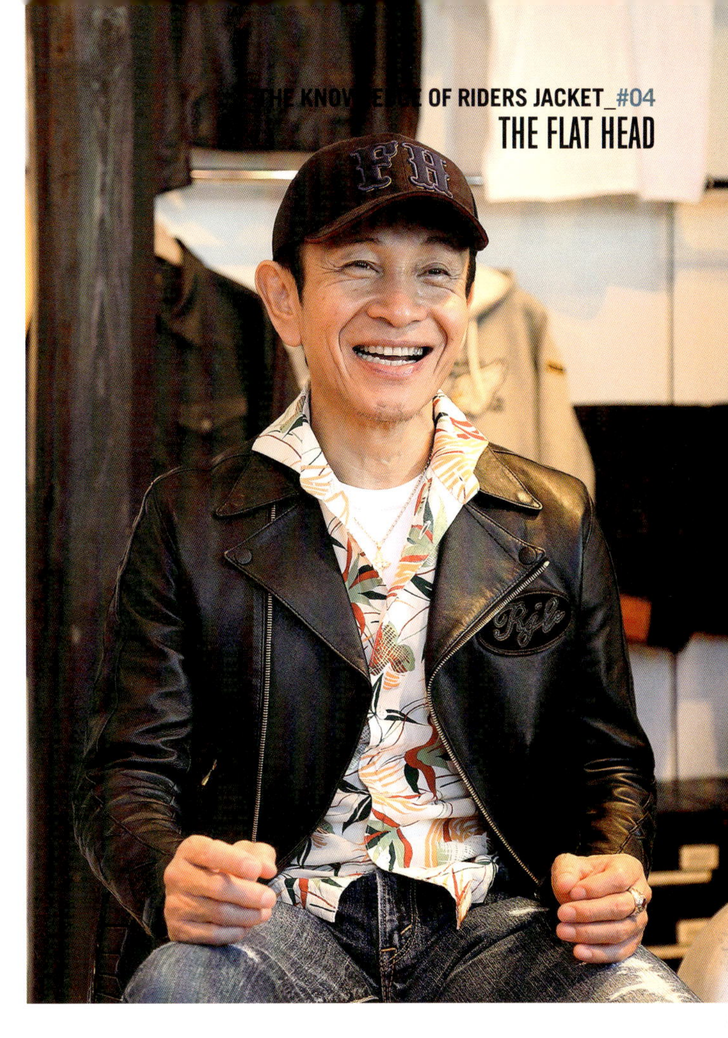

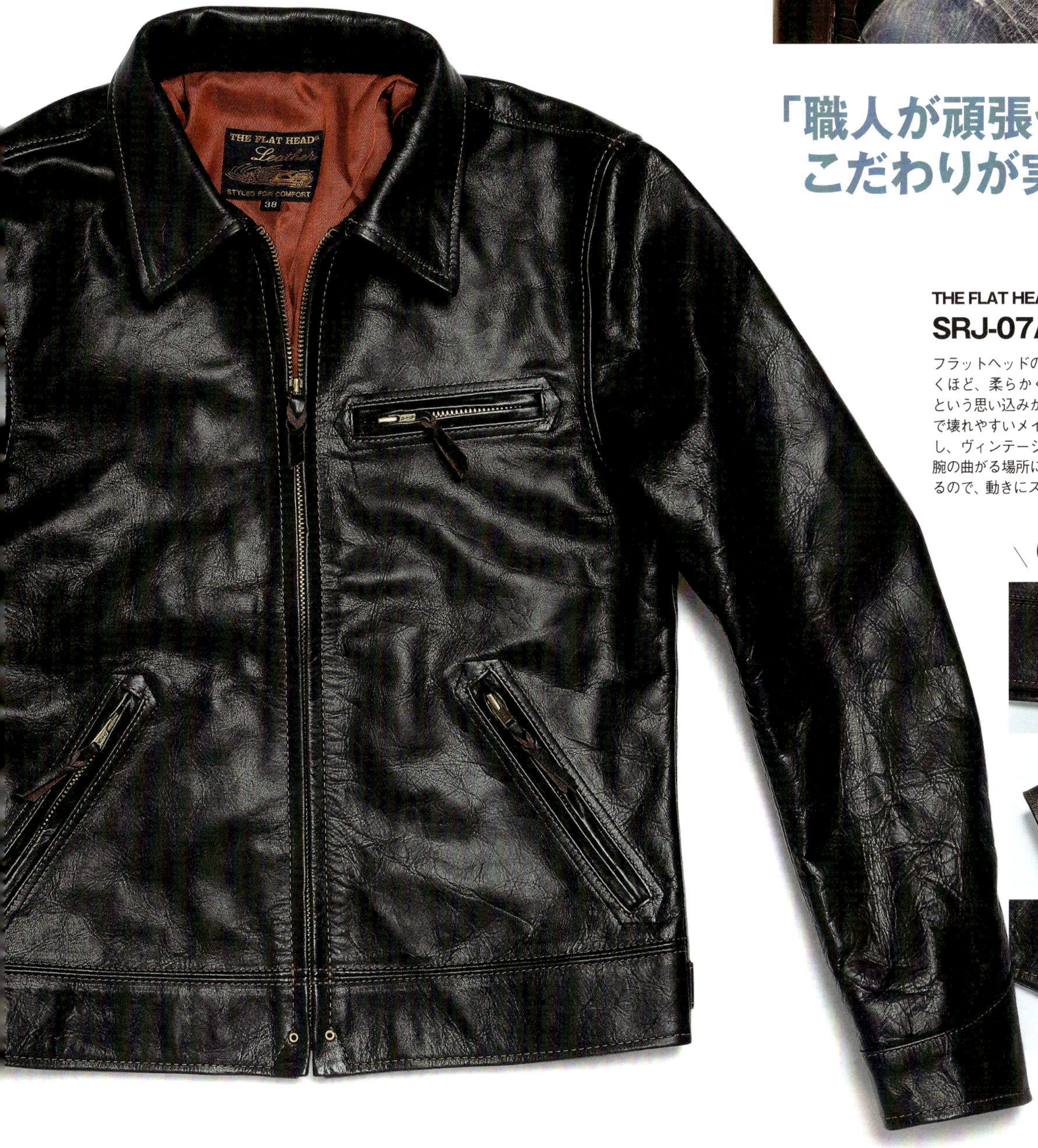

## 「職人が頑張ってくれるから、こだわりが実現するんです」

THE FLAT HEAD

### SRJ-07A

フラットヘッドの馬革は、袖を通してみると驚くほど、柔らかくてしなやか。厚い革は硬い、という思い込みが覆される。長年愛用することで壊れやすいメインジッパーには、ハトメを配し、ヴィンテージなディテールと強度をプラス。腕の曲がる場所にシボのある部位を使用しているので、動きにストレスを感じない。21万円〜

＼ ほかにもこだわりは満載! ／

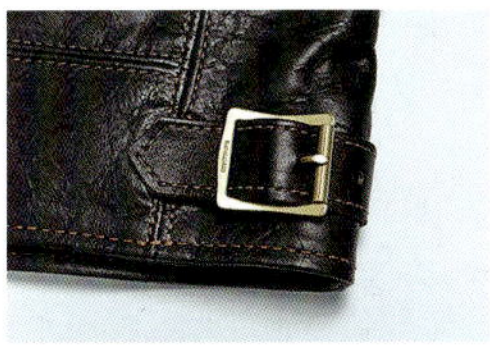

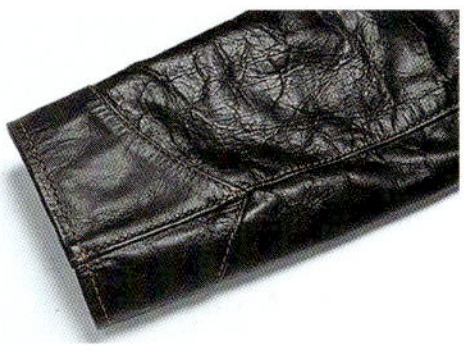

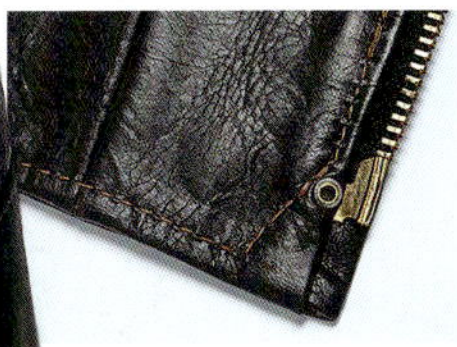

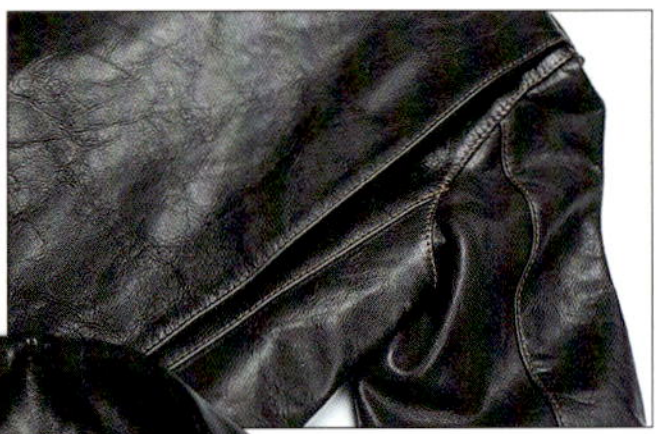

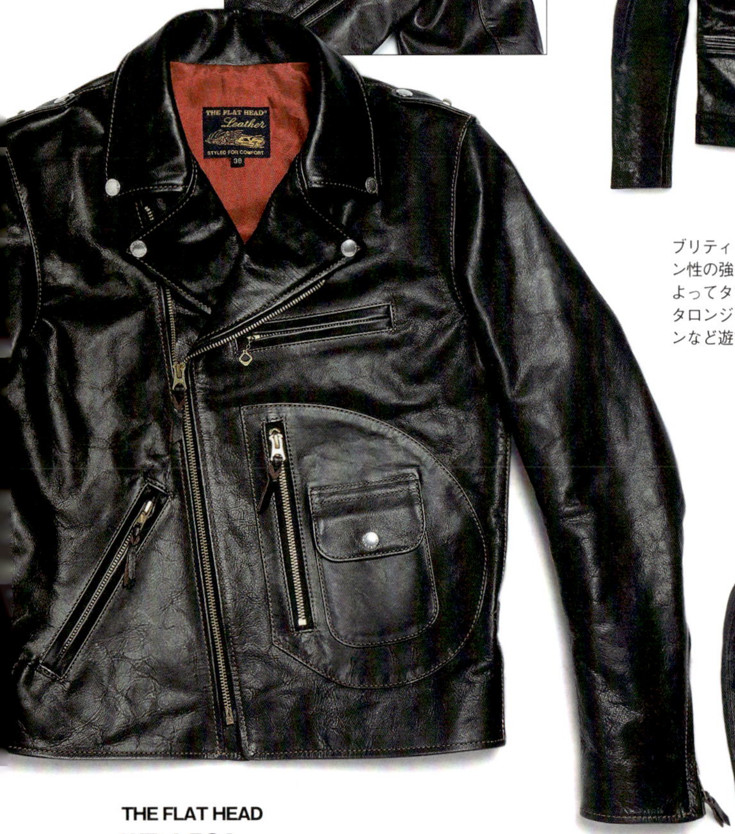

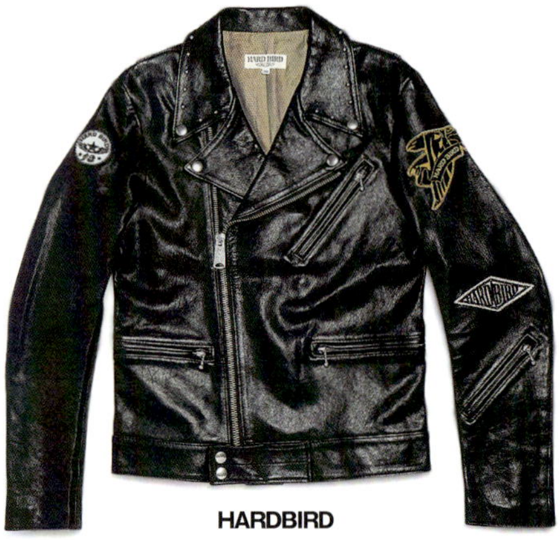

HARDBIRD
**RDJ-01HB**

ブリティッシュなシルエットで、ファッション性の強い1着。裏地のレーヨンは、角度によってタマムシのように色が変化。大きめのタロンジップや襟のスタッズに、袖のワッペンなど遊びゴコロ満載の仕上がり。23万円

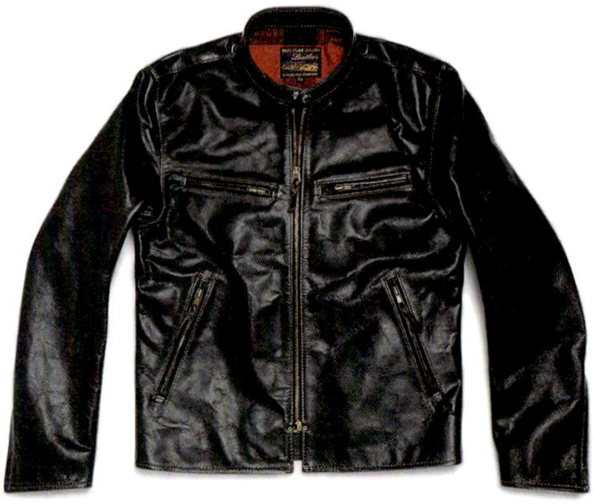

THE FLAT HEAD
**SRJ-06A**

フラットヘッドの馬革は、世界に2社しかない原皮から仕上げまで一連の作業を受け持つ工場に依頼している。そんな一級品のレザーと、ヴィンテージに近い風合いに仕上げたジッパーのコントラストが秀逸。21万円〜

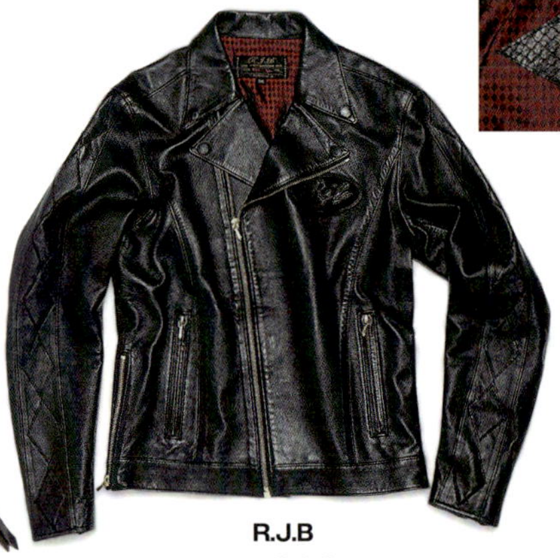

THE FLAT HEAD
**WRJ-53A**

いわゆるダブルのライダースも、フラットヘッドが手掛けると、ヴィンテージなディティールを残したスタイリッシュな1着に仕上がる。レザーは下地を茶色に染め、その上に染料を幾度かに分けて重ねた、手の込んだ素材。着込んで革が擦れると地の色が現れ、世界にひとつのライダースに育っていく。26万円〜

R.J.B
**LJ302**

スリーブは、腕の自然なラインに沿ってパターンを作成している手間のかかった造り。だからこそ、違和感のない自然でなじみのいい着心地なのだ。そのスリーブには、オリジナルのダイヤ柄を編み上げ。26万円

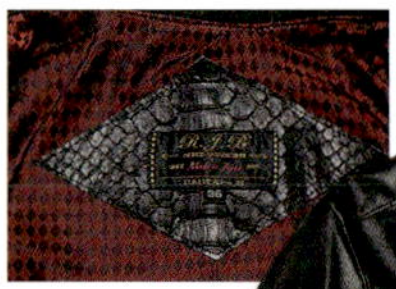

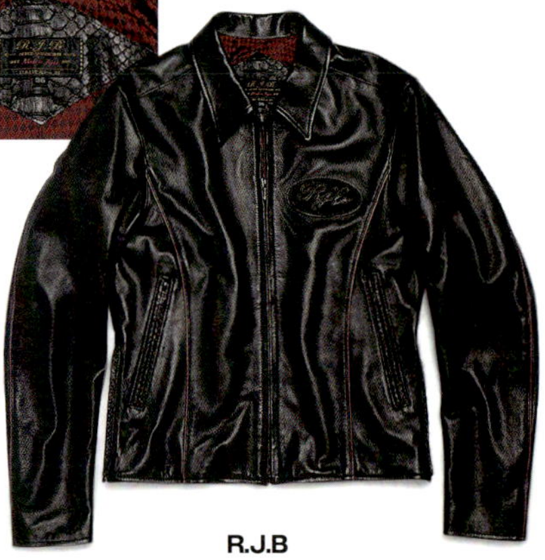

R.J.B
**LJ502**

非常に軽くはじめからストレスなく着用できるラムスキン。中綿にシンサレートを採用しているので、スタイリッシュながら保温性も確保している。内側のタグやジッパー部分にパイソンレザーを配している。25万円

COLUMN

レザーアイテムを豊富に揃えた新店舗がオープン!

## フラットヘッド カスタムストア

ストックバーグファクトリー千曲店がリニューアル。レザージャケットやベストなど革製品を豊富に揃え、ライダースのカスタムにも対応。店舗限定のサービスもどんどん展開される予定の、注目ショップだ！

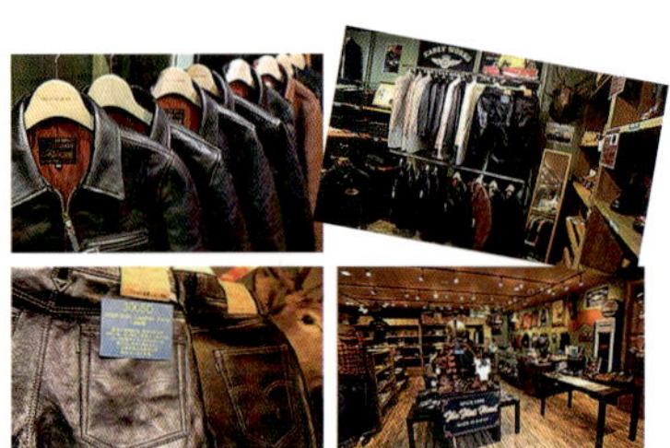

カスタムオーダーもできる!

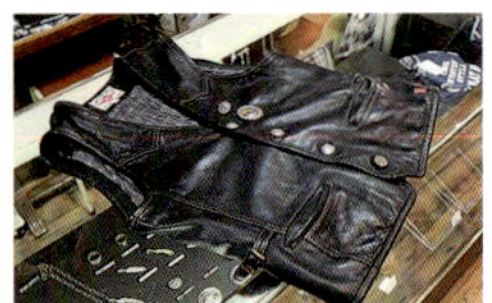

今後、店舗限定で手掘りのコンチョボタンも企画中。フラットヘッドのアイテムなら、すでに購入したものもカスタムオーダーできる

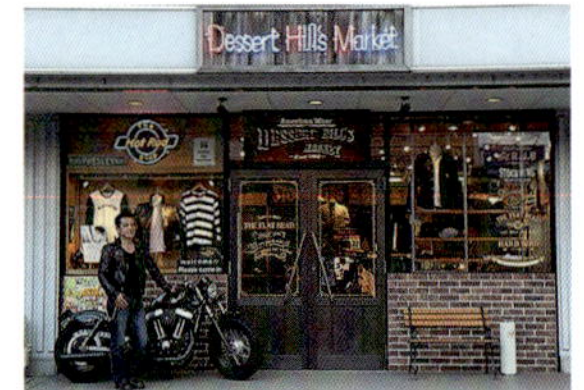


**Shop Info**
長野県千曲市桜堂359-1　TEL026-274-3347
11時半〜19時半／水曜定休

「当時は最先端で、ほかにはないフラットヘッドオリジナルの技術でも、時が経てばほかのブランドも同じような技術を取り入れて、数ある中のひとつになってしまう。〝負けない〟ためには、こだわりを守り続けるだけでなく、進化が必要なんです」

そう語る小林さん。例えばレザージャケットでいうと、今どこのブランドでも謳っている〝茶芯〟というフラットヘッドでは10年以上前から、薄化粧で、表面がかすれると地の色が現れる、いわゆる〝茶芯レザー〟を採用していた。ただし茶芯という表現はしておらず、お客様から「〝茶芯は現れますか?〟と聞かれ、「今そんな風に呼んでいるんだ！」と知ったんだとか。

そんな風にオリジナルだったものが定番になりつつあることを感じ、小林さんが大切にしている〝ほかの人が持っていないものを持っている満足感〟を守るべく、今年のコレクションから大幅な改良を加えている。主な進化は、技術の革新。わかりやすくデザインが変わるわけではなく、ベースを活かしたまま、より壊れにくく、より使い勝手よく改良が施されている。腕効きの職人をも悩ませるミリ単位のこだわりは、確実に他の追従を許さない。

フラットヘッドのジャケットに腕を通せば分かるはず。ストレスを感じさせない着心地や、しなやかで上質な革。「このジャケット、いいだろ!?」と、自慢したくなるはず。

# TOYS McCOY

## 旧きよき世界を追い求め
## 伝説のジャケットを現代に復刻。

モーターサイクルカルチャーの歴史と共に進化を遂げてきたライダースジャケットたち。トイズマッコイが蘇らせる復刻モデルは、そんな各時代を代表する質感やディテールを忠実に再現している。さらにそこに機能性を考慮した独自のギミックもさりげなくプラスすることで、今の時代に対応する究極のレザージャケットが誕生する。

text/M.Kuwabara 桑原将嗣　photo/S.Tsutsumi 堤晋一
問い合わせ／トイズマッコイストアー　TEL03-5766-1703　www.toys-mccoy.com

### BECK 333 DOUBLE RIDERS JACKET

**REPRODUCT**

幾度かにわたり復刻してきたが、これは見頃にスラッシュポケットの付くバージョン。裏地のチェックはもちろん、経年変化による風合いの変化もヴィンテージさながら。19万4400円

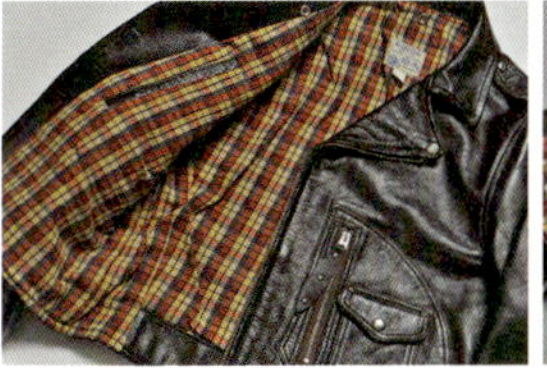

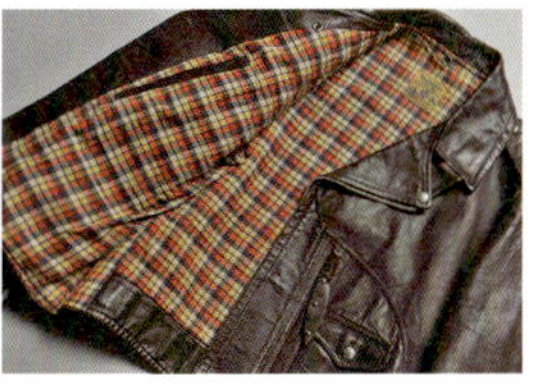

裏地のチェックのフランネル生地の質感も忠実に再現。さらにポケットの配置やタグまで限りなく当時のモデルに近づけており、見分けるのは困難だ

**ORIGINAL**

全米屈指のモーターサイクルアクセサリーディーラー、ベック社が'40年代中期に発表。ラセットブウランのカラーに加え、右身頃にスラッシュポケットが付いたモデルは非常にレア

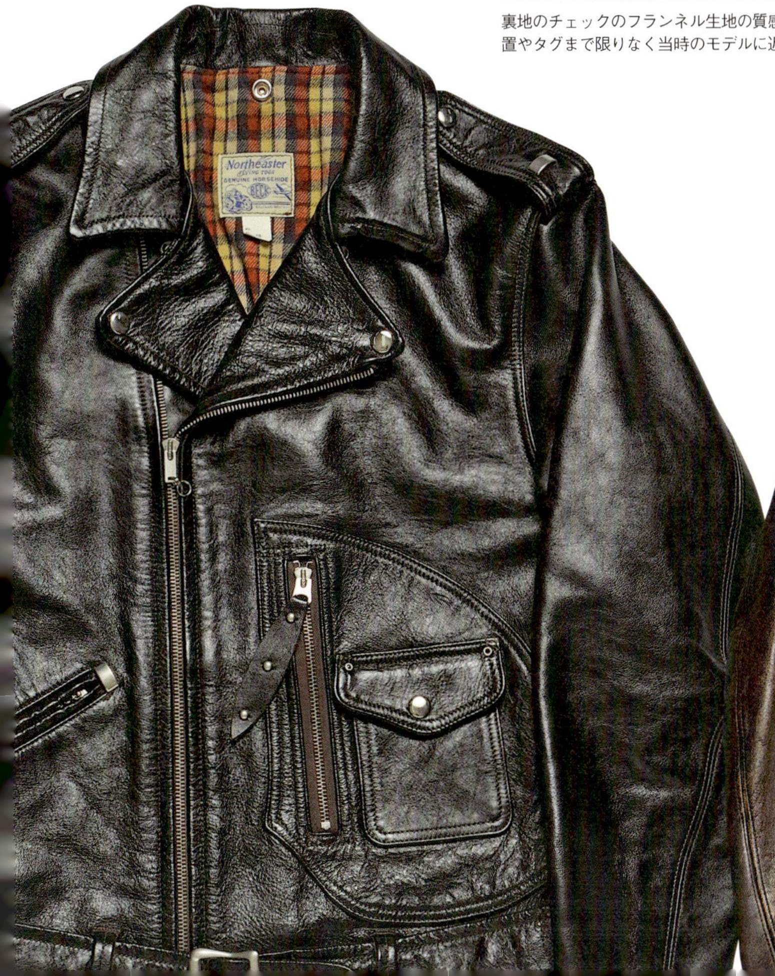

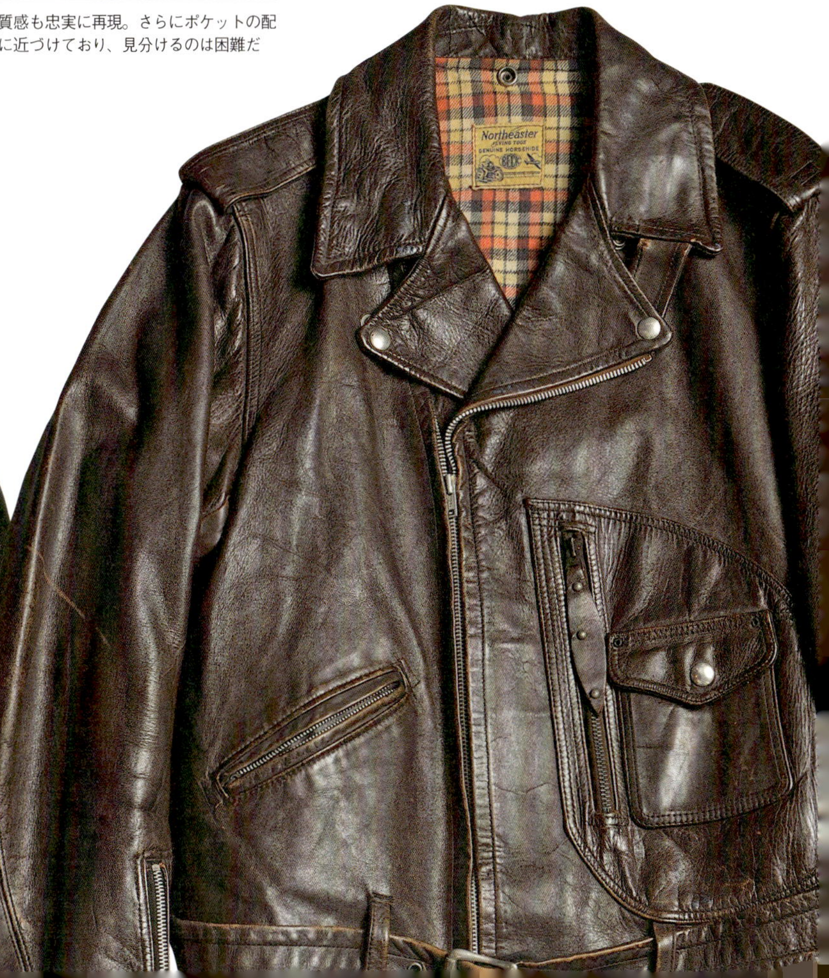

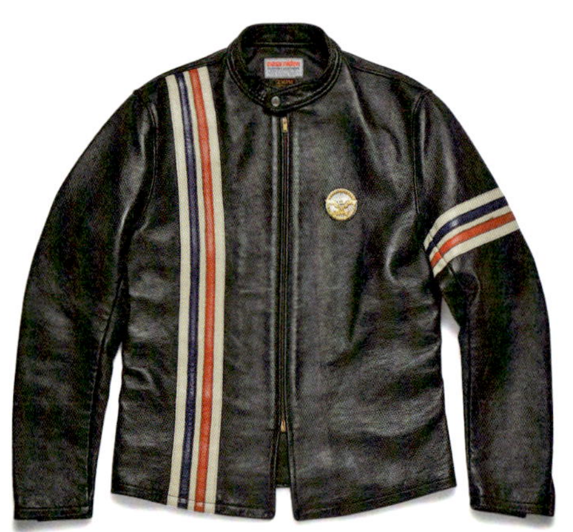

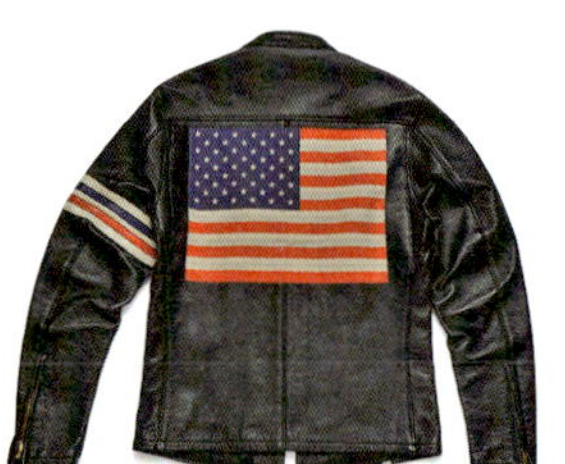

### EASY RIDER™ SINGLE LEATHER JACKET "WYATT"

映画『イージー★ライダー』のピーター・フォンダ着用モデルを公式ライセンスを取得し完全復刻。今季は内ポケットを新たに装備。21万6000円



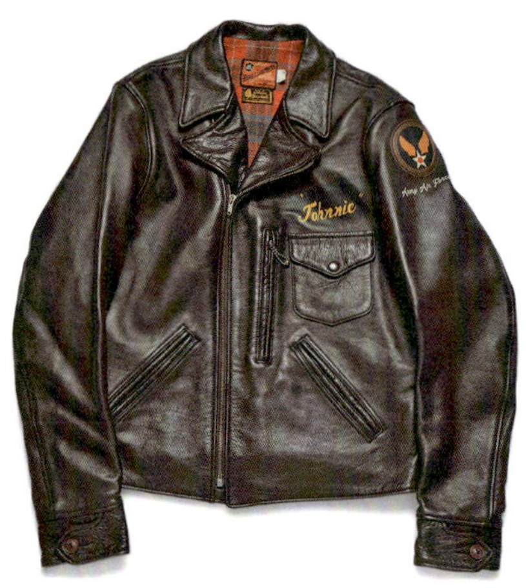

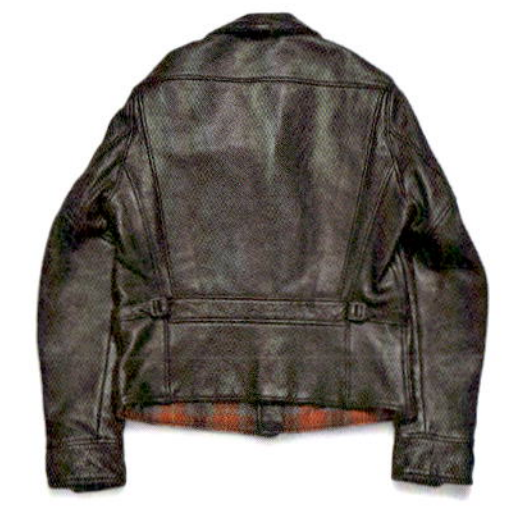

### 30s LEATHER JACKET "MICHIGAN WIND" ARMY AIR FORCES VER. "JOHNNIE"

様々なモデルが存在した'30年代のフライトジャケットのなかでも、人気が高かったダブルブレステッドのバリエーションをサンプリング。A.A.F.章もカスタム。21万600円

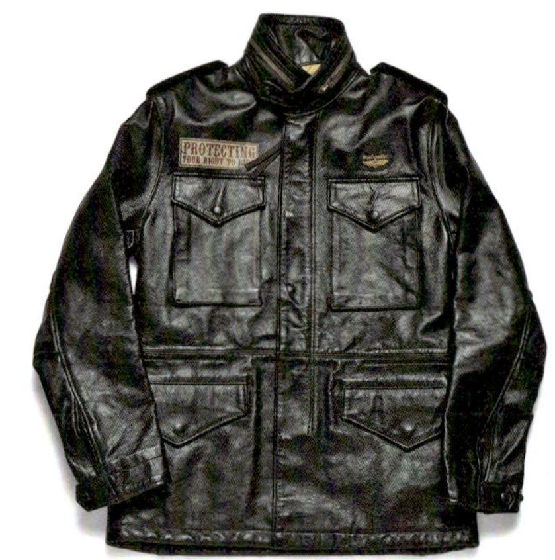

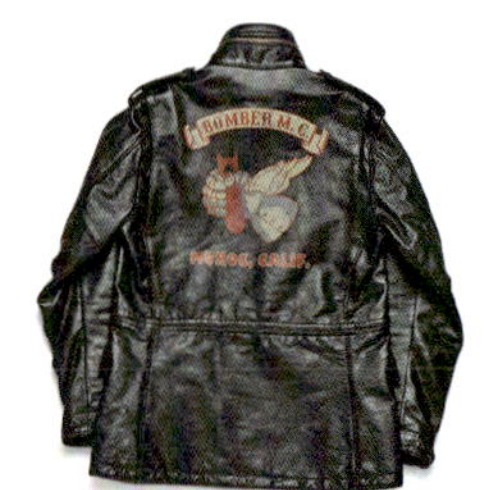

### M-65 LEATHER JACKET "BOMBER M.C."

フィールドジャケットの定番モデルM-65をホースハイドのレザーで再現。帰還兵が結成した設定の、架空のモータサイクルクラブをモチーフにしたカスタムが秀逸。23万5440円

## 旧きよきシルエットと現代の機能美の融合。

ヴィンテージの姿をリアルに再現するトイズマッコイのレザージャケットは、細部にまでこだわり抜いた見た目も美しいが、実際に着用することでそれ以上の魅力を感じる。

その理由は単純な復刻モノで終わらない、もの作りへのこだわりがある。まずオリジナルの雰囲気を損なわないレベルで、日本人の体型に合うようにリサイズされている。そのためヴィンテージにありがちなミスマッチなサイズ感もない。さらに今の時代に合わせた機能性もしっかりと考慮。実用性の高さはオリジナル以上となっている。

そうしたスタンスは、すべて実際にバイクに乗るときに着用することを意識しているから。日常で使えるリアルクローズとしてのレザージャケットを提案しているのだ。

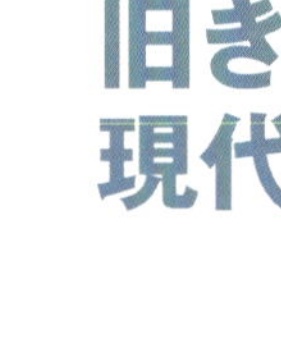

### LEATHER JACKET "EIGHT BALL"

ダブルブレステッドやスタンドカラーなど'30年代ならではのライダースのディテールを忠実に再現。17世紀頃の軍服を彷彿とさせるメタルスポットも特徴的。写真のラセットブラウンの他、ブラックもリリースされる。21万6000円

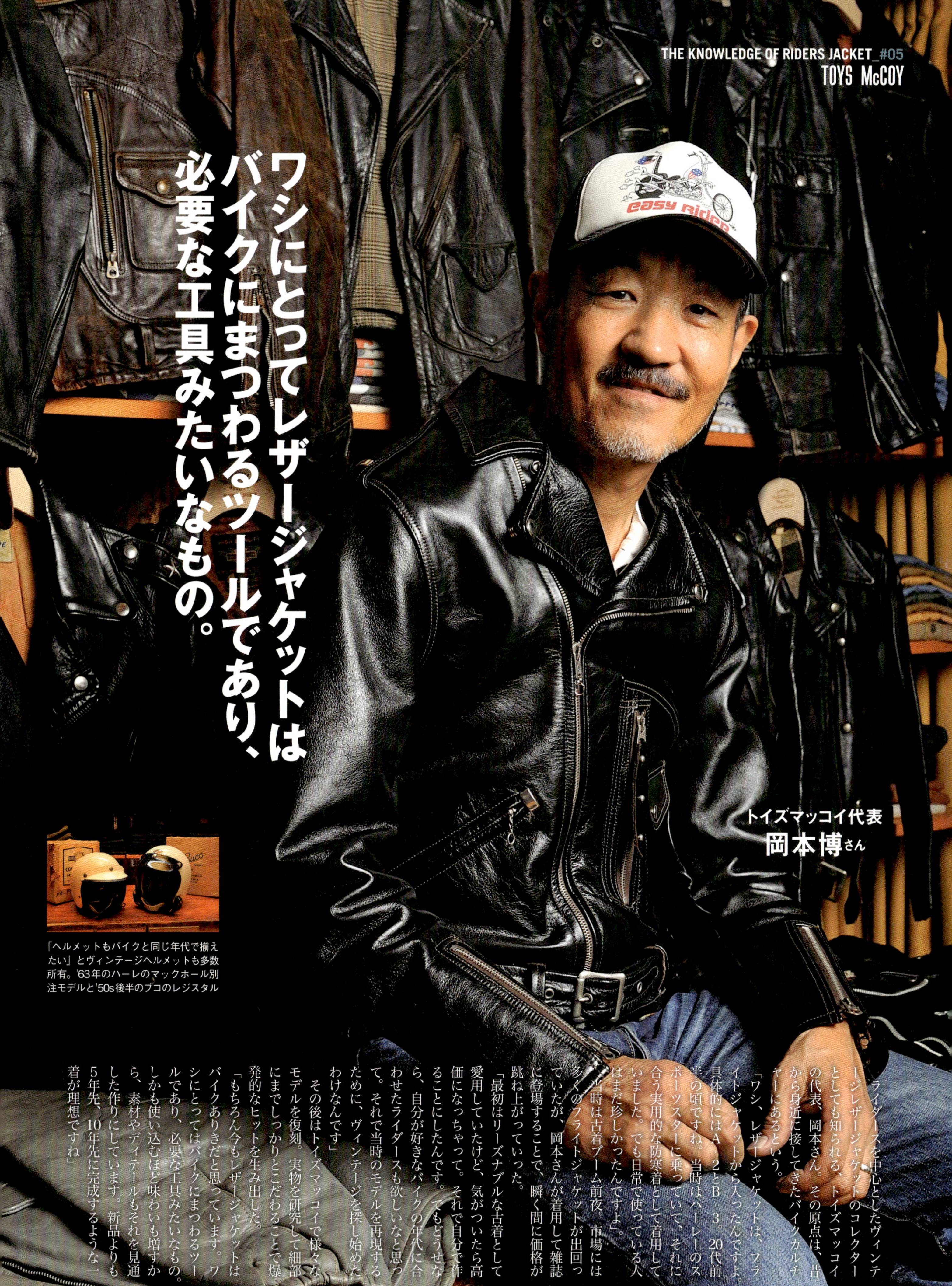

# ワシにとってレザージャケットはバイクにまつわるツールであり、必要な工具みたいなもの。

トイズマッコイ代表
**岡本博**さん

「ヘルメットもバイクと同じ年代で揃えたい」とヴィンテージヘルメットも多数所有。'63年のハーレのマックホール別注モデルと'50s後半のブコのレジスタル

ライダースを中心としたヴィンテージレザージャケットのコレクターとしても知られる、トイズマッコイの代表、岡本さん。その原点は、昔から身近に接してきたバイクカルチャーにあるという。

「ワシ、レザージャケットは、フライトジャケットから入ったんですよ。具体的にはA‐2とB‐3。20代前半の頃ですね。当時はハーレーのスポーツスターに乗っていて、それに合う実用的な防寒着として着用していました。でも日常で使っている人はまだ珍しかったんですよ」。

当時は古着ブーム前夜。市場には多くのフライトジャケットが出回っていたが、岡本さんが着用して雑誌に登場することで、瞬く間に価格が跳ね上がっていった。

「最初はリーズナブルな古着として愛用していたけど、気がついたら高価になっちゃって。それで自分で作ることにしたんです。でもどうせなら、自分が好きなバイクの年代に合わせたライダースも欲しいなと思って。それで当時のモデルを再現するために、ヴィンテージを探し始めたわけなんです」

その後はトイズマッコイで様々なモデルを復刻。実物を研究して細部にまでしっかりとこだわることで爆発的なヒットを生み出した。

「もちろん今もレザージャケットはバイクありきだと思っています。ワシにとってはバイクにまつわるツールであり、必要な工具みたいなもの。しかも使い込むほど味わいも増すから、素材やディテールもそれを見通した作りにしています。新品よりも5年先、10年先に完成するような一着が理想ですね」

## POLICEMAN'S JACKET

'50年代～'60年代のアメリカの警察が採用していたポリスジャケット。「ポリス仕様のバイクを所有しているので、それに合わせるために20年くらい前に購入しました」

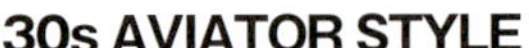

## 30s AVIATOR STYLE

バックに複雑なプリーツが入った、'30年代のアヴィエイタージャケット。「25年前にサンタモニカで入手したモデル。復刻するための研究で部品を外したりしたけど今も処分できない」

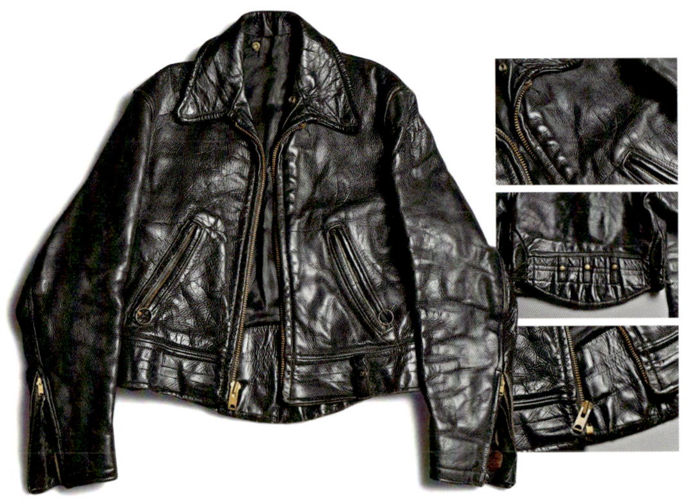

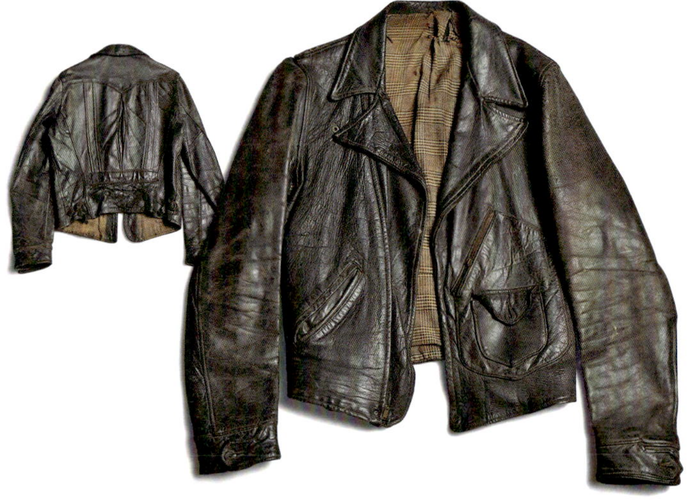

# 愛車の年代に合わせて当時のライダースを収集。

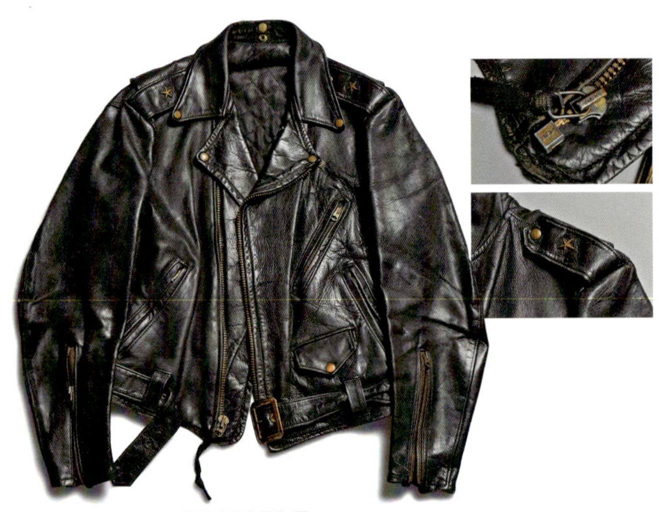

## DURABLE

映画『乱暴者』でマーロン・ブランドも着用していた、ワンスターの原型となるデュラブルの一着。「通称“コケシファスナー”と呼ばれるキャストのタロンファスナーがポイントです」

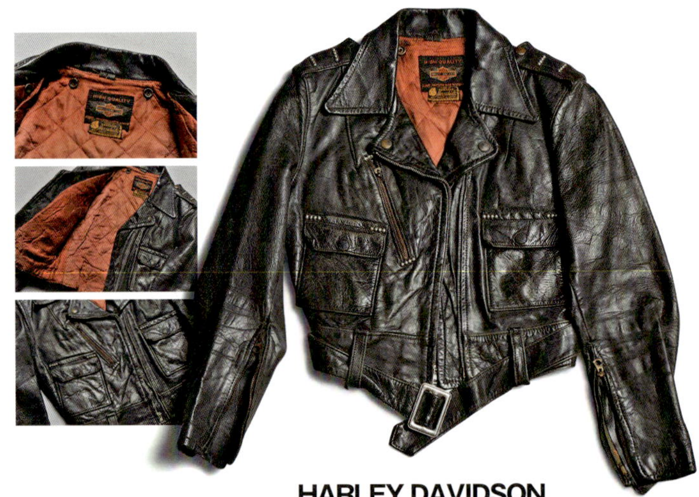

## HARLEY DAVIDSON

ハーレーの'50年代のレディースモデル、サイクルクイーン。「20年くらい前にコレクション用として入手しました。いつか綺麗なお姉ちゃんに着てもらいたいと思います（笑）」

BIKE

1947（右）
**FL KNUCKLEHEAD**

1948（左）
**FL PANHEAD TT RACER TWO CARBURETOR**

ナックルヘッドは、レースへの出場経験もある1台。5000回転、4速で時速230キロを出す。フランダースの純正マフラーをセット。パンヘッドは、M-61デュアルリンカートキャブを装備。当時の走りを味わえるとても貴重な一台

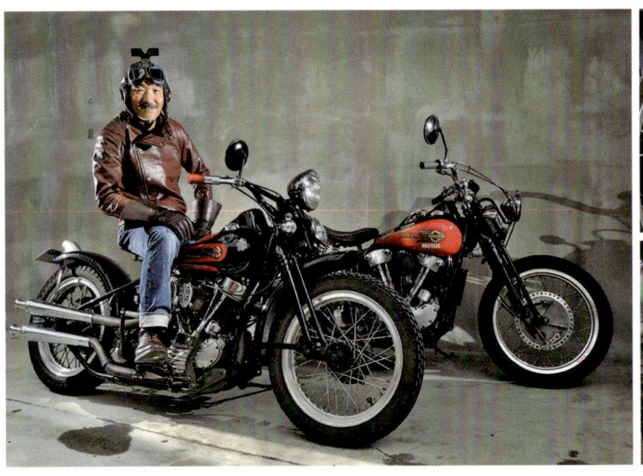

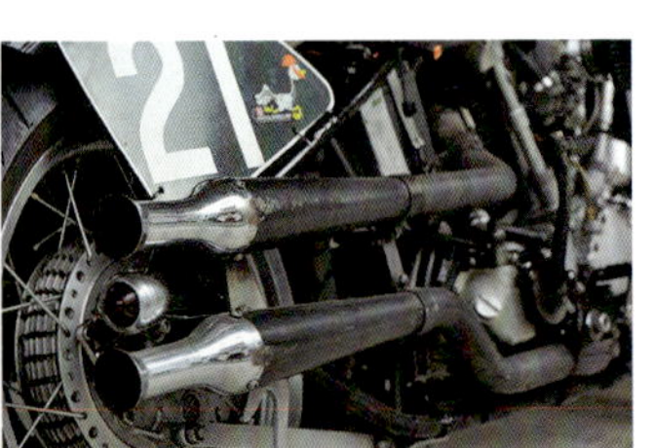

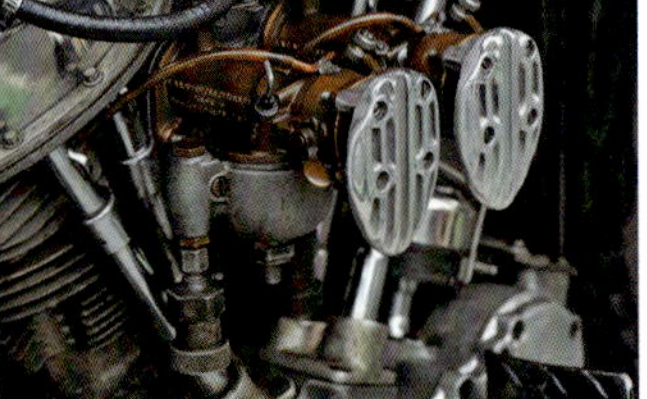

THE KNOWLEDGE OF RIDERS JACKET_#06

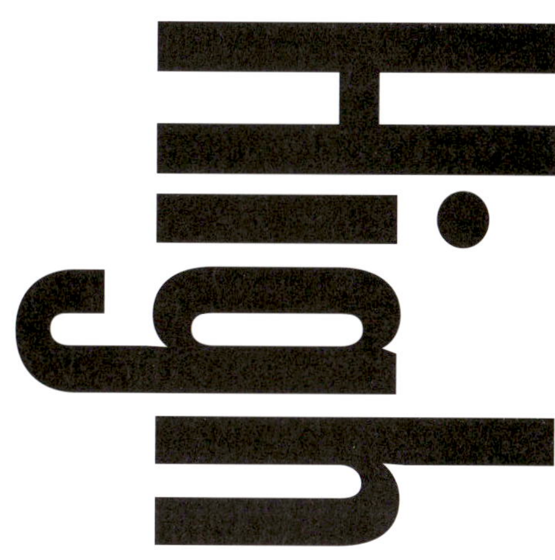

# High Large Leathers

### Gジャンのディテールを纏った

## ライダースのネクストスタンダード。

渋なめしのホースハイドのプロダクツのみのアイテムを展開するハイラージレザーズ。
ヴィンテージのGジャンをモチーフとしたジャケットのデザイン性の高さで注目を集めるが、
造りの面でもライダーの視点を考慮した現代的なこだわりが凝縮されている。
ここではGジャンタイプのジャケットに宿るライダースの意匠を分析しよう。

photo/A.Sekiguchi　関口アツシ
取材協力／ハイラージレザーズ　TEL03-6451-2575　highlargeleathers.com

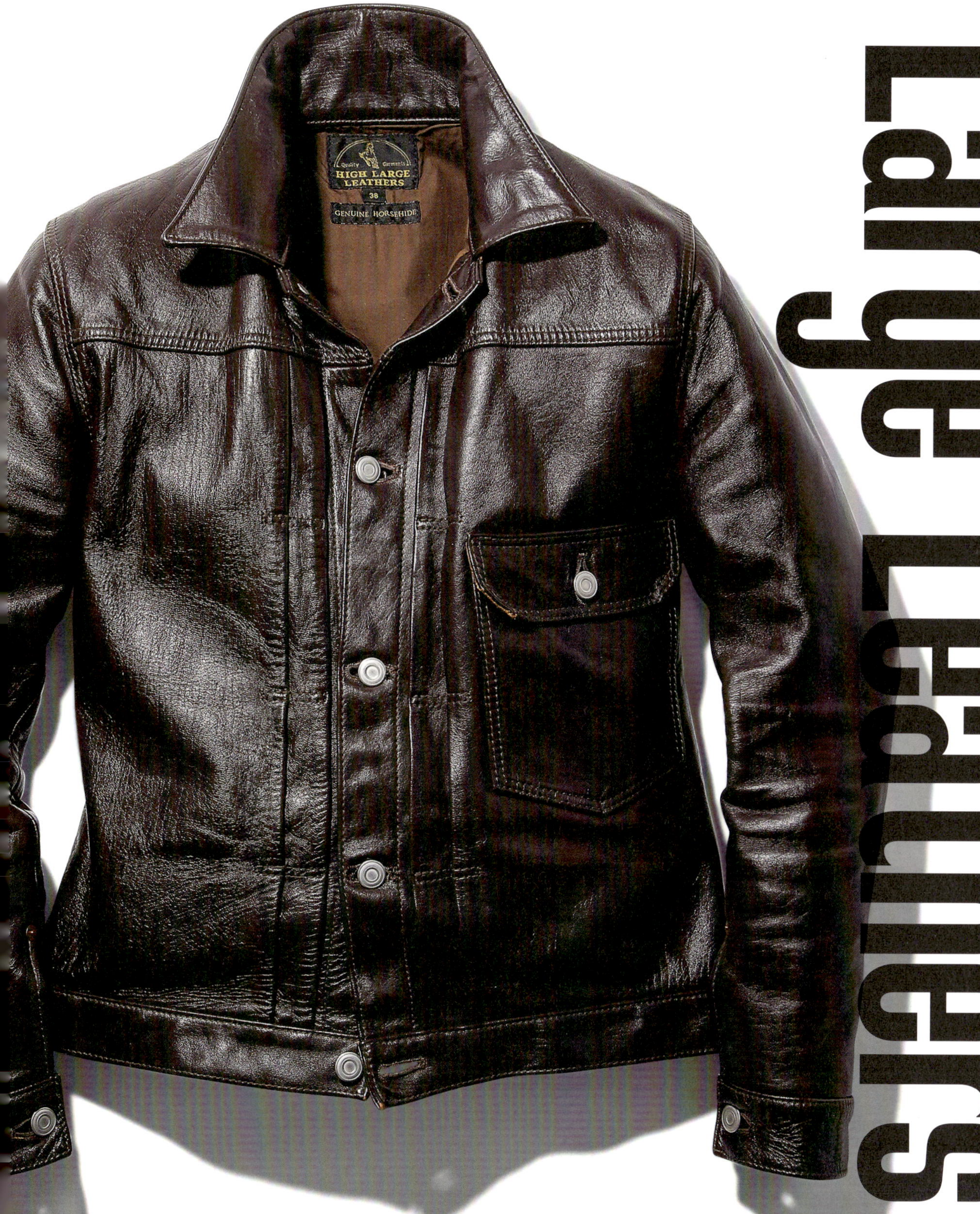

# Gジャンを馬革で再現、ではなく、ライダースの要領で作ったGジャンタイプ。

着込むほどに体に馴染み、シワや色味の変化など、深みのある経年変化を実現する渋なめしの馬革を使用したGジャンタイプのレザージャケット。ハイラージレザーズがブランド創業以来展開し続ける新しいライダースの形である。Gジャンの顔をしたこのジャケットがなぜライダーに支持されるのか？　その最大の理由はライダースのパターンをベースにしていることにある。つまり、〝ヴィンテージのGジャンを馬革で再現した〟わけではなく、〝ライダースの造り方で、Gジャンのディテールを持つジャケットを馬革で再構築した〟のである。そのため、ヴィンテージのGジャンのようなシルエットの野暮ったさは排除され、ライダースのように体に自然とフィットする造りとなっている。ホールド感の高い肩・腰周りのパターンや、ハンドルを握る腕がストレスなく前に出る袖付けを採用し、また、着丈や身幅などのシルエットにも現代的なモディファイが加えられている。

　Gジャンモチーフのデザインが幅広いスタイルにマッチすることも人気の秘密だ。さらに、今季からジッパータイプや赤いレザーを用いたモデルなど、よりライダーのニーズに対応するモデルを発表してきたハイラージレザーズ。スタイルを選ばないデザイン性の高さと、ライダースの理屈に裏打ちされた機能性を併せ持つ馬革ジャケットがライダーに愛されるのは必然と言えるだろう。

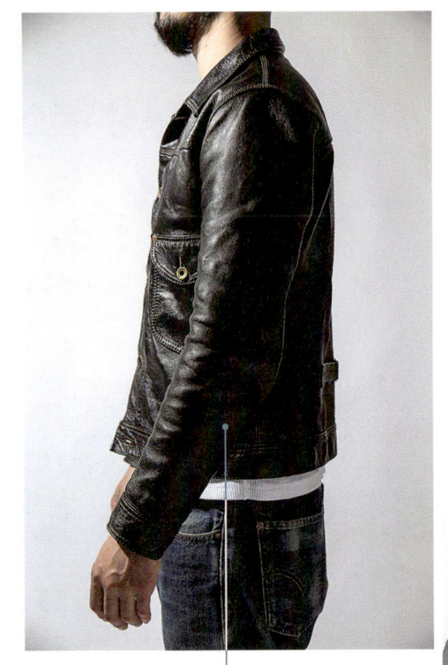

CHECK.3
腕が自然と前に出る!

## Point 1 袖の付き方

### ライダースジャケットの袖付けパターンを採用。

ハイラージレザーズのジャケットはGジャンのデザインをモチーフにしてはいるものの、パターンはまったくの別物。まず注目したいのが袖のつき方だ。この二枚の写真を見ればヴィンテージのデニムジャケットがまっすぐ伸びるように袖が付いているのに対し、ハイラージレザーズのアイテムは腕が曲線を描きながら自然と身体の前に出るようについているのがわかる。これによって、ライディングポジションで腕を前に出した時にストレスなく、また見た目的にも美しく腕を前に伸ばせることにつながるのだ。

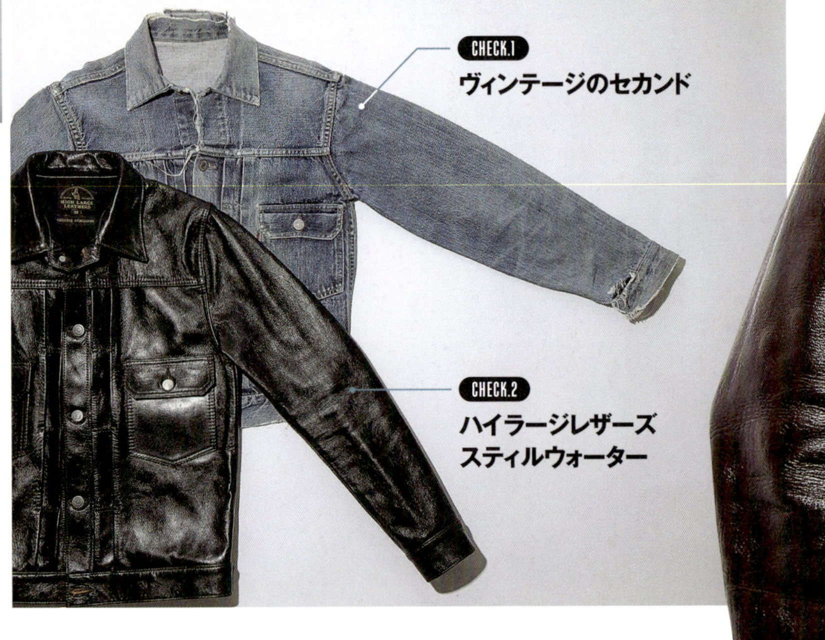

CHECK.1
ヴィンテージのセカンド

CHECK.2
ハイラージレザーズ
スティルウォーター

CHECK.4
長すぎず、細すぎず、
身体に馴染むシルエット。

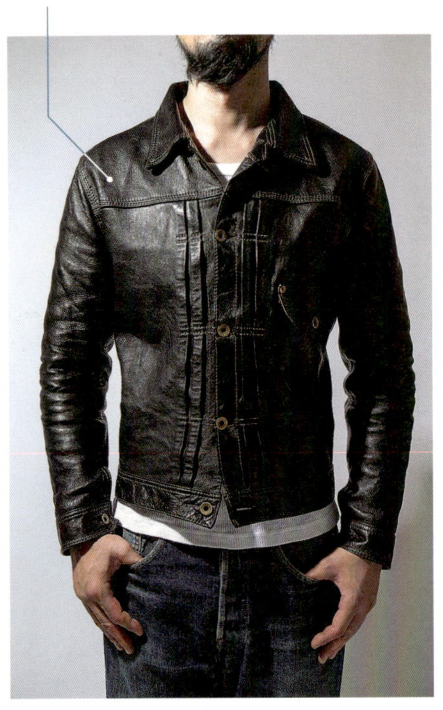

## Point 2 身幅&着丈

### “いまっぽい”には程よいバランスがある。

ヴィンテージをモチーフとした現代のレザージャケットを考える上で、見逃すことができないのがボディのシルエット。ヴィンテージのレザージャケット（特に'50s以前）は身幅が広く丈が短いボクシーなシルエットになりがちで、それを現代のスタイルに取り入れるにはハードルが高い。かといって、丈が長すぎたり身幅が細すぎたりしても、無骨なコーデにはバランスが悪い。ハイラージレザーズのジャケットは、身幅を程よく引き締めながら、着丈をベルトにかかる程度の絶妙な長さに抑えることで、旧いデザインでありながら、現代的なアメリカンカジュアルに合うスタイリッシュなシルエットを実現しているのだ。

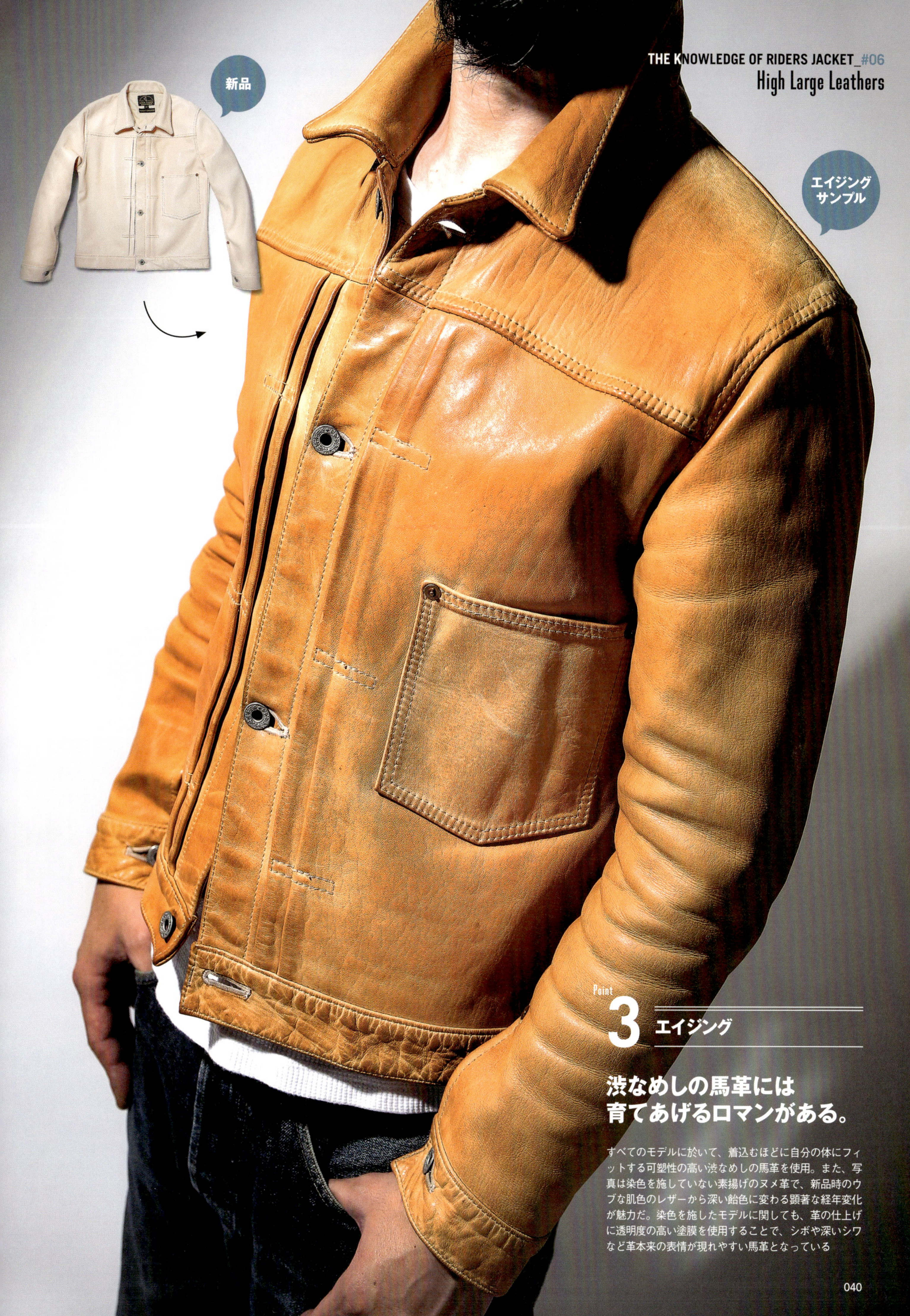


Point
## 3 エイジング

### 渋なめしの馬革には育てあげるロマンがある。

すべてのモデルに於いて、着込むほどに自分の体にフィットする可塑性の高い渋なめしの馬革を使用。また、写真は染色を施していない素揚げのヌメ革で、新品時のウブな肌色のレザーから深い飴色に変わる顕著な経年変化が魅力だ。染色を施したモデルに関しても、革の仕上げに透明度の高い塗膜を使用することで、シボや深いシワなど革本来の表情が現れやすい馬革となっている

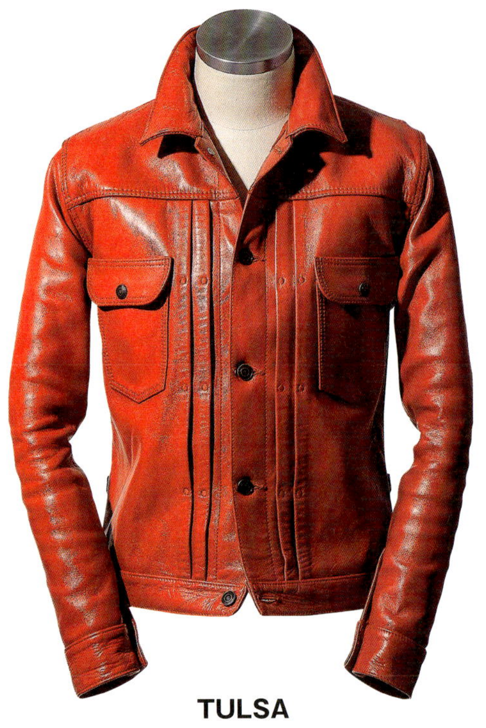

**TULSA**

ノーマンに同じくヴィンテージのチャンピオンジャケットをベースにしたクラシカルなボタンタイプ。発色の良い赤のレザーが存在感抜群のアイテムで、二枚目の革ジャンにパンチのあるモデルものを求めているライダーにお勧めしたい。13万5000円

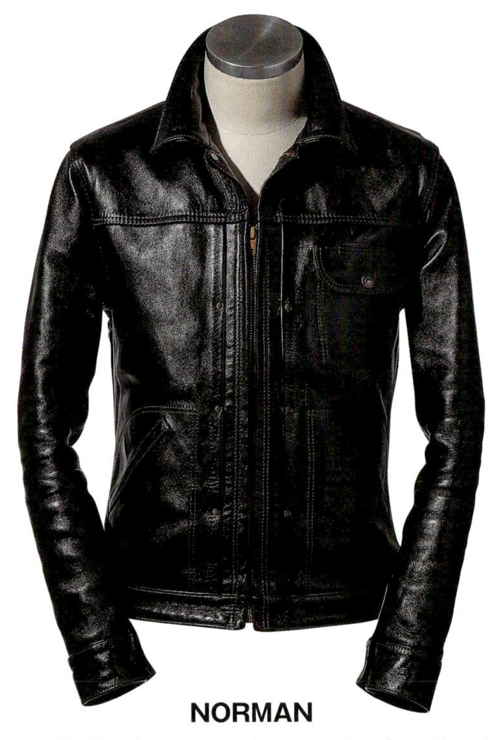

**NORMAN**

'50年代後期のデニムジャケットをベースにした、ブランド初のジッパーモデル。かつてロデオチャンピオンに贈られたジャケットをモチーフとし、ヴィンテージのディテールを再現。ノーマンとタルサのみ赤いレザーのラインアップが展開される。13万5000円

# 新作では“ジッパータイプ”と“赤”が初登場!

**ハイラージレザーズの馬革Gジャンタイプシリーズ第3段は、ヴィンテージのロデオジャケットをモチーフとした4種類のラインアップ。初めてのフロントジッパータイプや赤の馬革を採用したモデルなど、よりライダーのニーズに合うジャケットが登場する。**

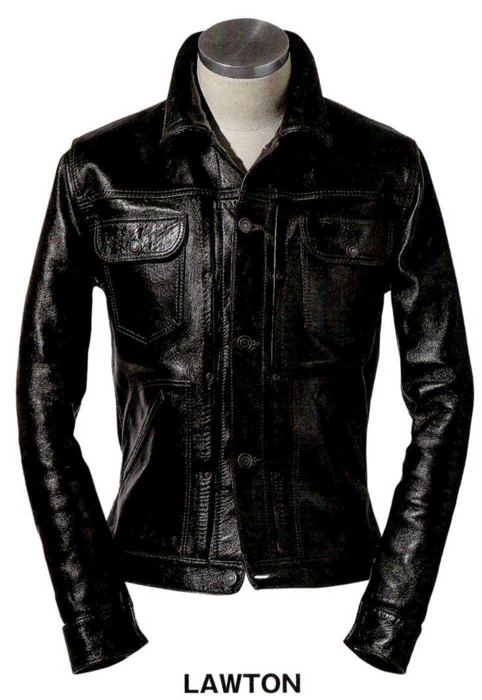

**LAWTON**

シンプルなデザインだが、カンヌキなどヴィンテージファンが唸るディテールワークもリアルに再現されている。また、アクションプリーツは上の2モデルに比べ、イーニドとロートンはより深いプリーツを採用するので肩周りの運動性が特に高い。13万5000円

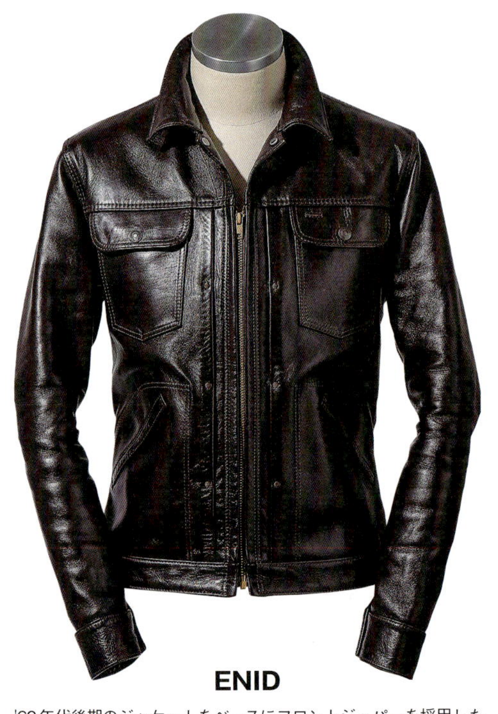

**ENID**

'60年代後期のジャケットをベースにフロントジッパーを採用したモデル。背面にはゴム製のアジャスターが配されるので、シャープなシルエットだが自分の身体にフィットする。ライディングポジションなどテンションのかかる姿勢にも難なく対応。13万5000円

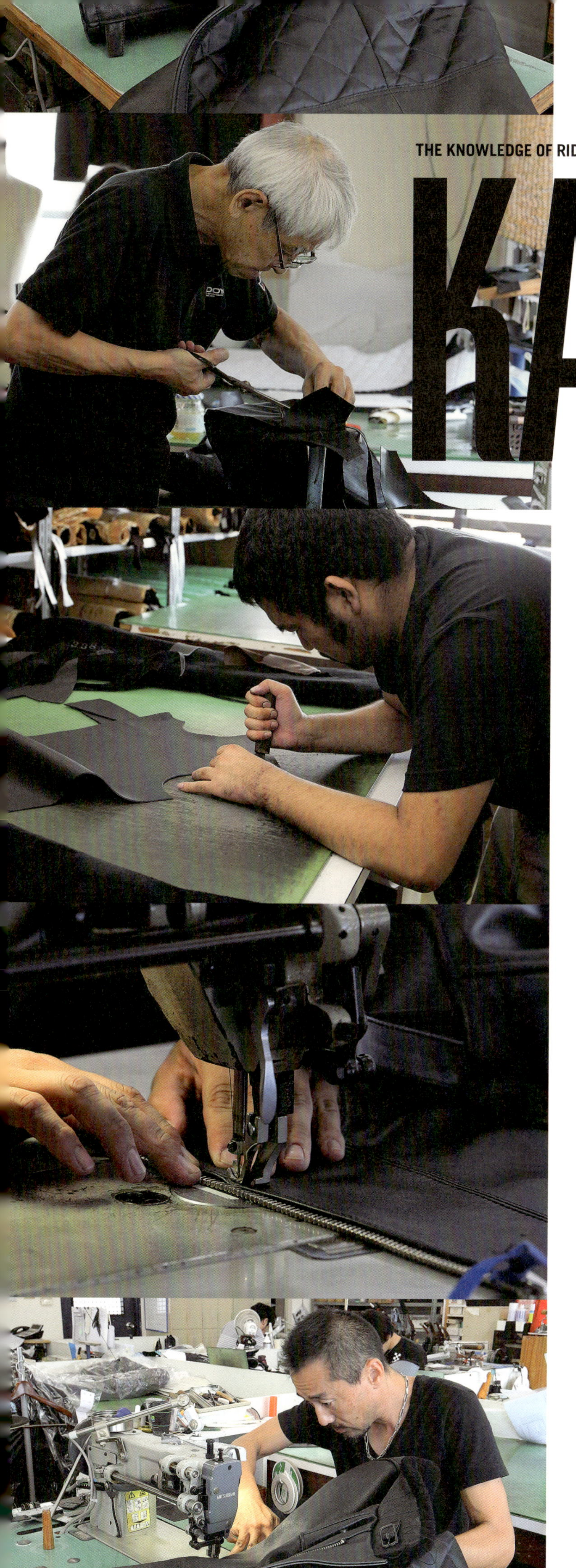



# KADOYA

## 80年以上の歴史に裏打ちされた ジャパンメイドの実力と誇り。

**ジャパンメイドのライダースジャケットメーカーは多数あるが、日本の革ジャンの歴史は「カドヤ」の存在抜きには語れない。創業は1935年。戦後間もなくからバイクウェア業界に参入し、以来、常に日本のシーンを牽引してきた老舗中の老舗だが、創業81年目の今もなお、浅草にある本社工場では職人たちが黙々と昔と変わらぬ製法で革ジャン作りに励んでいる。その真剣な眼差しにジャパンメイドの実力と誇りを見た。**

text/M.Terano 寺野正樹　photo/K.Shimada 島田健次

1935年、浅草でオーダーメイド専門の皮服店として誕生したカドヤ。戦後すぐにバイクウエア業界に参入し、高い技術力でバイク用のレザーウエアのパイオニアとしての地位を築く。その後、'80年代のレースブームの頃には多くのレーサーたちを支えてきた。

レースブームが去った'90年代以降は、レースで培った知恵と技術をストリートに落とし込むことで、ハイクオリティなライダースジャケットを世に送り出してきている。

現在、カドヤでは『職人が作るオーダーメイド』、『革新的スタイルの提案』、『ベーシックモデルの最適化』という3つの要素を軸に商品を展開。中でも浅草の本社工場ではオーダーメイドと共に〝ヘッド・ファクトリー〟という最上位シリーズの生産も行っている。

基本的にオーダーも含めて一人の職人が裁断から縫製まで全行程を請け負うスタイル。効率は良くないが、使用する革の質感や全体のバランスを見ながら作れるので品質が安定し、長持ちするという。一方で、海外で作られる4～6万円代の商品やレディスラインも充実。マニアだけでなくビギナーや女性もエントリーしやすい環境づくりにも積極的だ。

老舗の看板にあぐらをかくことなく、常に〝最高の一着〟を求めるクラフトマンシップと飽くなき探究心。

カドヤのライダースジャケットを着ること、それはまさに歴史に裏打ちされたジャパンブランドの誇りを身に纏うということに他ならない。

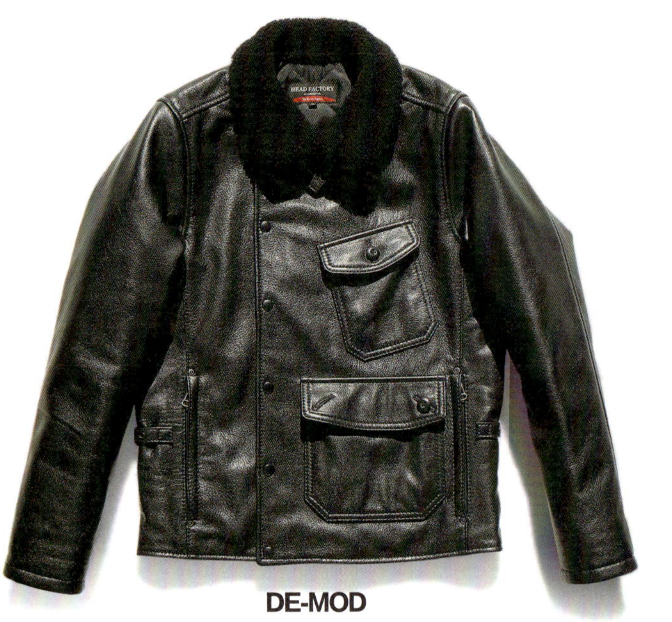


**DE-MOD**

『HEAD FACTORY』製。ミリタリーテイスト漂う1枚。表地はHFゴート、ライニングには軽くて暖かい高機能中綿素材シンサレートハイロフトを採用。ポケットの配置も絶妙。15万6600円

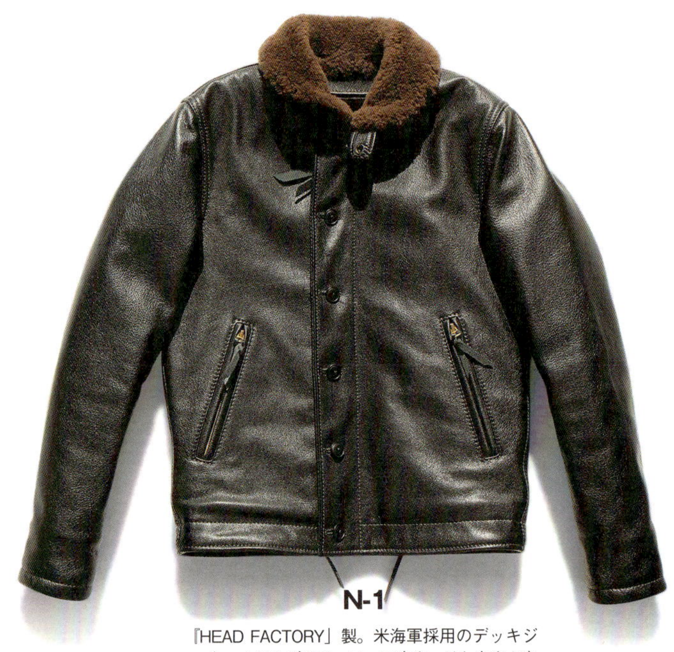

**N-1**

『HEAD FACTORY』製。米海軍採用のデッキジャケットN-1がモチーフ。アウターはしなやかなHFゴート。フロントボタンの下はファスナーでライダースとしても十分機能する。15万4440円

# 日本の職人技と魂が宿る至高の1枚がここに。

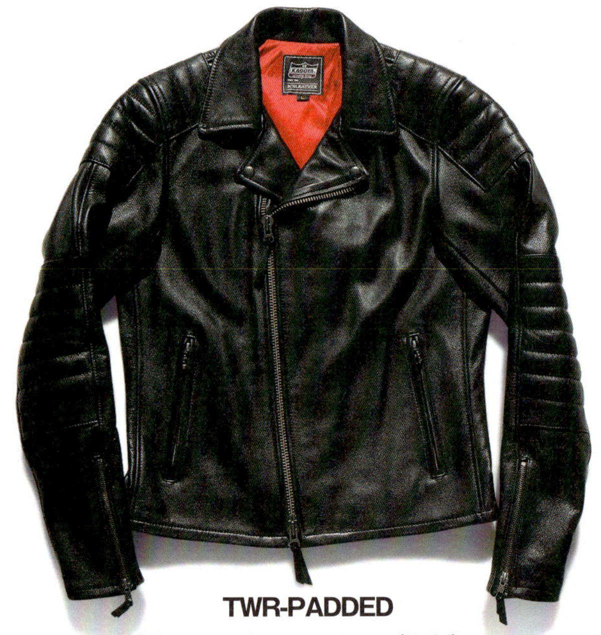

**TWR-PADDED**

『K'S LEATHER』。タイトでシャープなダブル。肩と肘にタックロールパデッドを装備するが、ソフトステアという柔らかい革質もあってソフトな印象。街着としても着れる。6万1560円

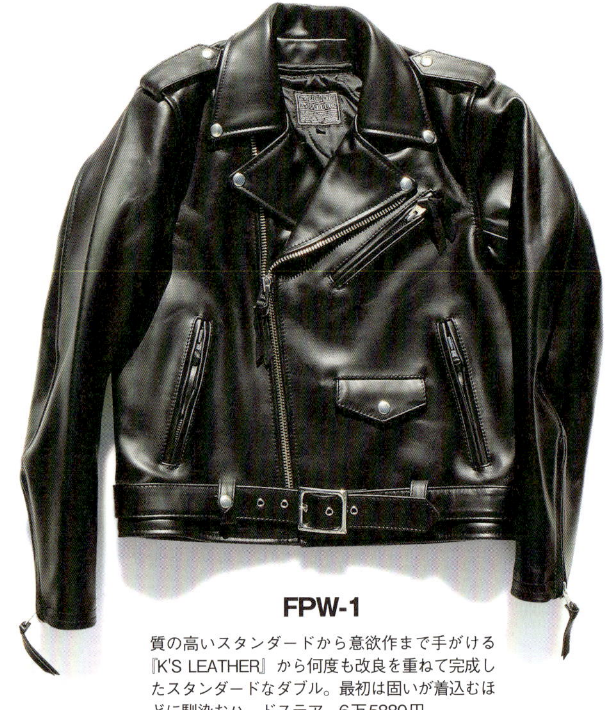

**FPW-1**

質の高いスタンダードから意欲作まで手がける『K'S LEATHER』から何度も改良を重ねて完成したスタンダードなダブル。最初は固いが着込むほどに馴染むハードステア。6万5880円

COLUMN

## オーダーできるのもカドヤの魅力。

カドヤのオーダーは大きく分けて2種類。まずは『HEAD FACTORY』のアイテムをベースに革やパーツ、サイズを変更するベーシック・フルオーダー。そして、デザインから全て作るスペシャルフルオーダー。大体20～30万円台で作れるとか。究極を求めるならこれで決まりでしょ！

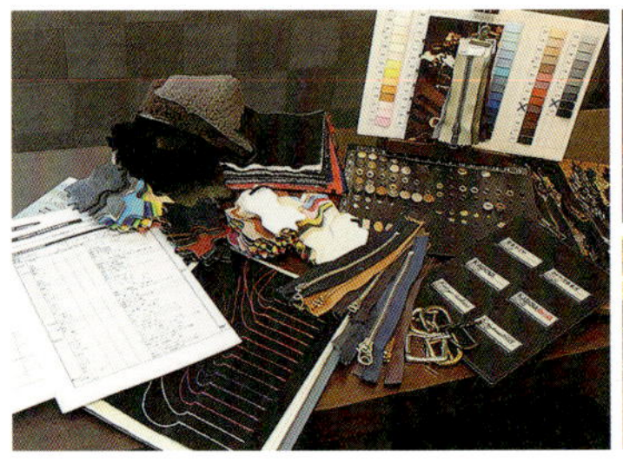

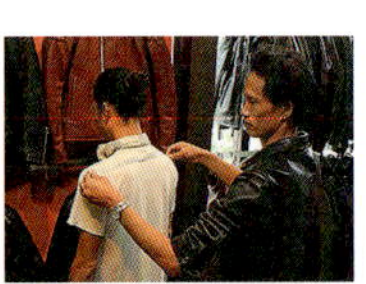

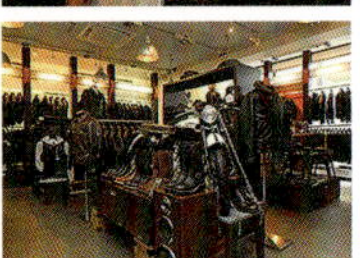

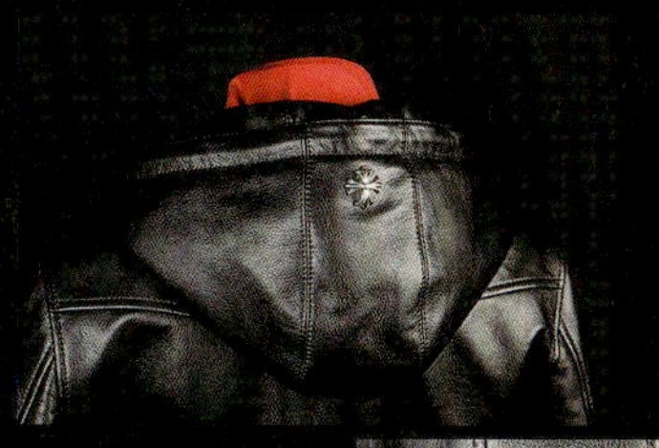

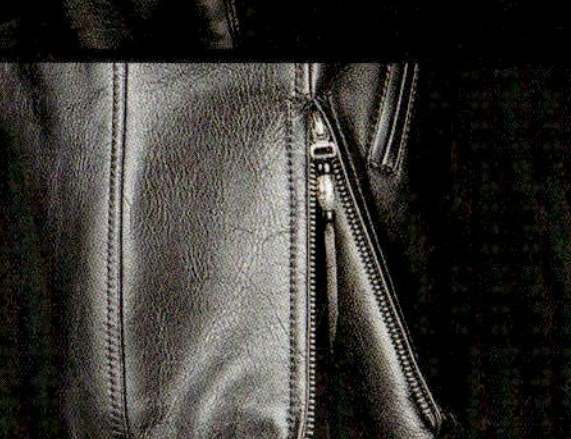

表裏ともにレザー仕様のフードにはシルバークロスのワンポイントがつく。サイドにはバイクにまたがりやすようにファスナーがつく

## STREET

フロントファスナーのシングルライダースにフードをあしらった、その名の通りストリートでカジュアルに着こなせる大人のフードジャケット。26万4600円

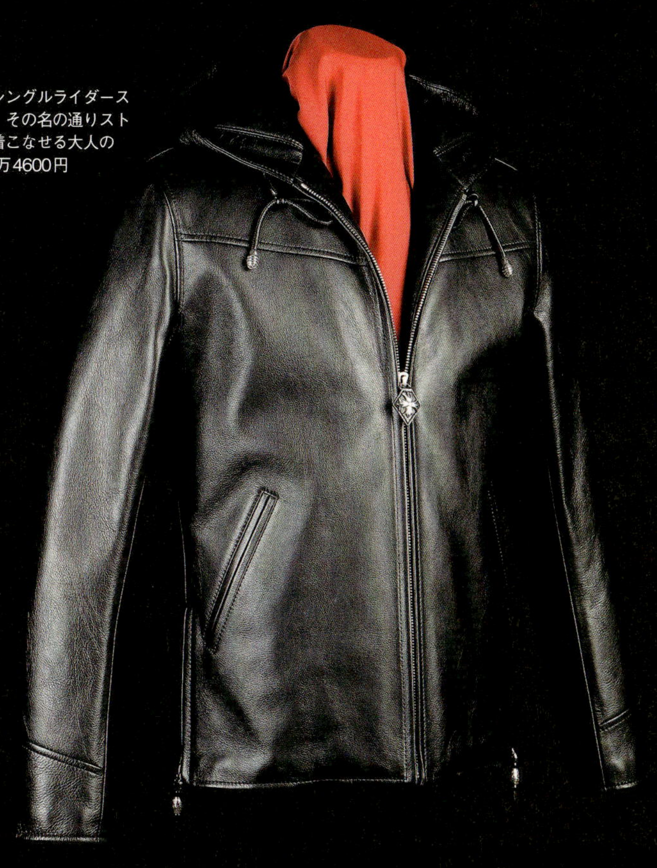

THE KNOWLEDGE OF RIDERS JACKET #08

# TWIN

遊びを知る大人にこそ着こなせるカジュアルライン。

## 世界最高峰のレザージャケット。

**最高の素材を使い、熟練の職人が一着ずつ手作業で仕上げていくジャケットは、繊細な作り込みとハーレー乗りにふさわしいワイルドなデザインが魅力だ。他のどんなビッグブランドにも傾倒することなく、確固としたスタイルを作り上げているMade in Tokyoの実力に括目せよ!**

text/T.Numao 沼尾哲平　photo/M.Morichika 森近真
問い合わせ／ビッグツイン　TEL03-3646-8220　www.bigtwin-japan.com

タイトなシルエットに宿る男の風格。

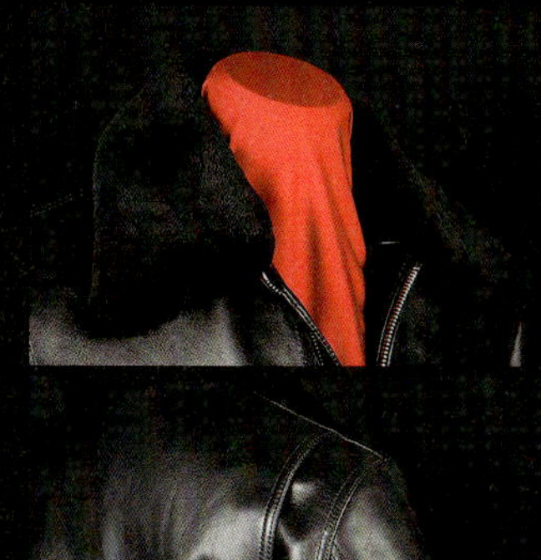

肌触りのいいイタリアンムートンを使用した襟は取り外し可能。動きやすさを確保するため背中にはアクションプリーツがつく

## SINGLE-D

ライダースの定番ディテールであるDポケットを備えたシングル。フロントファスナーは最高級のYKKエクセラを使用。24万8400円

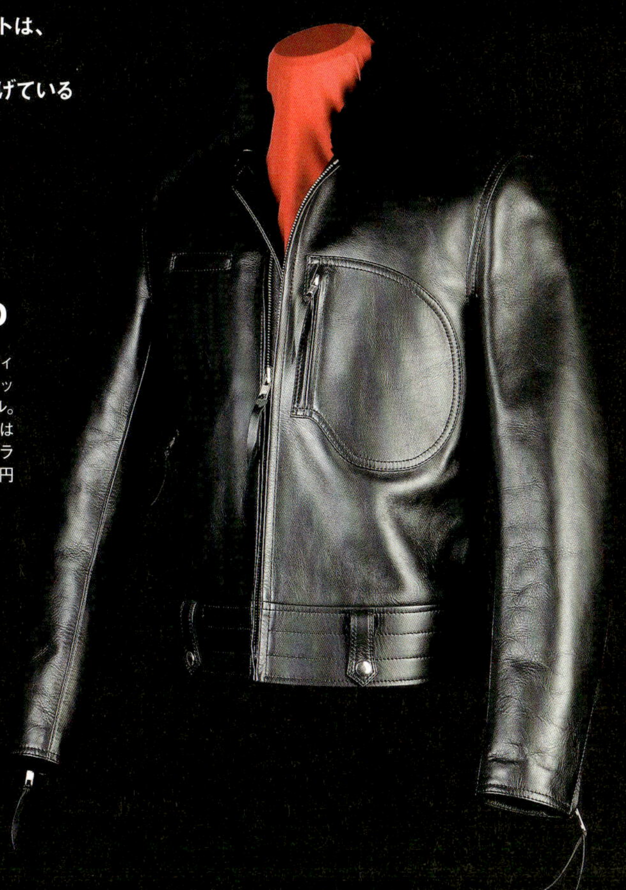

# ソフトな着心地の大人のジャケット。

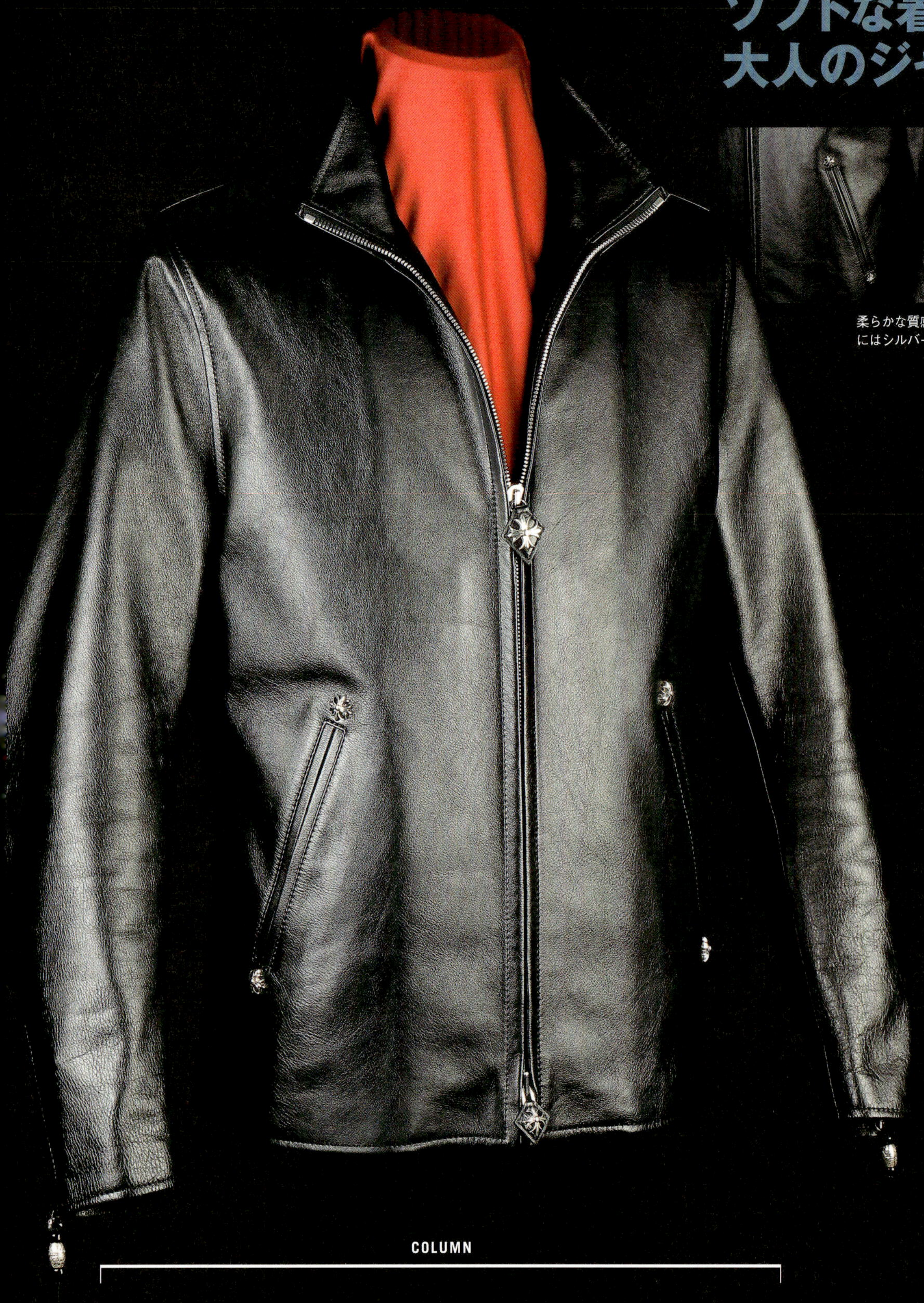

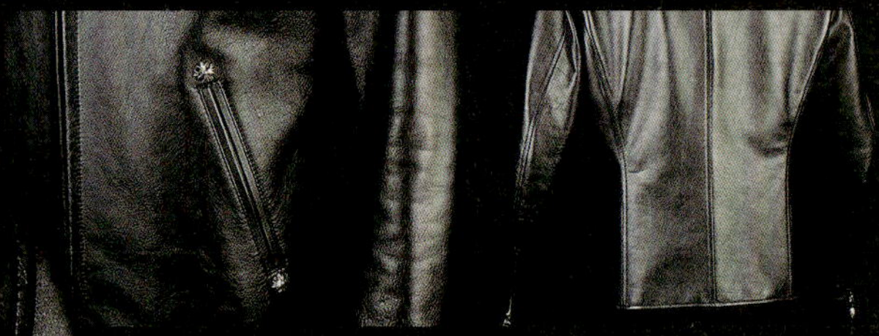

柔らかな質感のクロムオイルソフトレザーを使用。ポケットの両端にはシルバーコンチョがつく

# BIG

## SINGLE LOS SPECIAL EDITION

ライダース＝硬くて重いという概念を覆す、柔らかく軽い普段着としても使える一着。ファスナーストラップ、袖口のビーズ、ポケットの両端にシルバーがあしらわれる特別仕様。19万9800円

COLUMN

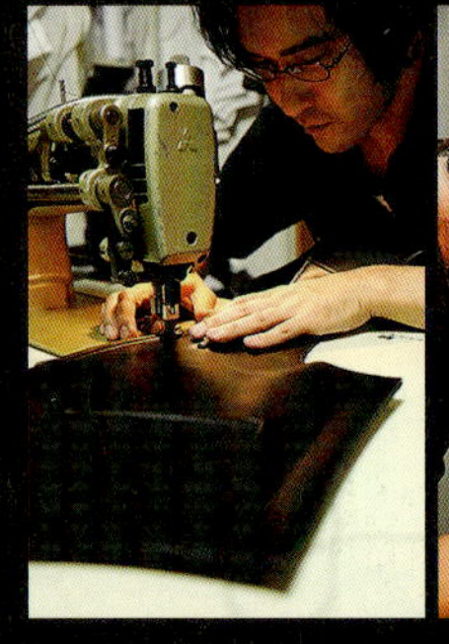

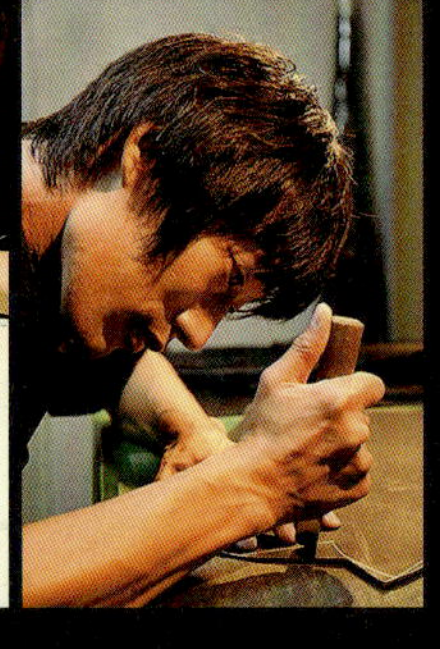

### 職人の技術によりクオリティが維持される。

ビッグツインの職人は皆若い。しかし、技術は一流だ。選定から仕上げまでをすべての工程を行う。希少なレザーや最高品質の素材は職人たちの手によって、最高級のジャケットへと生まれ変わっていくのだ

ビッグツインのライダースは熟練の職人が、革の中でも傷のない部分を丹念に選定し、丁寧に革包丁で切りだしていく。それらのパーツを縫製していき、一着のジャケットが出来上がっていく。こうした工程のすべてを自社工房で行い、一切妥協のない作り込みにこだわっている。

一般にヘビーなダブルライダースがイメージされる同ブランドだが、スタイルの幅は広く、カジュアルなシルエットのジャケットもそろう。ただ、その核となるのは、Made in Tokyoのプライドなのだ。

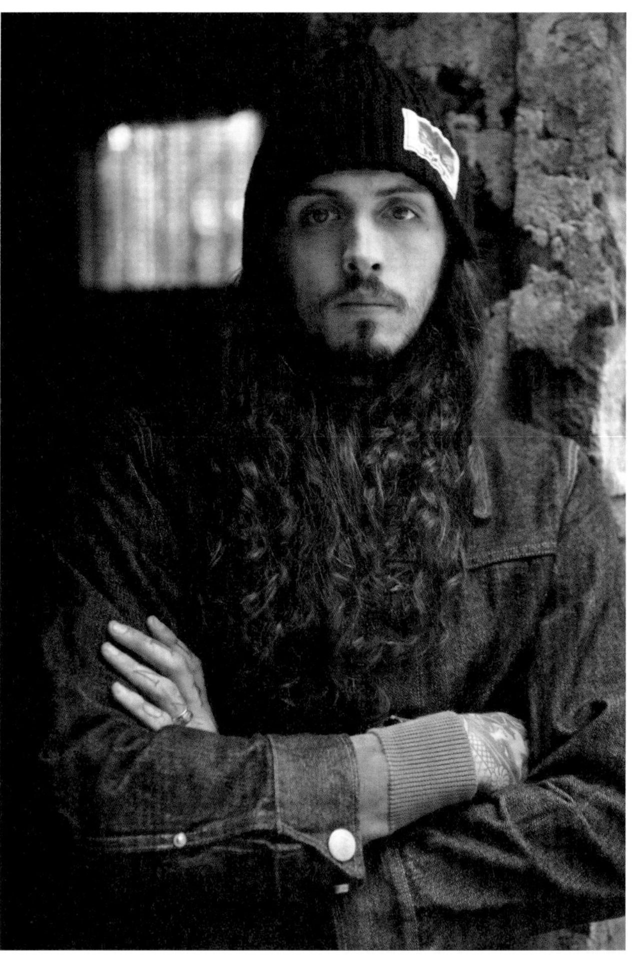

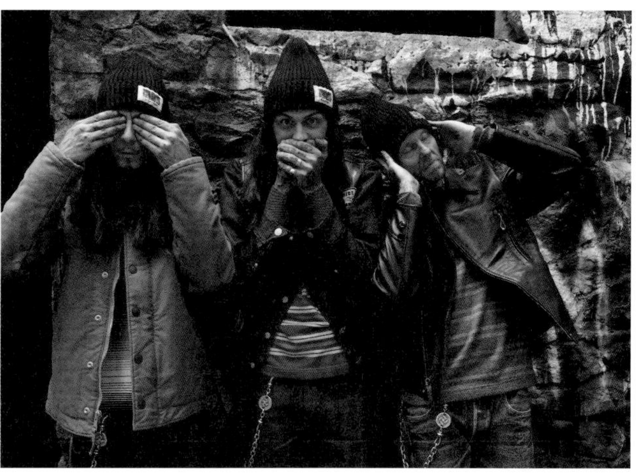

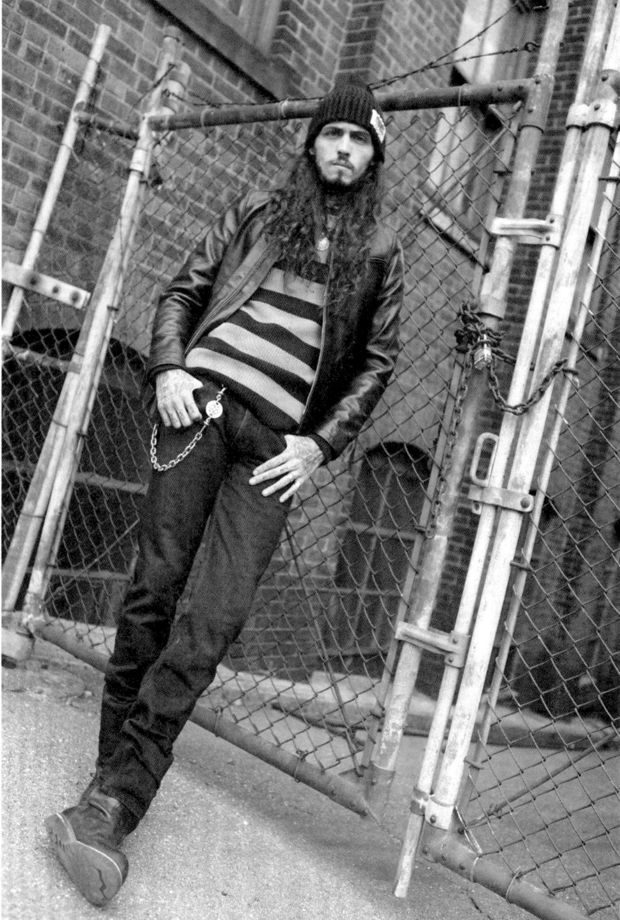

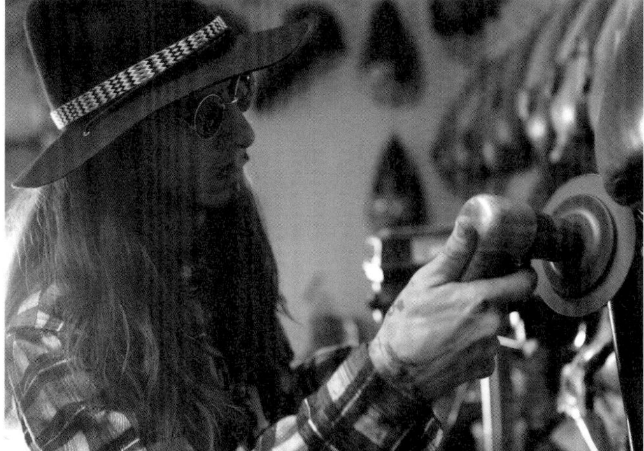

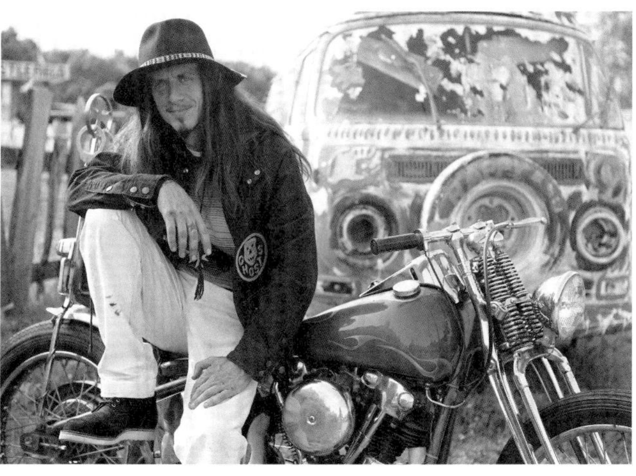

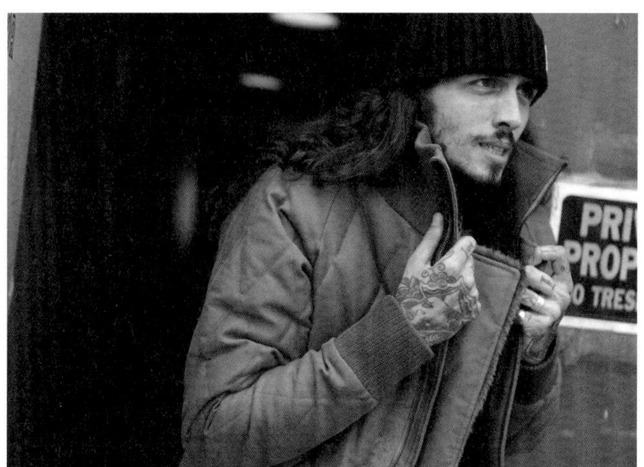

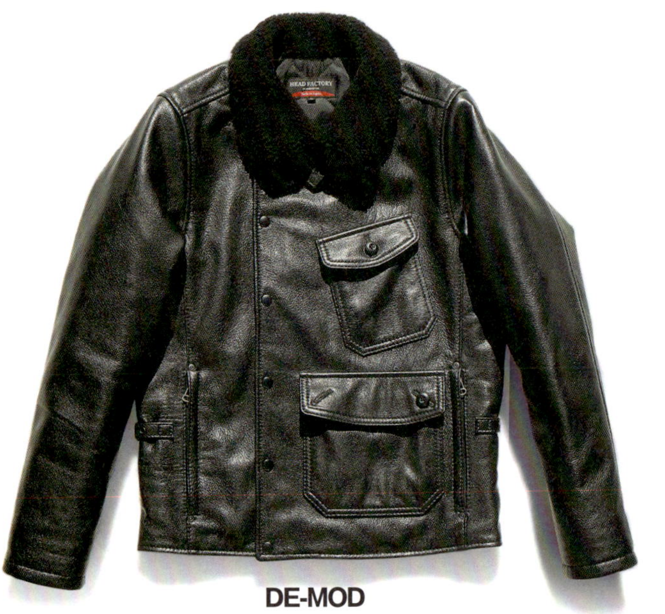

**DE-MOD**

『HEAD FACTORY』製。ミリタリーテイスト漂う1枚。表地はHFゴート、ライニングには軽くて暖かい高機能中綿素材シンサレートハイロフトを採用。ポケットの配置も絶妙。15万6600円

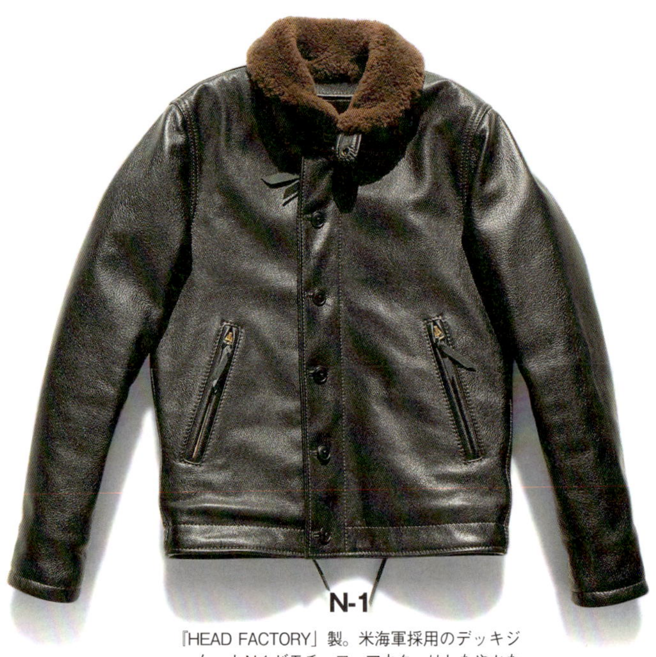

**N-1**

『HEAD FACTORY』製。米海軍採用のデッキジャケットN-1がモチーフ。アウターはしなやかなHFゴート。フロントボタンの下はファスナーでライダースとしても十分機能する。15万4440円

## 日本の職人技と魂が宿る至高の1枚がここに。

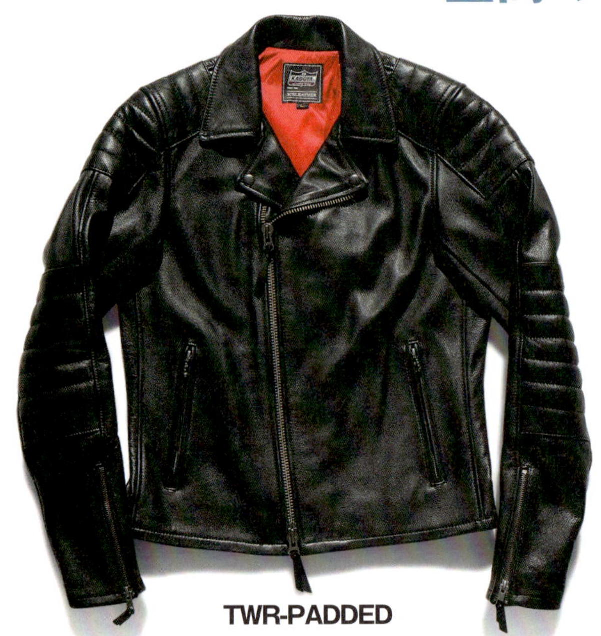

**TWR-PADDED**

『K'S LEATHER』。タイトでシャープなダブル。肩と肘にタックロールパデッドを装備するが、ソフトステアという柔らかい革質もあってソフトな印象。街着としても着れる。6万1560円

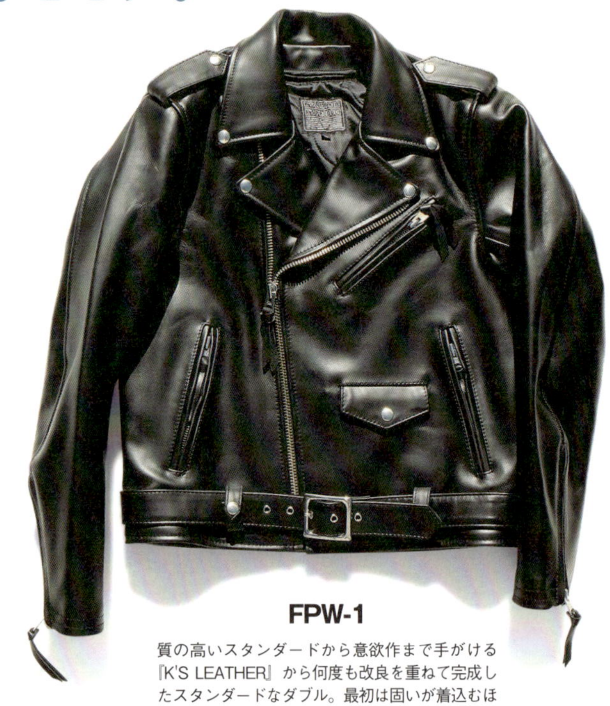

**FPW-1**

質の高いスタンダードから意欲作まで手がける『K'S LEATHER』から何度も改良を重ねて完成したスタンダードなダブル。最初は固いが着込むほどに馴染むハードステア。6万5880円

COLUMN

### オーダーできるのもカドヤの魅力。

カドヤのオーダーは大きく分けて2種類。まずは『HEAD FACTORY』のアイテムをベースに革やパーツ、サイズを変更するベーシック・フルオーダー。そして、デザインから全て作るスペシャルフルオーダー。大体20～30万円台で作れるとか。究極を求めるならこれで決まりでしょ！

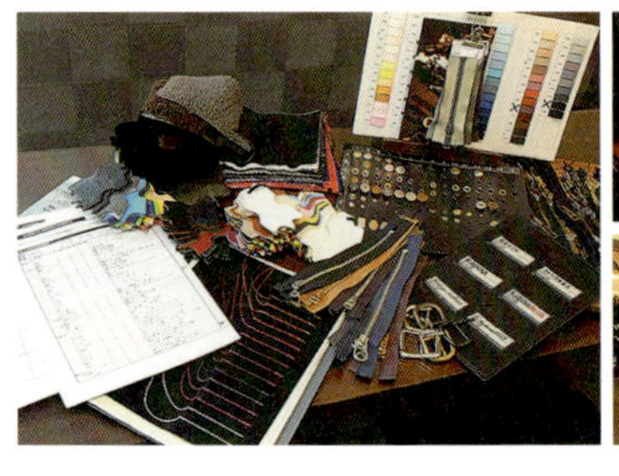

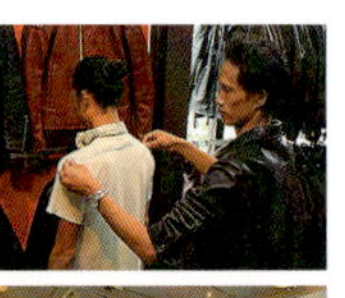

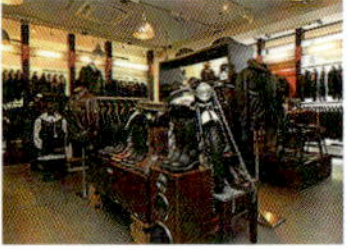

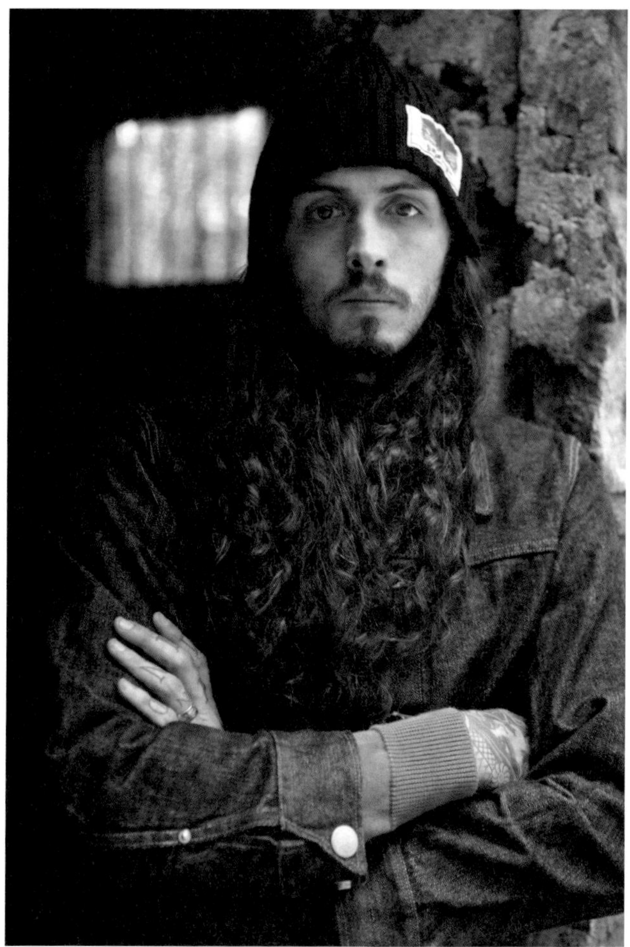

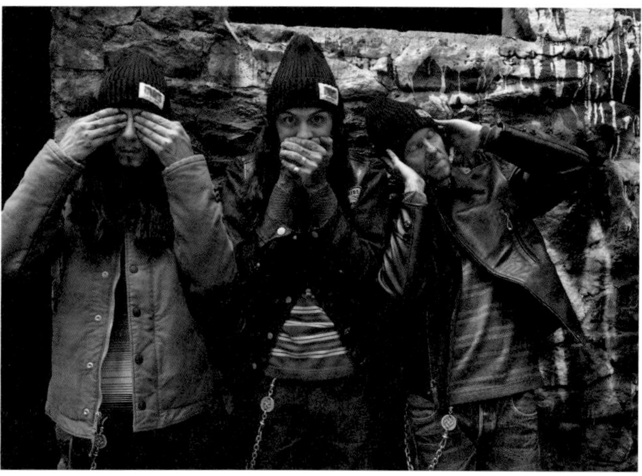

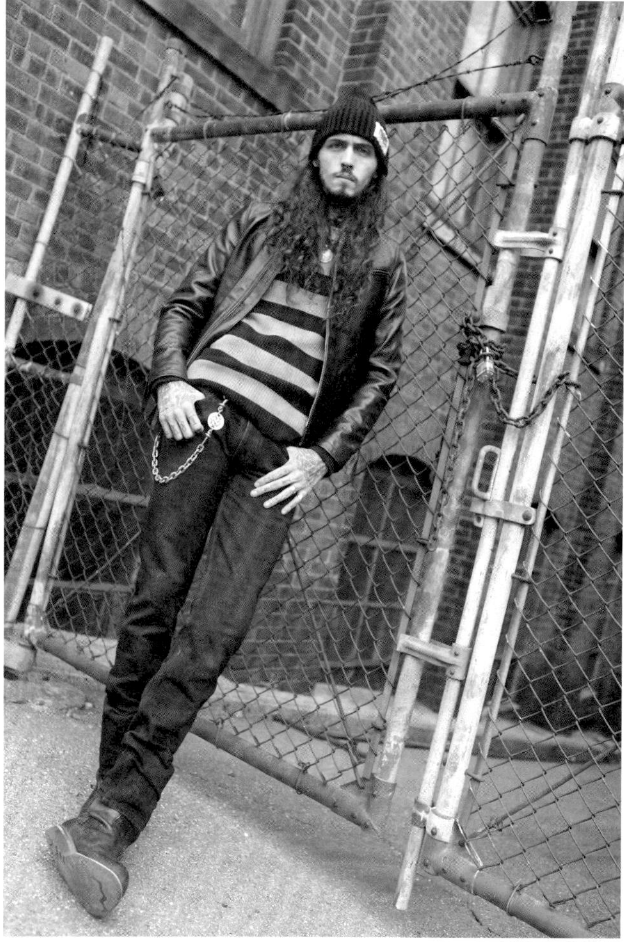

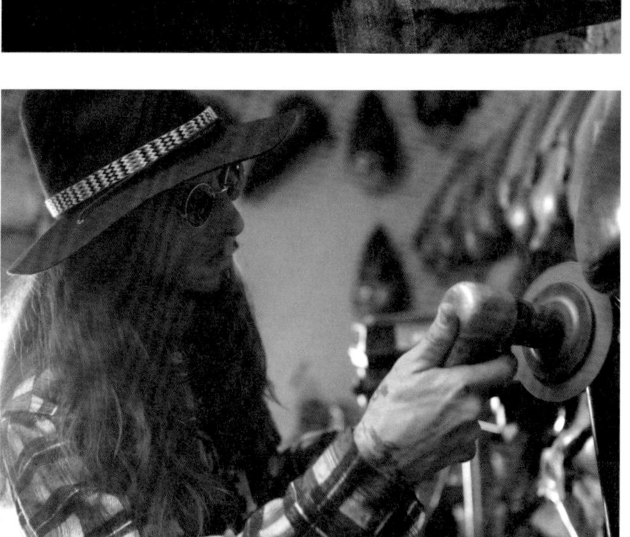

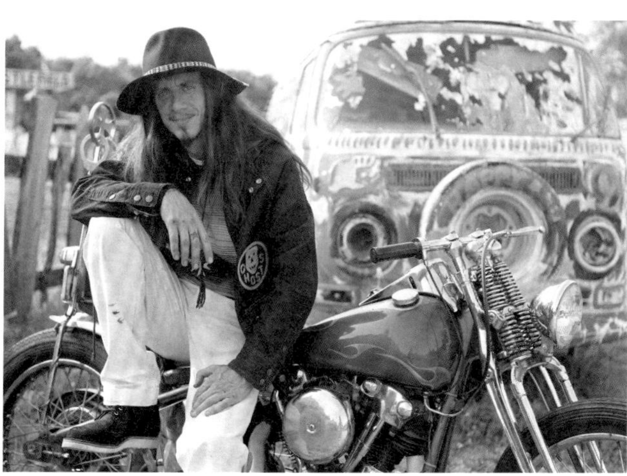

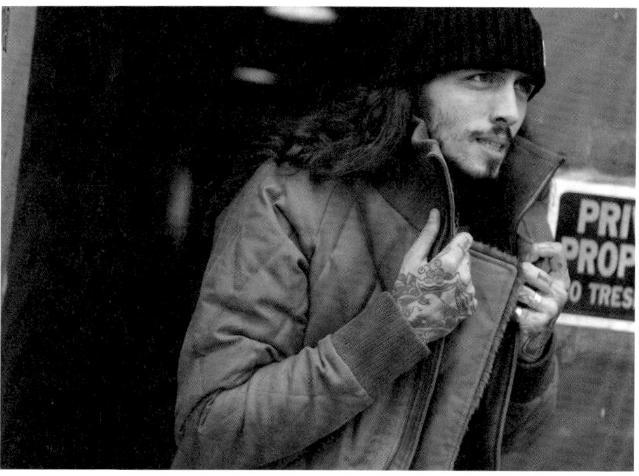
PRI
PROP
O TRES

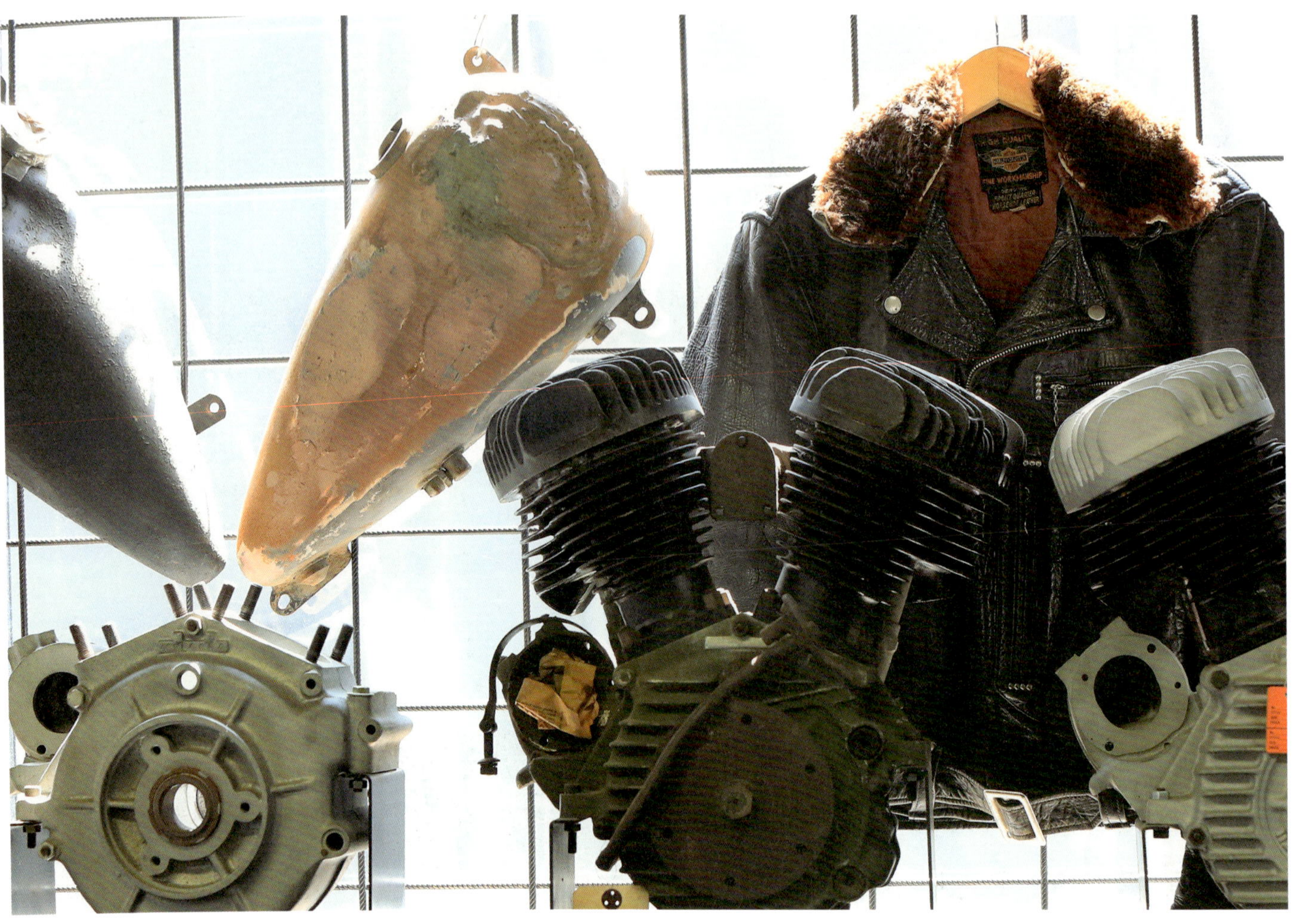

#1 KEIICHI KUWAI in BAD LAND #2 TOMOAKI MATSUMURA in SHIUN CRAFT WORKS #3 KOICHIRO HORI & ESUMI & SHORAI in FREEDOM VINTAGE CYCLES
#4 YOSHIHIRO OHIRA & NORIHIKO KIHARA in LITTLE WING ENGINEERING #5 CHOKO & KOHEI TAKAYAMA in WHEELIES
#6 YASUNOBU NISHIDA in HWZNBROSS #7 MASAHIRO HAYASHI in CHEAP THRILL

# Custom Builder
# &Riders Jacket

## カスタムビルダーと、ライダースジャケット。

バイクのことが誰より好きで、そのカルチャーに精通しているカスタムビルダー。
そんな彼らが選んだ、とっておきのライダースジャケットとは?
こだわりの世界を、覗いてみよう。

text/M.Terano 寺野正樹 T.Morita 守田二草 photo/S.Ise 伊勢悟 K.Shimada 島田健次

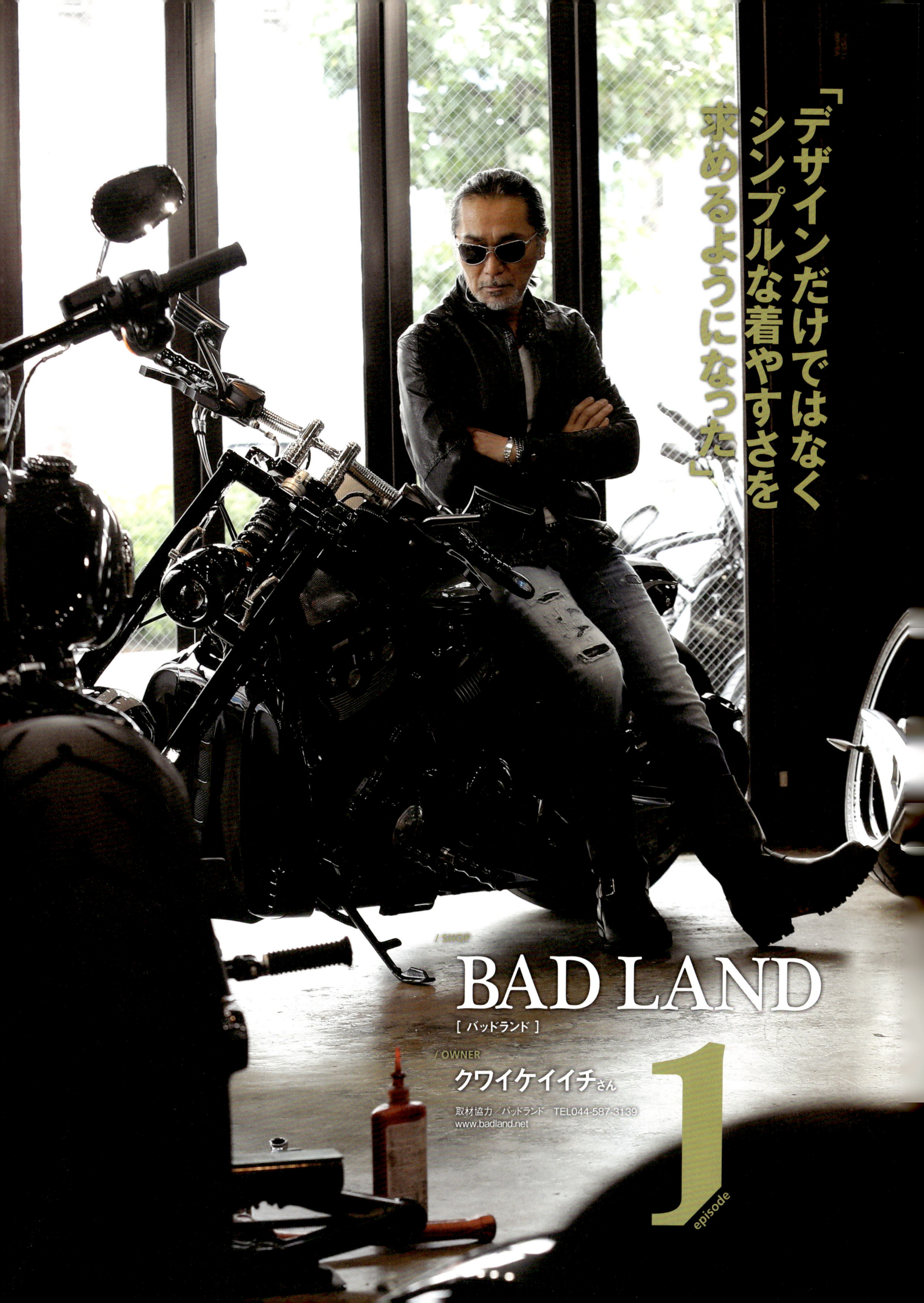

「デザインだけではなく
シンプルな着やすさを
求めるようになった」

/ SHOP

# BAD LAND

[ バッドランド ]

/ OWNER

**クワイケイイチさん**

取材協力／バッドランド　TEL044-587-3139
www.badland.net

1
episode

# ヘビーデューティなダブルからシンプルなシングルへ。

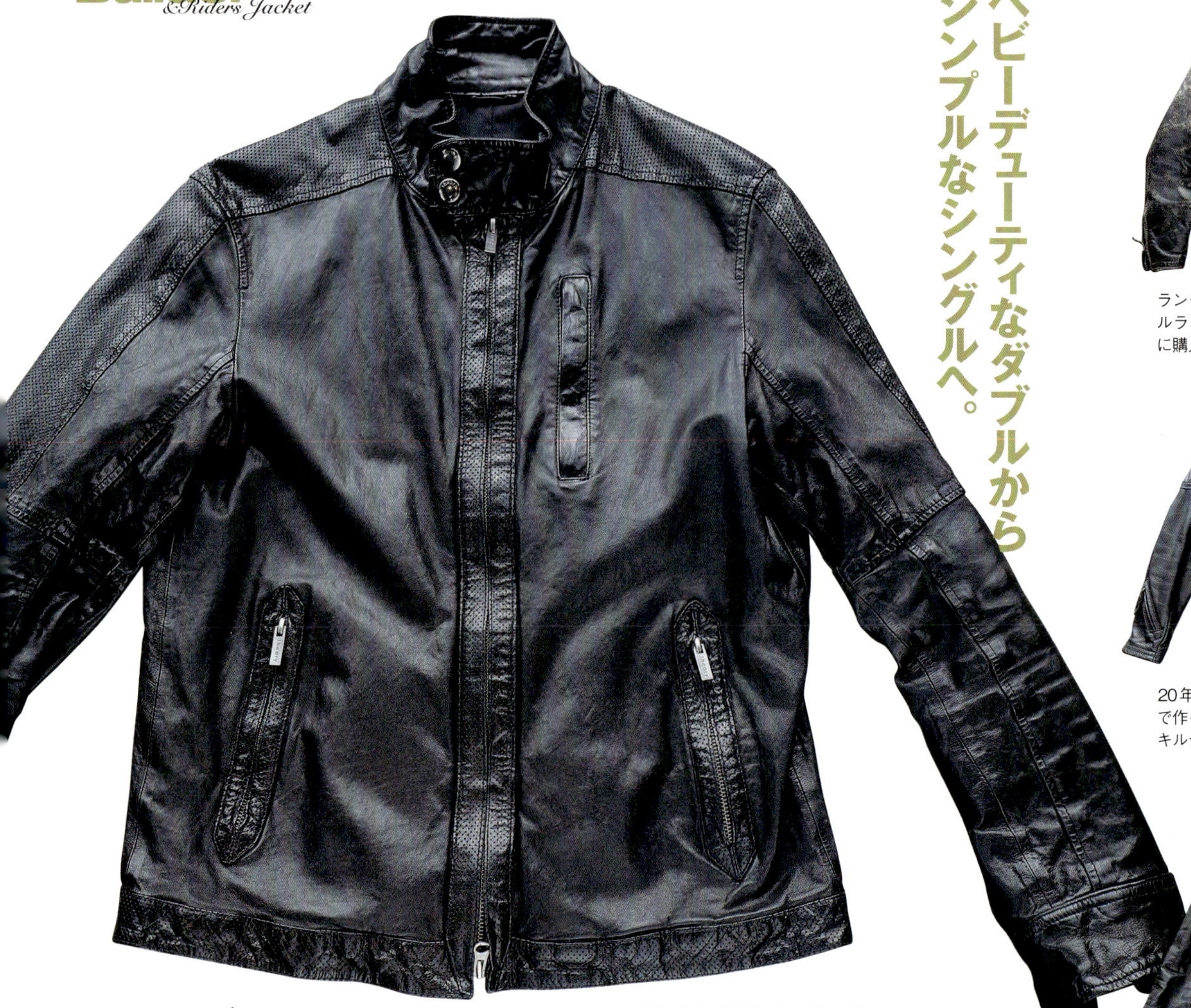

9年ほど前に購入したNY発のブランド・セオリー製のシングルライダース。肩から肘にかけてのヨーク部分、フロントや左右のポケットにパンチレザーをレイアウト。着心地のよさが魅力

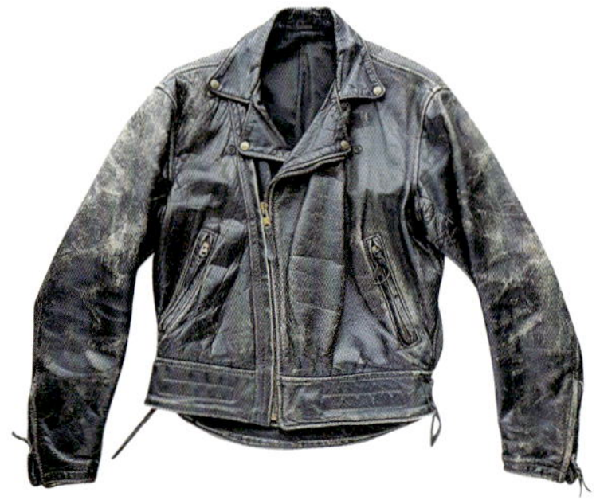

ラングリッツ製で最も長い歴史を持つダブルライダースがコロンビア。20年ほど前に購入したヴィンテージ

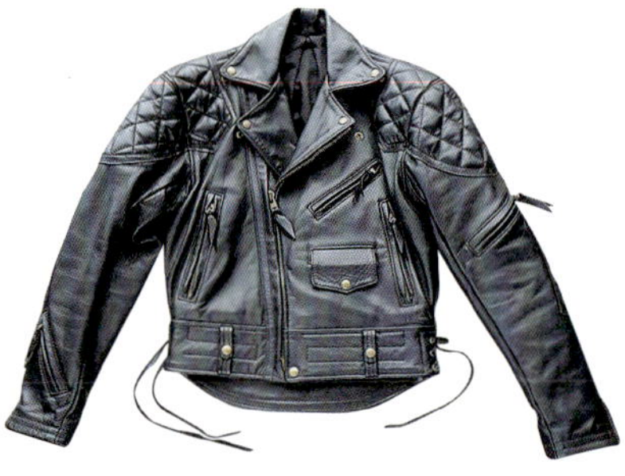

20年ほど前に冬用としてオーダーメイドで作ったラングリッツ製コロンビア。肩のキルティングパッチが重厚感を演出

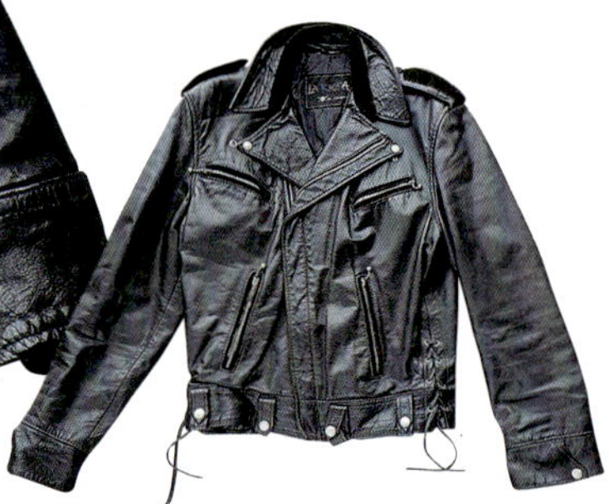

イギリスの名ブランド、ジョンソンズのレザーライン、ラロッカのライダース。20代の頃にメインで使用していたレアな逸品

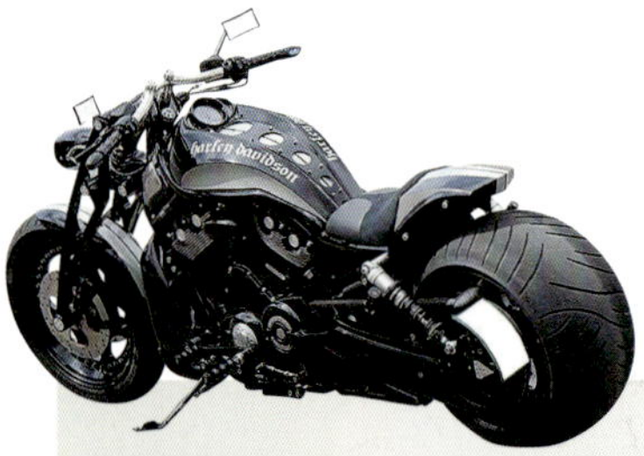

## ライダースに存在する特別なフィロソフィー。

「時代とともにバイカーファッションから遠のいて、今ではあまりライダースを着なくなりましたね」

　こだわりを語るのは、『バッドランド』を主宰するクワイケイイチさん。独自のクリエイティビティを反映したユーロスタイルカスタムや最先端のVロッドのカスタムが、世界からも注目を集めている。そんなクワイさんが愛用しているのが、NY生まれのセオリー製シングルライダースだ。ベーシックで先進的なハイブランドとして知られている。

「デザインだけじゃなく、着やすさがとても気に入っています」

　昔はライダースに激しい使用環境に耐えうるヘビーデューティさを求めたが、今は日常的に使える機能性や利便性を重視するようになった。

　一方で、着なくなってしまったジョンソンズ製やラングリッツ製ライダースを今でも所有し続けている。ダブルのライダースジャケットは、クワイさんにとって特別な存在なのだ。

「ダブルのライダースはロックでバイカー。一度は必要なモノでしょ」

　過酷な環境に耐えうる屈強さが必要なこともある。ダブルのライダースはそんな時代の象徴でもあるのだ。

2009
## GAGA

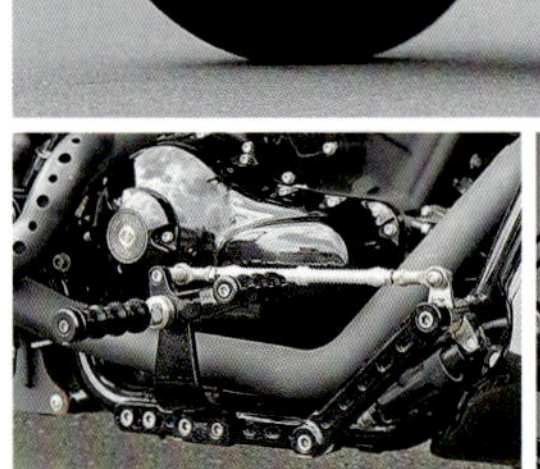
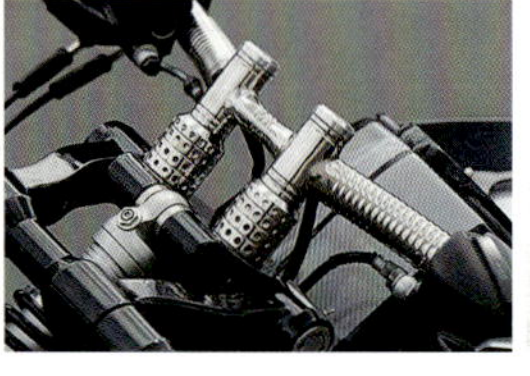
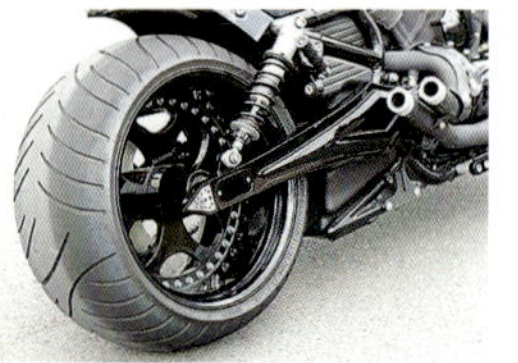

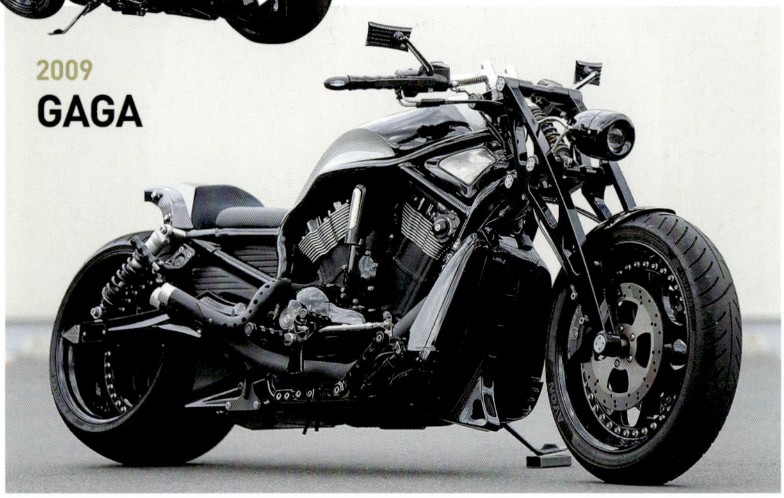

2009年式VRSCDXをベースにしたGAGA。ガーターフォークをはじめとするバッドランド製オリジナルパーツ、ロー＆ロングのフォルムが強烈な個性を演出。ミッドステップキット、前後ホイールはバッドランド製。デザイン性の高いハンドルバーはワンオフ製作。330ミリの極太リアタイヤが、迫力あるリアビューを生み出している

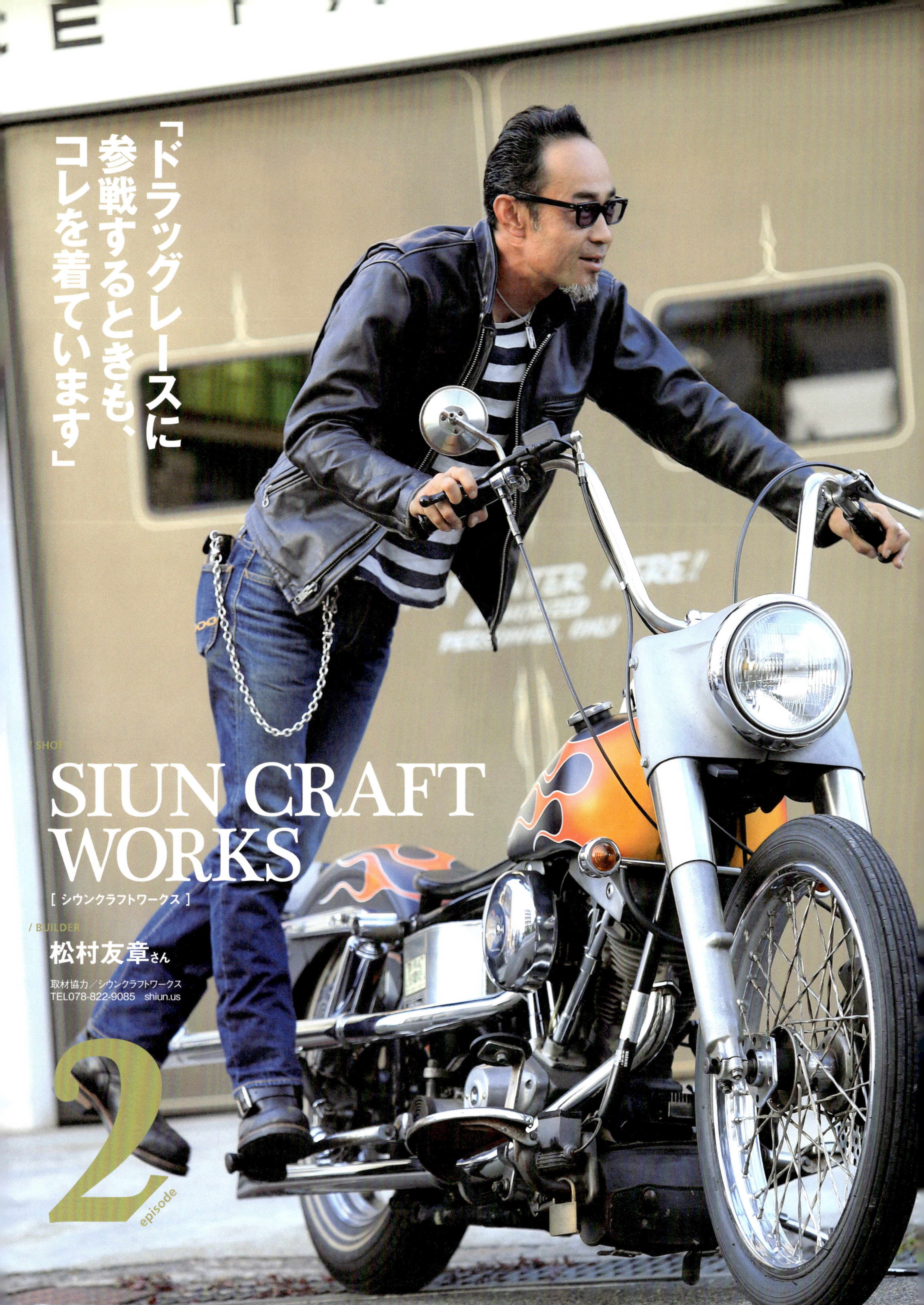

「ドラッグレースに参戦するときも、コレを着ています」

/ SHOP

# SIUN CRAFT WORKS

[ シウンクラフトワークス ]

/ BUILDER

**松村友章さん**

取材協力／シウンクラフトワークス
TEL078-822-9085　shiun.us

2 episode

## 気負わずに長く愛用できるベーシックさがいい。

バイクに乗りはじめたのは16歳の頃という『シウンクラフトワークス』の松村友章さん。アメリカのカスタムショー・AMDワールドチャンピオンシップに出展したり、ニューオーダーチョッパーショーの企画に携わるなど、日本のカスタム業界を牽引するビルダーのひとり。一方でVDAドラッグレースのスーパーヴィンテージクラスでは常に上位を獲得するなど、ライダーとしても現役だ。そんな華々しく活躍している松村さんが普段から愛用するハーレーとライダースジャケットは、意外にもシンプル。

「自分のモノにあまり強いコダワリがないです。基本はシンプルで機能的なものが好き。若い頃はダブルの革ジャンも着ていましたが（笑）」

17歳の頃に手に入れたのは、ショットのダブルライダース。今でも持っているが、普段着ているのはショットのシングルタイプだ。

「30代になって、普段からダブルのライダースを着ているのがちょっと照れくさくなったんです（笑）」

こだわりがないと言いつつ、購入して12〜13年が過ぎた現在も愛用。ドラッグレースに参戦する時も着用しているのだそう。

「レギュレーションでオッケーだから（笑）。レーシングスーツより、着慣れているのがいいんです」

ジャストサイズのフィット感と、気負わずに自然体でいられるのが魅力。日常生活に溶け込めるシンプルさが、長く愛用できる理由なのだ。

1980
### FLH

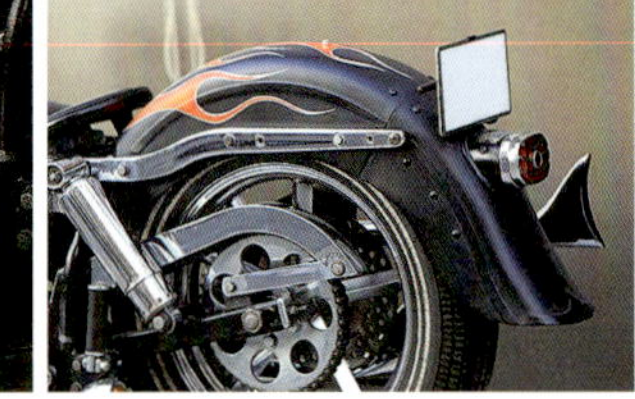

1980年式FLHのチョッパー。フロントを21インチ化。エイプハンガーにパウコ製ショットガンタイプのフィッシュテールマフラーを装着。パンヘッド用プライマリーカバーやヒンジ付きリアフェンダーでクラシカルに

Custom Builder &Riders Jacket

## どんなバイクにも合うシンプルさとジャストなフィット感が決め手。

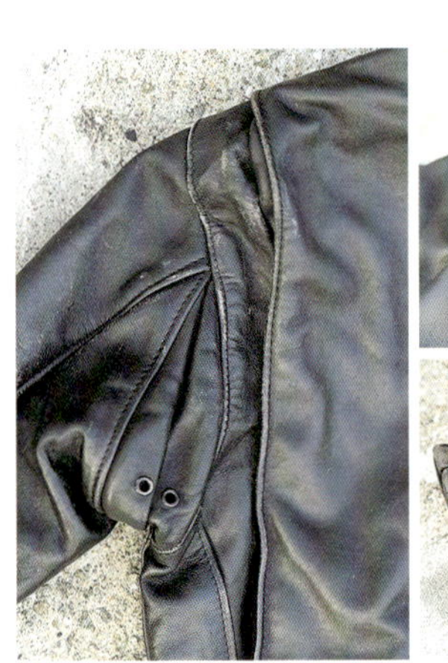

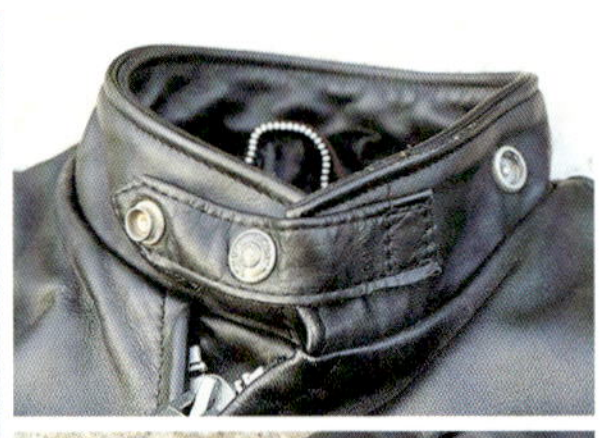

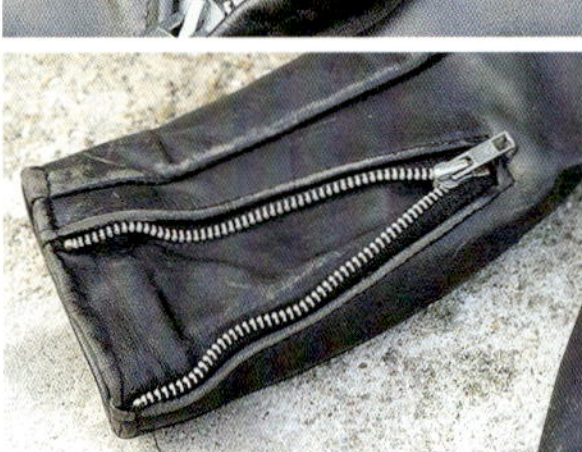

アクションプリーツが施されており、ライディングポジションがとりやすい。襟のストラップが防風性を高めてくれる。手首のジッパーを閉じれば、フィット感がアップ

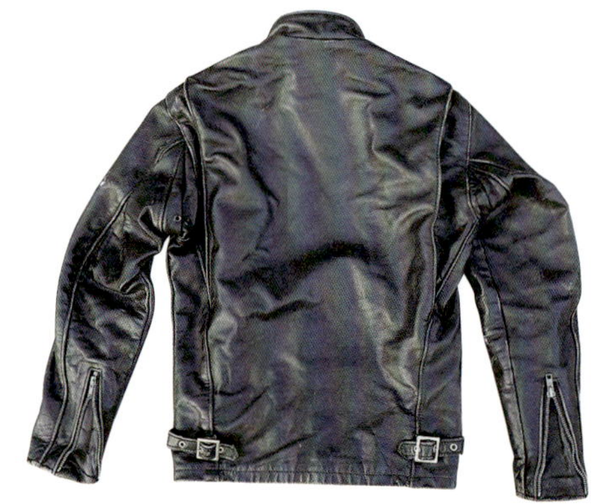

BACK

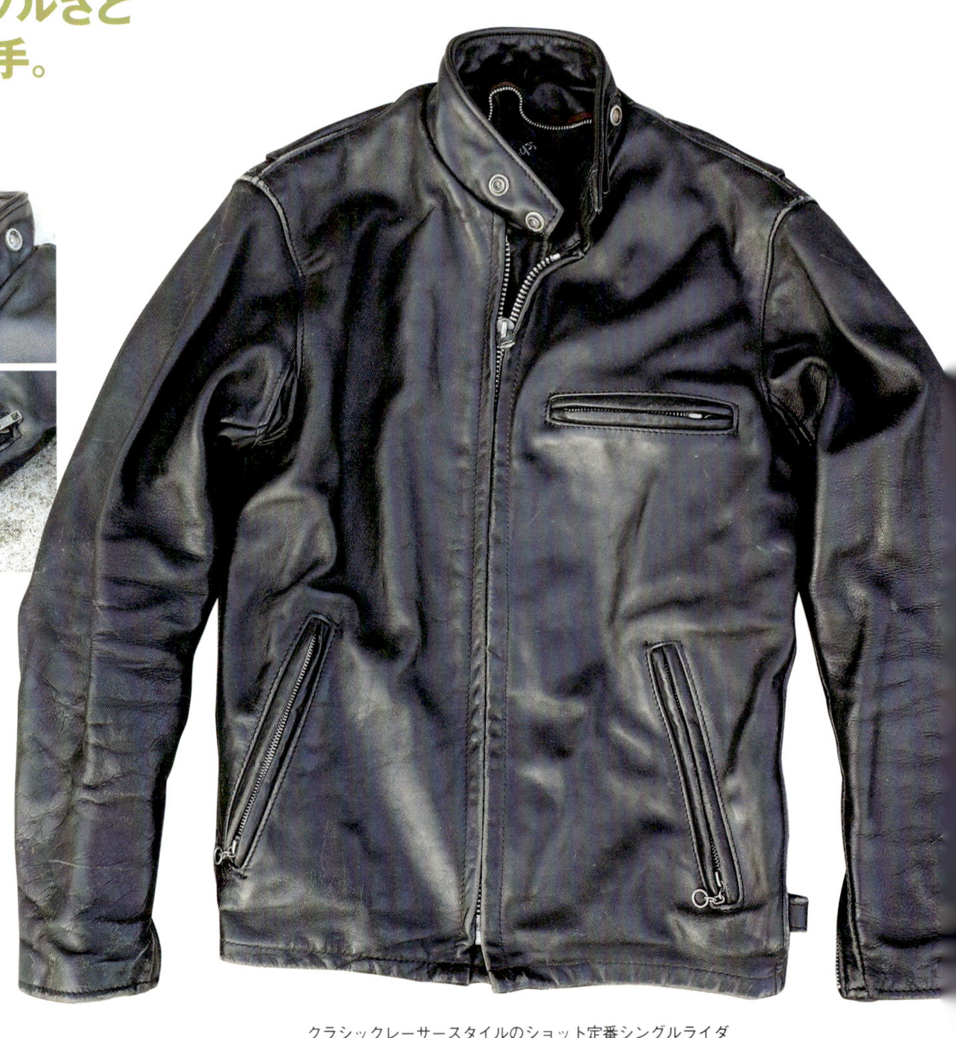

クラシックレーサースタイルのショット定番シングルライダース641。ステアハイドレザーの質感とスタンドカラーのスッキリしたデザインが気に入って12〜13年前に購入

# 「器用じゃないから、それぞれ気に入った1枚を大切に着ています」

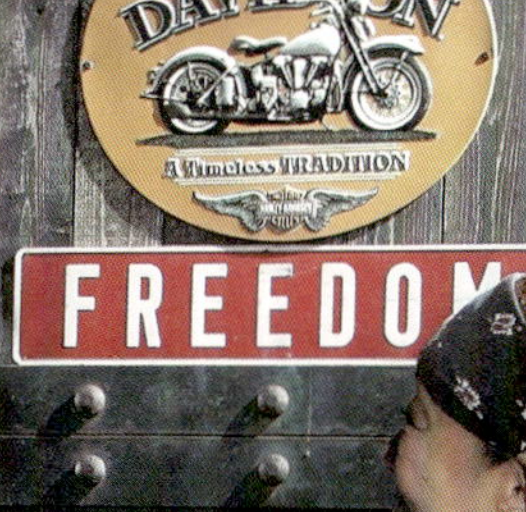


/ SHOP

# FREEDOM VINTAGE CYCLES

[ フリーダムヴィンテージサイクルス ]

/ BUILDER FAMILY

**堀光一路さん & えすみさん & 将来さん**

取材協力／フリーダムヴィンテージサイクルス　TEL042-350-0355
freedom-vintagecycles.com

episode 3

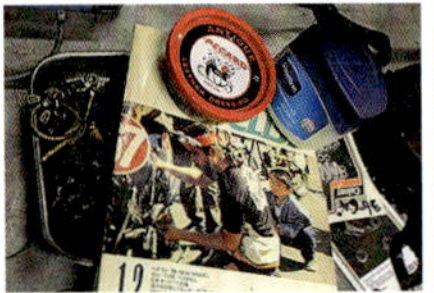

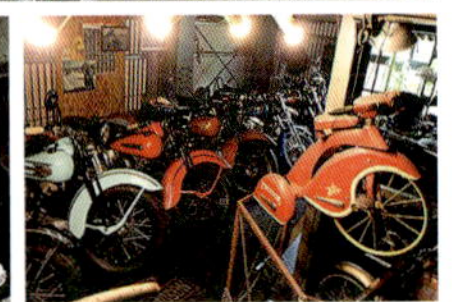

今では将来さんを指名するお客さんも増えてきたという。手入れはペカードのレザードレッシング、オイルが抜けきっている時はワセリンを塗ることも。と、親子で表紙を飾った雑誌。博物館級のレアな旧車も販売する

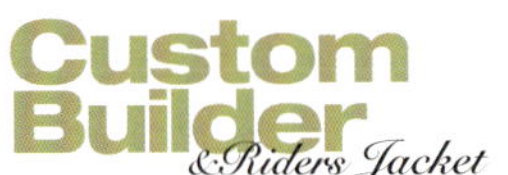

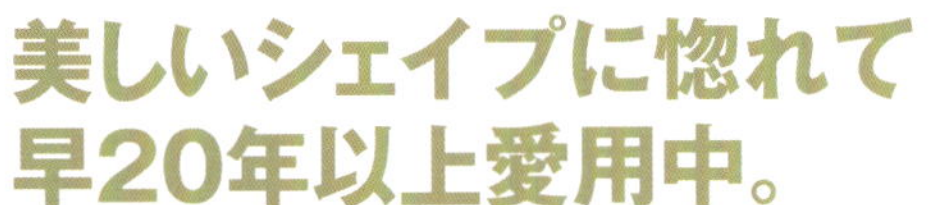

## 美しいシェイプに惚れて早20年以上愛用中。

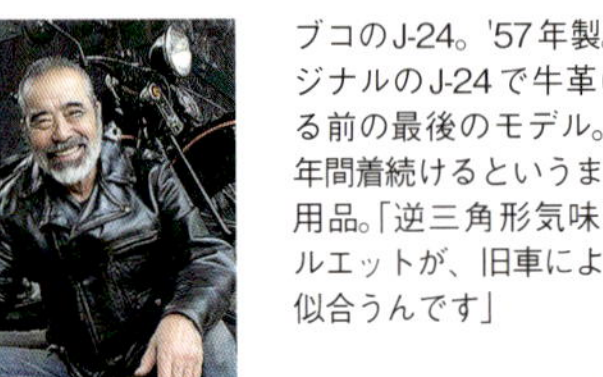

ブコのJ-24。'57年製。オリジナルのJ-24で牛革に変わる前の最後のモデル。約20年間着続けるというまさに愛用品。「逆三角形気味のシルエットが、旧車によく似合うんです」

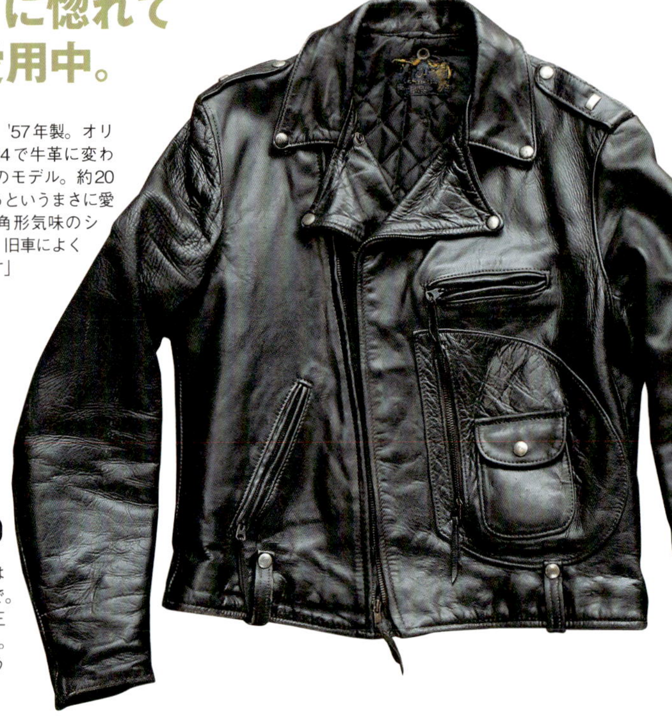

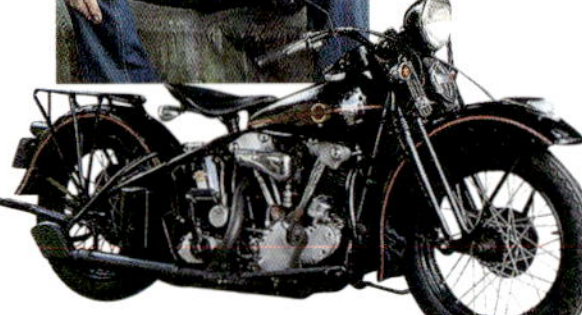

1938
### EL NUCKLE HEAD

現在堀さんの愛車である'44ナックルは修理中のため、急きょ完成したこちらで。リペイントや多少の修理はあるが、純正度がかなり高い極上のナックルヘッド。こちらは希望する人には販売可能だそう

## どこに出かけるにもこのジャケットと共に。

## シンプルなデザインとジャストサイズが決め手。

約4年前に偶然お客さんから回ってきたバンソンのシングル。「シンプルだしサイズもピッタリだったので。何十年と着続けて行きたいですね」

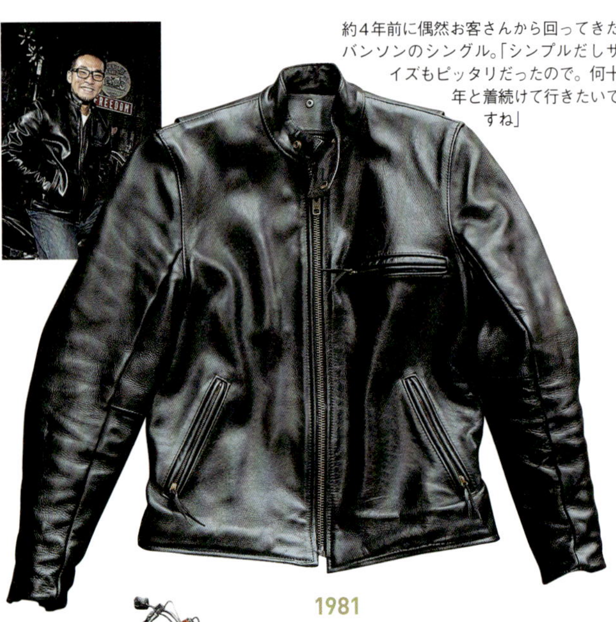

1981
### FXS LOWRIDER

お客さんのところで眠っていたモノを復活させた1台。ペイントはかつてペインターとしても活躍した父・光一路さんが'82年に手がけたモノ。「ペイントはそのまま残ってたんです。それに乗れるというのは嬉しいですね」

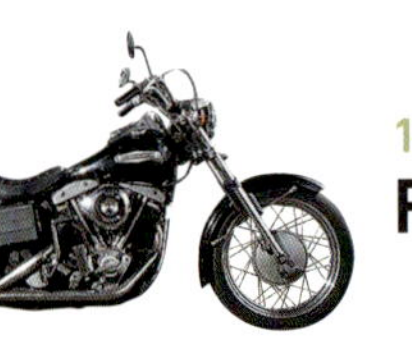

1972
### FX SUPER GLIDE

約30年とジャケット以上に付き合いの長いえすみさんの愛車、スーパーグライド。ノーマルに近いライトカスタムで、ジャケットと共に趣きある人生を楽しんでいる

ハーレーダビッドソンが作ったサイクルチャンプのレディス『サイクルクイーン』。'50s。こちらもジャストなサイズが気に入り約20年前に購入して以来いまだに現役

## やっぱり旧車には旧いライダースがよく似合う。

ショベル以前（エボリューションも少し）の旧いハーレーの修理・販売・カスタム専門店として旧車乗りに知られる『フリーダム』。

元々、創業者の堀光一路さんと奥さまのえすみさんの二人三脚でお店を切り盛りしていたが、'12年からは息子の将来さんも加わって、親子3人で旧車の魅力を伝えている。

そんな堀さん一家。ハーレーにもこだわるだけあってライダースジャケットへのこだわりも強い。

だが、そのこだわりは枚数を集めるのではなく、"気に入った1着を着続けること"にあるという。

ちなみに堀さん夫妻の愛用歴はともに20年。将来さんは4年目だが、3人とも所有するのは1枚ずつのみ。

ただ、1枚しか持っていないからといって着ないわけではない。ツーリングはもちろん、修理やカスタム後のならし運転でも、夏以外は必ずと言っていいほど着るという。

「近所とはいえ旧車に乗るのに今風のダウンやナイロンじゃ、絵にならないんですよ。旧車は特にオーナーのファッションまで含めて一つのスタイルですから。旧車だとエンジンマッチングですか？ という質問を多く受けますが、バイクとオーナーのファッションのマッチングもとても大事だと思います。そういう意味では旧車にはやっぱり、ライダースジャケットがよく似合いますね」

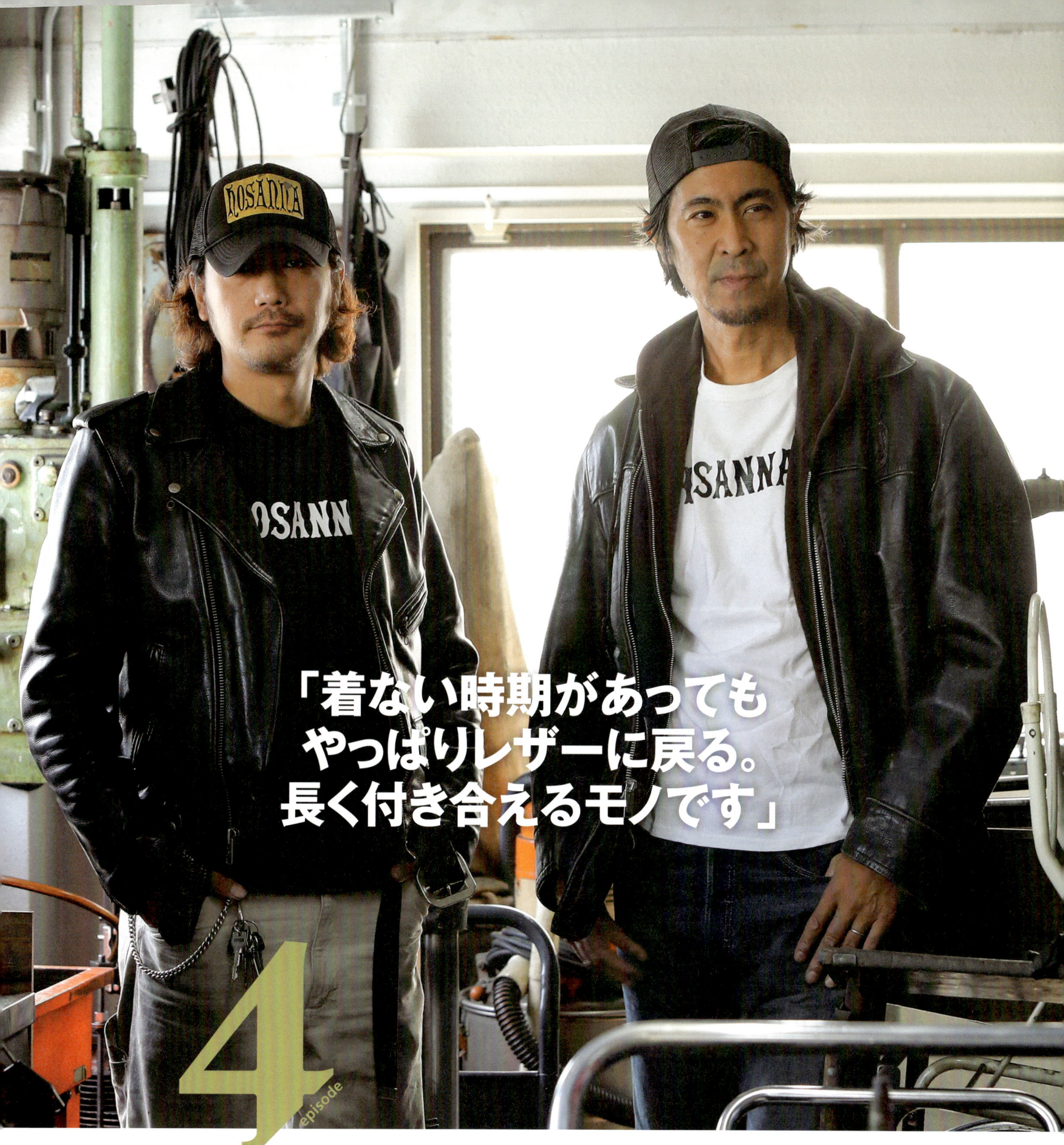

# 「着ない時期があっても やっぱりレザーに戻る。 長く付き合えるモノです」

4 episode

/ SHOP

# LITTLE WING ENGINEERING

[ リトルウイングエンジニアリング ]

/ BUILDER

**大平芳弘**さん & **木原範彦**さん

取材協力／リトルウイング　TEL03-6303-8009　www.lwe.co.jp

## レザーとの蜜月を過ぎて自然体で付き合う。

「昔はライダースが好きで持っていたけど、手放してしまったんですよ」
　東京都大田区にある『リトルウイングエンジニアリング』の代表、大平芳弘さん。アメリカのファッションやモーターカルチャーが好きで一時は多数所有していたけど、仕事が忙しくなり、手放してしまったそう。
「やっぱりまた欲しくなってしまった(笑)。でも、日本には自分が着

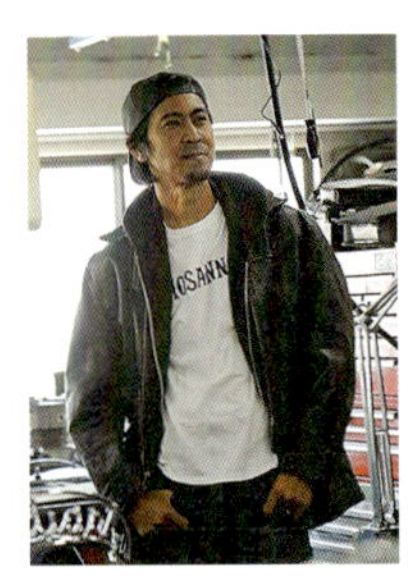

1937
## INDIAN CHIEF

インディアンのチーフがベース。板バネのガータフォークはそのままに、エイプバーを装着し、フェンダーなどの外装を取り外してボバー仕様に。2眼のヘッドライトがインパクト大！

## アメリカで出合ったポリスマンジャケット。

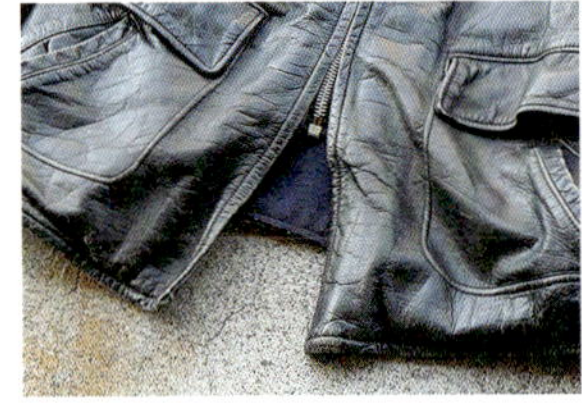

ロサンゼルスのヴィンテージショップで見つけたグレイスのポリスマンジャケット。カジュアルに着こなせるハーフ丈。ポケットは機能性を追求したデザイン。フロントジッパーは短めで、足の動きを妨げない作り



1954
## FL

1954年式FL。ハーレー創立50周年を記念したゴールデンアニバーサリーモデル。自作の左右2本出しマフラー、タロッティ製バックステップをミッド位置に装着するなど、趣向を凝らしたカスタム

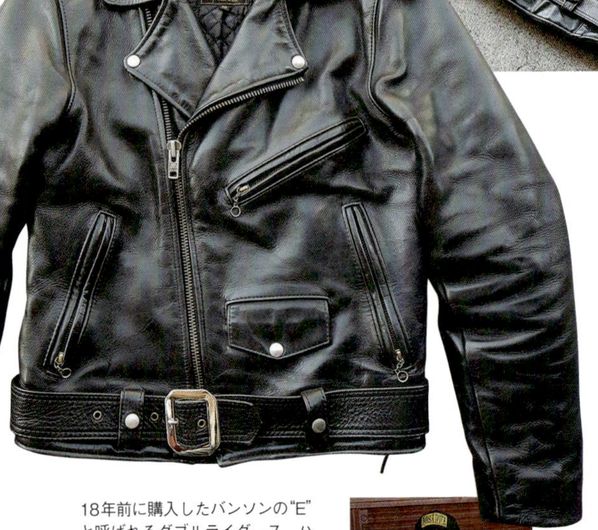

18年前に購入したバンソンの"E"と呼ばれるダブルライダース、ハイウェイマン。長めの丈がお気に入り。ブラスのスナップをニッケルに付け替え、バックルも交換。引き締まった印象になった

## 自分でカスタムしたバンソンを18年愛用。

れるサイズが売ってないんです」

　ようやく、アメリカの古着屋でグレイスのジャケットを手に入れたのが10年ほど前。今では、気に入ったものをまた少しずつ集めている。

　一方で、もともと同店に通うお客さんだったというメカニックの木原範彦さん。21歳の頃に現在の愛車となるパンヘッドを手に入れ、同じ頃にバンソンのライダースを購入した。

「昔はショットかバンソンぐらいしか知らなくて……。頑張って高価だったバンソンを買いました(笑)。それから18年間使っています」

　若い頃からバイクとライダースと深く付き合い続けている2人。今ではライフスタイルに溶け込み、自然体で付き合っている。

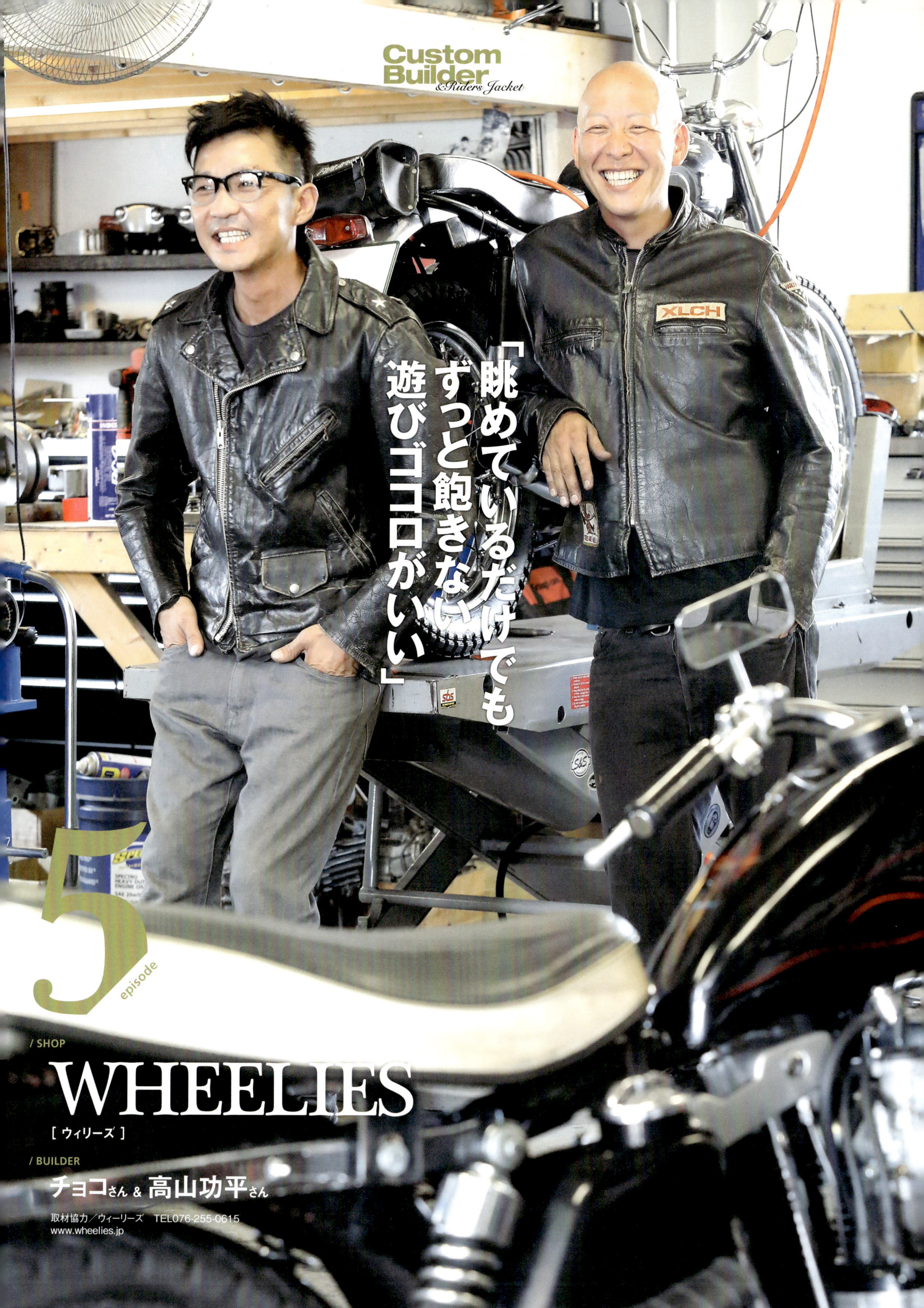
Custom Builder
&Riders Jacket
「眺めているだけでも
ずっと飽きない
遊びゴコロがいい」
XLCH
5
episode
/ SHOP
WHEELIES
[ ウィリーズ ]
/ BUILDER
チョコさん & 高山功平さん
取材協力／ウィーリーズ　TEL076-255-0615
www.wheelies.jp

# 存在感を放つ独自の個性がヴィンテージの魅力です。

1959
## XLCH

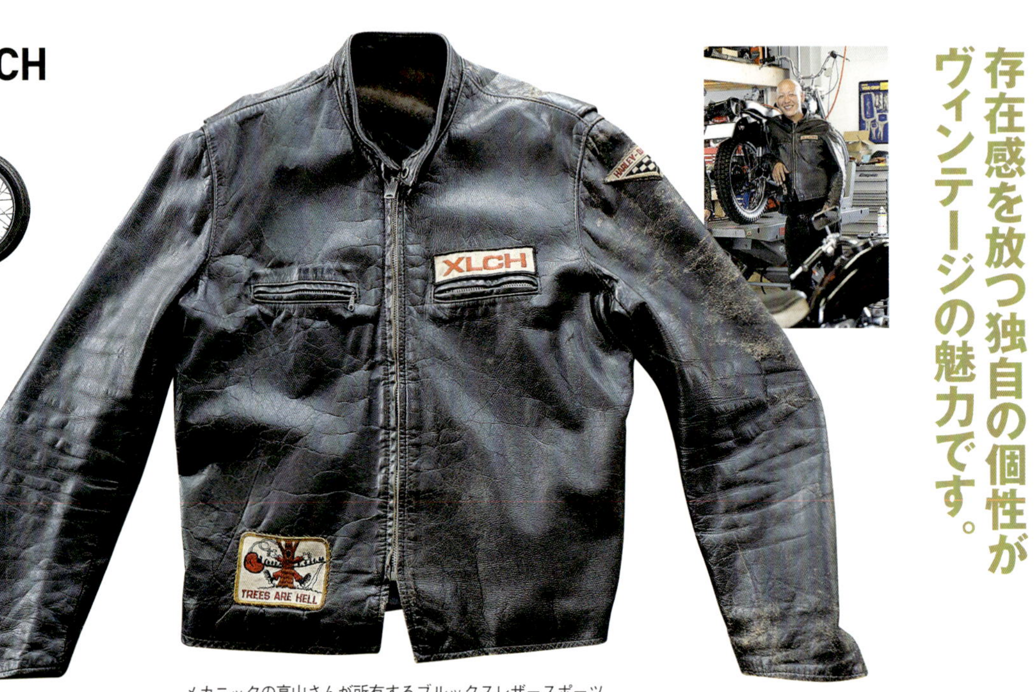


ガレージ感たっぷりなXLCHチョッパー。ストレッチしたフロントフォークや元々装着されていたというタンク、シッシーバーが独特のフォルムを形成。デロルト製キャブレター、E&L製シートのほか、ワンオフ製作したハンドルやマフラーが雰囲気を盛り上げている

メカニックの高山さんが所有するブルックスレザースポーツウエアのシングルライダース。左胸のXLCHのタグワッペンがお気に入り。ウエストや肩部分のパッチの手縫い感がいい

1941
## WL

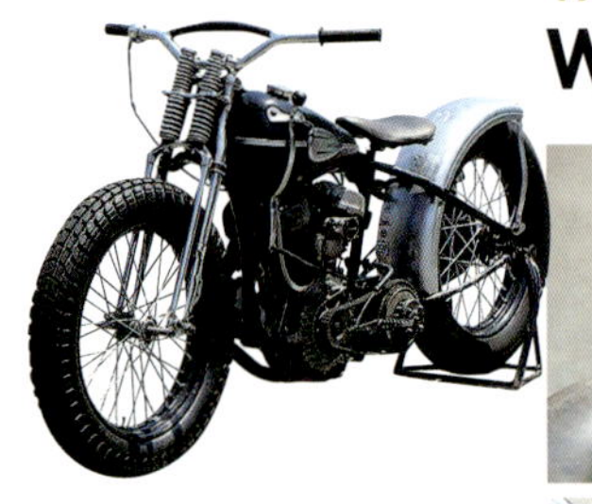

レーサー仕様のWL。エンジンはチューニングを施し、パフォーマンスアップ。レーシングパーツブランド・ウェブコ製ハンドルをセットし、タンクとトランスミッションにはファクトリーレーサーのWR用を採用。フロントのスプリンガーはビーシューター用

5年前に原宿の『フェイクα』で見つけたヴィンテージのダブルライダース。両肩のエポレットに星をあしらったワンスターで、ベック製というのがポイント。キルティングライニングにサイドレースアップという仕様

# さりげなくこだわるベックのワンスターライダース。

### 人とはちょっと違った個性が味わいを深める。

石川県金沢市にある『ウィリーズ』はハーレーの販売と修理をメインに手がけるプロショップ。代表を務めるチョコさんこと長田寛典さんは、バイク好きが高じて12年前にショップをオープン。当時愛用していたライダースはイングランド製ブコのシングルジャケットだった。

「ちょっと珍しいモノが好きなんです。今使っているワンスターもベック製だったから（笑）」

ヴィンテージのワンスターが欲しくて探していたところ、5年前に原宿でひと目ボレ。即買いしたという。

「レースではツナギなので革ジャンを着る機会は多くないですが、眺めているだけでも飽きない（笑）」

思い入れを語る長田さん。一方、メカニックの高山功平さんは、ブルックレザースポーツウエアのシングルを愛用。胸にはＸＬＣＨのワッペンなどでデコレーションされている。

「原宿の古着屋で発見しました。ウエストのワッペンの縫い付け方とか、雑なディテールなんです（笑）。個性的なところが気に入ってます」

ヴィンテージでも伝統や定番よりも、ちょっと人とは違うところや味わいを愛するふたりなのだ。

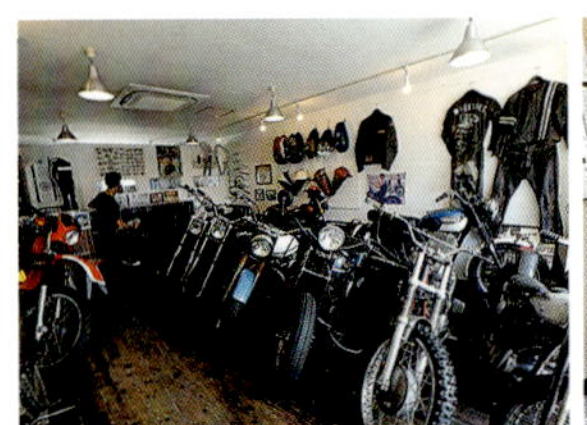

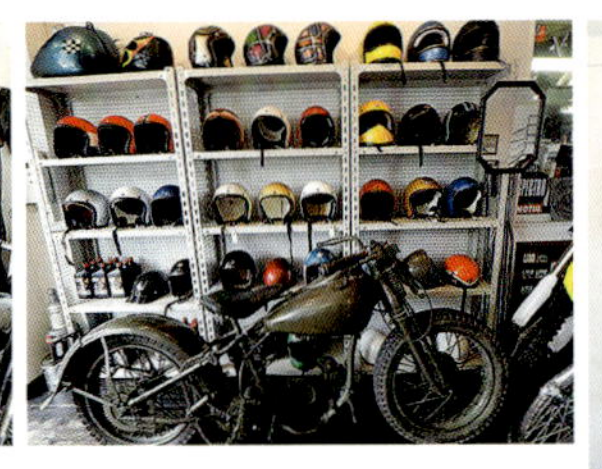

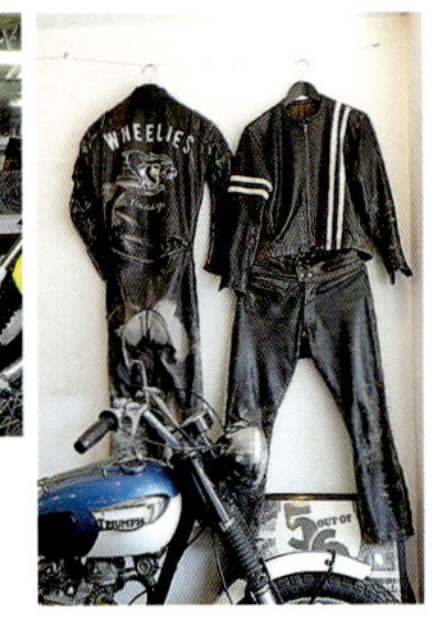


『ウィリーズ』は現行車からオールドハーレー、その他のヴィンテージバイクまで幅広く手がけるショップ。販売、修理のほか、機械加工やワンオフパーツ制作にも対応。店内にはマニアックなヴィンテージバイクやヘルメットが並ぶ

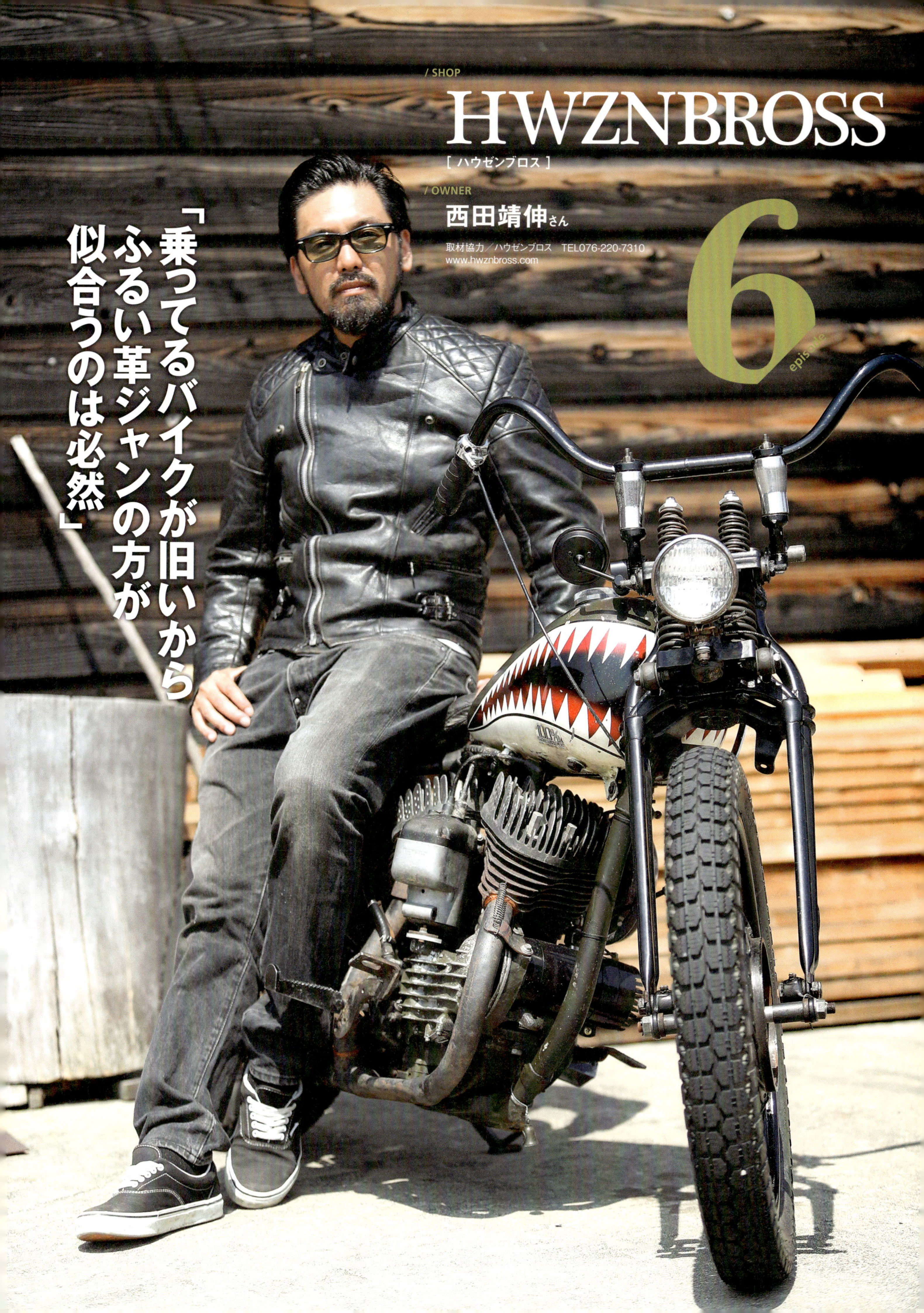

episode 6

/ SHOP

# HWZNBROSS

[ ハウゼンブロス ]

/ OWNER

**西田靖伸さん**

取材協力／ハウゼンブロス　TEL076-220-7310
www.hwznbross.com

## 「乗ってるバイクが旧いから ふるい革ジャンの方が 似合うのは必然」

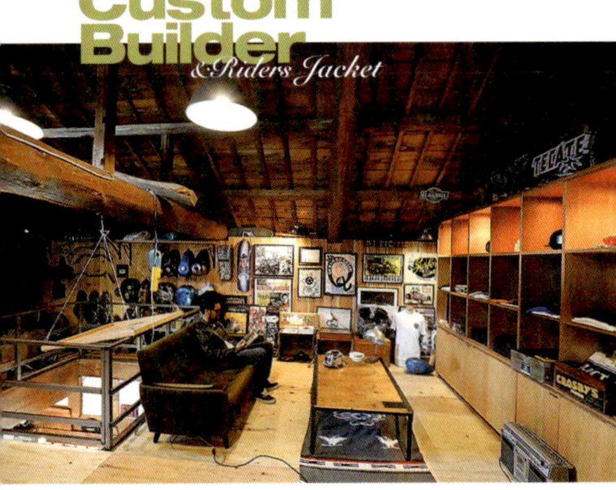

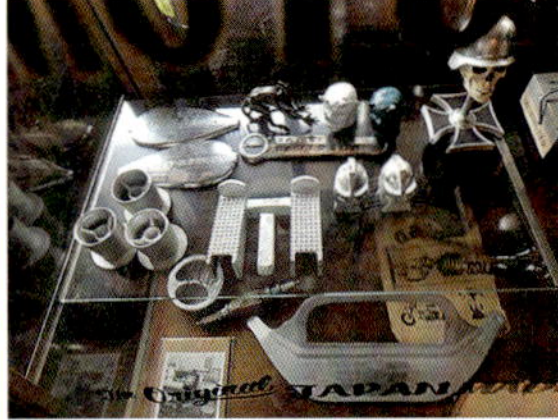

石川県白山市にある『ハウゼンブロス』。現在はカスタムモーターサイクルパーツやアクセサリー、アパレルの制作販売をメインに活動。オフィスにはオリジナル商品が並ぶ

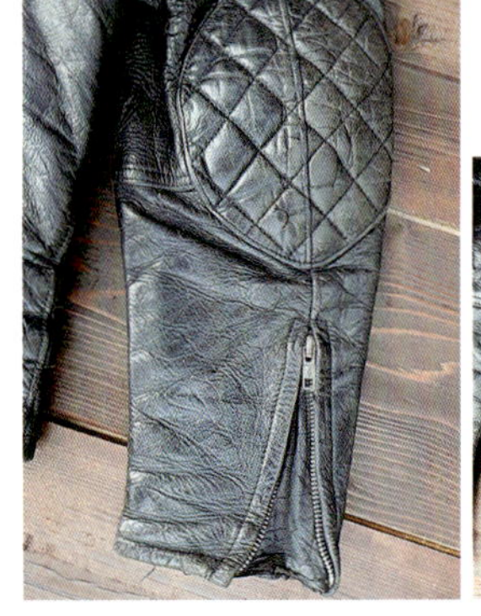

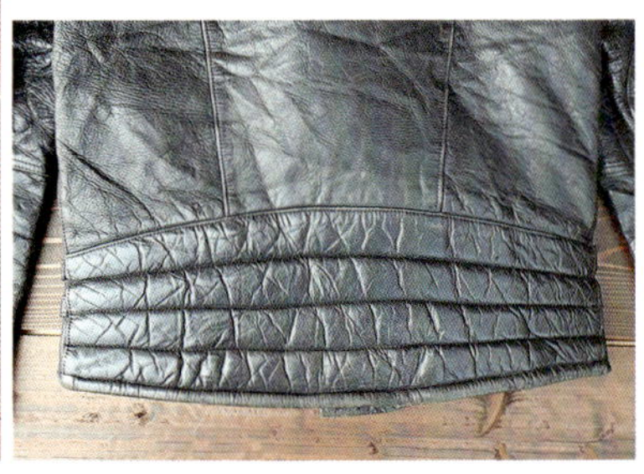

メーカー不明のパデットライダース。'60～'70年代のスポーツライディング用と思われる。腰の部分はシャーリングでライダーの乗車姿勢に対応。肘はキルティングパッド付き

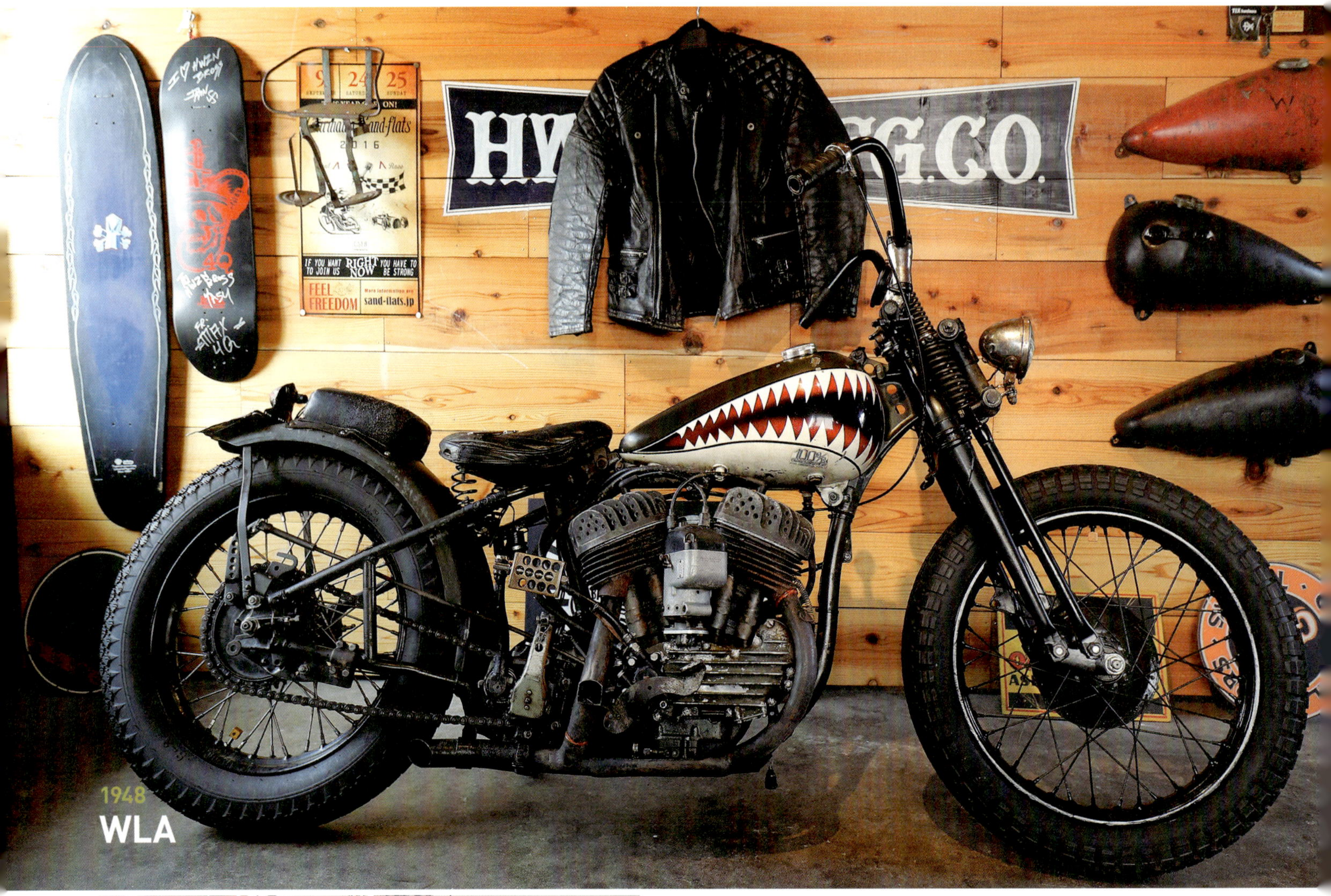

1948
WLA

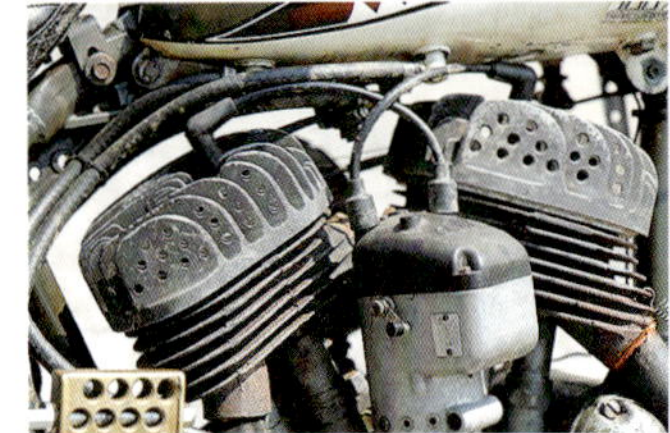

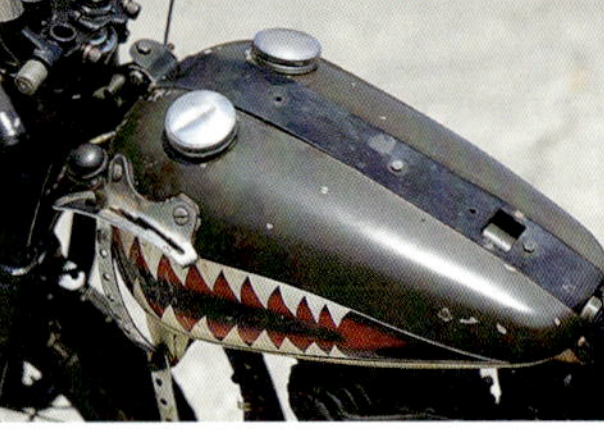

WLAをベースにしたボバー。タンクのシャークティースのペイントが戦闘機のような雰囲気を盛り上げている。WR用ライザーにハウゼンブロス製TTバーをセット。同じくオリジナルのダートペグを装着することで、攻撃的なライディングポジションを演出

## ベイツのヴィンテージシートみたいに革の質感が重要ですね。

### 経年変化するレザーが革に質感や風合いを与える。

バイクに乗りはじめたのは16歳の頃からだったが、ライダースはまったく意識していなかったという西田靖伸さん。現在、石川県で『ハウゼンブロス』の代表を務める。レースイベント『千里浜サンドフラッツスピードウェイ』の発起メンバーとしても全国的に知られた存在だ。そんな西田さんがライダースを手にしたのは、裏原宿系ストリートブランド『バウンティーハンター』で働いていた時だった。ブランドのオーナー兼デザイナーであった岩永ヒカルさんからの影響だった。

「ヒカルさんからショットのワンスターをいただいたんです」

それからファッション、ライディングギアとしての両方の側面から興味を持つようになったという。故郷の石川県に戻ってショップを立ち上げて10年。今、愛用しているのは古着屋で見つけたパデット仕様のライダース。クラシカルなUKデザインが気に入っているとか。

「革の質感や風合い、ヤレ具合が重要なんです。愛車に搭載している、ベイツのヴィンテージシートと一緒ですね（笑）」

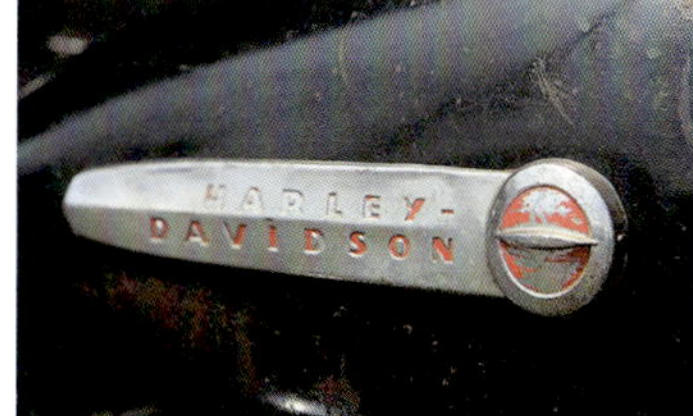


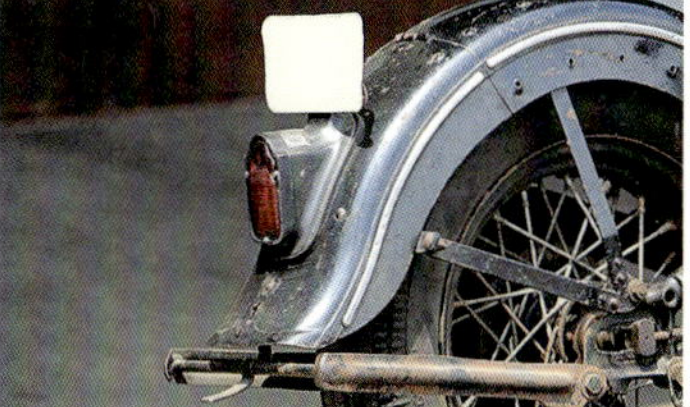

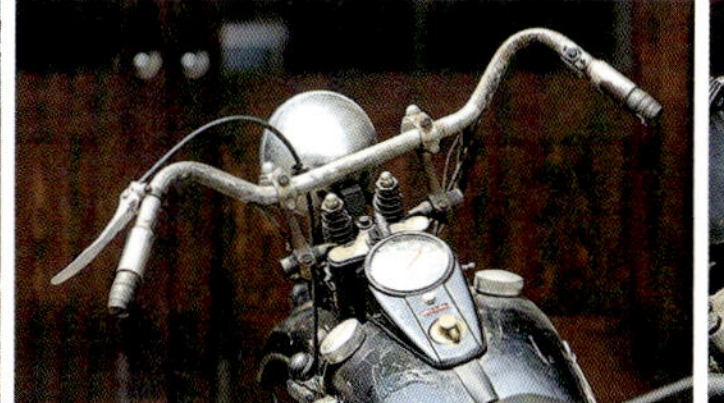

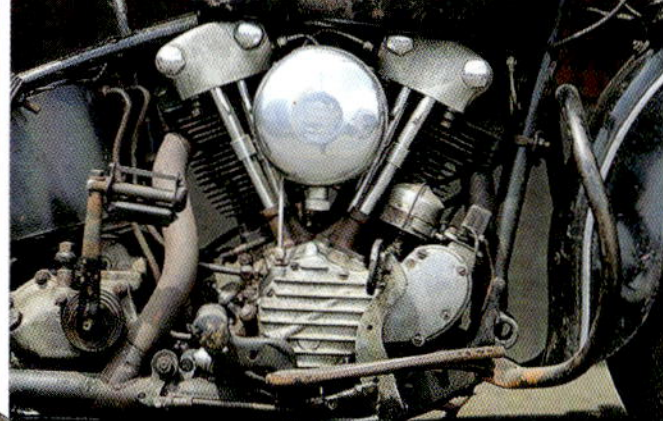

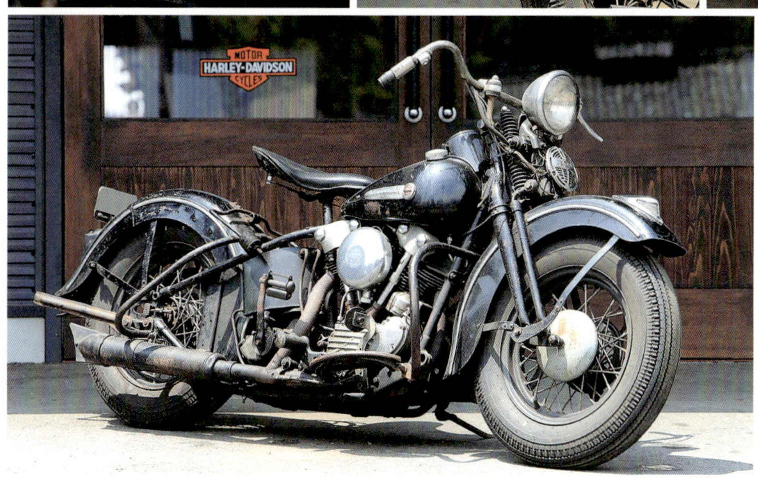


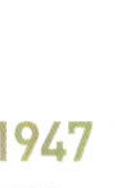

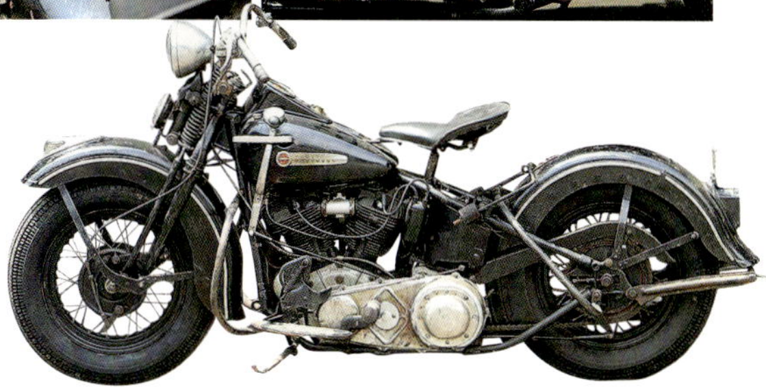

1947
**FL**

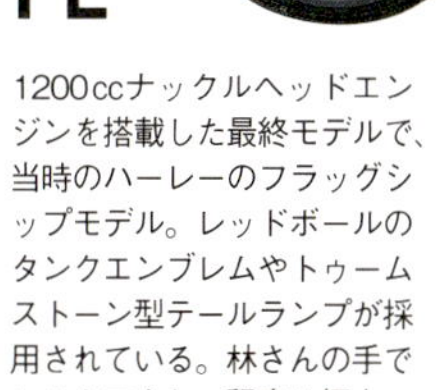

1200ccナックルヘッドエンジンを搭載した最終モデルで、当時のハーレーのフラッグシップモデル。レッドボールのタンクエンブレムやトゥームストーン型テールランプが採用されている。林さんの手でレストアされ、程度は極上

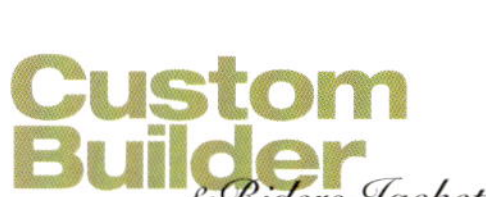

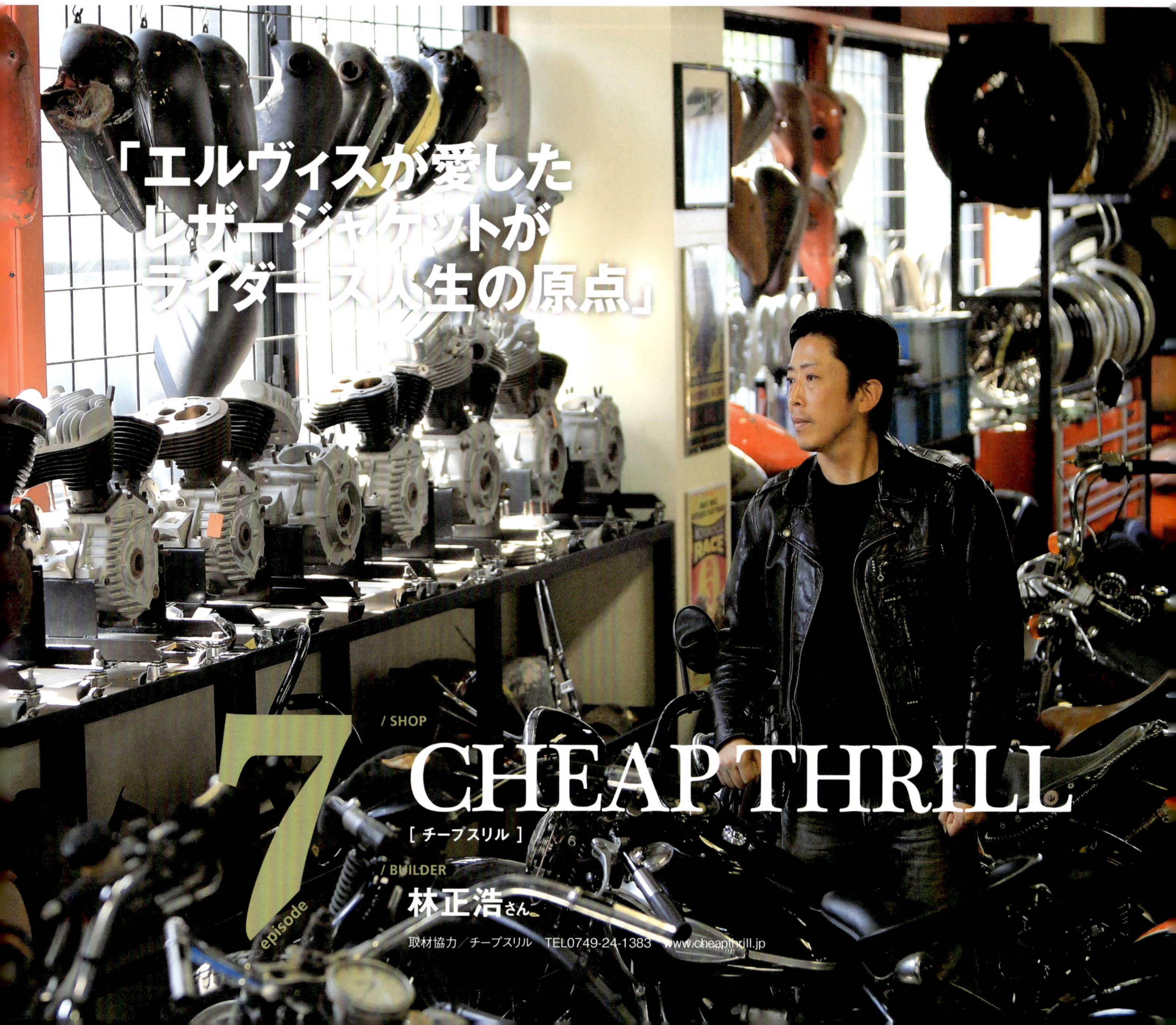

# 「エルヴィスが愛したレザージャケットがライダース人生の原点」

episode 7

/ SHOP

# CHEAP THRILL

［ チープスリル ］

/ BUILDER

**林正浩**さん

取材協力／チープスリル　TEL0749-24-1383　www.cheapthrill.jp

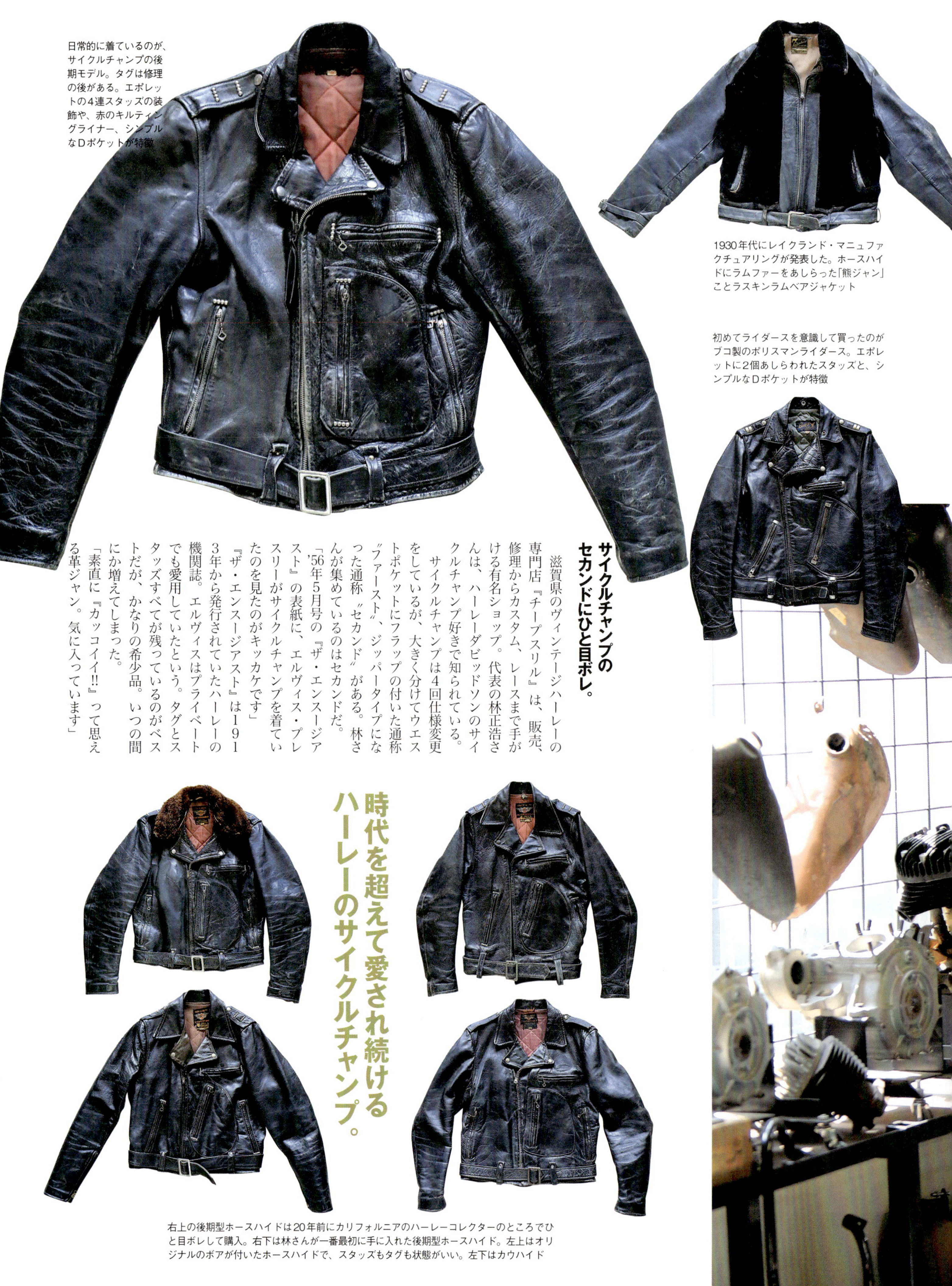

日常的に着ているのが、サイクルチャンプの後期モデル。タグは修理の後がある。エポレットの4連スタッズの装飾や、赤のキルティングライナー、シンプルなDポケットが特徴

1930年代にレイクランド・マニュファクチュアリングが発表した。ホースハイドにラムファーをあしらった「熊ジャン」ことラスキンラムベアジャケット

初めてライダースを意識して買ったのがブコ製のポリスマンライダース。エポレットに2個あしらわれたスタッズと、シンプルなDポケットが特徴

## サイクルチャンプのセカンドにひと目ボレ。

滋賀県のヴィンテージハーレーの専門店『チープスリル』は、販売、修理からカスタム、レースまで手がける有名ショップ。代表の林正浩さんは、ハーレーダビッドソンのサイクルチャンプ好きで知られている。

サイクルチャンプは4回仕様変更をしているが、大きく分けてウエストポケットにフラップの付いた通称"ファースト"、ジッパータイプになった通称"セカンド"がある。林さんが集めているのはセカンドだ。

「'56年5月号の『ザ・エンスージアスト』の表紙に、エルヴィス・プレスリーがサイクルチャンプを着ていたのを見たのがキッカケです」

『ザ・エンスージアスト』は1913年から発行されていたハーレーの機関誌。エルヴィスはプライベートでも愛用していたという。タグとスタッズすべてが残っているのがベストだが、かなりの希少品。いつの間にか増えてしまった。

「素直に『カッコイイ!!』って思える革ジャン。気に入っています」

# 時代を超えて愛され続けるハーレーのサイクルチャンプ。

右上の後期型ホースハイドは20年前にカリフォルニアのハーレーコレクターのところでひと目ボレして購入。右下は林さんが一番最初に手に入れた後期型ホースハイド。左上はオリジナルのボアが付いたホースハイドで、スタッズもタグも状態がいい。左下はカウハイド

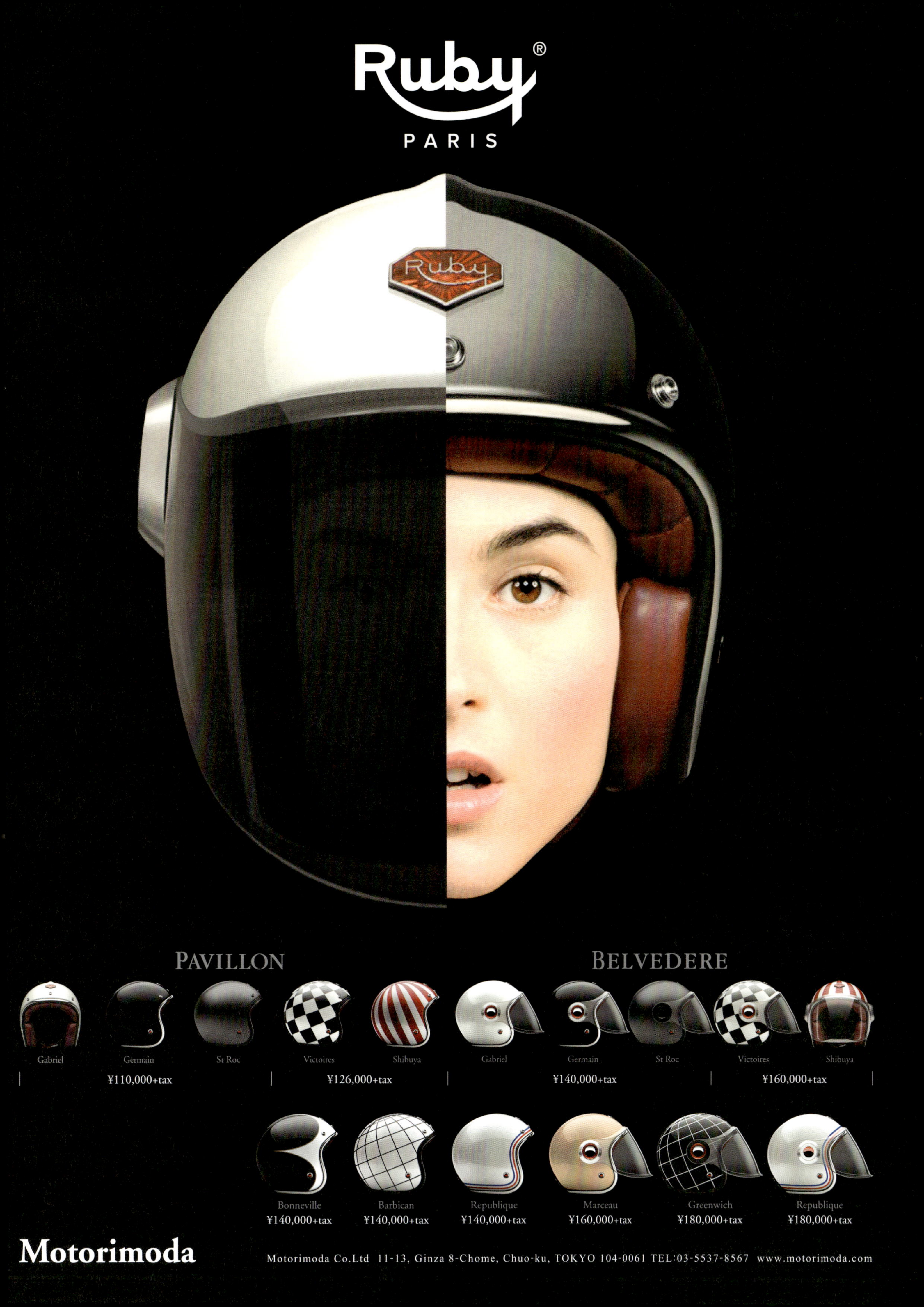

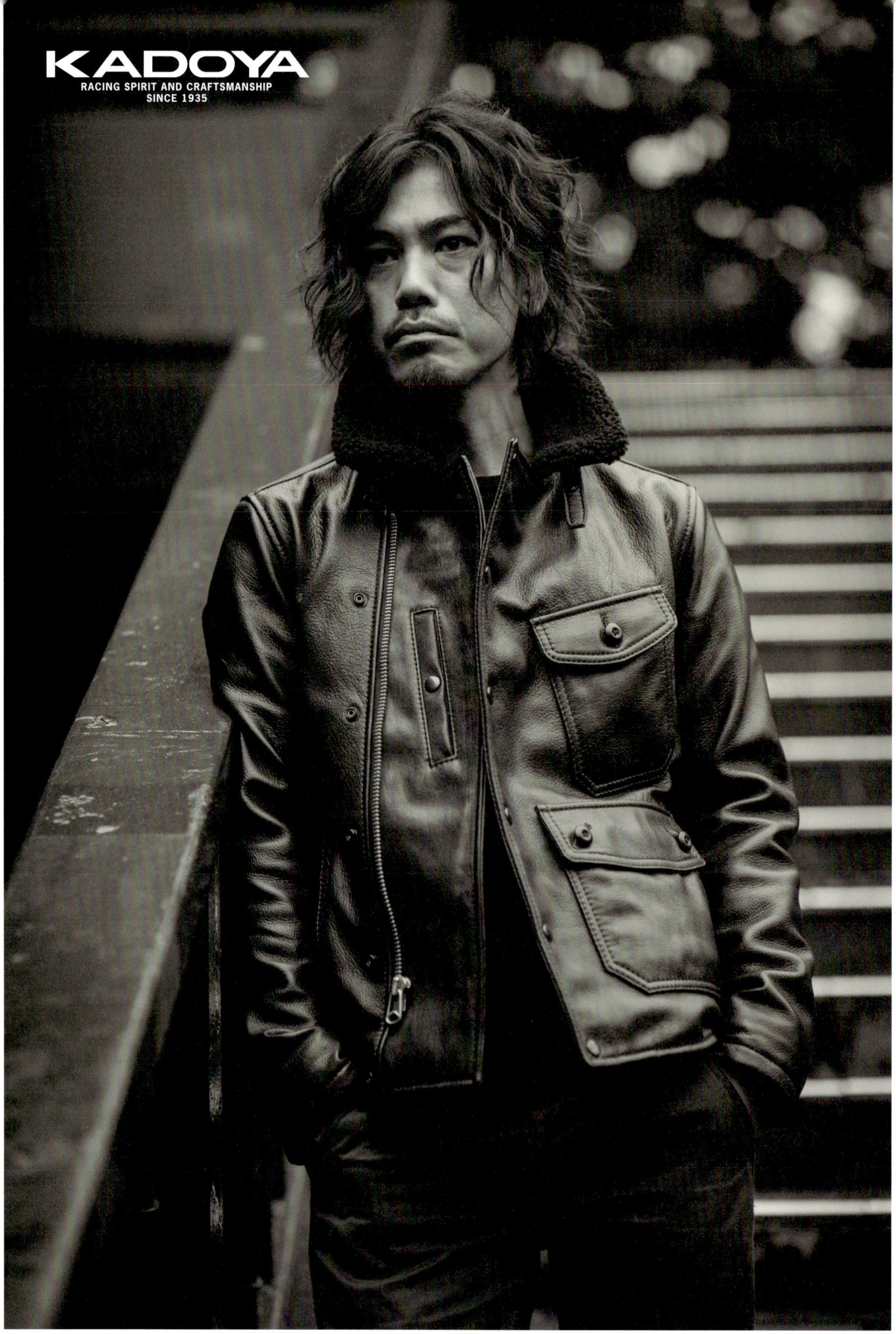

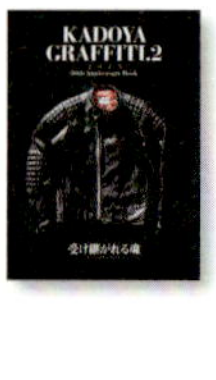

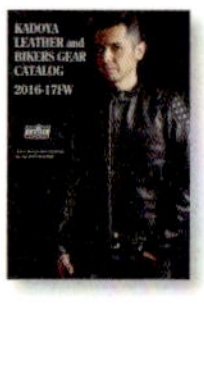

今買える、ライダースジャケット。

# Riders Jacket BRAND-NEW COLLECTION

ヴィンテージもいいけれど、まっさらなジャケットなら、
着込んで、着込んで、着倒して。世界にひとつ、自分だけの1着に育てることができる。
愛車とともに歴史を刻んでいくにふさわしいジャケットが、ここに集結!

text/M.Terano 寺野正樹　K.Yoneda 米田圭一郎　M.Jitsukawa 実川実
photo/K.Shinjo 新城孝　Y.Nomoto 野本裕司　T.Furusue 古末拓也　M.Morichika 森近真



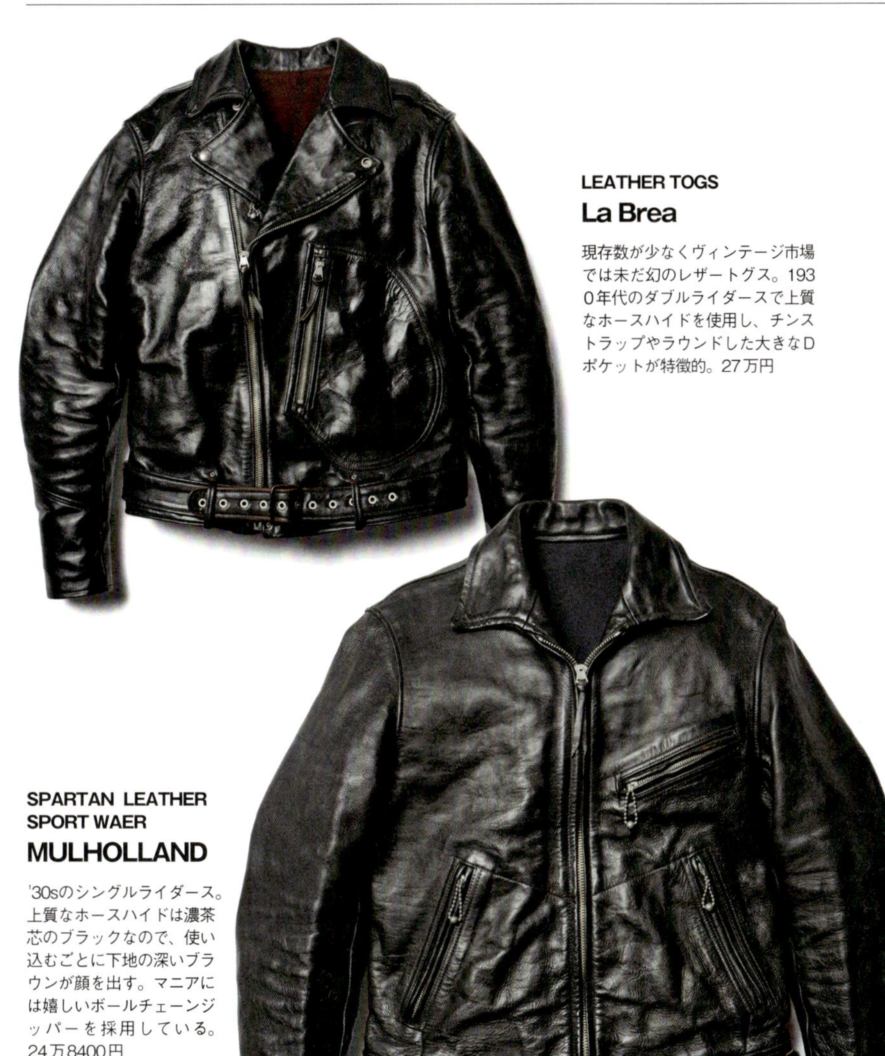

LEATHER TOGS
**La Brea**

現存数が少なくヴィンテージ市場では未だ幻のレザートグス。1930年代のダブルライダースで上質なホースハイドを使用し、チンストラップやラウンドした大きなDポケットが特徴的。27万円

SPARTAN LEATHER
SPORT WAER
**MULHOLLAND**

'30sのシングルライダース。上質なホースハイドは濃茶芯のブラックなので、使い込むごとに下地の深いブラウンが顔を出す。マニアには嬉しいボールチェーンジッパーを採用している。24万8400円

COLLECTION 001

## FREE WHEELERS AND COMPANY

フリーホイーラーズ アンド カンパニー

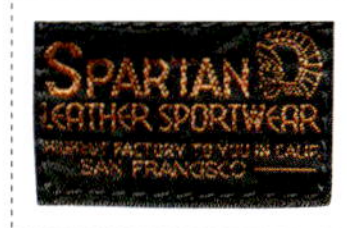


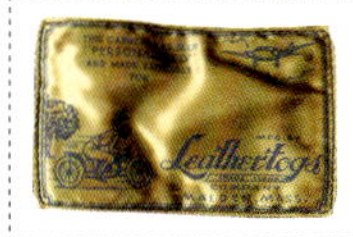

### 歴史に埋もれた名作ジャケットを時代背景とともに表現する。

“アメリカを創った服”を蘇らせるべく結成されたクロージングカンパニー。目的はその表現を忠実にトレースすることになく、その時代背景や当時の人々の暮らしぶりを感じられるようなモノづくりを展開する。彼らのウエアを着るということは、アメリカンクロージングの歴史に触れるということでもあるのだ。

問い合わせ／デジレーション ロウ　TEL03-6439-1969
www.freewheelers.co.jp

# Y'2 LEATHER

ワイツーレザー

## 革の素材から製法に至るまで こだわり満載の国産ブランド。

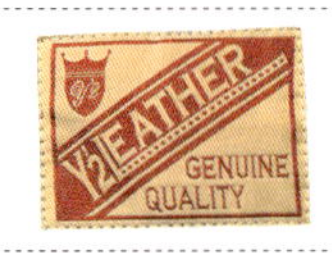


創業は1998年。国内生産の上質な革を使用し、ライダースジャケットを中心に、カーコート、レザーパンツ、革小物などを展開する総合レザーメーカー。大量生産ではなく、職人がすべての工程に一切妥協なく作り上げる作品は、オリジナルのみならず、国内の有名ブランドのOEMも手がけることからも、クオリティの高さが伺える。

問い合わせ／ワイツー　TEL06-6977-1373
y-2leather.com

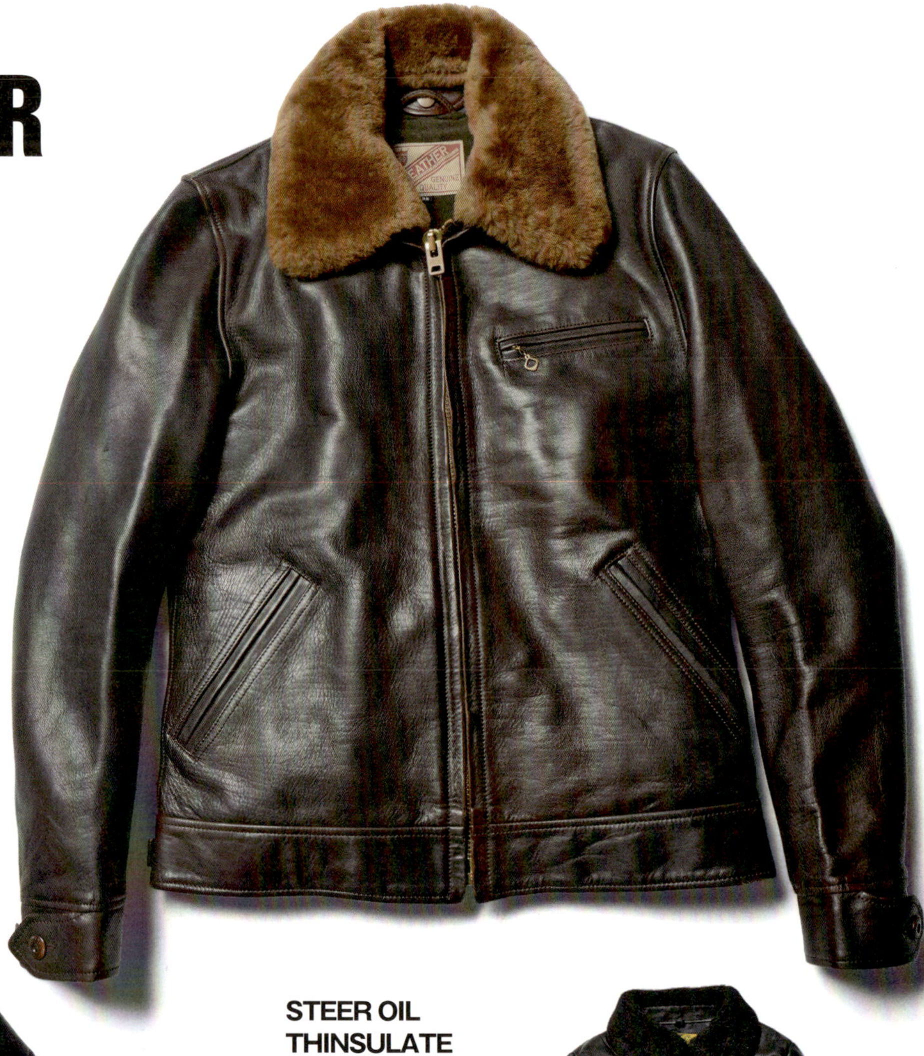

### HAND DYEING HORSE SINGLE RIDERS

タンニンなめしの上質なホースハイドの下地を一度茶色で染めた後、熟練したタンナーにより1着ずつ手作業によって染め上げた革を使用。茶芯なので着込むといい具合に芯の茶色が出てくる。厚みのあるムートンは冬の走りでも安心。15万6000円

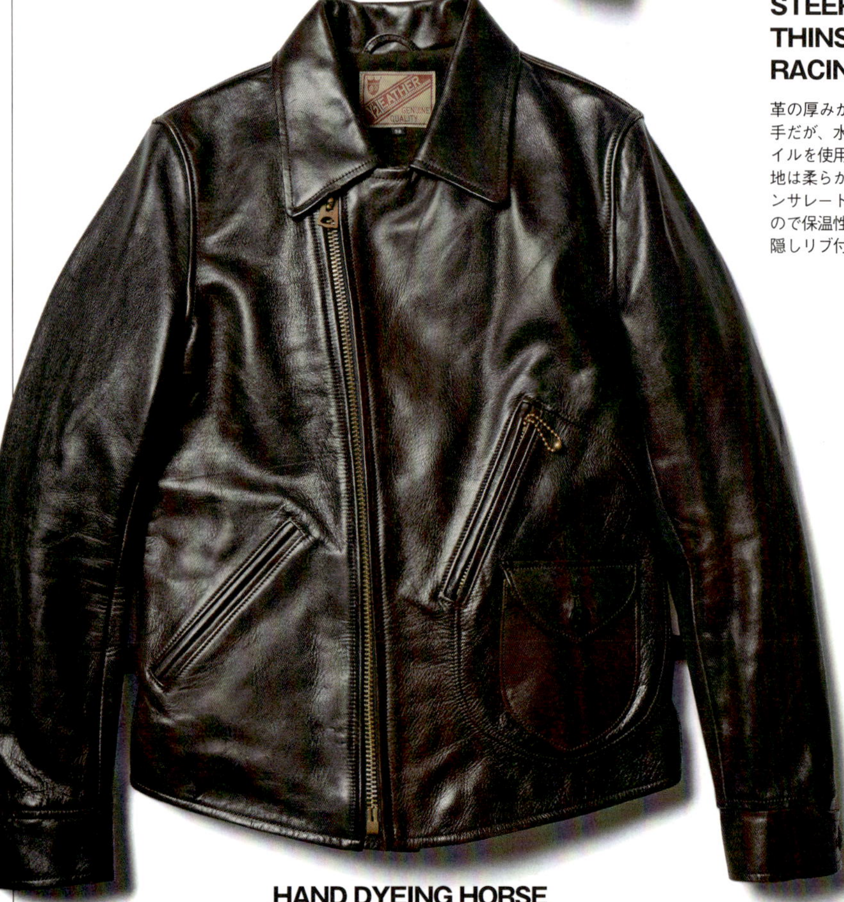

### HAND DYEING HORSE DOUBLE RIDERS

熟練の職人によるハンドダイイングのホースハイドを使用したダブルタイプ。背中のジャックナイフプリーツが特徴的。裏地には厚みのあるオリジナル起毛コットンを使用。14万9040円

### STEER OIL THINSULATE RACING JKT

革の厚みが約1.3ミリと厚手だが、水染めのステアオイルを使用することで着心地は柔らか。インナーにシンサレートを採用しているので保温性も抜群。袖にも隠しリブ付。12万2400円

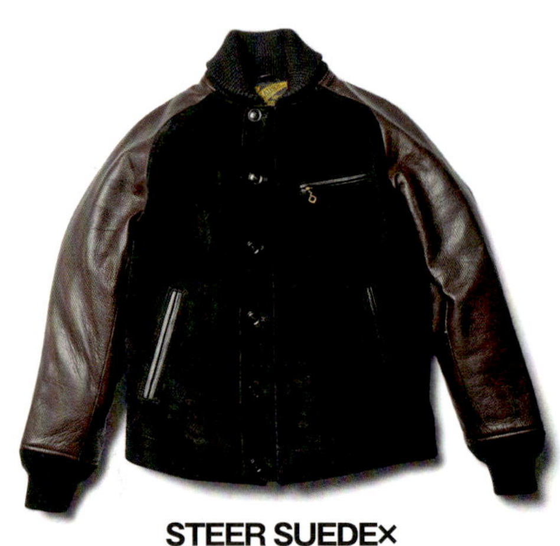

### STEER SUEDE× STEER OIL RIB JKT

大きめの襟リブが特徴的なスタジャン。ステアオイルを袖に、身頃にはスウェード面を使用。フロントはボタンに加えてファスナーも付くので、ライダースとしても◎。7万5384円

COLLECTION 003

# FourSpeed

フォースピード

## ほぼ全ての工程を一人で行うまさに職人気質のライダース。

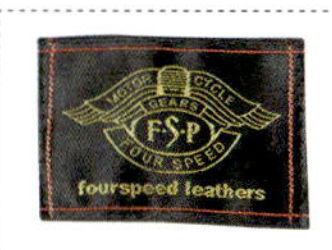


自身もバイク乗りである代表の須山さんが、「自分が本当に作りたいライダースジャケットを作りたい」との思いから、ほとんど全ての工程を自身で手がけている。そのため大量生産はできないが、デザインや着心地など細部に至るまでの徹底したこだわりぶりは、まさにバイク乗りのための1枚。現在は埼玉県川口市に工房兼店舗を構えている。

問い合わせ／フォースピード　TEL048-242-3889
www.4speed.co.jp

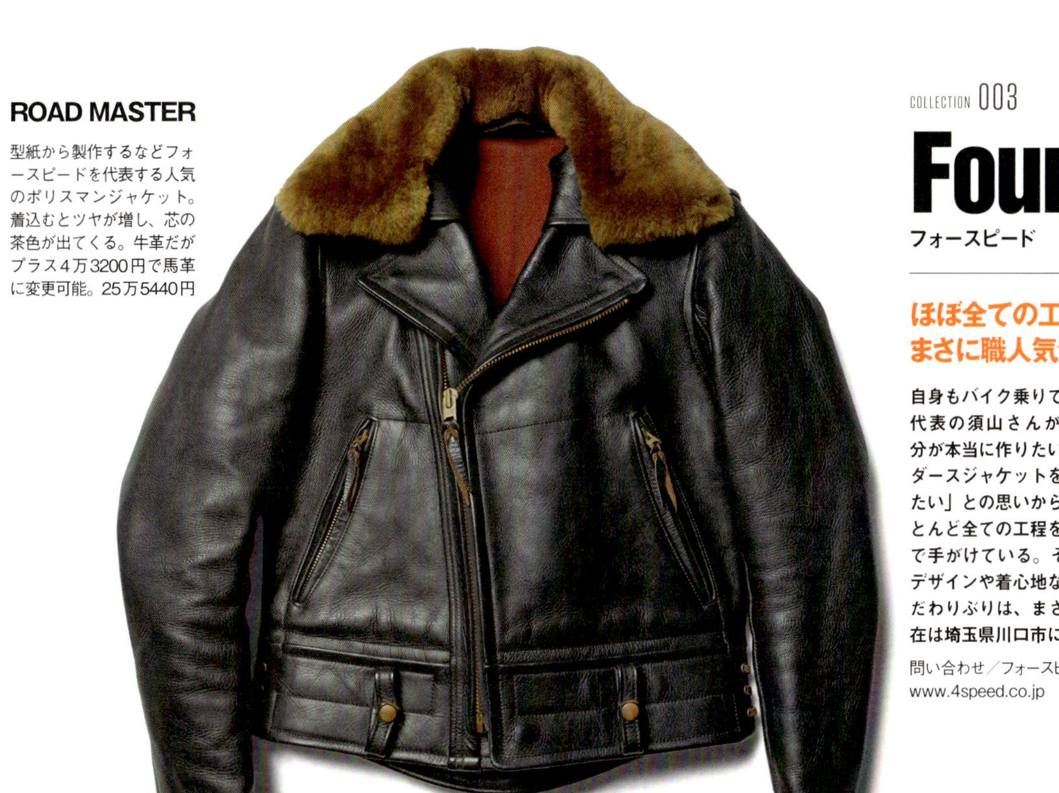

### ROAD MASTER

型紙から製作するなどフォースピードを代表する人気のポリスマンジャケット。着込むとツヤが増し、芯の茶色が出てくる。牛革だがプラス4万3200円で馬革に変更可能。25万5440円

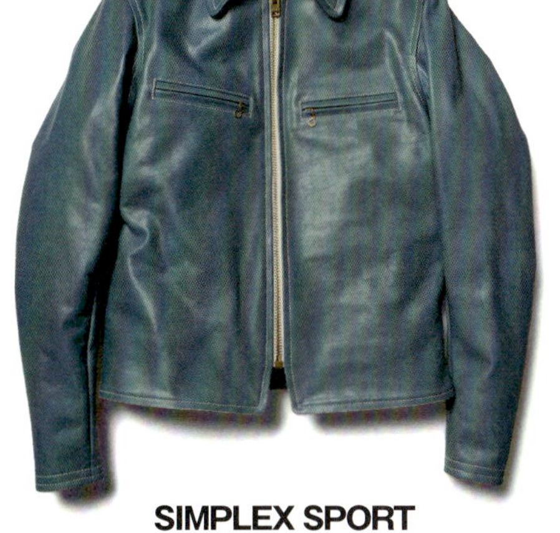

### SIMPLEX SPORT

新作のシンプルなシングルライダースジャケット。スタンドカラーへの変更など様々なカスタムにも対応してくれる。着込むとよりグリーンが強くなり、独特の風合いになる。17万640円

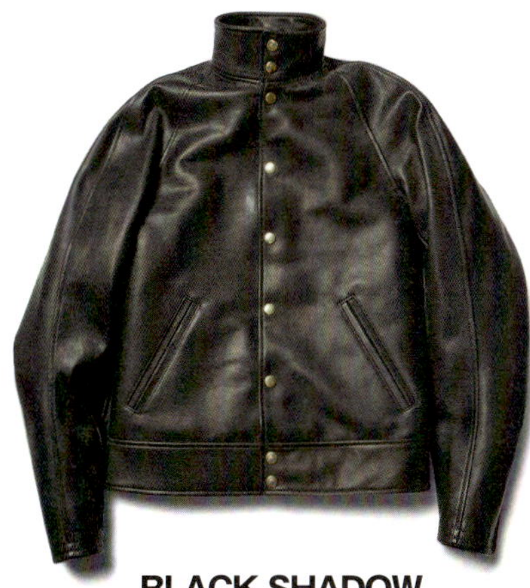

### BLACK SHADOW

オリジナルデザインのラグラン袖ライダース。腕を動かしやすくするため、袖のパターンを3枚にすることにより、快適なライディングポジションを実現。22万1400円（馬革）

### ROCK STER CUSTOM

特殊な手法でオイルを閉じ込めた牛革を使用。通常のロックスターから袖の太さ、肘パッド、ベルトをカスタム。革の加工が難しく在庫限りで生産終了だそう。21万9340円

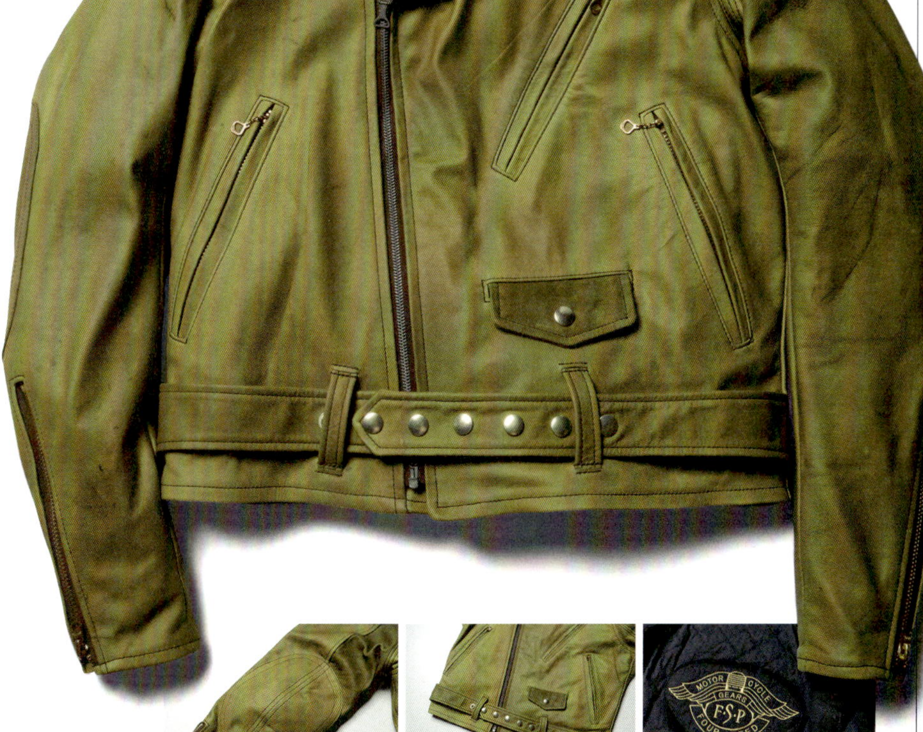

袖をよりタイトにし、肘パッドの装着、ベルトをバックルからボタンへと変更。特殊加工で作られた革は、オイルを多く含み最初からしなやかな着心地

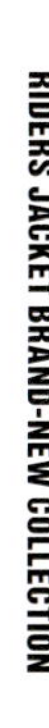

COLLECTION 004

# Vin&Age

ヴィン&エイジ

## 使用パーツにもこだわることでヴィンテージの雰囲気を再現。

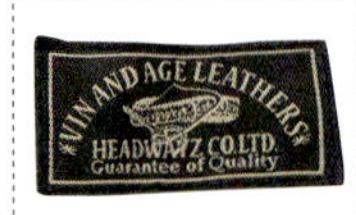


Vin&Ageといえば、スタンダードなオリジナル／セレクトアイテムにスタッズを加えたカスタムで知られるが、ライダースジャケットも製作していて、ヴィンテージの良さを取り入れたデザインには定評がある。ライダースに使用される補強用スタッズも、アメリカの老舗リベット会社・スタンダードリベット社のものを採用している。

問い合わせ／ヘッドウェイズ　TEL03-6670-5899
headwayz11.com

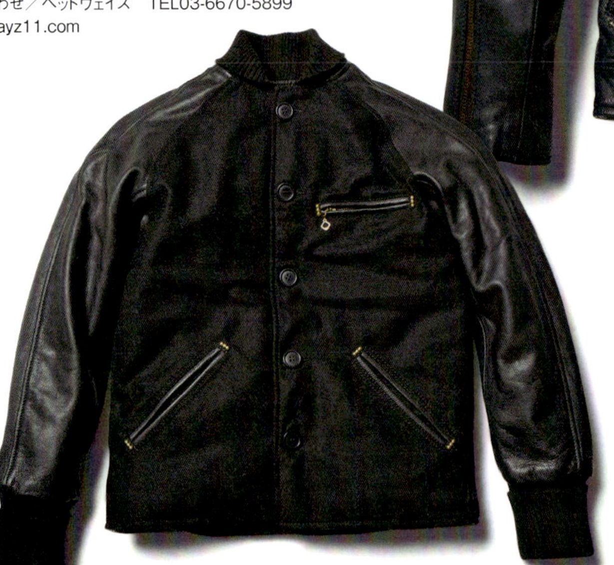

### TYPE VLJ1

細めの袖と程よく長めの着丈は、'70sに見られるシルエット。ジッパーはユニバーサルオールドアメリカンを、補強用のスタッズにはスタンダードリベットを使用。6万2640円

### TYPE VLJ3

メルトン×牛革のファラオジャケット。老舗メーカー・スクーカムをベースに、身幅やアームホールをタイトに仕上げ。スタッズで表情にアクセントをプラス。4万8600円

COLLECTION 005

# ROLAND SANDS DESIGN

ローランドサンズ・デザイン

## ハーレー用パーツメーカーによる本気で走れるデザインJKT。

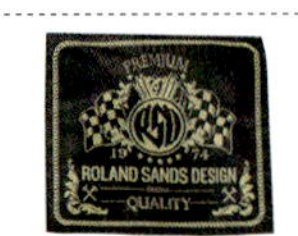


エアクリーナーやハンドル、マフラーを始め、洗練されたデザインで人気の、アメリカ発のハーレー用カスタムパーツメーカー。そんなブランドのアパレルラインだ。ハーレー用のパーツを手がけるだけあって、丈夫でしなやかな革の質はもちろん、ブランドファンには嬉しいデザインやディテールを盛り込むなど、まさにバイク乗りのジャケットにふさわしい。

問い合わせ／プロト　TEL0566-36-0456
www.plotonline.com

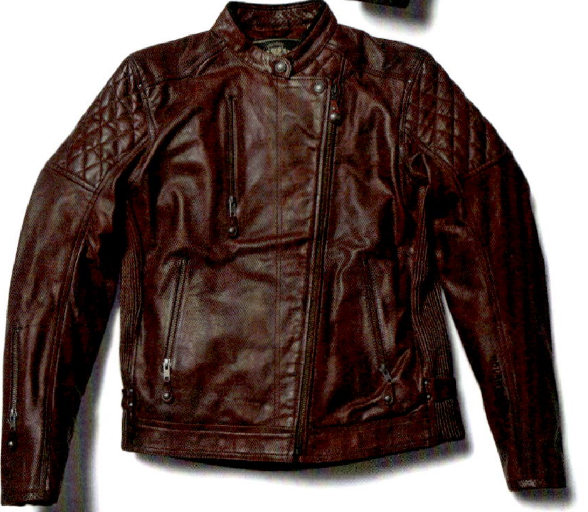

### RONIN

何度もオイル加工を施した牛革は非常にソフトな着心地。それに加えて、立体裁断が施されるのでライディング姿勢も楽にとれる。プロテクターポケット付。10万5840円

### CLASH

牛革の中でも強度、厚みのあるトップグレインレザーを使用。オイルド仕上げなので着心地はしなやか。肩、肘、背中に保護用のプロテクターポケットもある。11万1240円

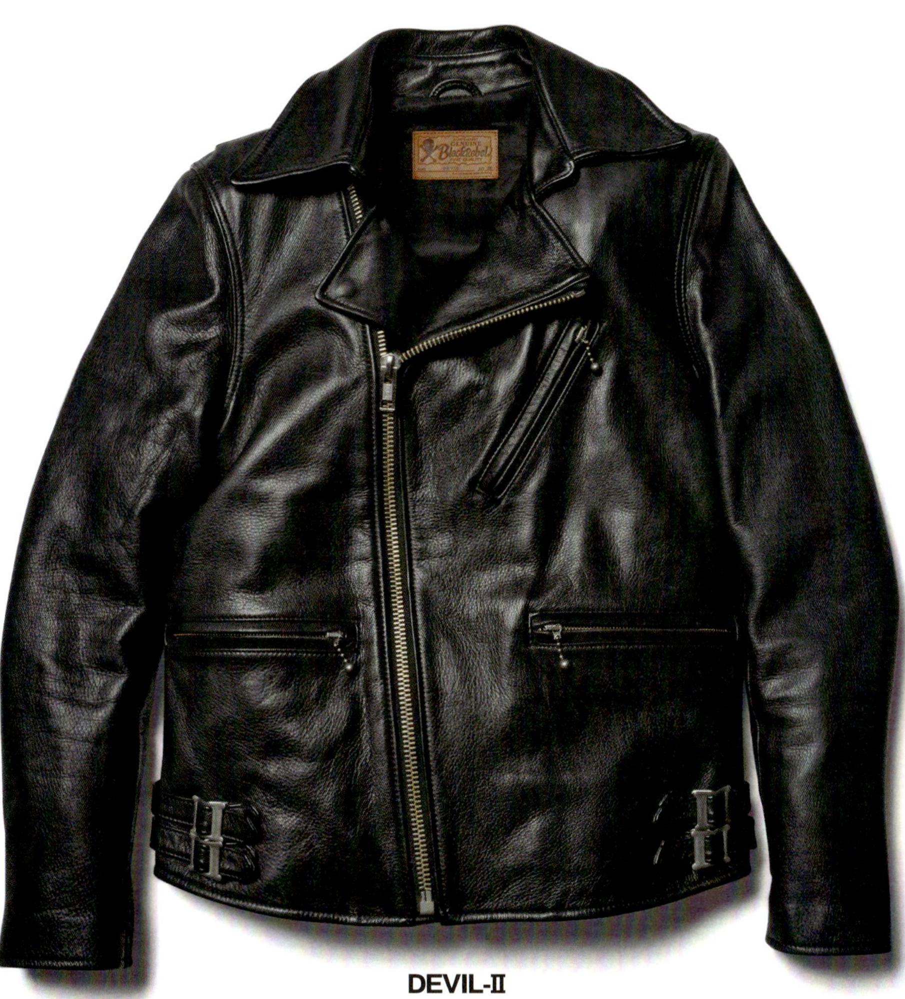

COLLECTION 006

# RUDE GALLERY BLACK REBEL

ルードギャラリー ブラックレベル

## ヴィンテージの世界観を落とし込んだ、タフな日常着。

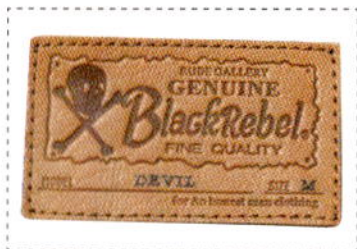


単なるデザインアイコンではなく、それをまとった男たちが創り上げ育んだ歴史やムーヴメントを彷彿させる服。そんなヴィンテージウエアの世界観に、絶妙なさじ加減で独自のセンスを吹き込み再構築した、タフなデイリーウエア。ルードギャラリー ブラックレベルが生むレザーズは、ハードに着込むほどにその真価を現していくのだ。

ルードギャラリー トウキョウ TEL03-3498-2434
www.rudegalleryblackrebel.com

### DEVIL-Ⅱ

同ブランドのスタンダードを標榜するモデルをリニューアルし、よりUKテイストに。タイトなシルエットながら、滑りの良いキュプラの裏地で運動性も抜群だ。12万9600円

Bits of knowledge

革ジャン知っトク豆知識
PART.1

### “なめし”が違うとどう変わる？
~クロムなめし編~

特徴▶
- 引き裂き強度が強い
- 耐水性や柔軟性もある
- 経年変化は出にくい
- 深くシワが刻まれていく

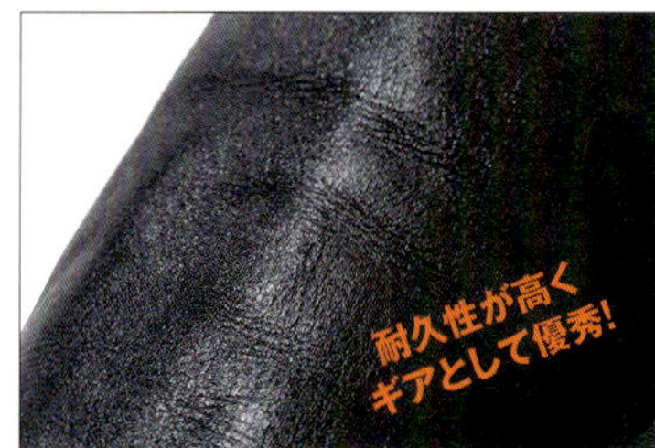


そもそも“なめし”とは、動物の『皮』を素材としての『革』にするため、薬液に浸す工程のこと。塩基性硫化クロムと呼ばれる化学薬品を使うことで、耐久性に優れた革に仕上がる。傷つきにくい分アジは出にくいが、ライディングギアとしては優秀なのだ

### "77

昨年からのモデルをアップデートし、身頃から袖に中綿入りのキルティングを装備。ハイグレードなスペイン産シープスキンを用い、きめ細かい質感を堪能できる。14万400円

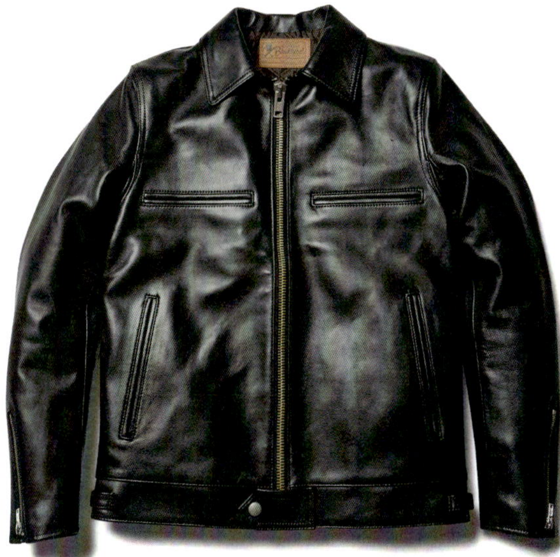

### JOURNEY MAN

'30sテイストながら現代的で着やすいシルエットに昇華したグリズリージャケット。美しい毛並のムートンとオンブレチェックのライニングのコントラストが粋だ。20万5200円

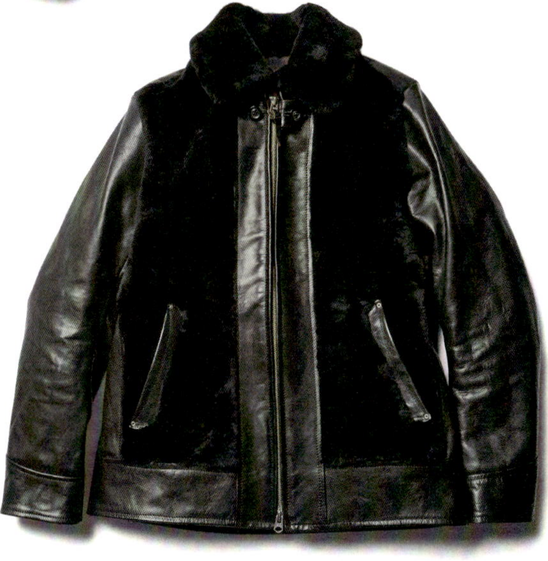

COLLECTION 007

# ATTRACTIONS

アトラクションズ

## 洒脱で男らしい機能服を 21世紀のワードローブに。

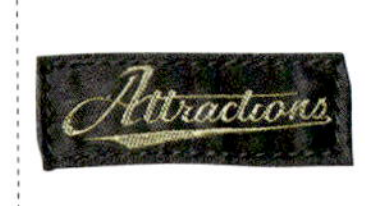


ミッドセンチュリー以前のモーターサイクルウエアやワークウエア、スポーツウエアなど、様式美を持つ道具の黎明期から最盛期にインスピレーションを受けるアトラクションズ。着込んだ先の経年変化までを見据え、男らしさと洒落心が詰まった機能服を素材からパーツに至るまでこだわり抜き、現代のワードローブに昇華させている。

問い合わせ／アトラクションズ　TEL03-3408-0036
attractions.co.jp

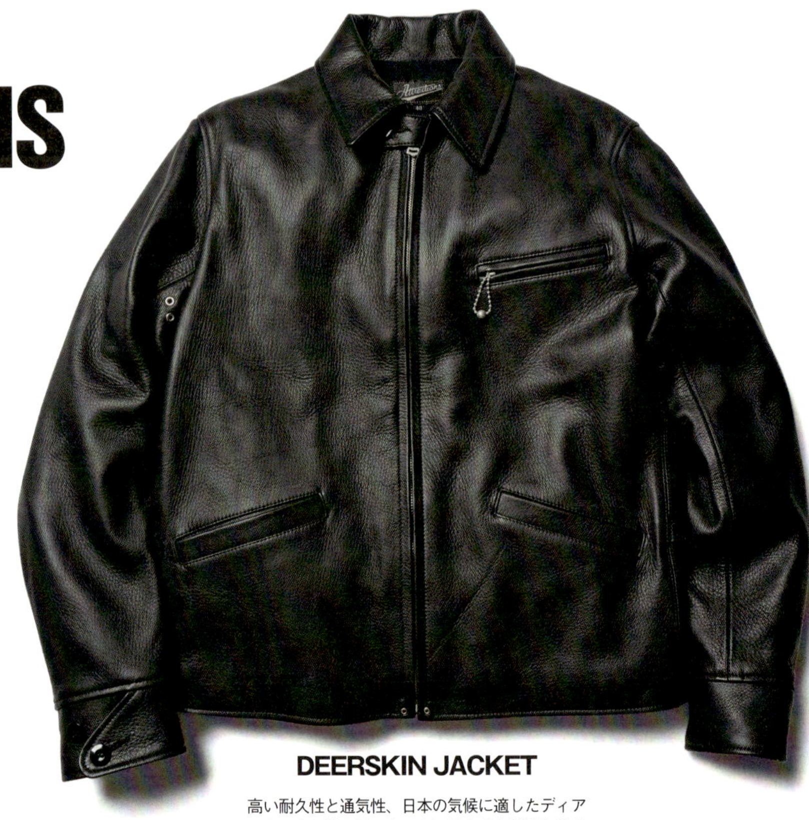

### DEERSKIN JACKET

高い耐久性と通気性、日本の気候に適したディアスキンを1着のジャケットに仕立てた贅沢な作り。ヴィンテージ感とクオリティの高さを存分に味わってほしい。18万1440円

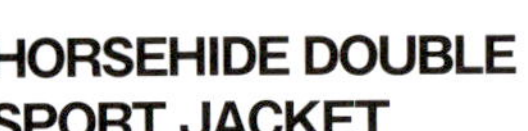

### HORSEHIDE DOUBLE SPORT JACKET

ライダースが画一化される以前の洒脱なデザインとディテールが新鮮。たっぷり油分を含んだホースハイドは、年月を追うごとに凛とした表情に変化していく。15万9840円

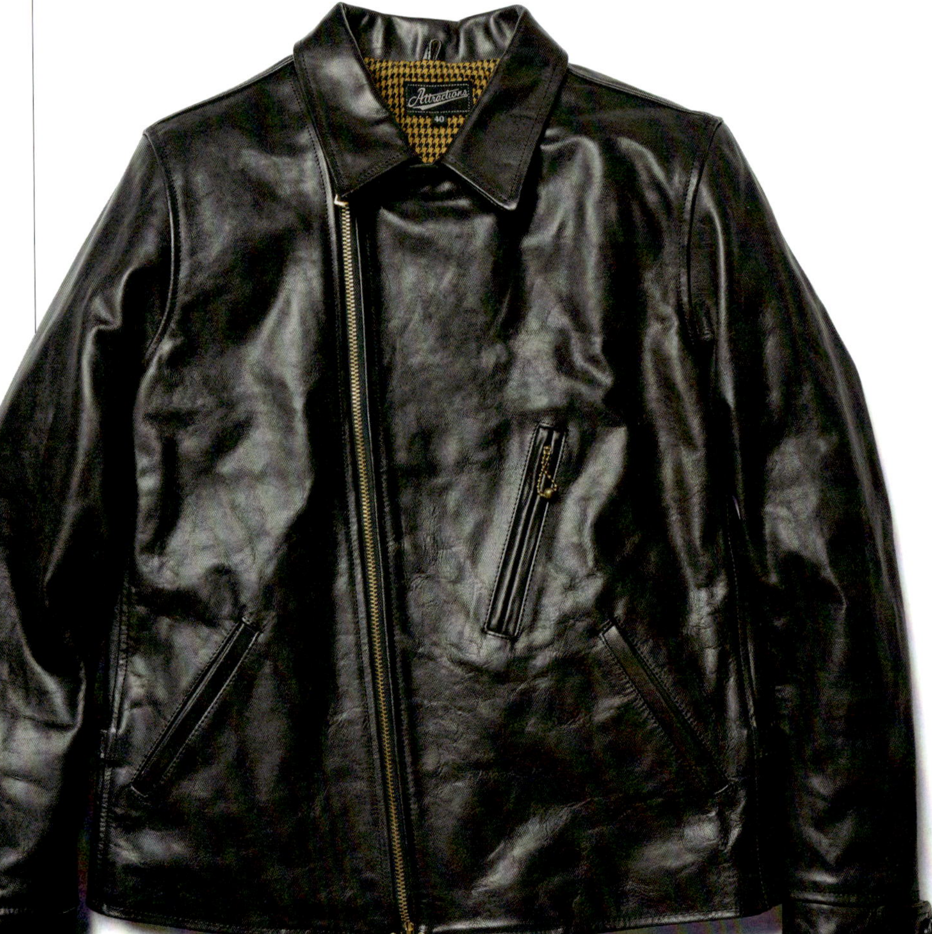

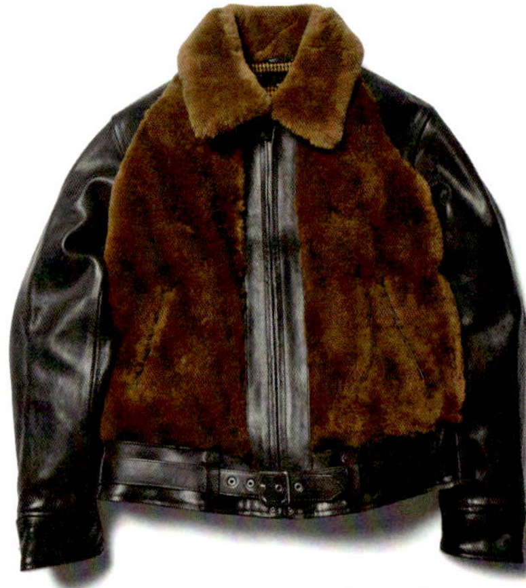

### GRIZZLY JACKET

フルベジタブルタンニングの本ヌメホースハイドと、密な毛並みの極上シープムートンの豪華共演。バックルやリブなどの細部にも妥協を許さない姿勢に脱帽だ。18万1440円

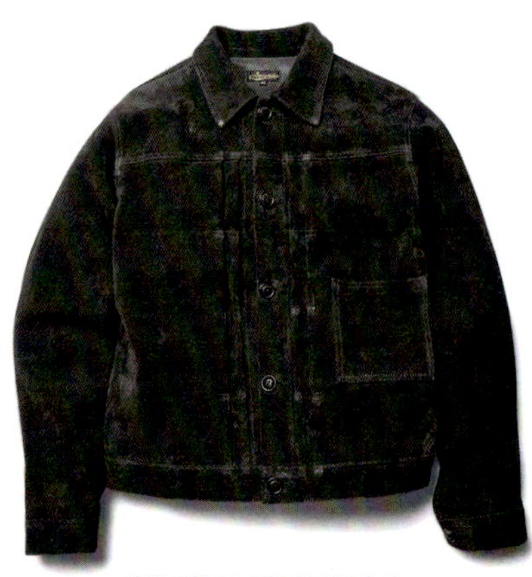

### WESTERN TRAIL ROUGH-OUT JACKET

フルベジタブルタンニンなめしの牛革をラフアウトとして使い、普遍的なワークジャケットを踏襲。表革とは違った、マットな質感が落ち着いた着こなしに似合う。13万8240円

RIDERS JACKET COLUMN
EPISODE #1

バイク乗りのための!

一生ものの買い物で後悔したくない!

# 失敗しない ライダースジャケットの選び方。

ライダースジャケットは、決して安くはない買い物。
しかも長年着込んで自分だけの1着に育てるのも楽しみのひとつだ。
そんな末永く付き合う相棒選びで失敗しないため、絶対にチェックしておくべき
革ジャン選びのポイントを、フィッティングのプロが解説!

photo/M.Morichika 森近真
取材協力/ラングリッツ東京　TEL03-6427-2768　www.langlitzjapan.com

## 革ジャン選びで気になるポイントあれこれ。

ITEM
**Langlitz leathers Cascade**

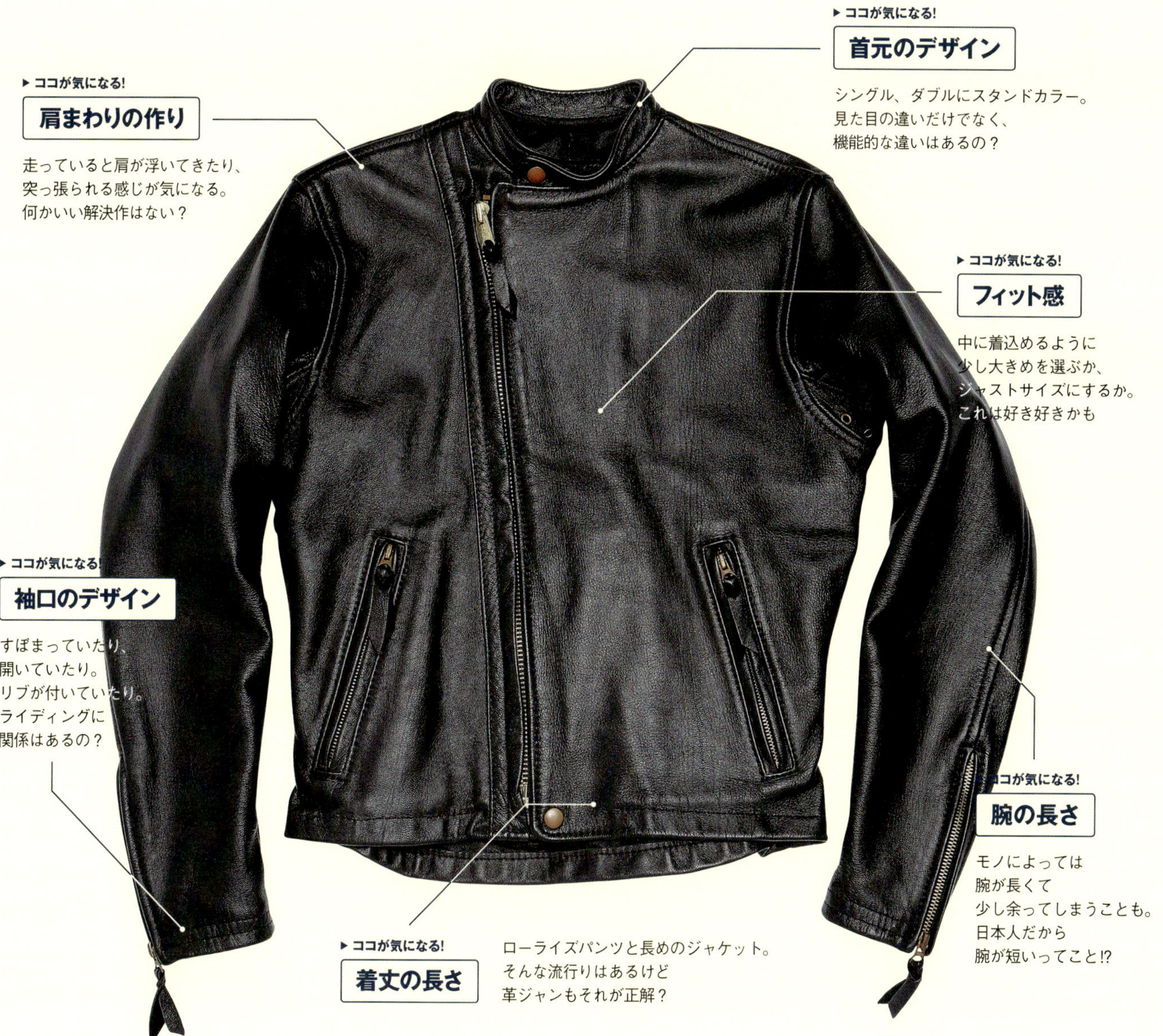

▶ココが気になる!
**首元のデザイン**
シングル、ダブルにスタンドカラー。
見た目の違いだけでなく、
機能的な違いはあるの?

▶ココが気になる!
**肩まわりの作り**
走っていると肩が浮いてきたり、
突っ張られる感じが気になる。
何かいい解決作はない?

▶ココが気になる!
**フィット感**
中に着込めるように
少し大きめを選ぶか、
ジャストサイズにするか。
これは好き好きかも

▶ココが気になる!
**袖口のデザイン**
すぼまっていたり、
開いていたり。
リブが付いていたり。
ライディングに
関係はあるの?

▶ココが気になる!
**腕の長さ**
モノによっては
腕が長くて
少し余ってしまうことも。
日本人だから
腕が短いってこと!?

▶ココが気になる!
**着丈の長さ**
ローライズパンツと長めのジャケット。
そんな流行りはあるけど
革ジャンもそれが正解?

## 革ジャン選びで気にすべき3つのポイント

バイク乗りの革ジャンは

**自分のライディングポジションのシミュレーションをしながらのサイズ・カタチ選びが大切!**

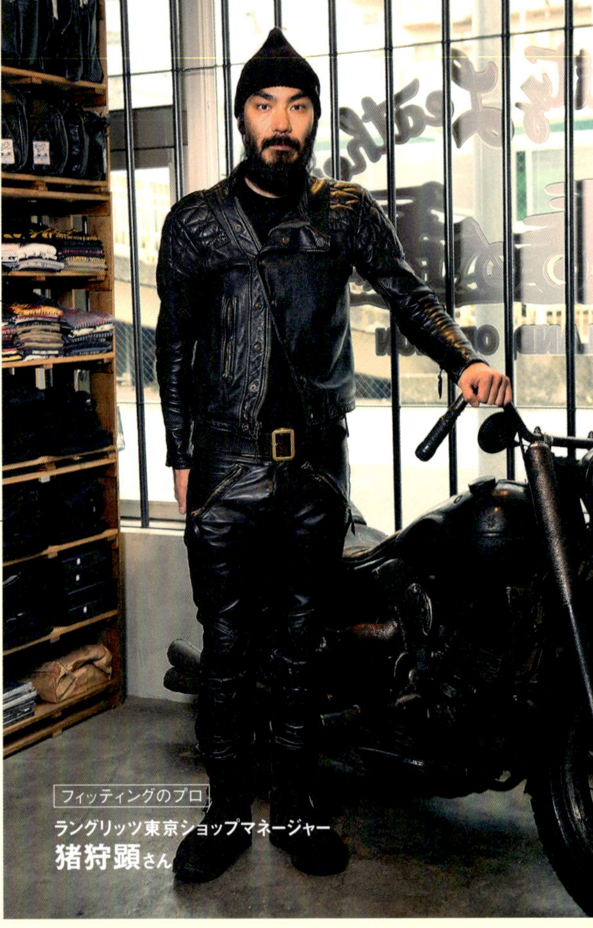

フィッティングのプロ
ラングリッツ東京ショップマネージャー
**猪狩顕さん**

### Point_01

**着丈は"少し短め"が、実は快適です。**

バイクに跨る、ということを考えると、前は短めで後ろは少し長めのシルエットが◎。ジャケットが浮き上がらず、背中もしっかり覆ってくれる。ちなみにジャケットが浮いたとき、シングルだと首にストレスがかかるけど、ダブルなら首が絞まる心配はないぞ

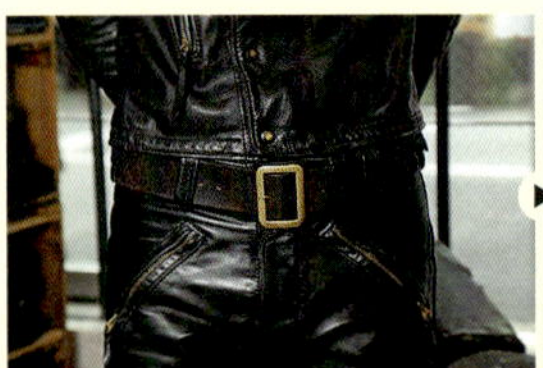

短めの丈

座るとジャストサイズに

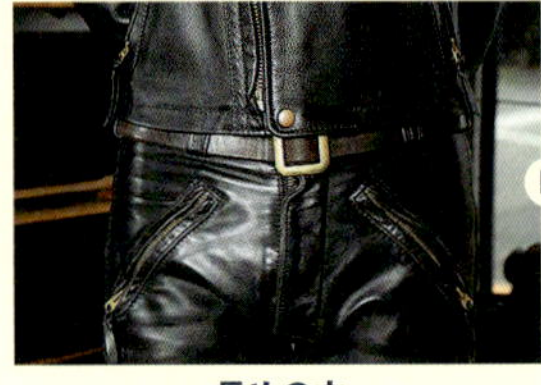

長めの丈

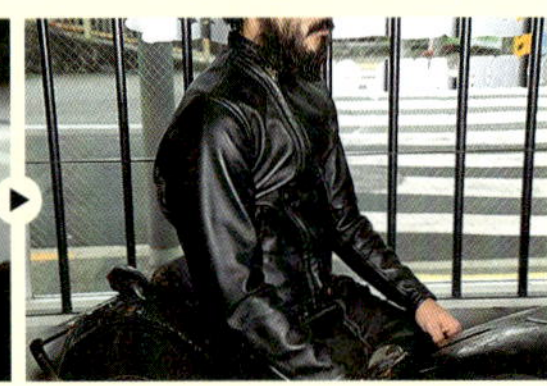

上に膨れあがってしまう

### Point_02

**腕の長さは、"ハンドルを握って丁度いい長さ"を選びましょう。**

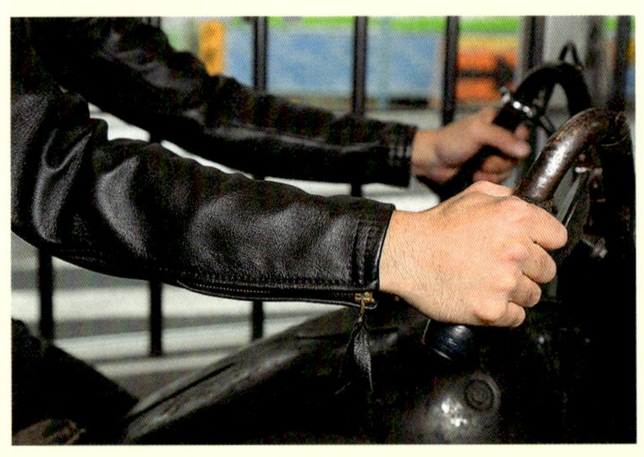

腕を降ろしているときは丁度良くても、ハンドルを握るとツンツルテン、なんてことはよくあるハナシ。風の冷たい季節は特にスキマ風は大敵。腕の長さに加えて、袖口も"防風性"という側面でチェックしましょう

### Point_03

**背中に余裕があるジャケットを選ぶと、快適で見た目も損ないません。**

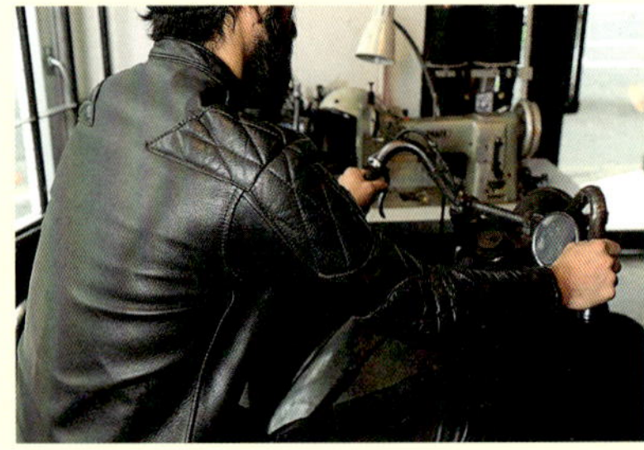

少し猫背になったとき、背中に負担がかからないサイジングやギミックがあると、走っていても疲れにくいです。背面の革に負荷がかかると窮屈だし、ジャケットが浮き上がって不格好。スキマ風の原因にもなります

**バイクに乗ってカッコいい一張羅を見つけよう!**

これからライダースジャケットデビューをする人も、すでに愛好家の人も、"バイクに乗る"ということを考えた上で買い物をしないと、バイクに乗った時にシックリこず、後悔してしまう。とはいえビビビッと運命を感じてしまったらそれは仕方ないけれど、ちょっと冷静になれるときは、ここで解説するポイントを思い出してほしい。

日常生活でのシルエットと、バイクに跨った時のシルエットは全く別物。それを理解した上で、一着くらいはライディングにベストなものを持っていてもいいんじゃない?

## 無骨でカジュアルなバイク用ウエア。

安全に、快適に。ライディングに必要な機能を備えたカジュアルウエアとして、ハーレー乗りを中心に人気を博しているのがアイアンハート。走る時にどんな機能が必要か。運転中にどんなことが気になるか。ライダー目線のウエア開発には、シンプルなデザインから計り知れないほど、職人の技とブランドのこだわりが詰まっている。

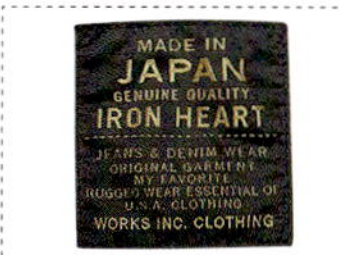


COLLECTION 008

# IRON HEART

アイアンハート

問い合わせ／アイアンハート　TEL042-696-3470　www.ironheart.jp

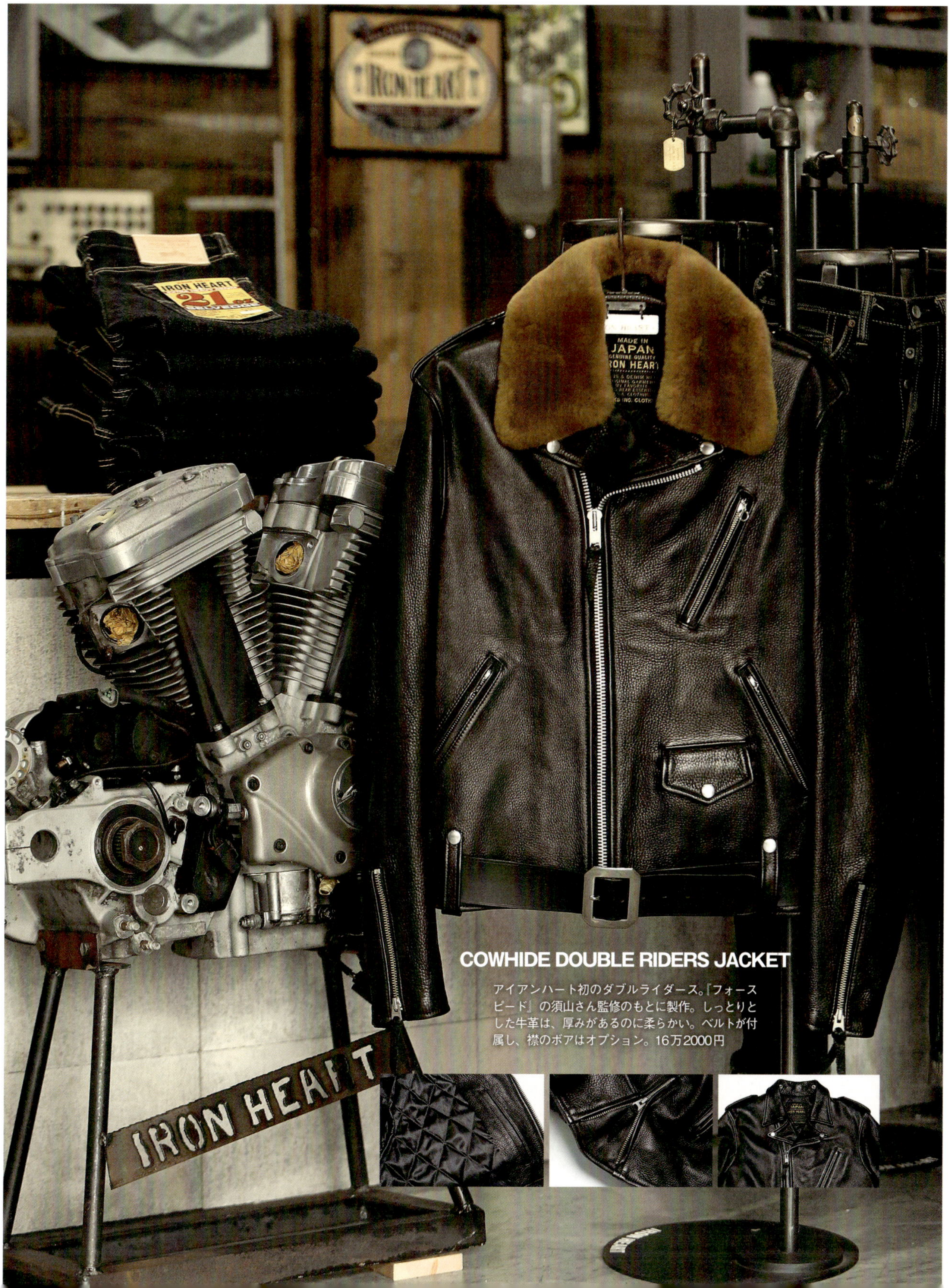

### COWHIDE DOUBLE RIDERS JACKET

アイアンハート初のダブルライダース。『フォースピード』の須山さん監修のもとに製作。しっとりとした牛革は、厚みがあるのに柔らかい。ベルトが付属し、襟のボアはオプション。16万2000円

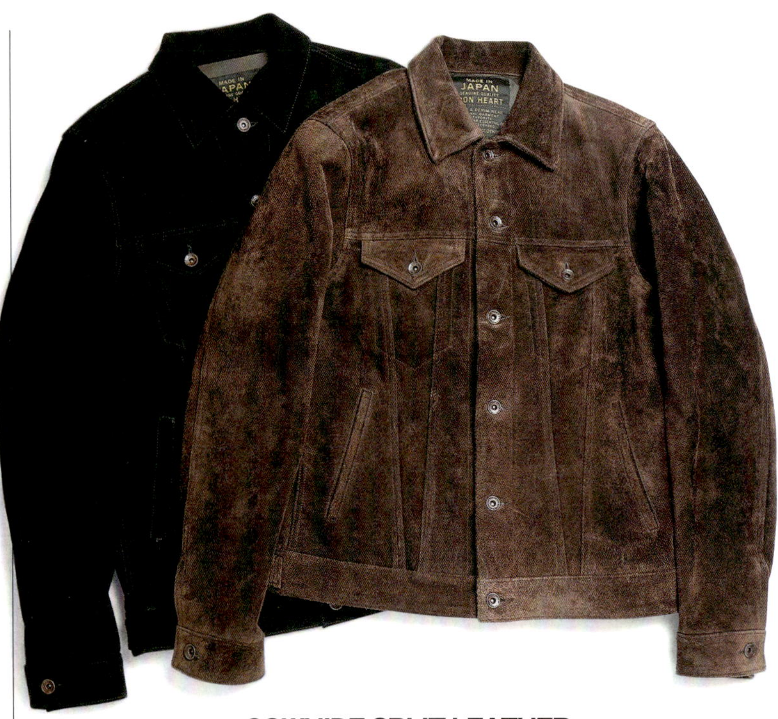

## COWHIDE SPLIT LEATHER TRUCKER JACKET

大人顔の落ち着いたスウェードトラッカーは、定番のGジャンタイプのトラッカーを革で仕立てた一着。左右ウラ側の低い位置にはガンポケットを搭載。スルッと羽織れる裏地付き。8万8560円

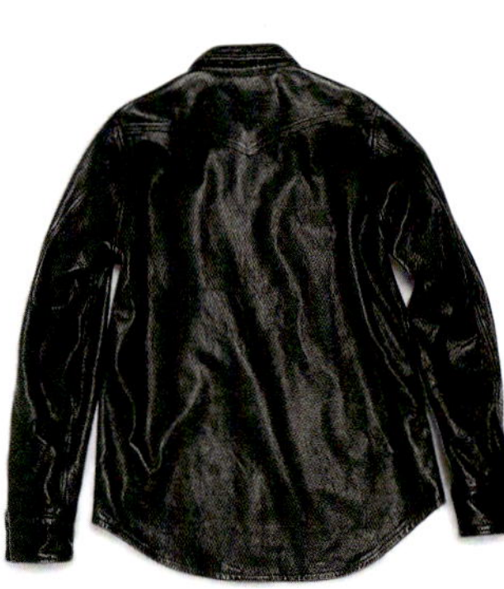

背面は1枚の革を贅沢に使っている

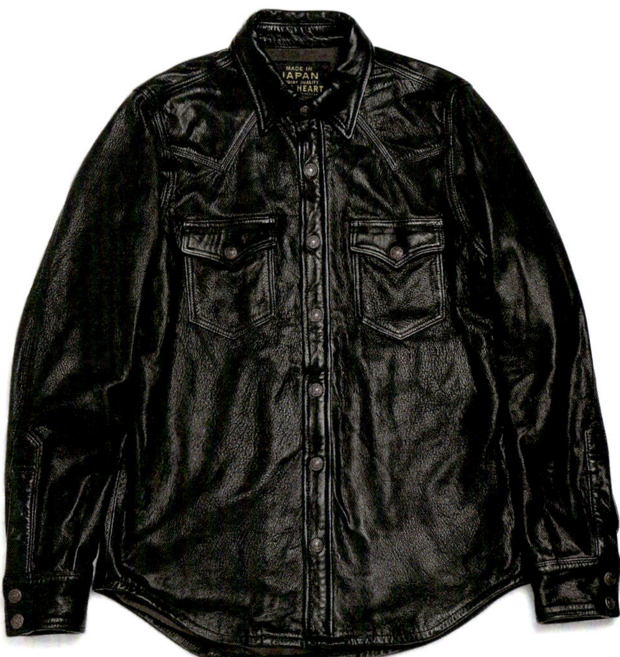

## "EZO"DEERSKIN WESTERN SHIRT

ウエスタンテイストのかおる、蝦夷鹿のディアスキンシャツ。しなやかで強度もある。秋口や春先のシャツジャケットとして重宝。ボタンはグローブ着用でも操作しやすいYKKのパーメックス。14万400円

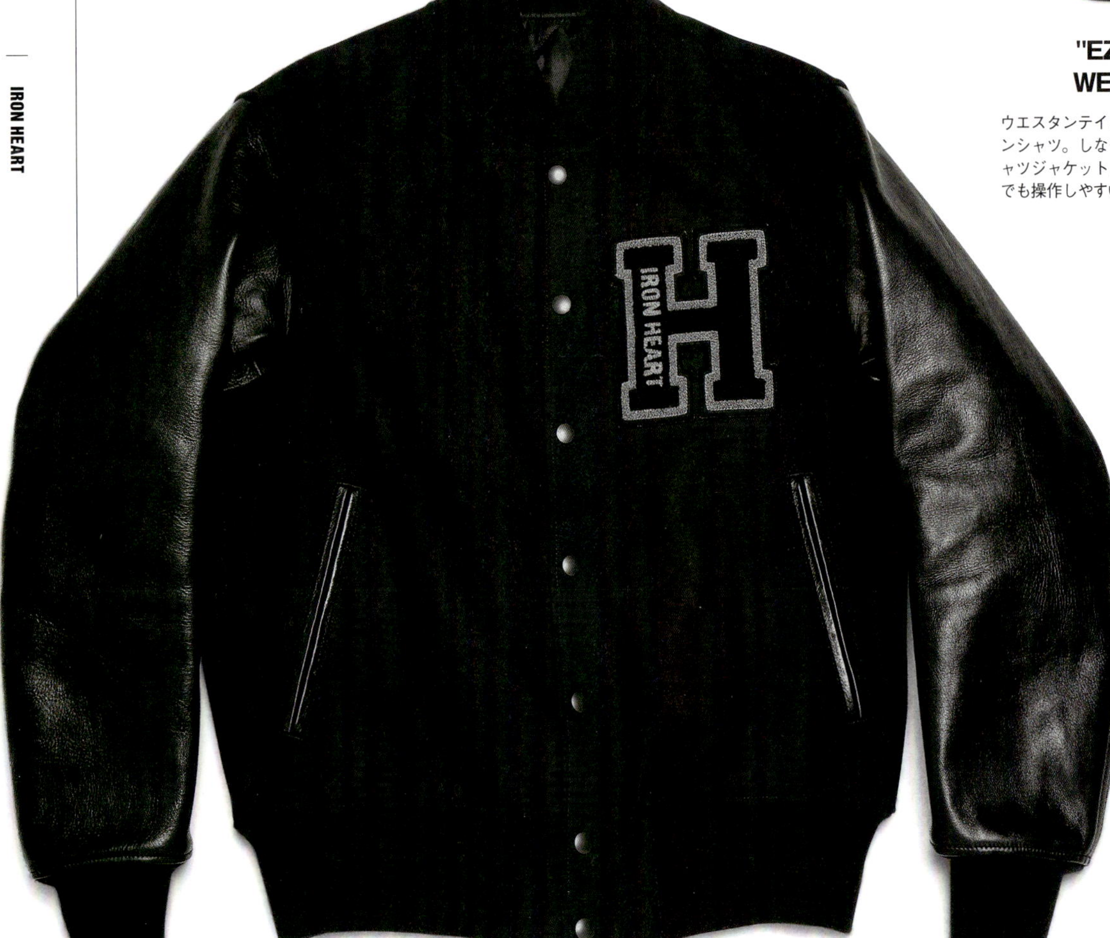


## SELVEDGE MELTON WOOL× HORSEHIDE AWARD JACKET

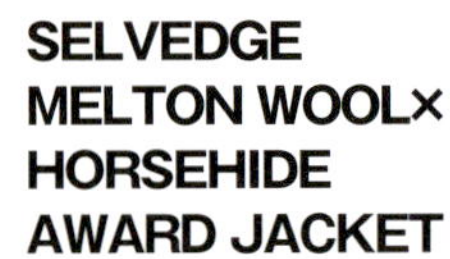

セルビッチつきの極厚メルトンを使用したアワードジャケット。袖にはクロム鞣しのホースハイドを配したコンビネーション仕様で、ライダースのように腕がやや前めに付いている。ポケットの縁にも革が。8万4240円

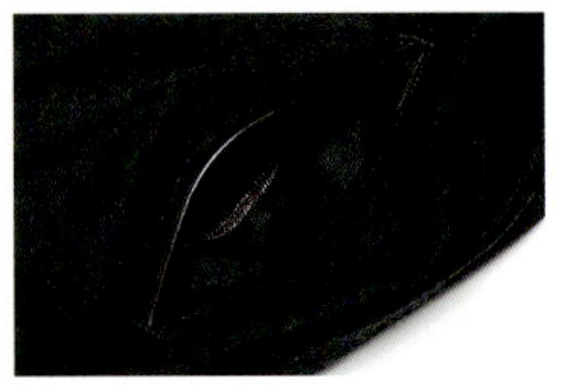

COLLECTION 009

# RADIALL

ラディアル

## オーセンティックでありながら現代的な要素を取り入れる。

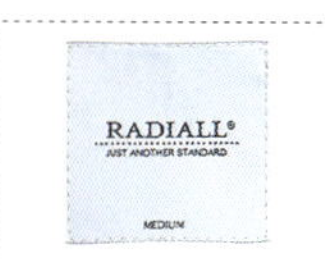

'02年に設立。オールドカーやルーツミュージックに傾倒するディレクターの高山洋一氏が、アメリカンスタイルをベースに独自の解釈を加えたデイリーウエアを提案。レザージャケットのほかにもデニム、スウェットなど、オーセンティックでありながら、現代的な要素を取り入れ、シルエットから細部に至るまでこだわり抜かれたアイテムを展開。

問い合わせ／ドゥービーズ　TEL03-3470-3060
doobies-tokyo.tumblr.com

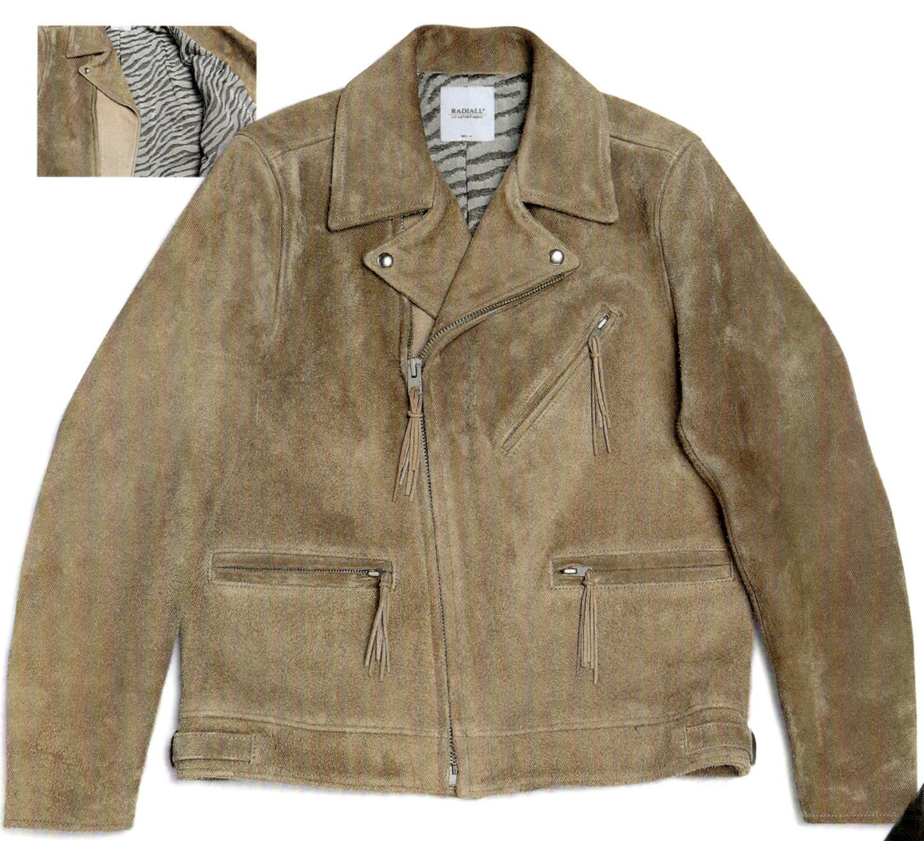

### SUEDE RIDERS

'15年にリリースされ人気だったモデルのスウェードバージョン。スタイリッシュに見えるよう襟の大きさやシェイプも計算されている。裏地はゼブラ柄と、見えないところにもこだわりが。12万9600円

### BANDITS COAT

'40sのワークジャケットがベースのレザーカーコート。飾り気は一切なし。その分最上級の馬革の質感やオリジナルの削り出しボタンなどのこだわりが光る。18万3600円

---

Bits of knowledge

革ジャン知っトク豆知識

PART.2

### “なめし”が違うとどう変わる？
~タンニンなめし編~

特徴▶
- 経年変化が出やすい
- かすれやシワが現れる
- 色が濃く変化していく
- なめすのに手間がかかる

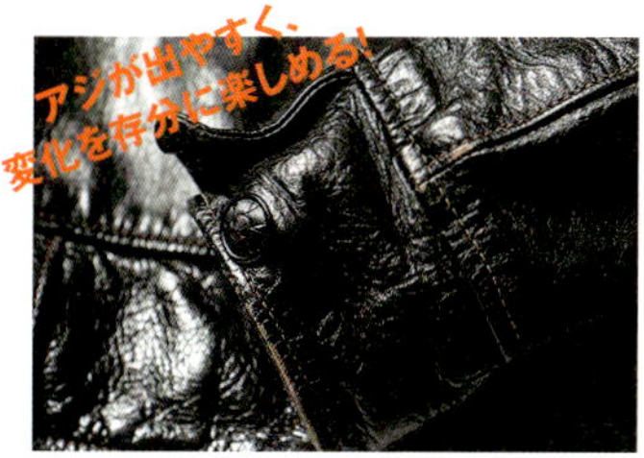


植物に含まれるタンニンを使った、昔ながらのなめし方。『ベジタブルなめし』『渋なめし』もこれと同義。シワやかすれが出やすく色も変化するので、味わい深く育っていく。クロムとタンニンの両方を取り入れた手法もあるので、ブランドのこだわりを聞いてみよう！

---

COLLECTION 010

# ISAMU KATAYAMA BACKLASH

イサムカタヤマ バックラッシュ

## 唯一無二の世界観はミュージシャンにも人気。

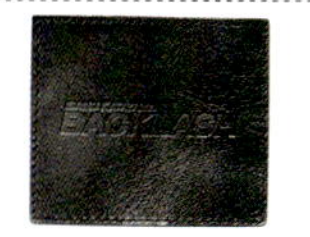

デザイナー片山氏によって'99年に設立されたブランド。レザーアイテムは素材開発から始まり、作った後から染める製品染めといった染めの加工など独自の手法を取り入れながら、熟練の職人の手によって1着ずつ作られている。クオリティの高さとスタイリッシュなデザインで、バイク乗りのみならずミュージシャンやアーティストにも人気。

問い合わせ／イサムカタヤマ バックラッシュ
TEL03-3462-2070　www.backlash.jp

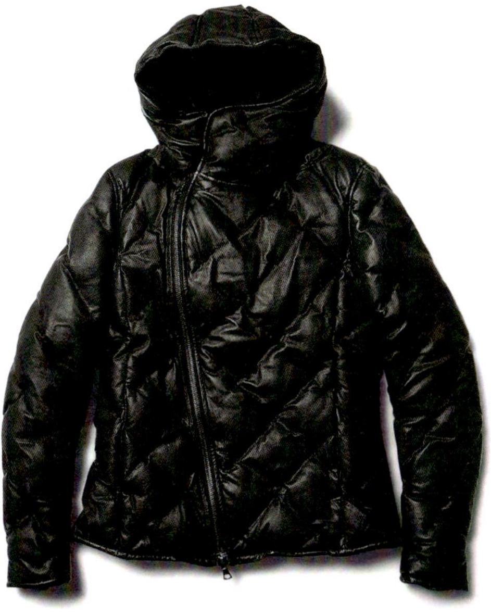

### KANGAROO LEATHER DOWN LACKET

数が少ないが革質は牛革よりも丈夫といわれる野生のカンガルー革を使ったレザーダウン。中には高級なポーランド産のホワイトグースがたっぷり入って保温性も抜群。19万9800円

COLLECTION 011

# BUZZ RICKSON'S

バズリクソンズ

## 素材から細部に至るまでこだわり抜かれた完全復刻。

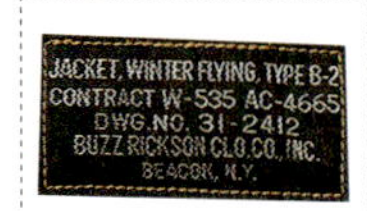


フライトジャケットの知られざる歴史を掘り起こし、そこに秘められたこだわりを追及するブランドとして1993年に発足。その特徴はなんといっても、素材、フォルム、スペック、パーツに至るまでの徹底的な分析から再構築される「完全復刻」。かつてパイロット達が着ていたフライトジャケットを着た瞬間から、あなたのバイクは戦闘機となる。

問い合わせ／バズリクソンズ（東洋エンタープライズ）
TEL03-3632-2321　www.buzzricksons.jp

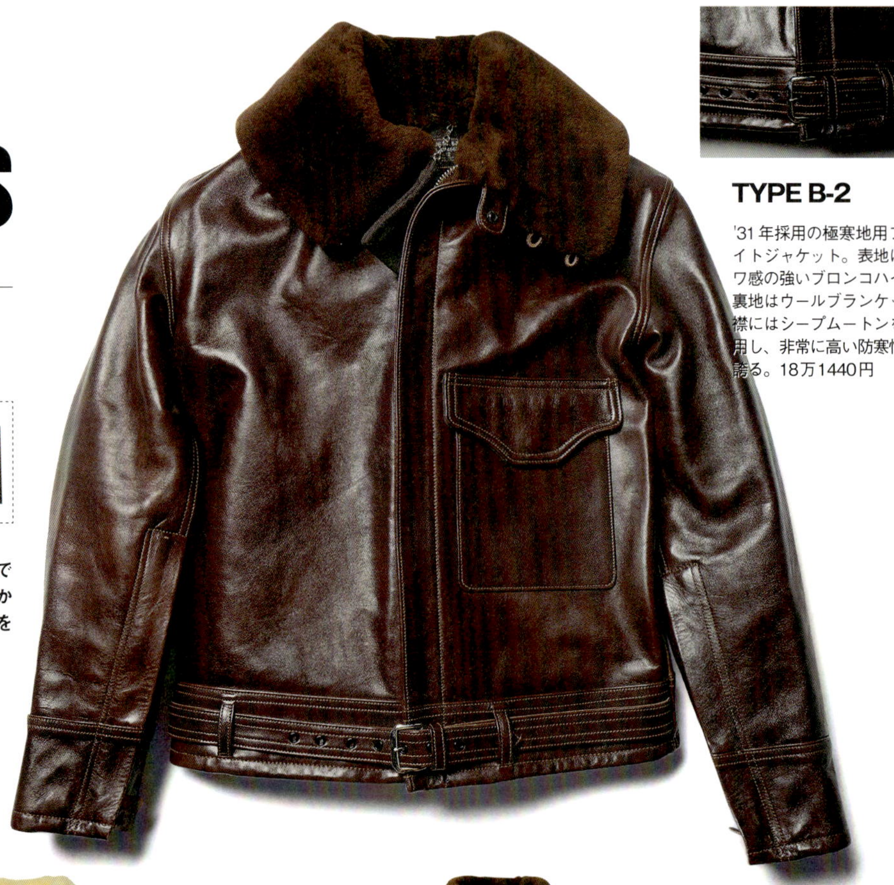

### TYPE B-2

'31年採用の極寒地用フライトジャケット。表地はシワ感の強いブロンコハイド、裏地はウールブランケット、襟にはシープムートンを採用し、非常に高い防寒性を誇る。18万1440円

### TYPE B-6

インターミディエイトゾーン（-10℃～10℃）用として'39年米陸軍航空隊で採用。防寒性と運動性を考慮し短く刈り込んだシープスキンに、切り替え部は馬革を使用。23万7600円

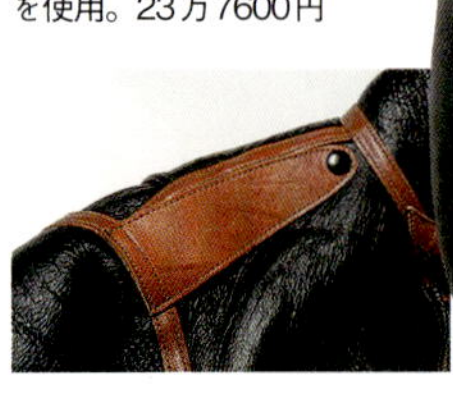

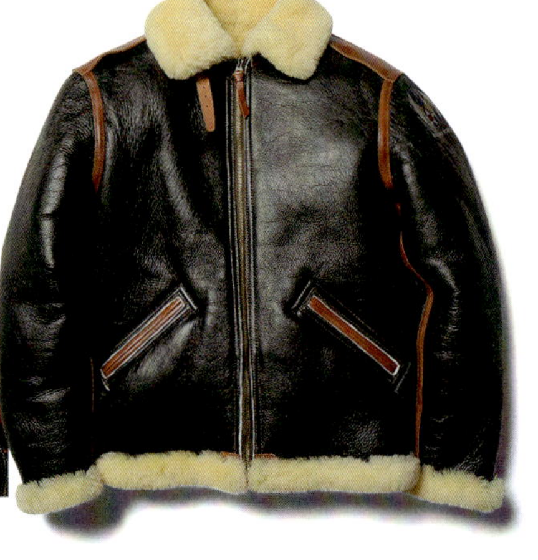

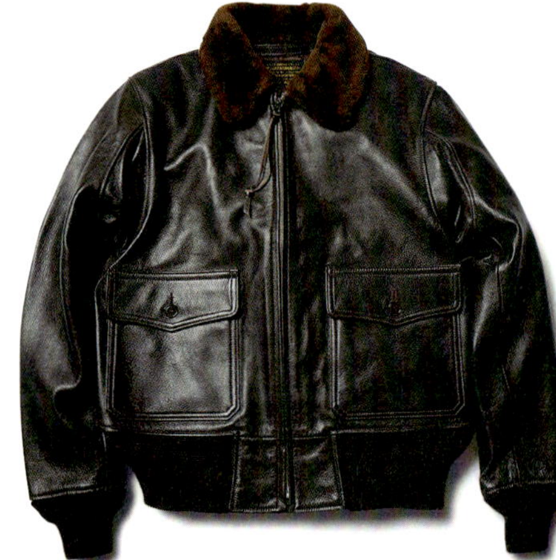

### TYPE G-1

'50sに米海軍が採用したインターミディエイトゾーン用フライトジャケット。ラッカーフィニッシュのゴートスキンを使用。襟を立てることで遮風性と防寒性が高まる。12万7440円

COLLECTION 012

# SUGAR CANE

シュガーケーン

## 失われた旧きよきアメリカンヴィンテージの魅力を今に。

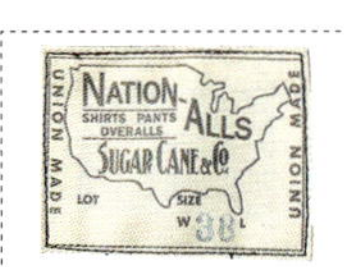


1975年創立。デニムやワークウエアを中心に製作することで、旧きよきアメリカの魅力を今に伝える。いち早くヴィンテージウエアの復刻に取り組んだり、ブランド名であるサトウキビを使ったデニムを作ったりと常に新しい仕掛けで業界を牽引してきた。単なる復刻にとどまらず、ヴィンテージの魅力に独自のアレンジを加え、現代に再現している。

問い合わせ／シュガーケーン（東洋エンタープライズ）
TEL03-3632-2321　www.sugarcane.jp

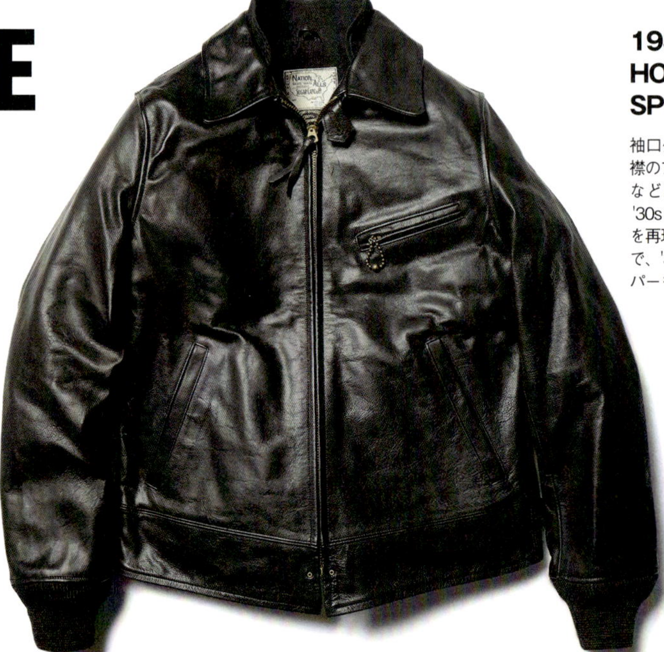

### 1930s STYLE HORSE HIDE SPORTS JACKET

袖口外リブ、背ヨーク部、襟のアジャスタブルカラーなど珍しいディテールの'30sスポーツジャケットを再現。茶芯ホースハイドで、'30sのフックレスジッパーも再現。17万640円

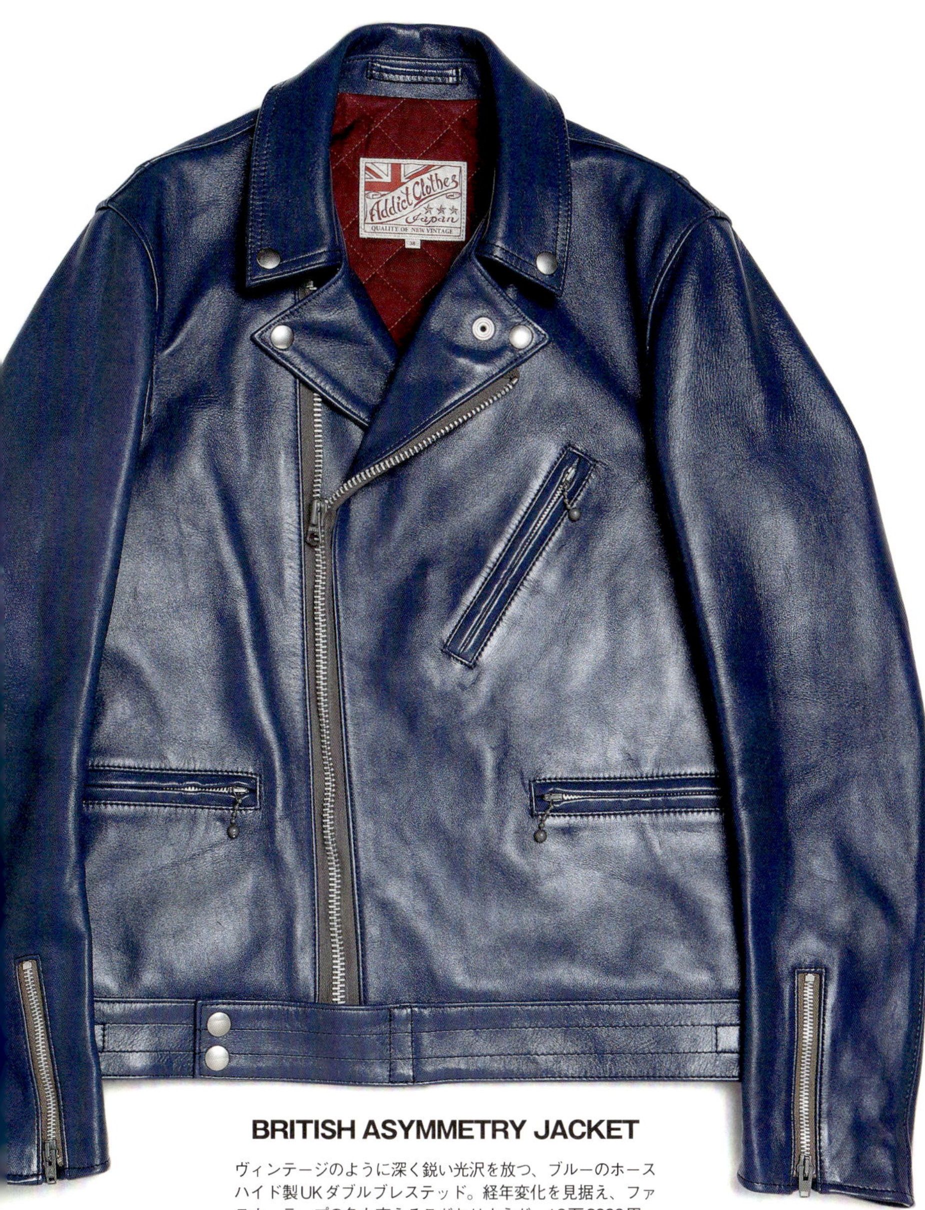

**BRITISH ASYMMETRY JACKET**

ヴィンテージのように深く鋭い光沢を放つ、ブルーのホースハイド製UKダブルブレステッド。経年変化を見据え、ファスナーテープの色も変えるこだわりようだ。16万2000円

COLLECTION 013

# ADDICT CLOTHES JAPAN

アディクトクローズ ジャパン

## UKヴィンテージの精髄を次世代に受け継ぐ。

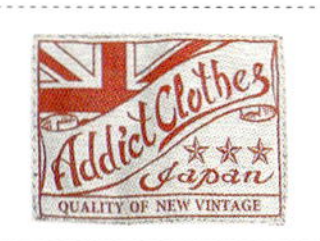


英国の歴史的モーターサイクル文化を啓蒙し、失われつつあるその魅力を現代的な味付けで再構築して次世代へ。アディクトクローズは疾走感のあるヴィンテージUKレザーズの洗練されたデザインと、アメリカのそれにはない特有の経年変化を素材段階から見事に表現。ニューヴィンテージを標榜するだけあって、完成度の高さは白眉だ。

問い合わせ／アディクトクローズ　TEL03-5341-4767
www.addict-clothes.com

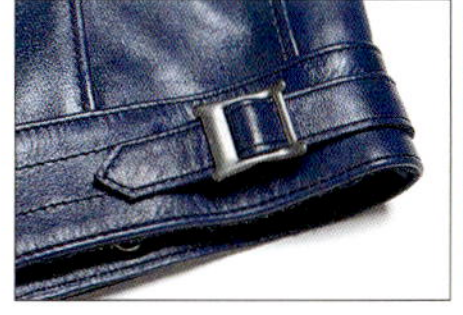

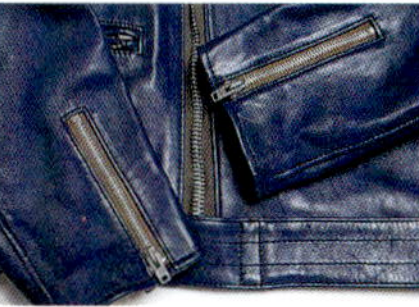

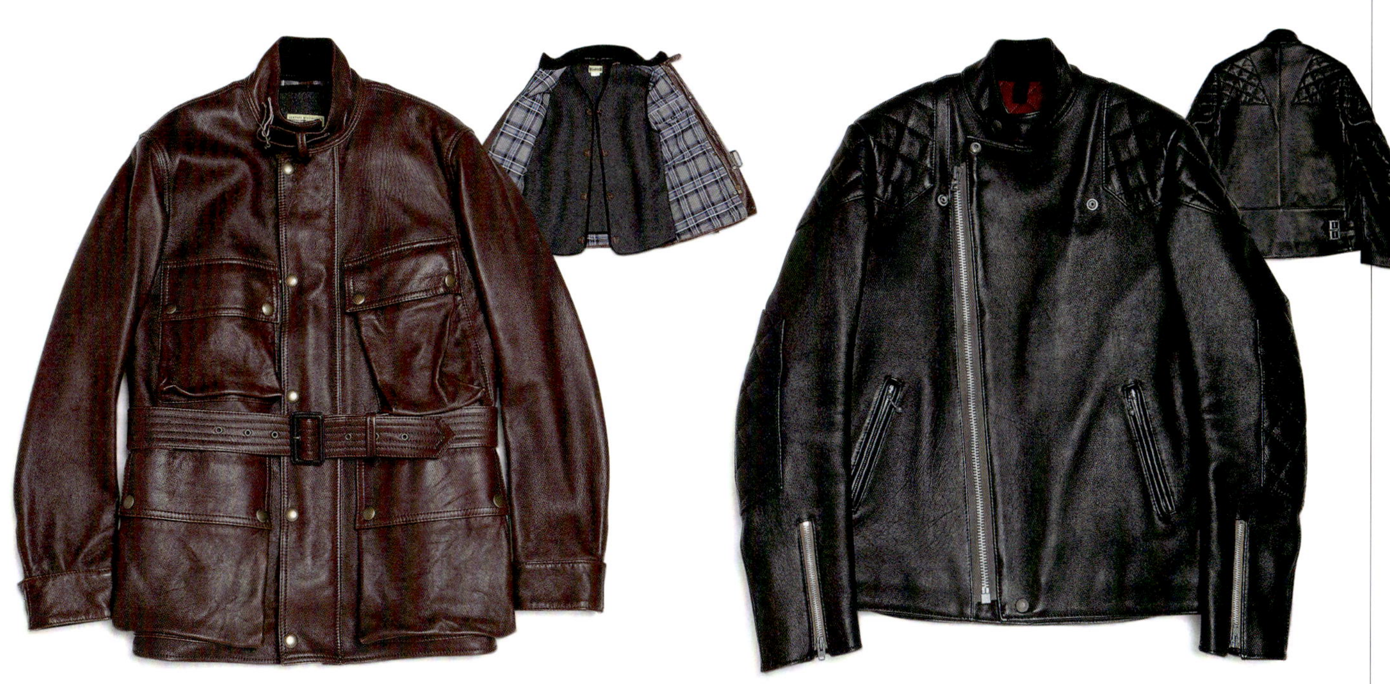

**BMC JACKET**

オイルドコットンでお馴染みのカタチをUKヴィンテージさながらに経年変化する独自のシープスキンで仕立てた。着脱可能なメルトンベストで、真冬も重宝する。19万9800円

**RESISTANCE JACKET**

パデット装備のハードなルックスを、茶芯のシープスキンが醸す滑らかな着心地が程よく中和。UKヴィンテージと見紛うほどの、迫力ある経年変化にも自信アリ。15万1200円

COLLECTION 014

# GERUGA

ゲルガ

## オーセンティックウエアに見え隠れする、侘び寂びの心。

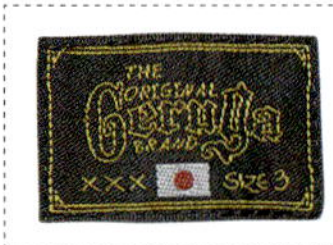


質素な中にも深みがある。そんな日本人が持ち合わせる侘び寂びの心をデザインやディテールに託し、オーセンティックなデザインに表現するのがゲルガの哲学。既にあるものを大切にし、そこに時代が求めるシルエットや機能をそっと忍ばせる手腕は、古式ゆかしいなめしを採用したレザーや、絶妙なシルエットに色濃く表れている。

問い合わせ／ハンガー　TEL03-6416-5186
www.hunger.jp

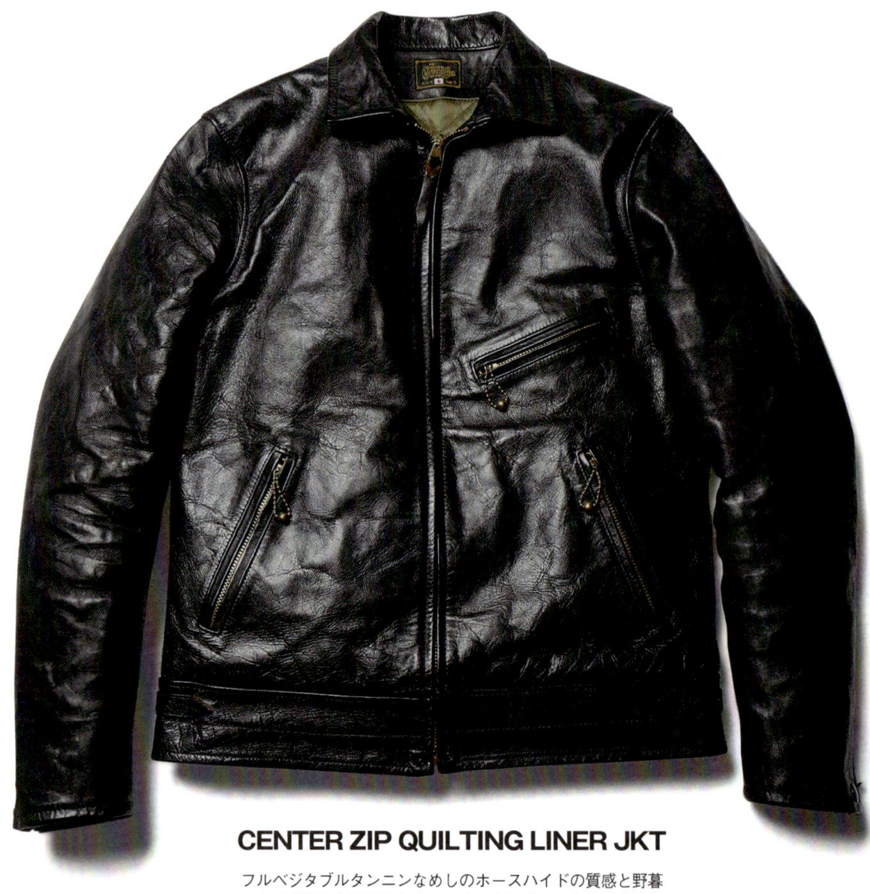

**CENTER ZIP QUILTING LINER JKT**

フルベジタブルタンニンなめしのホースハイドの質感と野暮ったさを排した流麗なシルエット、シンサレートキルティングでヴィンテージを現代的に昇華した力作。17万2800円

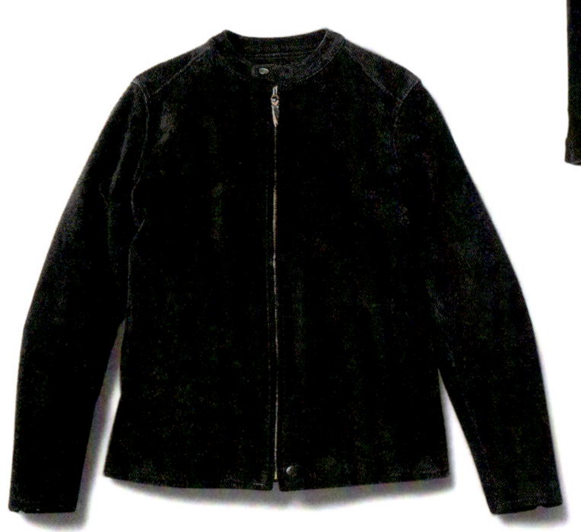

**BAND COLLAR SUEDE JKT**

ポケットなどを排しスウェードの質感を際立たせた今作。バイク、街着のどちらにも使えるシルエットバランスと抜け感あるバンドカラーが大人の雰囲気。12万9600円



COLLECTION 015

# TROPHY CLOTHING

トロフィークロージング

## クラシックバイクを介して育んだクラフトマンシップ。

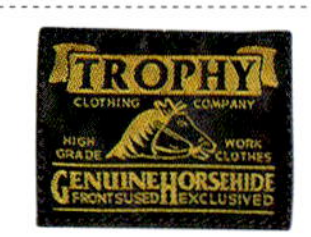


ヴィンテージウエアの素材感やデザイン、縫製にこだわりながら、クラシックバイク乗りの視点から現代の“道具”としての息吹を吹き込む。トロフィークロージングの質実剛健な服作りは、ステレオタイプなバイクウエアとも凝り固まったワークウエアとも一味違う。言うなればモーターサイクリストの「リアル」な服である。

問い合わせ／トロフィージェネラルストア
TEL03-6805-1348　trophy-clothing.com

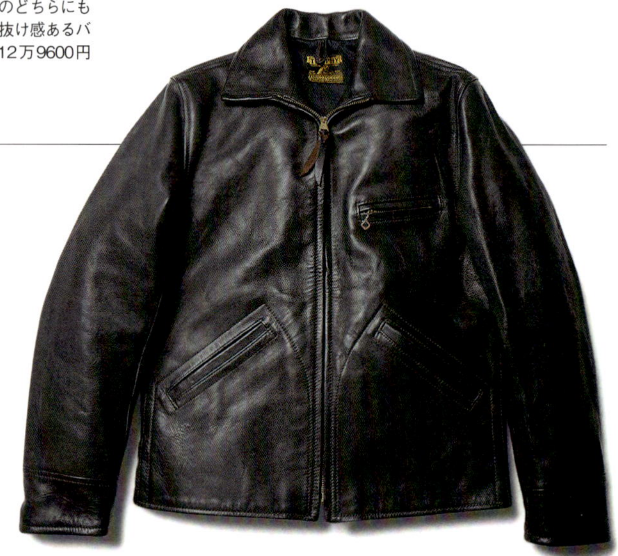

**Humming Bird Jacket**

ピットなめしや黒の丘染めなど独自レシピのホースハイドで、'40sスポーツジャケットをシンプルにアップデート。革本来の表情を味わう1着に仕立てた。16万7400円

Bits of knowledge

### 革ジャン知っトク豆知識 PART.3

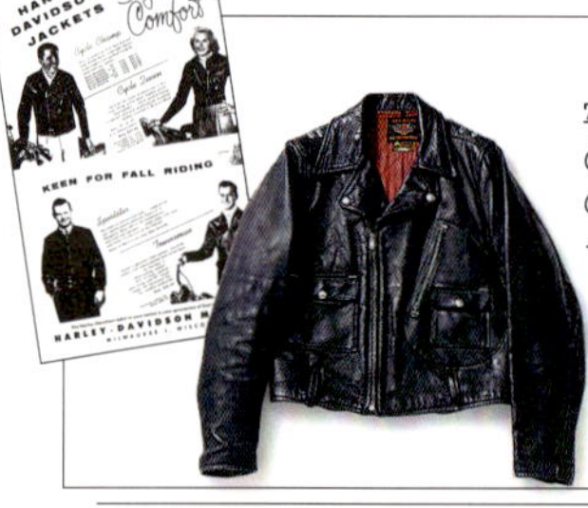


写真は1950年代のカタログと当時のジャケット『サイクルチャンプ』

### 『ライダースジャケット』の名付け親はハーレーだった!?

初めてレザージャケットに『ライダースジャケット』と名づけてカタログに載せたのは、ハーレーダビッドソン社と言われている。ちなみにハーレーは1920年代からオリジナルの革ジャンをリリースしているので、バイクとレザージャケットの関係は旧くから続く、とても深〜いものなのだ

寒さレベル別

**革ジャンだって工夫次第で寒さに勝てる!**

# レザージャケット 冬の着回しコーデ。

**レザージャケットは寒さにあまり強くない、と聞くけれど お気に入りの1着を手に入れたなら、季節を問わず着倒したいもの。秋口から真冬まで。快適に走れるコーデのコツをここで伝授いたしましょう!!**

photo/T.Furusue 古末拓也
問い合わせ／ウエスタンリバー TEL025-526-2415 www.w-river.com

着回したのはこのジャケット!

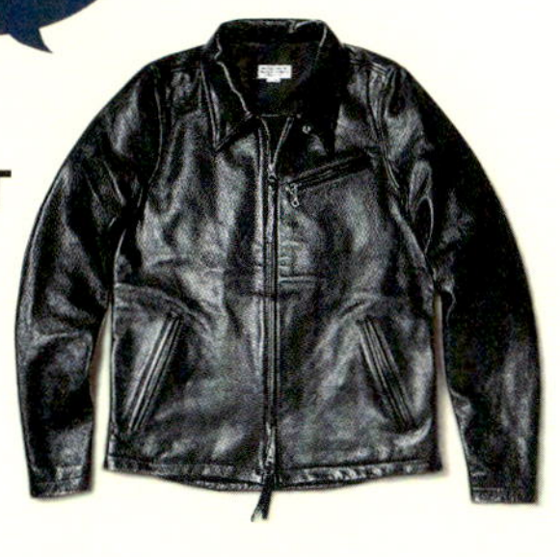

WESTRIDE
**CRUISER JKT**

シンプルで着回しやすいシングルライダース。ウエストライド初展開のシャツカラータイプを寒さ別にコーディネイト! 10万5840円

▶Style. 01

まだまだ余裕! 薄手のシャツでも、なんでもOK!!

Level 1 寒さ

**ふんわりニット**

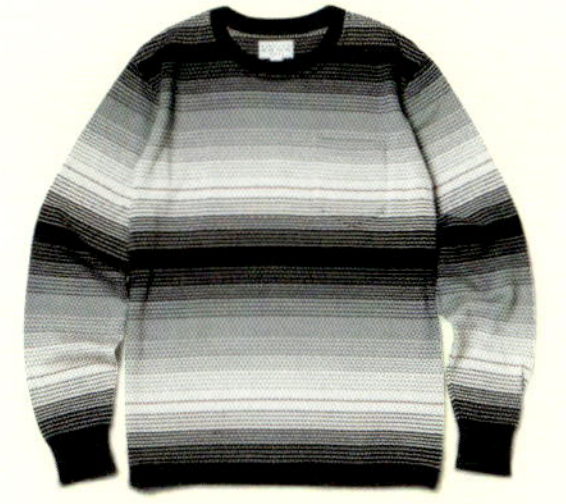

涼しい風が吹き始めてきた秋口ごろ。遂に革ジャンの季節が到来! この時期は下に薄手のシャツやニットを合わせるくらいで大丈夫。着たいものを着たい用に着れるチャンスはこの時期。ニット／CLASSIC RIB MULTI BORDER LONG SWEATER（1万1880円）

▶Style. 02

ちょっと冷えたらインナーに厚みをプラス。

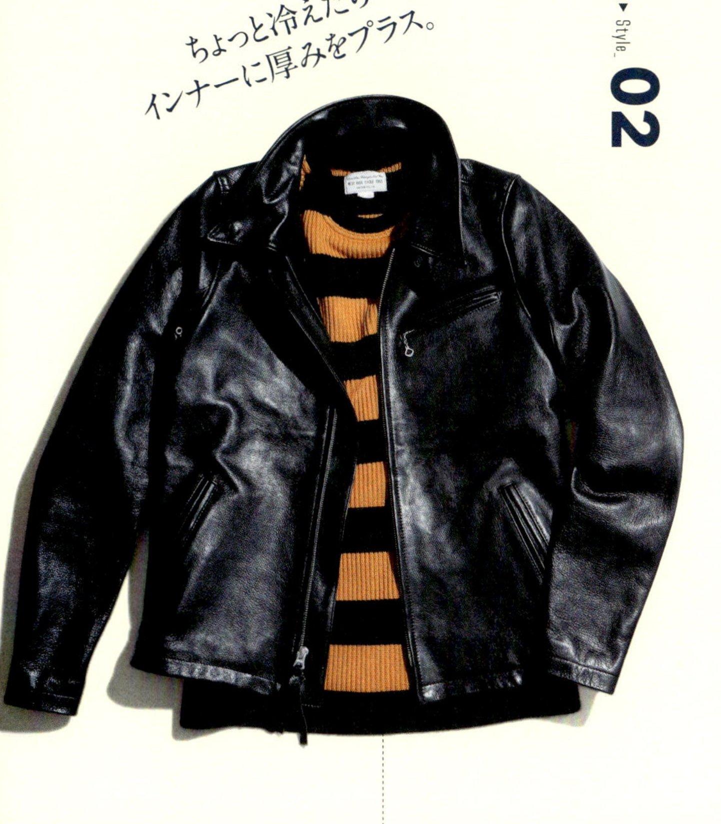

Level 2 寒さ

**しっかりニット**

ちょっと風が涼しくなってきたら、インナーに厚みがあって保温性の高いものを選ぼう。ウエストライドのこのニットなら、体の回りに温かい空気の層を作るので、1枚でもあったか。着心地も◎。ニット／CLASSIC RIB SWEATER: BLK/GLD（1万7064円）

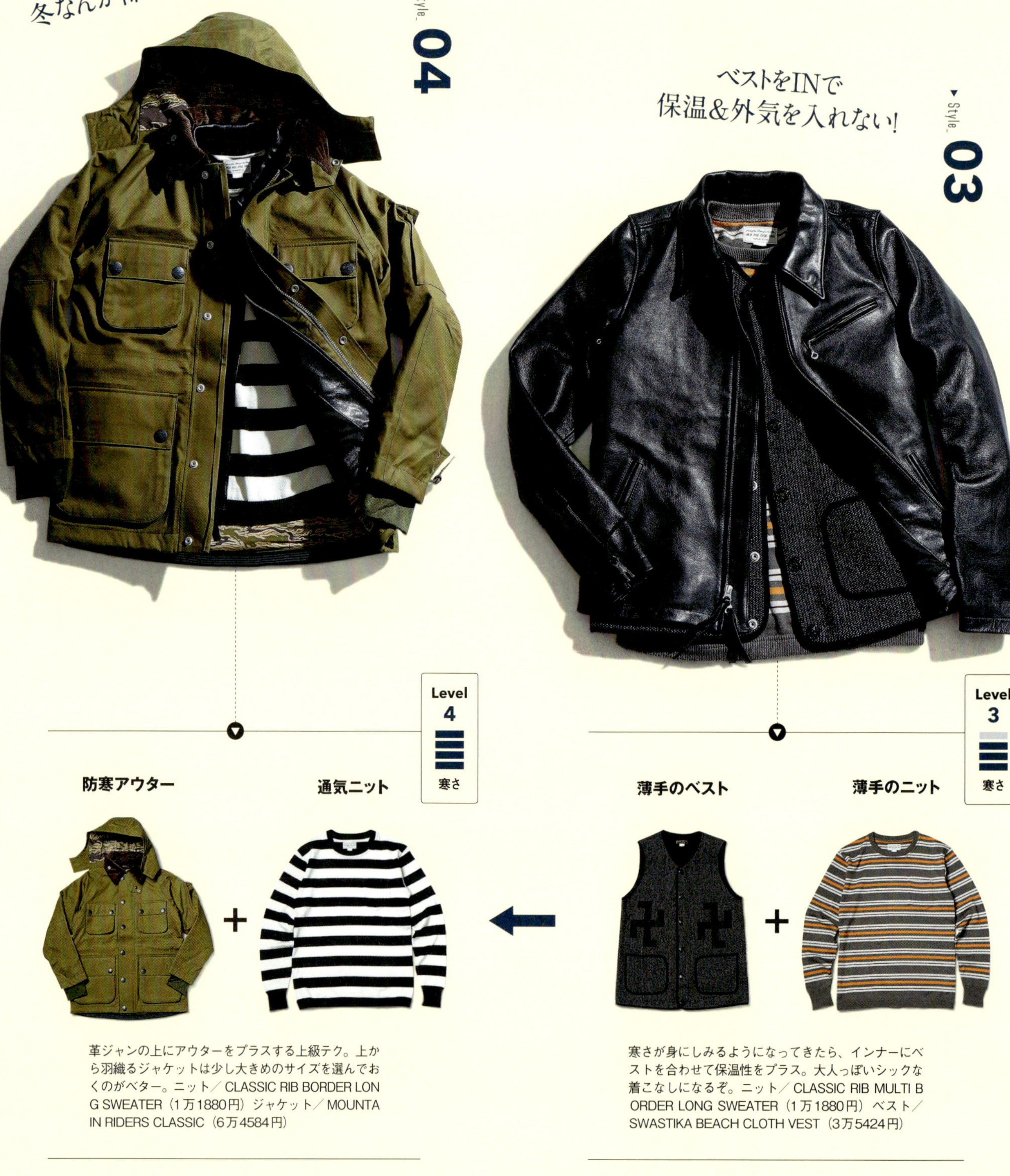


寒さが身にしみるようになってきたら、インナーにベストを合わせて保温性をプラス。大人っぽいシックな着こなしになるぞ。ニット／CLASSIC RIB MULTI BORDER LONG SWEATER（1万1880円）ベスト／SWASTIKA BEACH CLOTH VEST（3万5424円）

革ジャンの上にアウターをプラスする上級テク。上から羽織るジャケットは少し大きめのサイズを選んでおくのがベター。ニット／CLASSIC RIB BORDER LONG SWEATER（1万1880円）ジャケット／MOUNTAIN RIDERS CLASSIC（6万4584円）

## “暑くて寒い”は工夫次第でなんとかなる！

ライダースジャケットに身を包みバイクに跨る様に、ライダーなら誰もが憧れを抱く。さっそうと駆け抜ける姿は、思わず見とれてしまうほどだ。そんなバイク乗りになりたくてライダースジャケットの購入を考えている諸君にひと言。革ジャンは、暑さ寒さに非常に弱い。と、言い切ってしまうとギアとしてダメなんじゃないの？ と思われてしまうかもしれないが、風を通さず空気を含まないので仕方がないこと。そんな理由から夏に革ジャンを着る人は少ないが、薄手のレザーシャツやパンチングレザーという選択もある。冬だって、革は寒いから、と謙遠しなくても、着こなしを工夫すればいいハナシ。でもどうやって？ という疑問にコーディネイトの提案をしてくれたのが、新潟県発のバイカーズブランド『ウエストライド』だ。

厳しい冬もバイクと過ごす彼らのプロダクトは、機能的なのにデザイン性にも長けたスグレモノ。冬物の保温性の高さに、多くのバイク乗りが救われている。そんなブランドのイチ押し防寒コーディネイトは、ベストを重ねた大人な着こなしと、レザージャケットの上にアウターを重ねる最強の防寒コーデ。革が温かさのキモとなる空気の層を作れない分、コットンや高機能素材で保温性をカバー。革が冷たい風をシャットアウトするので、熱が逃げにくくあったかコーデが完成するワケ。これでもう、革を着ない理由はないでしょ！

## 本物を知っているからこそ、遊び心にも説得力が出る。

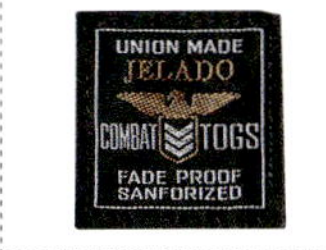


ジェラードのレザージャケットは、本来あるべきオーソドックスなデザインにちょっとフィクションを加えた、言わばタウンユースデザインが特徴的。時代背景や、ヴィンテージを知り尽くしているからこそ、リアリティを損なわず、有りそうで無かったオリジナリティを追及できる。そんな今季の逸品は、アメカジ好きじゃなくても欲しくなるものばかり！

COLLECTION 016

# JELADO

ジェラード

問い合わせ／ジェラード　TEL03-3464-0557　jelado.ocnk.net

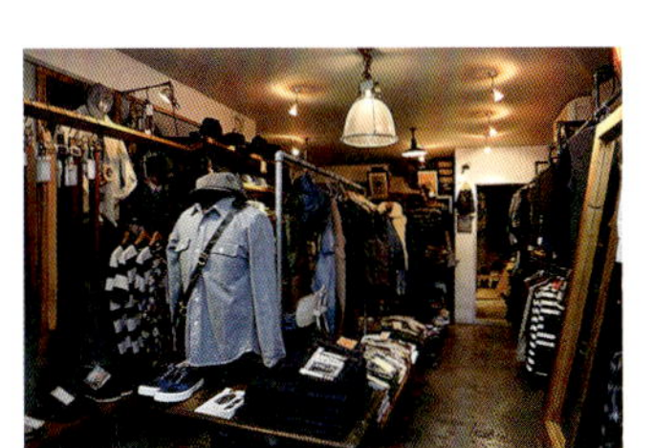

恵比寿にあるフラッグシップショップならサイズが色々と揃っているので試着をトライ!!

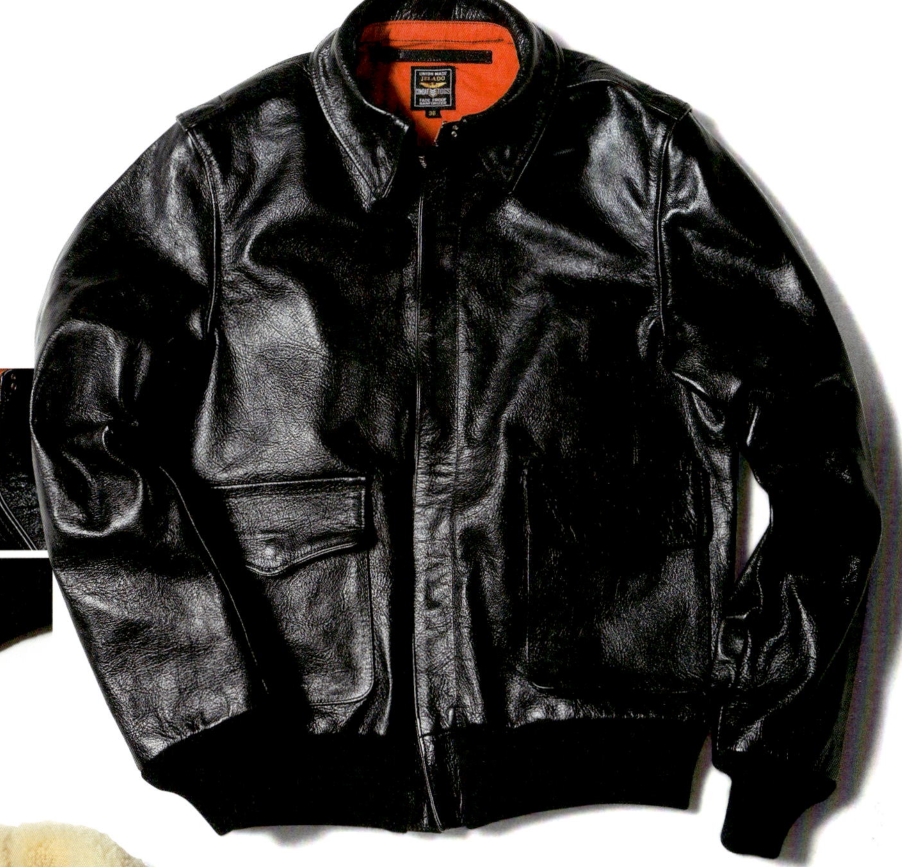

Rainbow Country × JELADO

### TYPE A-2

'40年代の主要コントラクターだったラフウエアの台襟付きA-2をベースに、ミルスペックでは存在しなかったブラック仕様。ボディと同様にリブも黒。18万9000円（馬革）

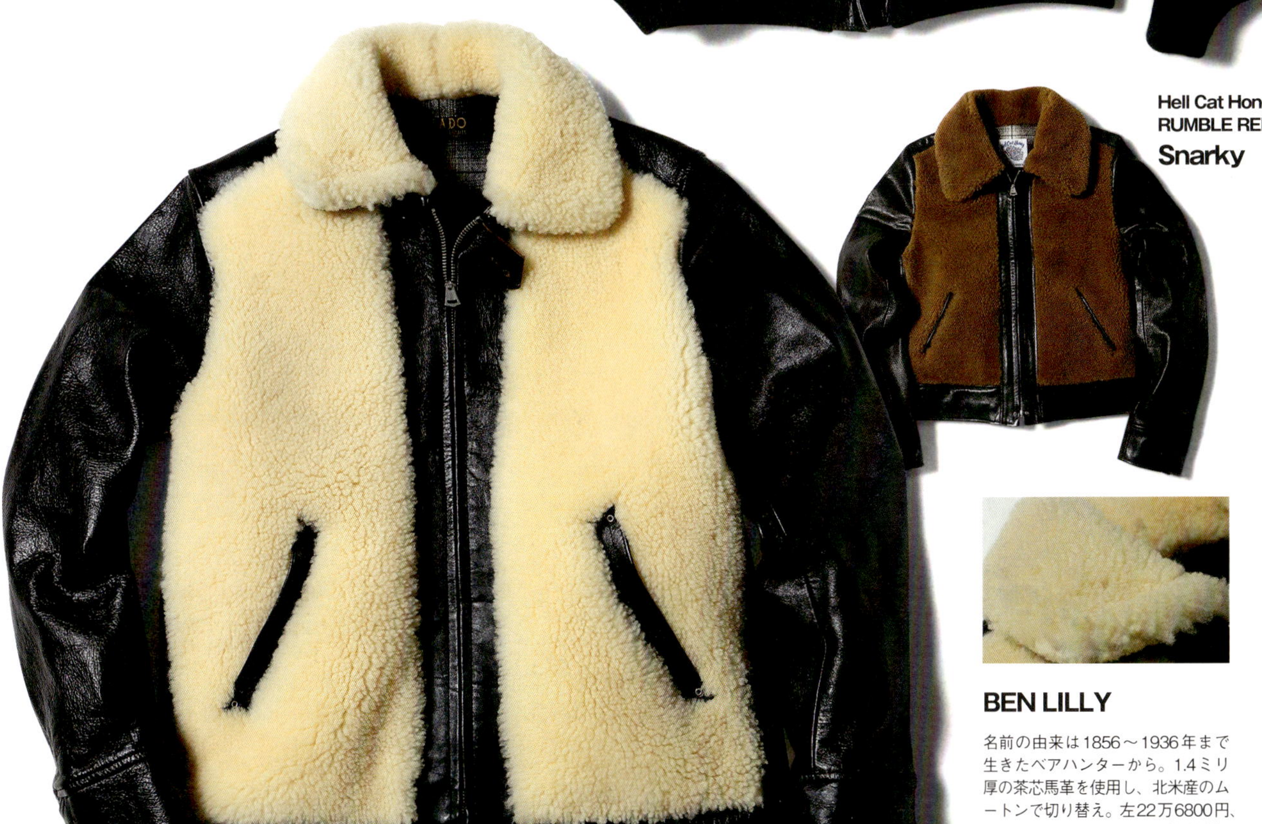

Hell Cat Honey× RUMBLE RED

### Snarky

### BEN LILLY

名前の由来は1856～1936年まで生きたベアハンターから。1.4ミリ厚の茶芯馬革を使用し、北米産のムートンで切り替え。左22万6800円、右レディス18万1440円（山羊革）

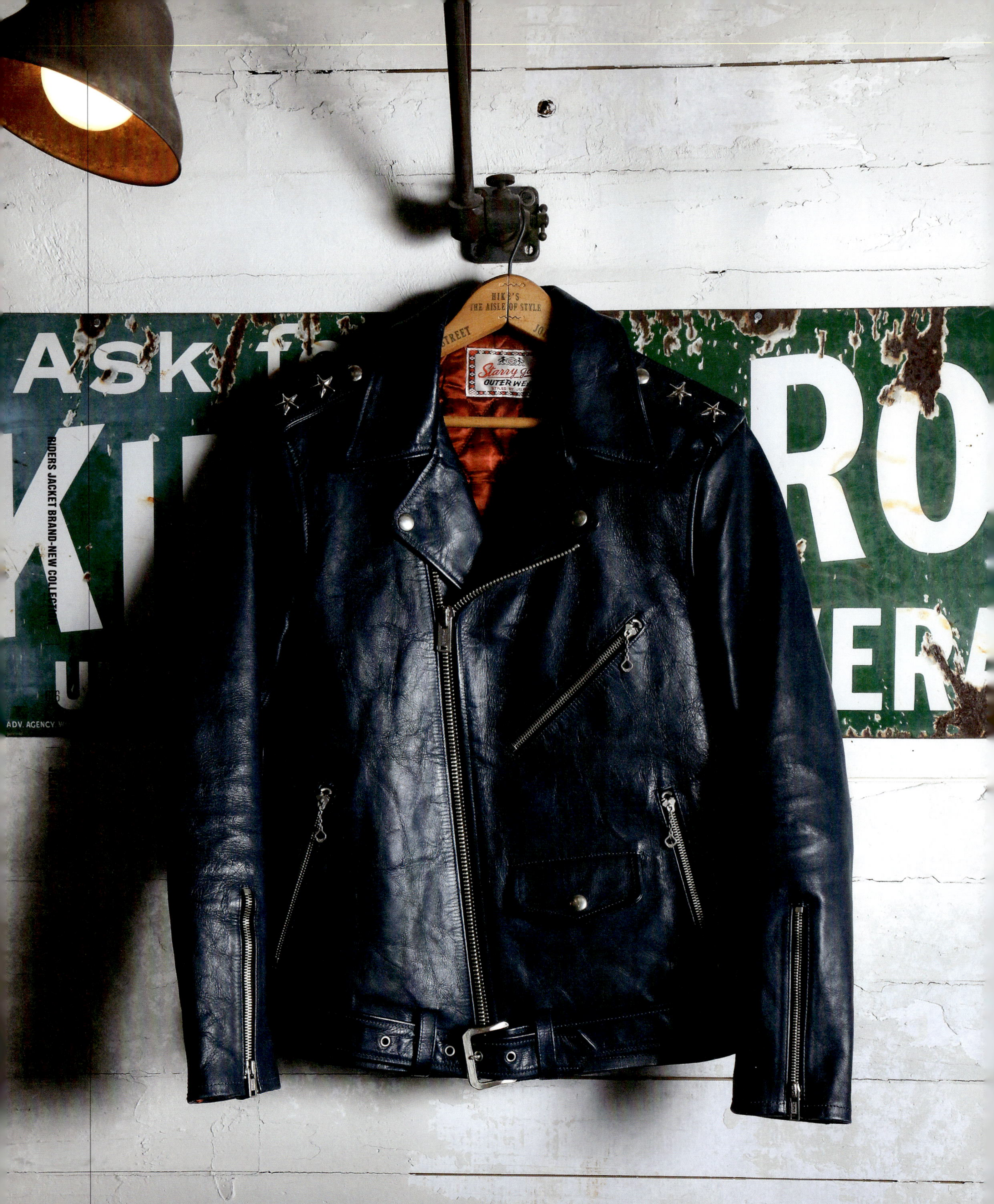

## REBEL JACKET

'50年代のモンゴメリーワード社のひとつであるウィンドワード・ダブルライダースジャケットをベースに、肩の星スタッズが2つ付いたツースターモデル。背中の肩部分にプリーツが入り、快適に着用できる。カラーはネイビーとブラック。18万1440円（馬革）

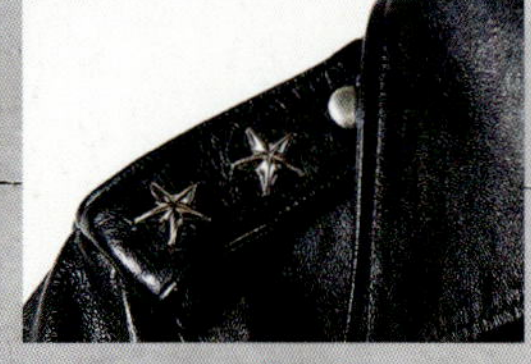

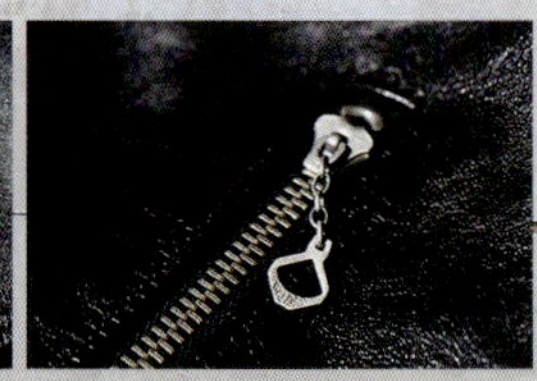

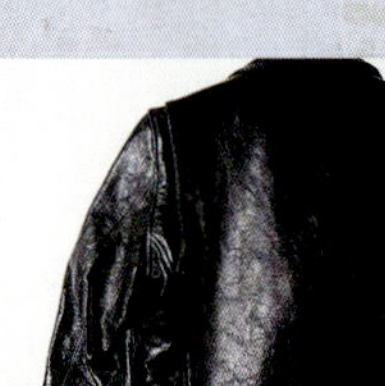

**CL-J1**

スタンダードで長年使えるダブルタイプ。ホースハイドを使用。日本人の体型、ライディングスタイルに適したスタイルになるよう型紙から製作したオリジナルモデル。14万9040円

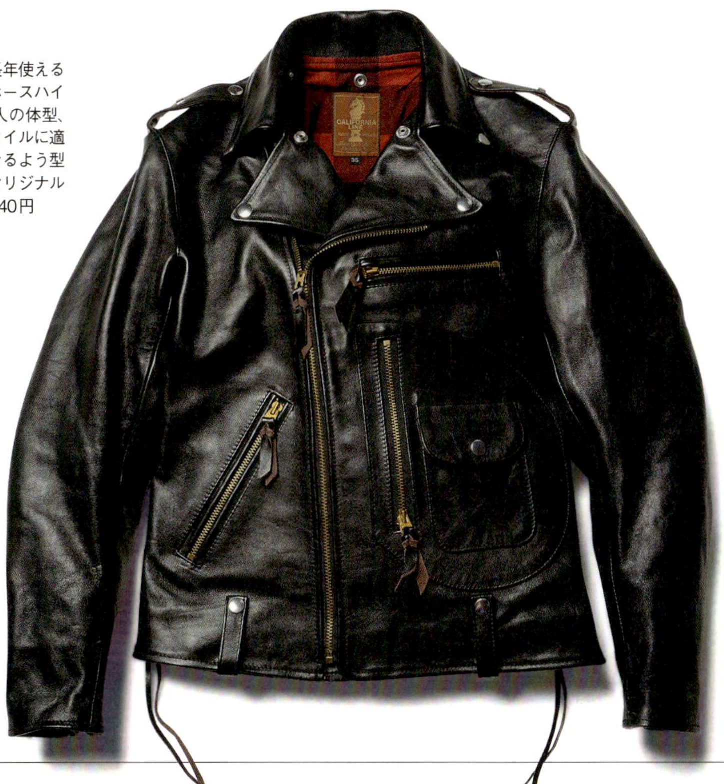

COLLECTION 017

# CALIFORNIA LINE

カリフォルニアライン

## アメリカ西海岸の空気感を感じさせるオリジナルウェア。

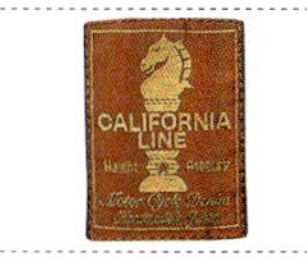


群馬県桐生市にお店を構えるバイカーズウエア&グッズショップ『フリーライド』が手がけるオリジナルブランド。カリフォルニアのバイカーのスタイルをイメージし、ライディングウエアはもちろん、バイク乗りの普段着も提案。ヴィンテージや名作をベースにしているものの、復刻ではなくあくまでも日本人の体型に合わせたスタイル。

問い合わせ／フリーライド　TEL0277-47-1055

**SF-J1**

英国のヴィンテージをベースに日本人に似合うよう型紙から作ったスタイリッシュなタイトフィットのダブルモデル。使い込んだデニムやブーツに似合う半ツヤ仕上げ。9万1800円

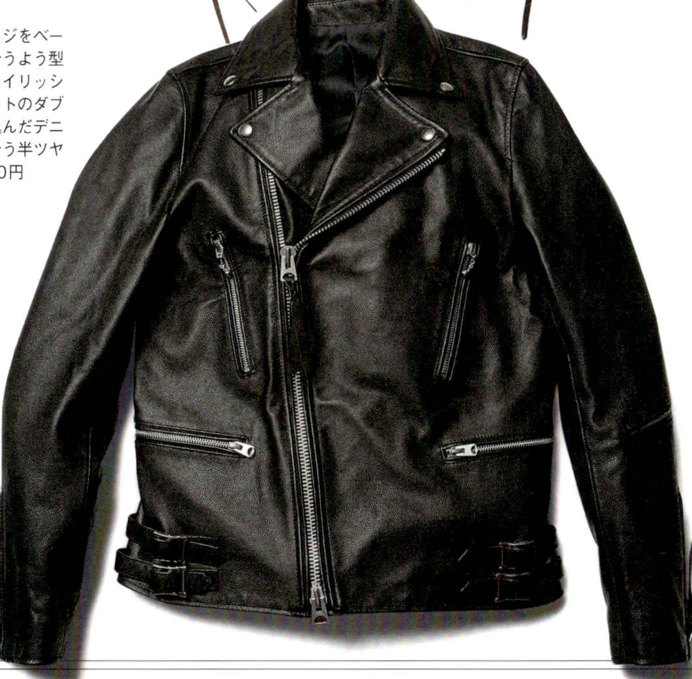

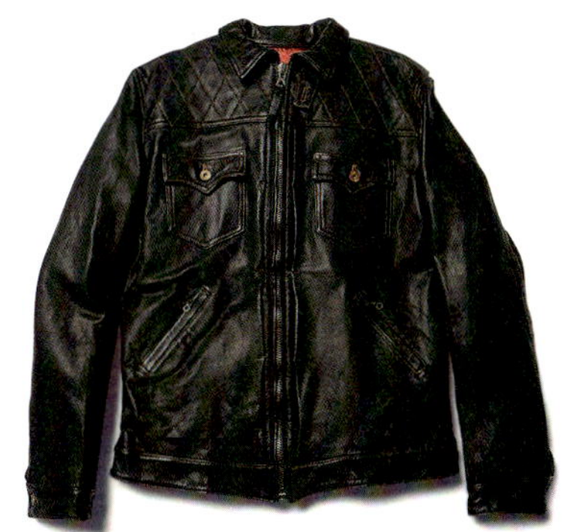

**SF-J2**

ライダースはどうしても着づらいという人のためのデニムジャケットベースの1枚。カジュアルだが襟にはチンスト、袖もカフス&ジッパーなど防風性も高い。9万1800円

Bits of knowledge

### 革ジャン知っトク豆知識 PART.4

**個性いろいろ襟もとスタイル。**

ジャケットのイメージは、襟元で大きく変わるもの。あなたの好みはどれ？

**シングル**

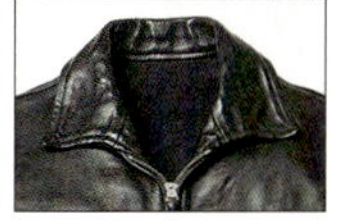

前合わせが一重のデザイン。着る人もスタイルも選ばないスタンダードなスタイルだ

**ダブル**

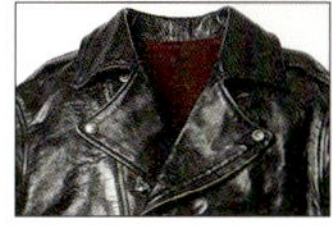

前合わせが二重で一般的にライダースといえばコレ。襟の大きさは幅など種類も豊富

**スタンドカラー**

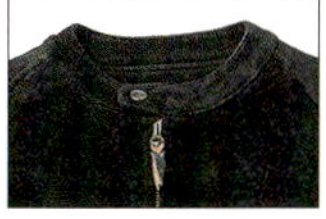

襟が短く立っているタイプ。とにかくシンプルを求めるならシングルのスタンドで決まり

**スタンドカラーのダブル**

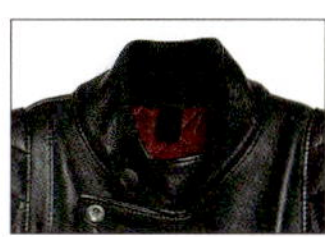

ダブルの個性を残しつつ襟元スッキリ。襟付きのダブルだと重いという人にもピッタリ

COLLECTION 018

# SKULL FLIGHT

スカルフライト

## 乗りやすく、かつクールにバイカー専門のブランド。

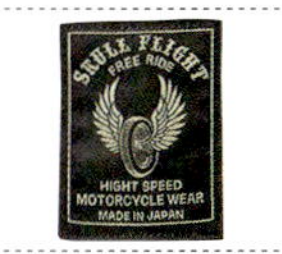


こちらも『フリーライド』が手がけるオリジナルブランド。ライディングポジションがとりやすく、バイクに必要な機能も備え、バイクを降りた後もカッコイイ。そんなバイク乗りの理想を追求した、ライディングギア専門のブランド。一見カジュアルに見えても、袖や襟元のなど、バイクに乗る時に嬉しいディテールが随所に搭載されている。

問い合わせ／フリーライド　TEL0277-47-1055

COLLECTION 019

# AVIREX

アヴィレックス

## 米空軍正式指定業者という歴史と誇りが生み出す名作。

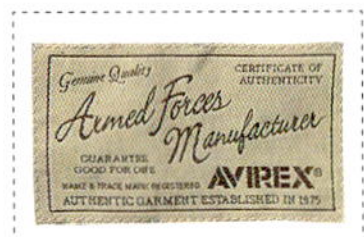


'75年にアメリカで誕生したアヴィレックスは、ルーツにアメリカ空軍のコンストラクター（正式指定業者）だったという経歴を持つ。細部に至るまで非常に厳しいミルスペック（軍規格）を全てクリアしてきた高い技術力を一般市場にフィードバックさせたアイテムは、マニアをも唸らせる機能性と、カジュアルウエアとしてのデザイン性を併せ持つ。

問い合わせ／アヴィレックス新宿店　TEL03-5367-2013
www.avirex-usa.com

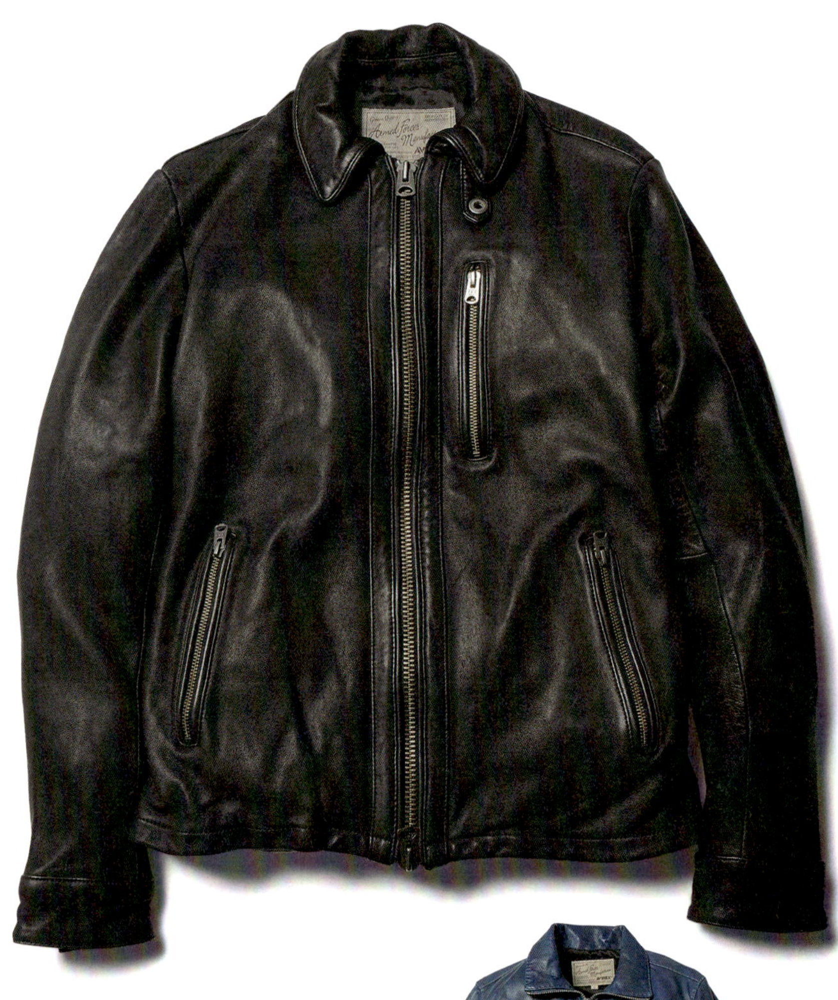

### SHEEP RIDERS JACKET

肉厚で柔らかいシープスキンを使用。シンプルなデザインの中に、襟先とカフスに配したリング状のスナップボタンがアクセントに。ワインレッド、ロイヤルブルーも。5万2920円

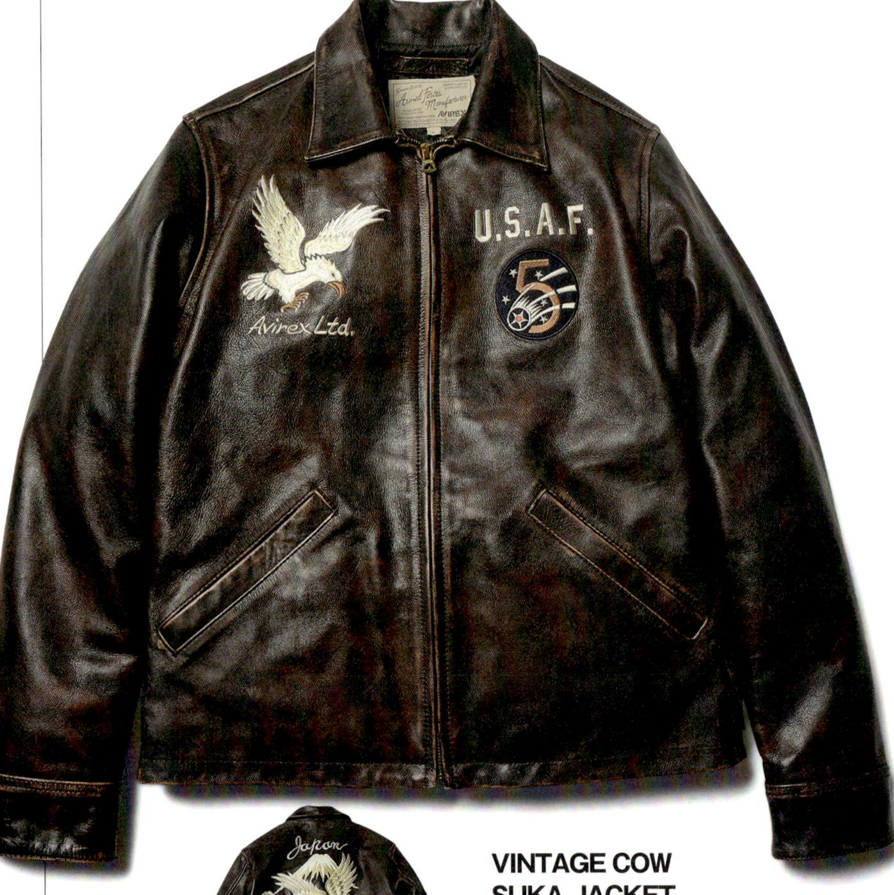


### VINTAGE COW SUKA JACKET

いい具合に色が抜けた風合いを持つヴィンテージ加工のカウハイドを使ったシングルモデル。胸の部隊章のほか、背中にはスカジャン風の刺しゅうが施されている。10万5840円

### SHEEP TRUCKER JACKET

キメが細かくオイルがしっかり入ったシープスキンを使用した、スタンドカラーのトラックジャケット。胸ポケットなどのステッチが特徴的。5万2920円

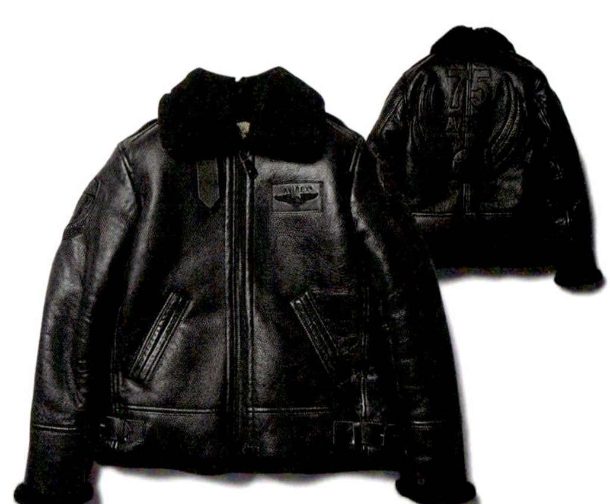

### PATCHED B-6 JACKET

フランス産のシープムートンのB-6に、背中にアヴィレックスが誇るヒット作"MA-1 SAIPAN"のグラフィックをアレンジした同系色のパッチワークがつく。21万3840円

### いつものジャケットで、いろんなコーデを楽しもう。

# 脱・マンネリコーデの鍵は"ボトムス"にあり!

いつものジャケットに、いつものデニム。
そんな自分の中にある定番スタイルもいいけれど
せっかくだから、いろんな着回しで楽しんでみない?
いつもと違うボトムスに履き替えるだけで、印象はグッと変わるのだ!

photo/M.Morichika 森近真
問い合わせ/アイアンハート TEL042-696-3470 www.ironheart.jp

着回したのはこのジャケット!

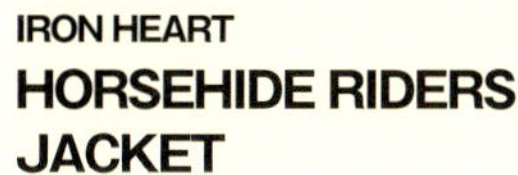

IRON HEART
**HORSEHIDE RIDERS JACKET**

肉厚なホースハイドのレザーは、着初めからしなやか。シャツ感覚で着れるスッキリしたデザインで、着回しにも活躍。12万9600円

## Style. 01

カーゴパンツ

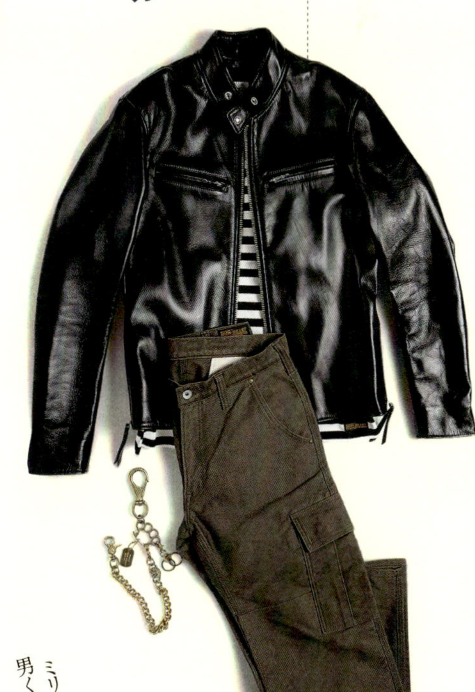

ミリタリーテイストで男くさい無骨コーデに!

ミリタリーなカーゴパンツなら、男らしくてラフなイメージ。ボトムスに色が入ると、重くなりがちな革ジャンコーデも軽い印象に。シャツ/6.5oz 2/3インチボーダー半袖ポケットTシャツ(6912円) ボトムス/14ozモールスキンカーゴパンツ(2万520円)

## Style. 02

ホワイトパンツ

爽やかコーデにホワイト使いはテッパン!

白でもストライプ入りで太めのシルエットなら、男らしさを残したコーデに。シャツ/7.5ozプリント半袖Tシャツ(6264円) ボトムス/12ozホワイトウォバッシュ ペインターパンツ(2万520円)

## Style. 03

セルビッチデニム

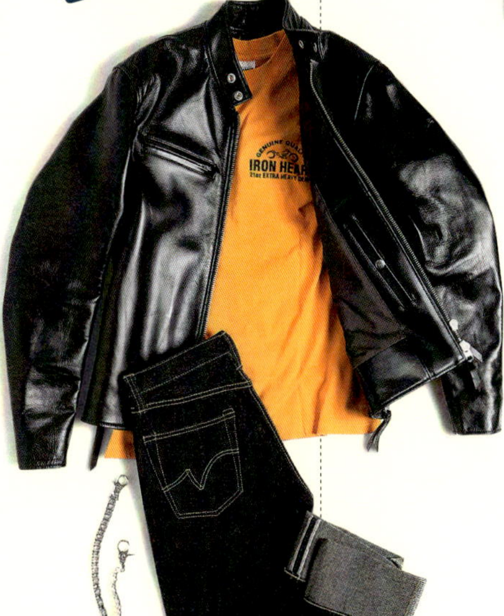


王道のアメカジスタイル!

太めにロールアップしたデニムと革ジャンはアメカジの王道! 明るめカラーのシャツもポイント。シャツ/7.5ozプリント半袖Tシャツ オリジナルバイクロゴ柄(6264円) ボトムス/19oz左綾セルビッチデニムスリムストレートジーンズ(2万3760円)

## 毎日着込んで育てるならコーデにもこだわるべし！

ライダースジャケットを手に入れると、早くアジを出したくて、自分の体に馴染ませたくて、そればかり着てしまうもの。いつものジャケットといつものボトムスで、なんだか毎日同じ格好……!? なんていうのも、自分のキャラクターを作れていいかもしれないけれど、いろんなコーデで日々オシャレを楽しみたい。ボトムスの使い分けをすると、効果的にイメージを変えることができるぞ。と、いうことで。ここでは、〝バイク乗りのボトムスといえばココ！〟な、定番ブランド『アイアンハート』協力のもと、1つのジャケットの着回しコーデに挑戦。

下を見れば一目瞭然。大きめにロールアップしたデニムも、ダブルニーをチョイスすればアメカジ×モーターテイストな着こなしに。ハードルが高めな白パンツコーデも、ストライプが入った太めのペインターパンツなら誰でも気負わず挑戦できる。そしてこの冬、特にオススメなのは、黒×黒のハードな組み合わせにデッキベストをプラスするもの。男らしく引き締まったハードさを残しながら、街中にも溶け込めるカジュアルさも併せ持つ。ちなみにこのベスト、裏地に毛足の長いアルパカウールを搭載しているので、真冬でも温かい、イチ押しアイテム。

これからジャケットを新調する人も、持っている人も、毎日のコーディネイトを工夫して、楽しくライダースジャケットを成長させせよう！

### Style. 04 オーバーオール

ワークスタイルを革で引き締め！

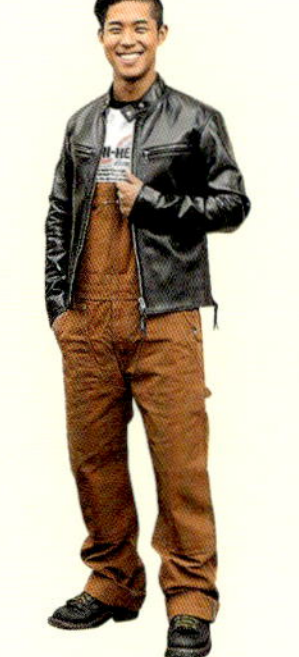

オーバーオールと合わせるのの、もちろんアリ。イメチェン効果はバツグンだ。大人なイメージのブラウン使いもポイント。シャツ／7.5oz7分袖ラグランスリーブTシャツ（7344円）ボトムス／ヘビーダックダブルニーオーバーオール（2万9160円）

### Style. 05 ダブルニーデニム

アメカジにモーターテイストをプラス！

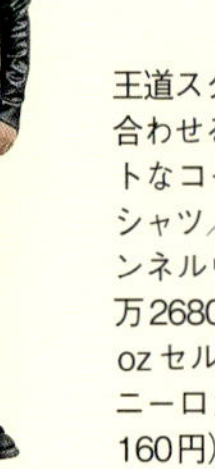

王道スタイルもダブルニーと合わせると、モーターテイストなコーディネイトに変身。シャツ／ウルトラヘビーフランネルウエスタンシャツ（2万2680円）ボトムス／21ozセルビッチデニムダブルニーロガージーンズ（2万9160円）

### Style. 06 ブラックデニム

黒×黒コーデをベストでカジュアルに！

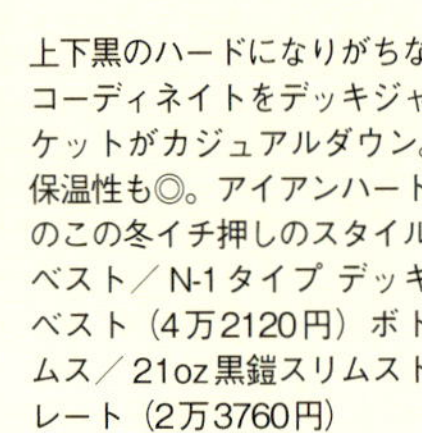

上下黒のハードになりがちなコーディネイトをデッキジャケットがカジュアルダウン。保温性も◎。アイアンハートのこの冬イチ押しのスタイル。ベスト／N-1タイプ デッキベスト（4万2120円）ボトムス／21oz黒鎧スリムストレート（2万3760円）

RIDERS JACKET COLUMN
EPISODE #3

**レザープロダクトの大定番ブランド。**

モーターサイクルに特化したレザープロダクトを手掛けるデグナー。ブランドのアイコンとも言えるサドルバッグを始め、バイク乗り目線の商品を展開。25年以上の歴史を誇るブランドだけあって、時代の流れを読み、バイク乗りの“こんな商品欲しかった！”を的確に具現化。モーターサイクリストにとってなくてならない存在だ。

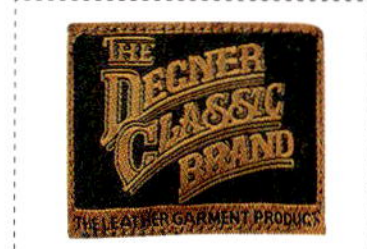


COLLECTION 020

# DEGNER

デグナー

問い合わせ／デグナー　TEL075-501-7137　www.degner.co.jp

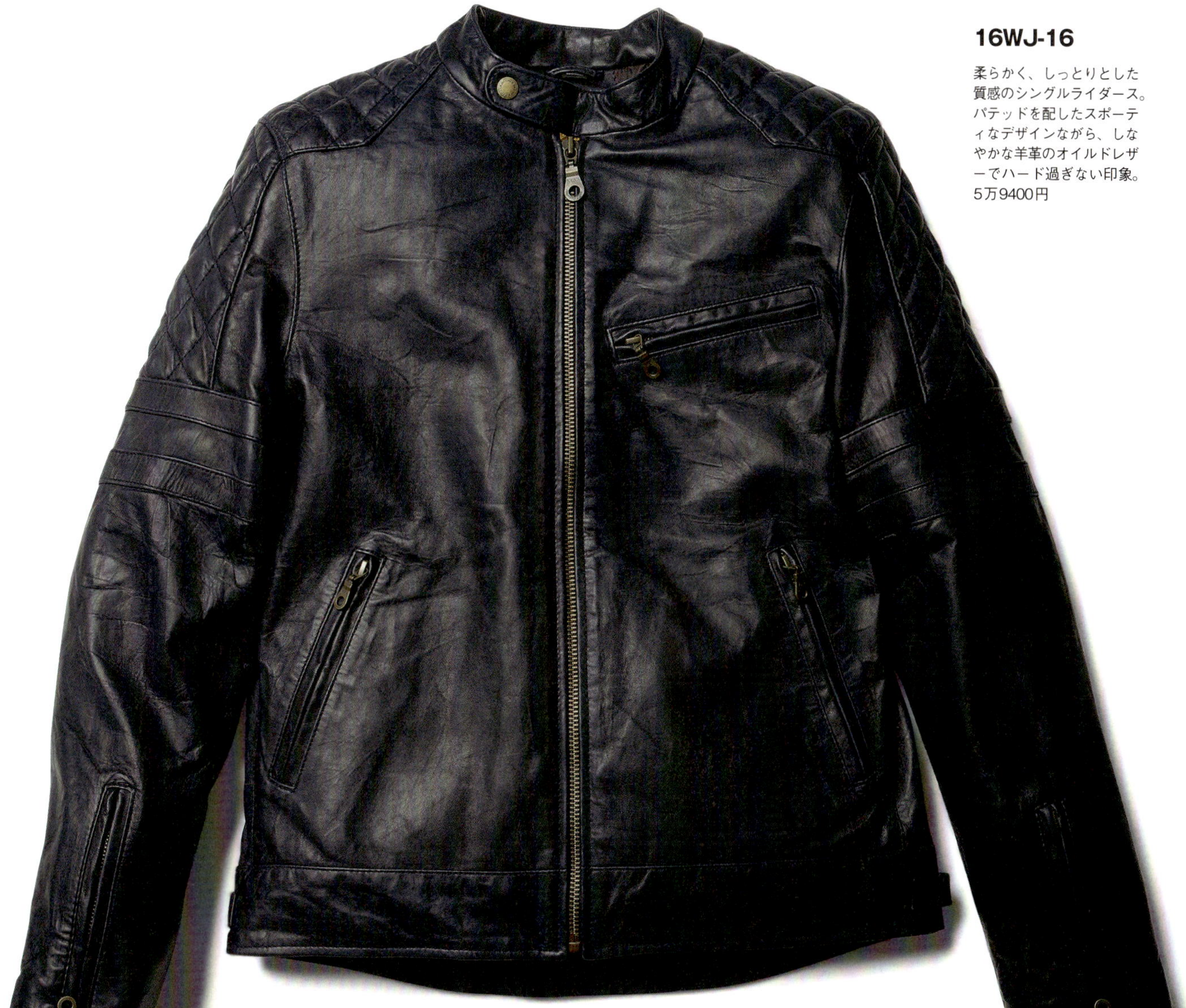

## 16WJ-16

柔らかく、しっとりとした質感のシングルライダース。パテッドを配したスポーティなデザインながら、しなやかな羊革のオイルドレザーでハード過ぎない印象。
5万9400円

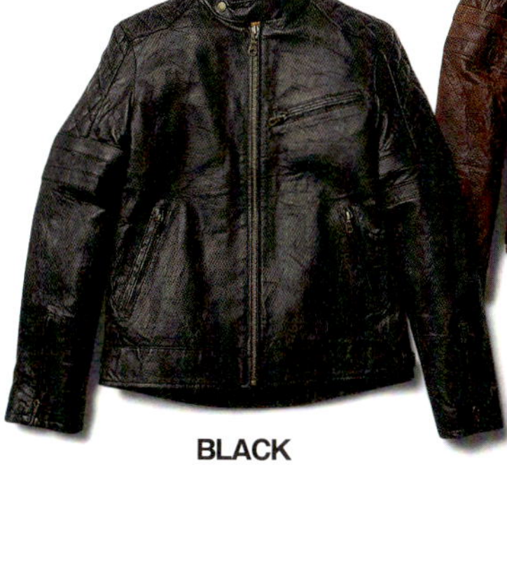

NAVY

BLACK

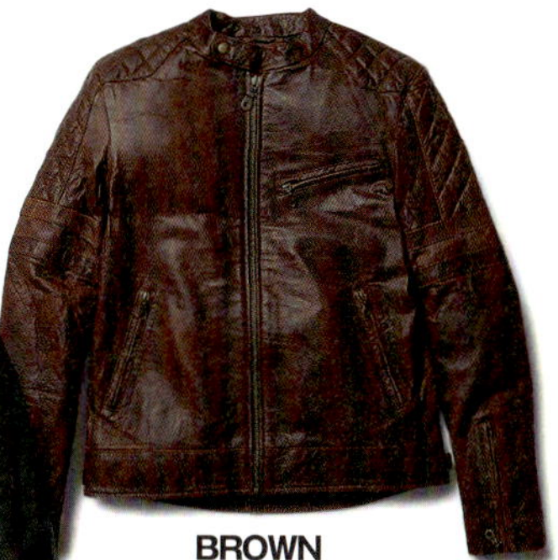

BROWN

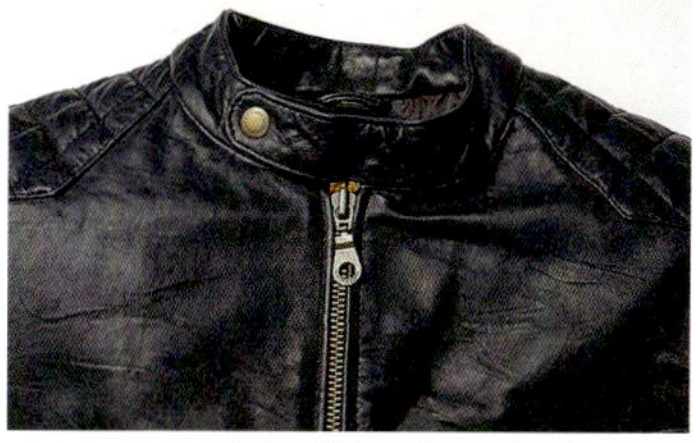

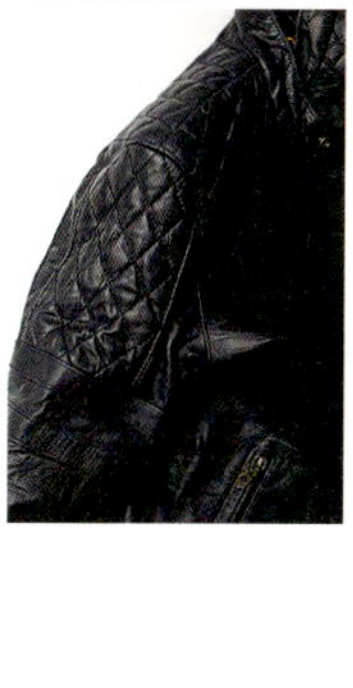

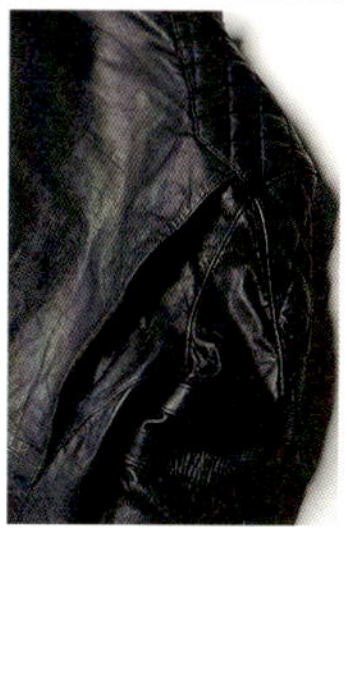

メインジップが真ん中にくる、スタンダードなデザイン。肩やヒジのパテッドが、いい具合にモーターサイクリストを主張。アクションプリーツ搭載で、ランディングも快適だ

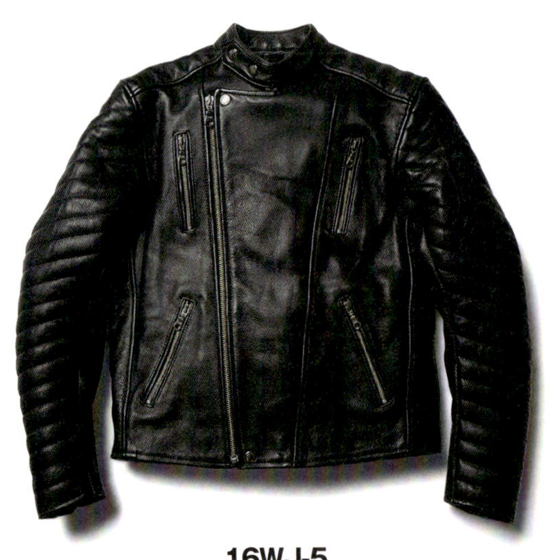

## 16WJ-5

スタイリッシュに走りたい。そんな願いを叶えてくれるユーロテイストな1着。しっかりした厚みながら動きはしなやか。胸や肩、肘や背中にプロテクターを装備。4万2120円

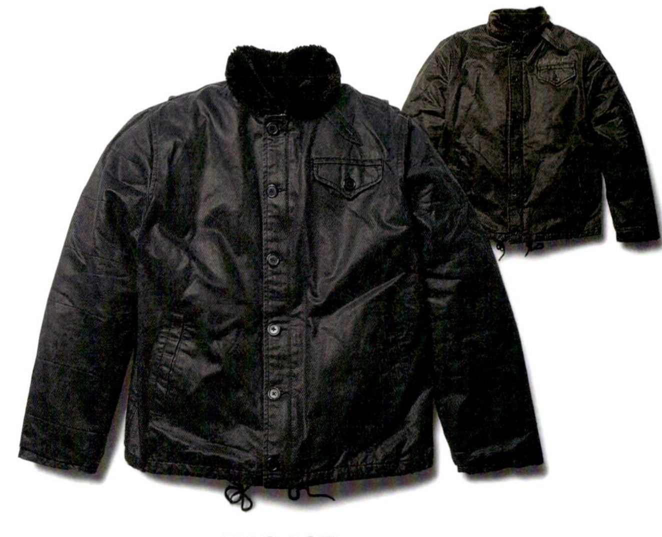

## RACJ-37

ライディング中に気になる防風性と耐久性を実現させた、ワックスコットンのライダースジャケット。急な雨でもすぐ水浸しにならないのは嬉しいポイント。3万8880円

## 16WJ-10

モーターサイクルテイスト満載のワッペンを散りばめた、トップガン風フライトジャケット。襟のボアは気分に合わせて着脱できる。プロテクターを標準装備。4万8600円

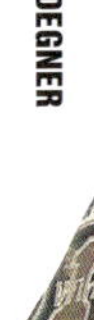

モーターテイストのワッペンが満載。

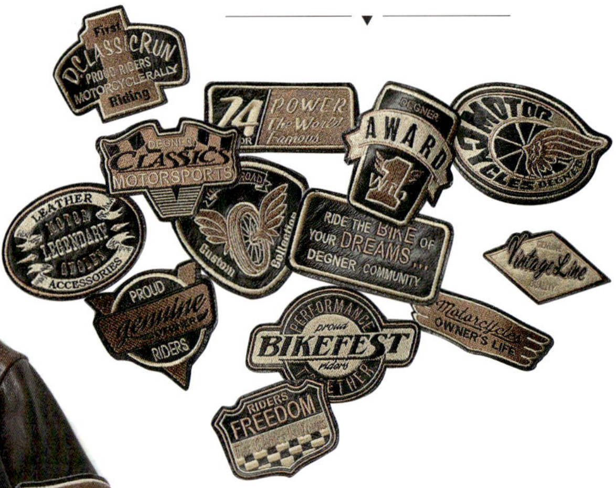

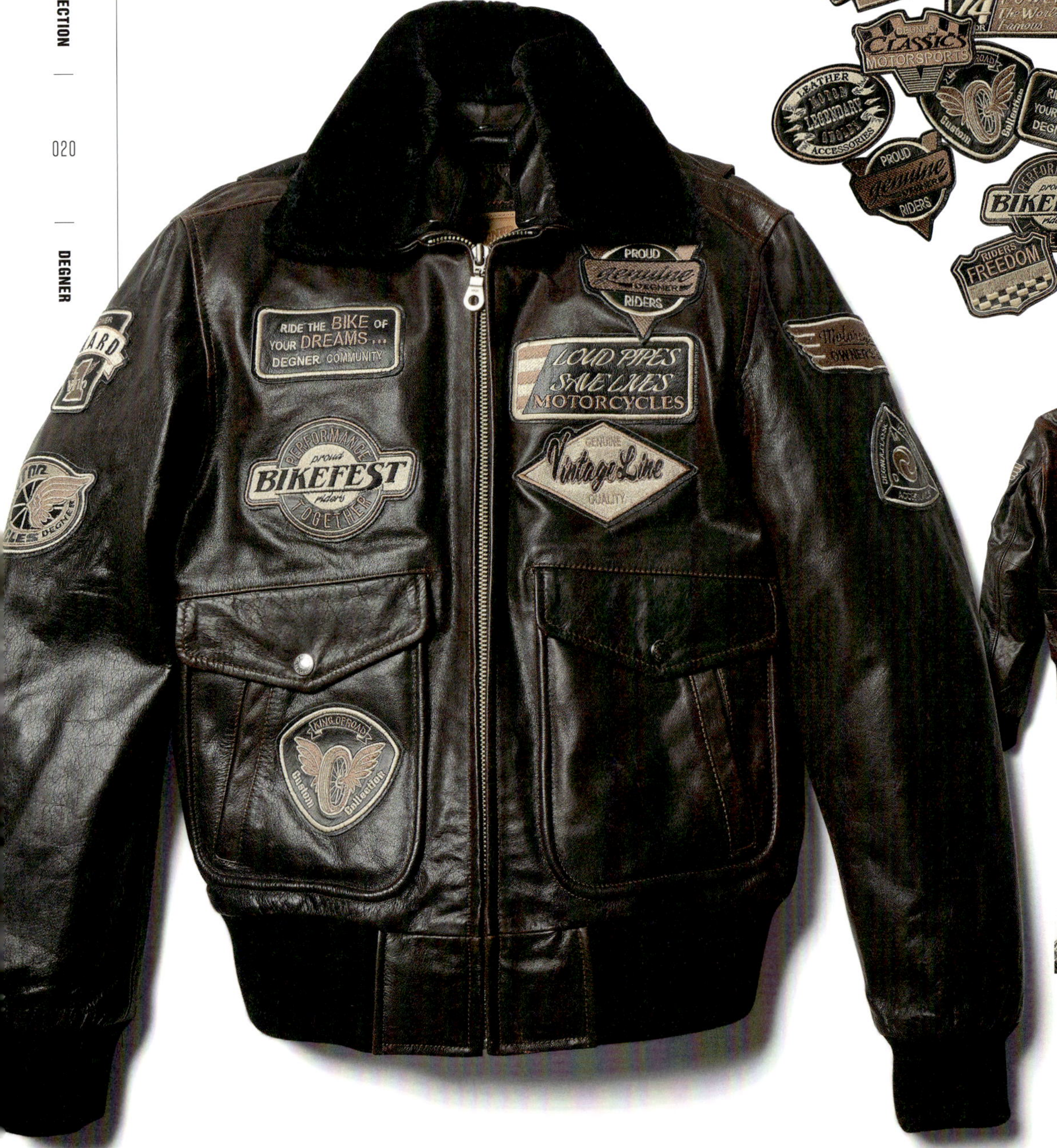

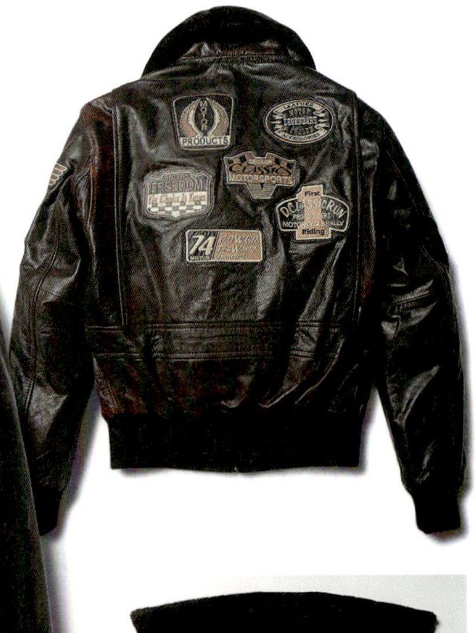

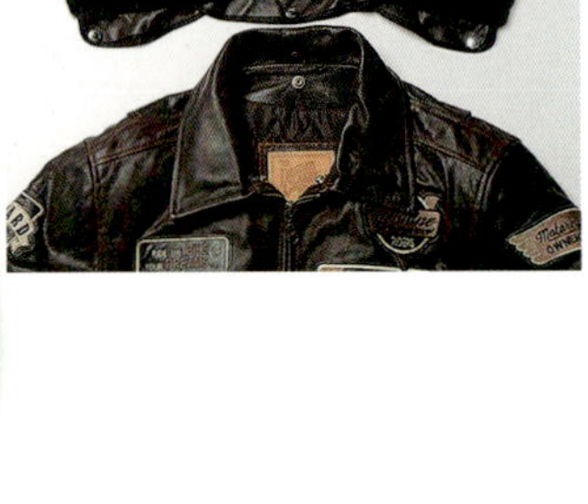

## BOOTLEGGER STF

エアロレザージャパンと同スコットランド共同開発のスーパータイトフィットモデル。海外モノではサイズが合わないという人にピッタリ。袖はボタンカフ。17万5000円

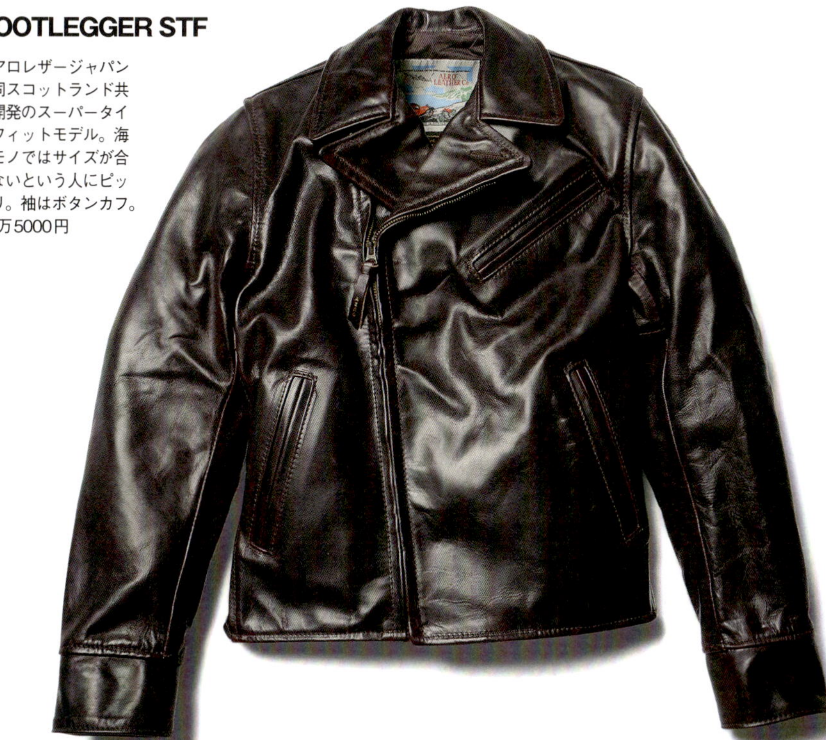

COLLECTION 021

# AERO LEATHER

エアロレザー

## 最高級のホースハイドで知られる英国ブランド。

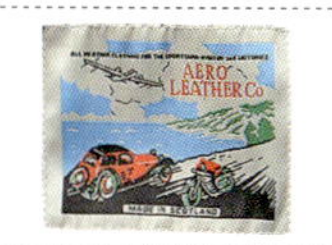

ロンドンで古着店を営んでいたケン・カルダーによって1975年に創業、'83年にスコットランドに移転。旧いジャケットの復刻を目指し、馬革の中でも世界最高品質の米国産フロントクォーターを採用。基本的に一人の職人が一着を完成させ、その後28カ所もの審査がされ、やっと出荷される。そんな品質管理の徹底ぶりに、マニアからの支持も厚い。

問い合わせ／エアロレザークロージングジャパン
TEL 090-1699-8090　aeroleather.theshop.jp

## BOARD RACER

'10s～'20sにアメリカで流行したボードトラックレース。当時レーシングスーツはなかったが、エアロが作ったらこうなるという、ケン・カルダー渾身の1着。16万2000円

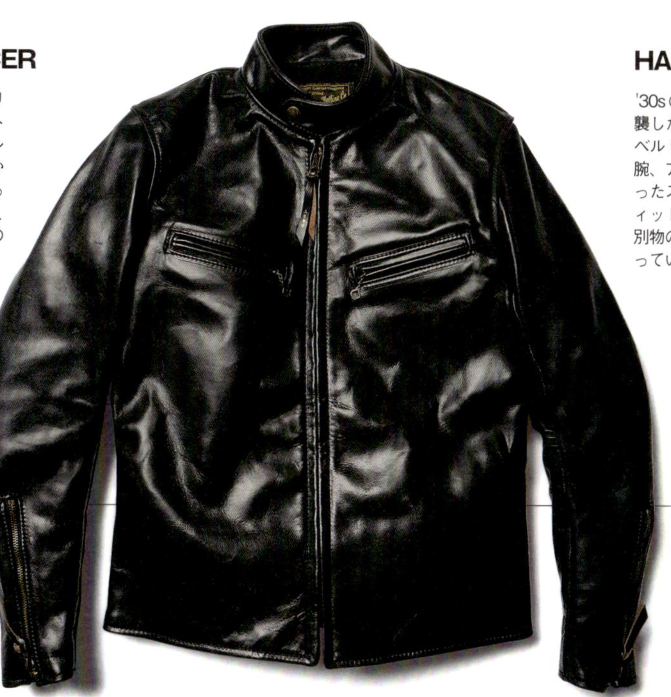

## HALFBELT STF

'30sのスタイルを踏襲したモデル。ハーフベルトの胴回り、二の腕、アームホールを絞ったスーパータイトフィット仕様。通常とは別物のシルエットになっている。17万100円

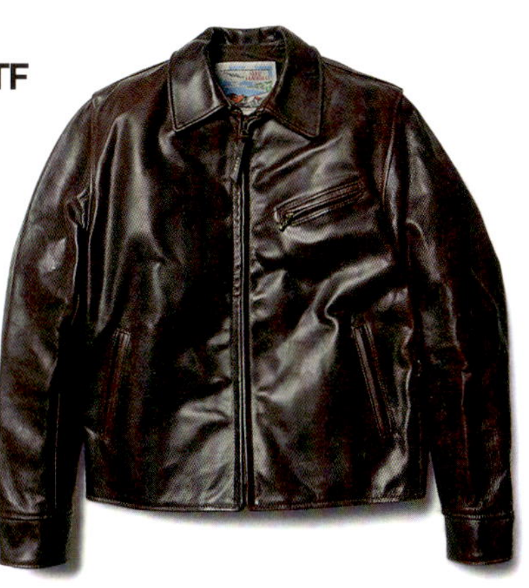

COLLECTION 022

# WARSON MOTORS

ワーソンモータース

## 旧きよき時代のレースのスピリットを現代に蘇らせる。

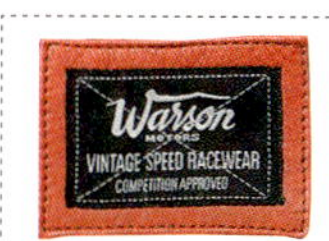


バイクやクルマ、飛行機といった無類の乗り物好きだったスイス生まれの男たち3人によって設立。"本物"をキーワードに旧きよきアメリカや、華やかで栄光あるレースシーンを厳密に再現し製品化。また、ジェームス・ディーンやジョー・シフェールといった人物にインスピレーションを得たオフィシャルライセンスのプロダクトも手がけている。

問い合わせ／モトーリモーダ銀座店　TEL03-5537-8567
www.motorimoda.com

## MOTORCYCLE LEATHER JACKET RED SWISSMOTO

スイスのナショナルカラーである赤と白の牛革で作られたジャケット。肩と肘は当て革で補強。ユーズド加工が施されていて、年季の入った風合いが味わえる。9万7200円

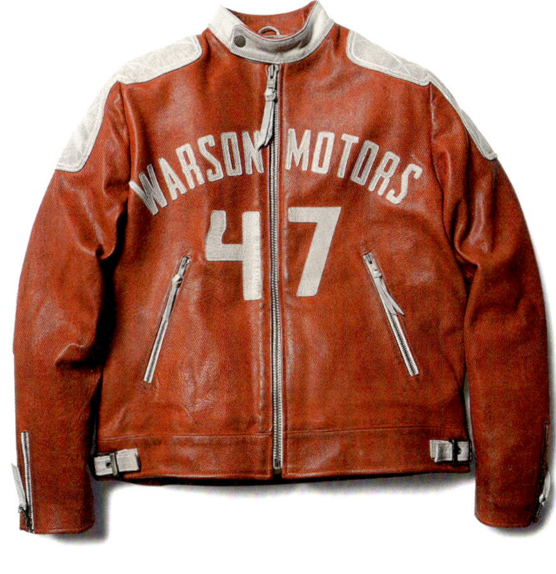

COLLECTION 023

# HELSTONS

ヘルストーンズ

## クラシックアメリカンとフランスのエスプリが融合。

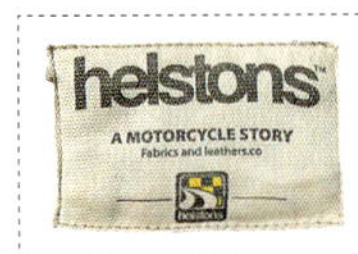


フランス生まれのライディングウエアブランド。ジャケットはワックス加工や防水フィルム内臓、プロテクターの標準装備など、ライディングに特化しながらも、クラシックアメリカンテイストを取り入れた無骨でクールなスタイルが人気。2014年に『モトーリモーダ』によって日本で紹介されて以来、着実にファンを増やしている注目ブランドだ。

問い合わせ／モトーリモーダ銀座店　TEL03-5537-8567
www.motorimoda.com

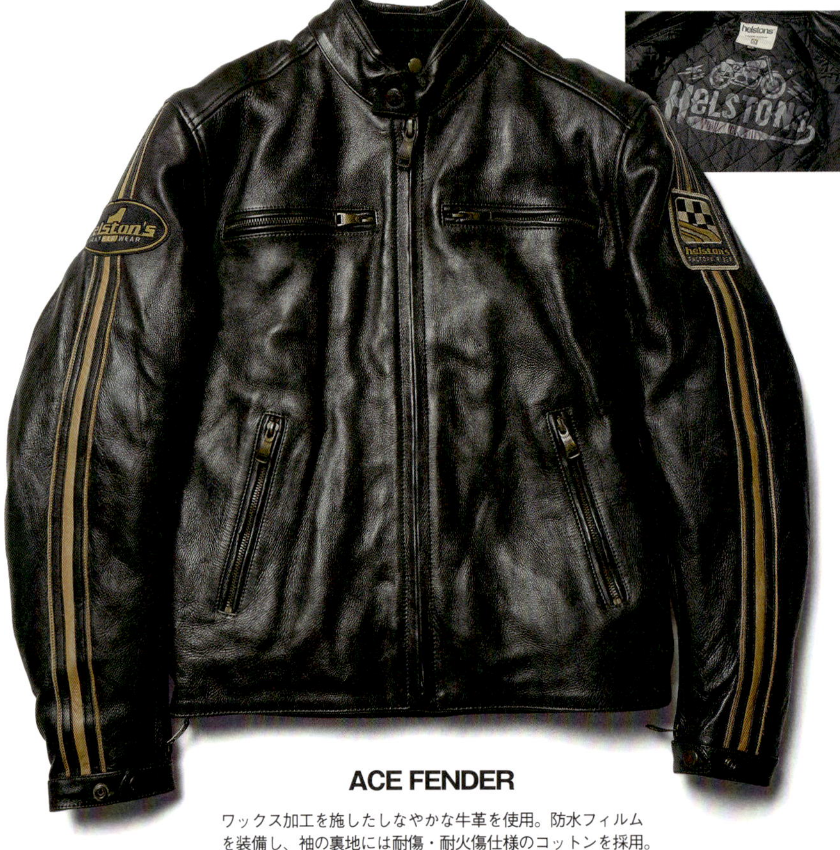

### ACE FENDER

ワックス加工を施したしなやかな牛革を使用。防水フィルムを装備し、袖の裏地には耐傷・耐火傷仕様のコットンを採用。プロテクター標準装備など、安全面も万全。8万6400円

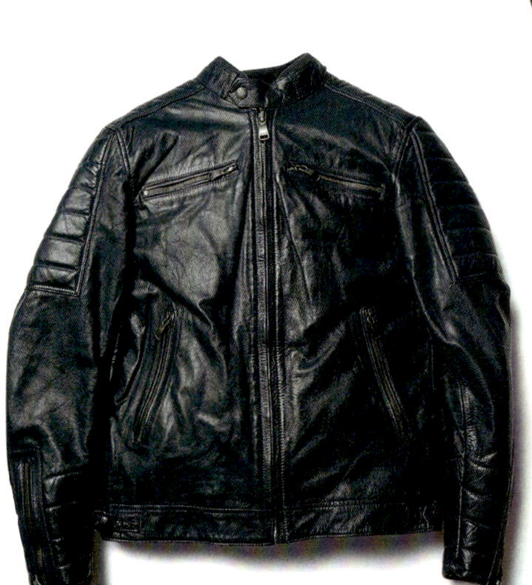

### CRUISER

ウォッシュ＆ワックス加工を施したフルグレインレザーを使用。ライディング姿勢がとりやすいよう脇と腰部分にシャーリング処理が施されている。着脱可能なインナーベスト付。9万7200円

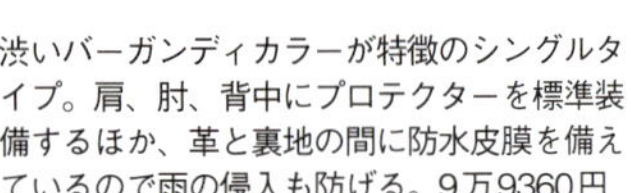

### TURNER

渋いバーガンディカラーが特徴のシングルタイプ。肩、肘、背中にプロテクターを標準装備するほか、革と裏地の間に防水皮膜を備えているので雨の侵入も防げる。9万9360円

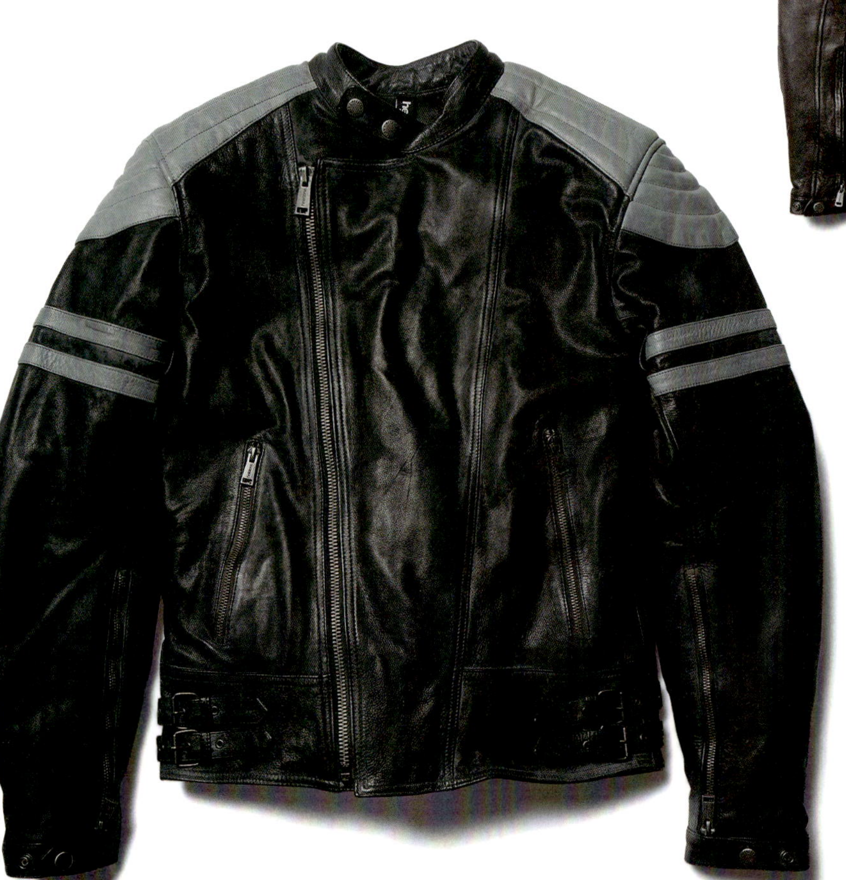

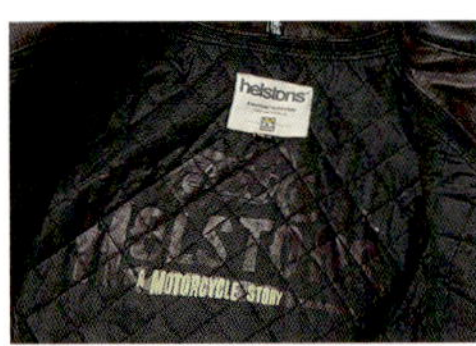


### FLASH

ウォッシュ＆ワックス加工を施したフルグレインレザージャケット。黒ベースに緑という珍しい配色が目を引く。長袖インナーは着脱式なので、1年中着用できる。9万7200円

RIDERS JACKET COLUMN
EPISODE #4



“ガチバイカー”にならない着こなしをパパラッチ!

# 海外セレブのライダースファッション。

バイク乗りと、ライダースジャケット。
切り離せない相関関係であるが、ライダースに着られてしまっては
せっかくの男の世界も台無しである。
世界のファッションリーダーから、今の着こなしを学べ。

photo/Getty Images, aflo

Style_01
## David Beckham
デビッド・ベッカム

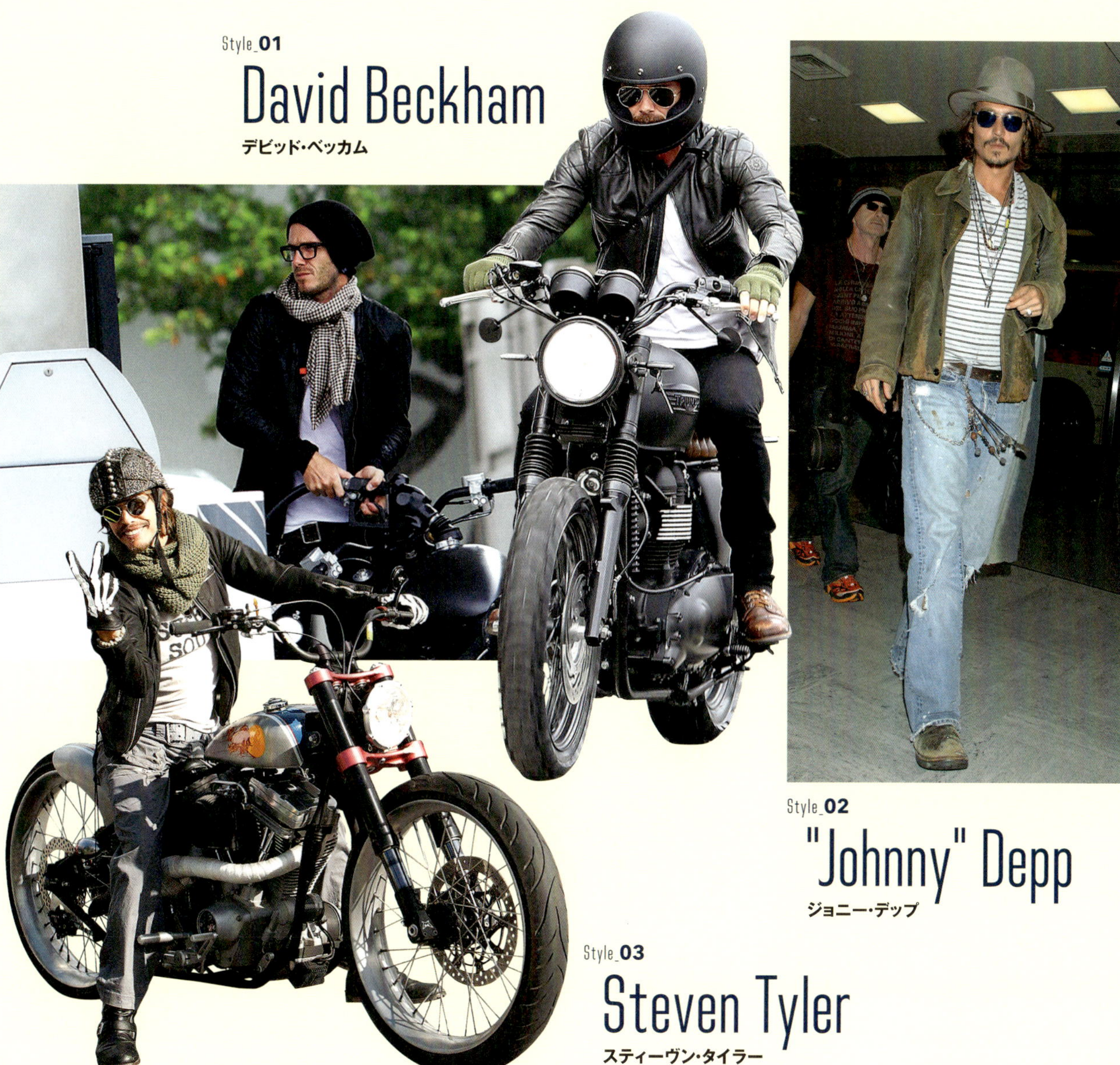

Style_02
## "Johnny" Depp
ジョニー・デップ

Style_03
## Steven Tyler
スティーヴン・タイラー

03
### Steven Tyler
スティーヴン・タイラー

バリバリのカスタムバイクに乗るロックシンガーは細身コーデのお手本。スカルグローブなどさりげないバイカーズギアをマフラーで和らげているテクニックに注目して

02
### "Johnny" Depp
ジョニー・デップ

個性派俳優は私生活でも個性的。アジのあるウエアの組み合わせ、で独自の世界を築く上手さはバイク乗りじゃないけれど参考になる。ネックレスの重ね付けが男の色気

01
### David Beckham
デビッド・ベッカム

所有するバイクは数知れずなアスリートは、モード誌も注目するトレンドセッター。質感の違うブラックの組み合わせは、現代バイク乗りが見習うべきポイント

オシャレ番長ベッカム様から学ぶ
## ライダースジャケット着崩しテク。

一見すれば真っ黒コーデだけど、小物使いで差をつける。ゴツイデニム×ゴツイ革はダメ。ファッションとして上質なアイテムを取り入れカジュアル使いしちゃうことで、脱バイカーな今スタイルが出来上がると心得よう

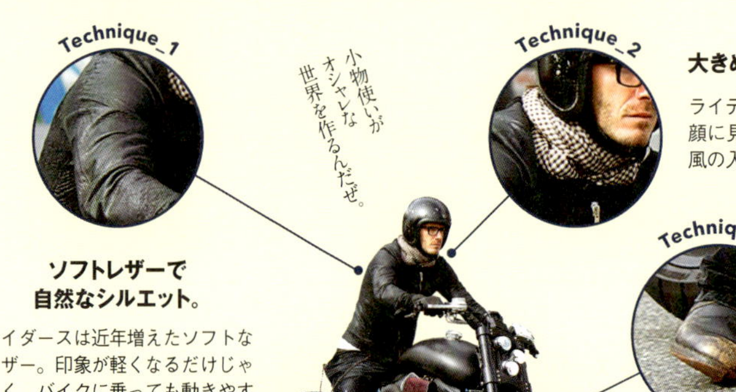

小物使いがオシャレな世界を作るんだぜ。

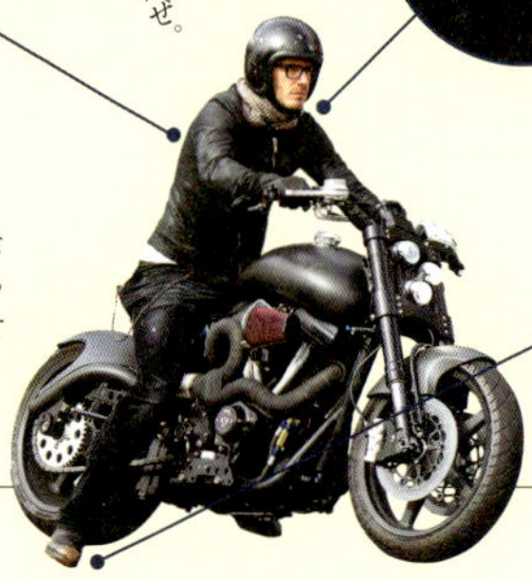

Technique_1
**ソフトレザーで自然なシルエット。**
ライダースは近年増えたソフトなレザー。印象が軽くなるだけじゃなく、バイクに乗っても動きやすいという利点もある

Technique_2
**大きめストールでラフな印象に。**
ライディングファッションを大きくオシャレ顔に見せるのが上品なストールやマフラー。風の入り込みを防ぐ効果もあって一石二鳥

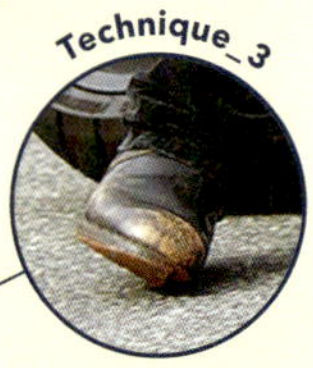

Technique_3
**シューウエアはキレイめに。**
足元はアジの出た上品ブーツがセレブの基本。カジュアルを引き締める効果絶大。やっぱりオシャレは足元からってことだね

Style_07
## Ryan Reynolds
ライアン・レイノルズ

Style_05
## Brad Pitt
ブラッド・ピット

Style_04
## Orlando Bloom
オーランド・ブルーム

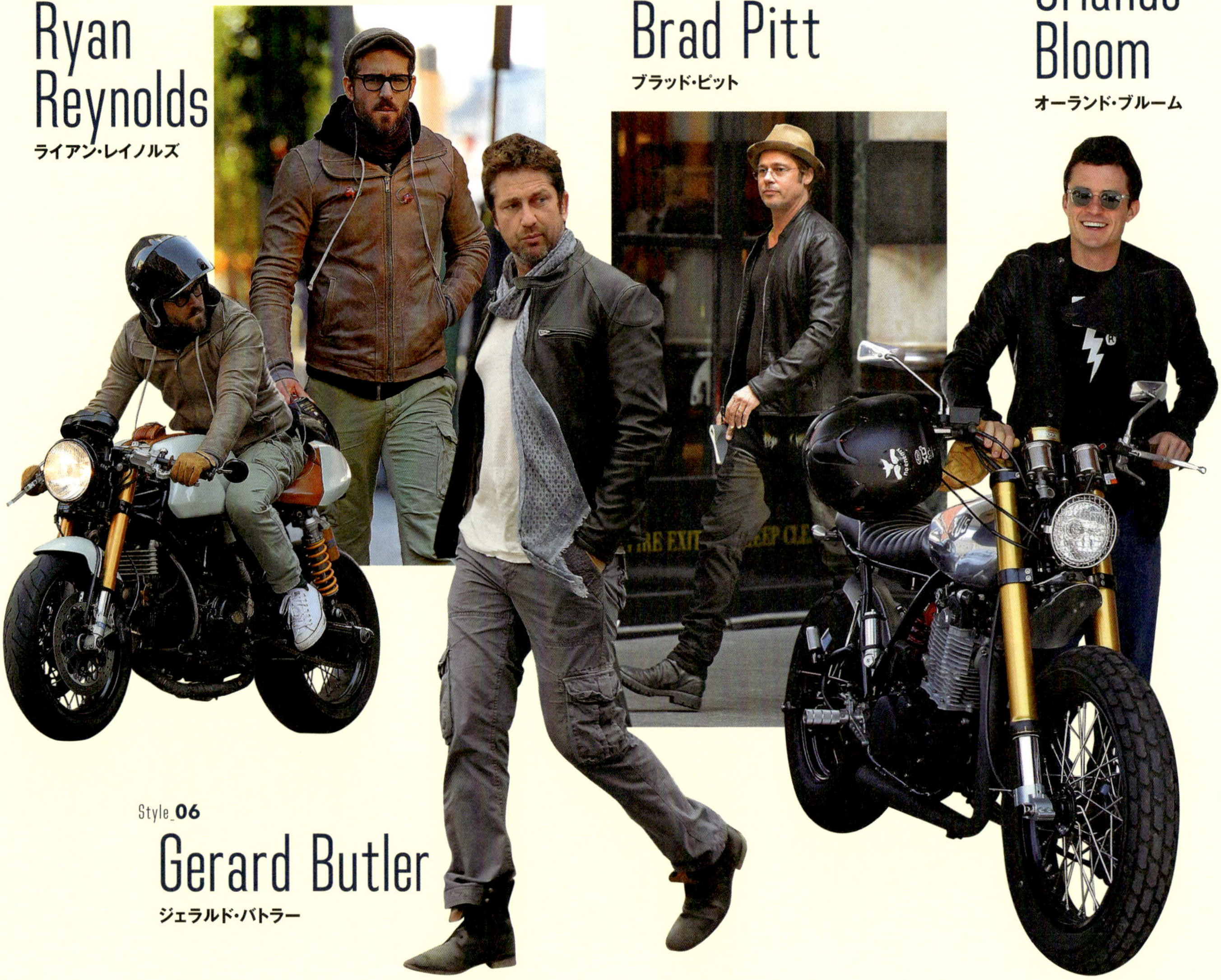

Style_06
## Gerard Butler
ジェラルド・バトラー



07
### Ryan Reynolds
ライアン・レイノルズ

タフガイから演技派まで多彩な才能を見せるライアン。フーディ×ライダースはカタく見せない鉄板の組み合わせ。ハンチングやアイウエアの小物使いでオトナを演出

06
### Gerard Butler
ジェラルド・バトラー

ムキムキじゃないけど強い男そんなイメージのジェラルド・バトラーはワントーンでグラデする。一歩間違えれば現場の人的な組み合わせを、上品なストールで引き締めてる

05
### Brad Pitt
ブラッド・ピット

バイクをコレクターレベルで所有するブラピ。シンプルなライダースはワントーンコーデに大人感を加える。ゴツくない上質なブーツも都会派コーデの必需品だ

04
### Orlando Bloom
オーランド・ブルーム

トレンドセッターも流行モノは着る。デウスエクスマキナのTシャツを個性的なライダースジャケットから覗かせる。ストリートのライディングスタイルのお手本

COLLECTION 024

# JACKROSE

ジャックローズ

## ロックな世界観で常に時代の先を見つめる。

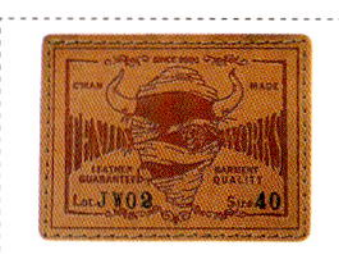

スタイリッシュでやり過ぎないロッカーテイストが持ち味のジャックローズ。気軽に手を出しやすい価格もセールスポイントのひとつで、バイクをファッションの一部として楽しむ若者に人気がある。流行に敏感で、その時々の流行りをいち早くキャッチし、アイテムに投影。時代の流れを取り入れたいなら、見逃せないブランドだ。

問い合わせ／ジャックローズ原宿本店
TEL03-5786-3975　www.jackrose.jp

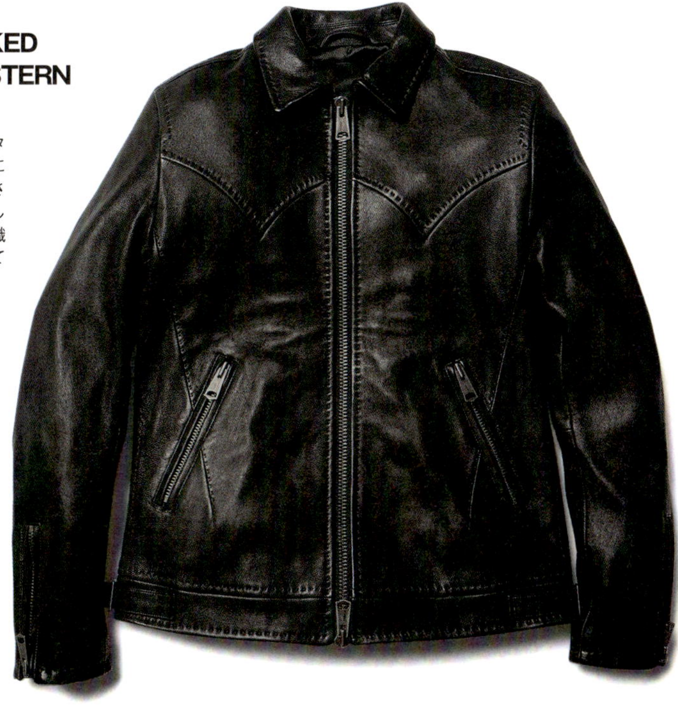

### GOAT OIL NAKED LEATHER WESTERN BLOUSON

胸元の切り返しがウエスタンな雰囲気を演出。随所にハンド風のステッチが施され、シャツのように軽くしなやかなので、秋口に羽織るシャツジャケットとして活躍する。3万5424円

### LAMB LEATHER DOUBLE RIDERS TYPE-1

ブリティッシュでスッキリとしたダブルライダース。ファスナーヘッドには『JACKROSE』のロゴが刻印されている。カラーはブラックとネイビーの2色。2万8944円

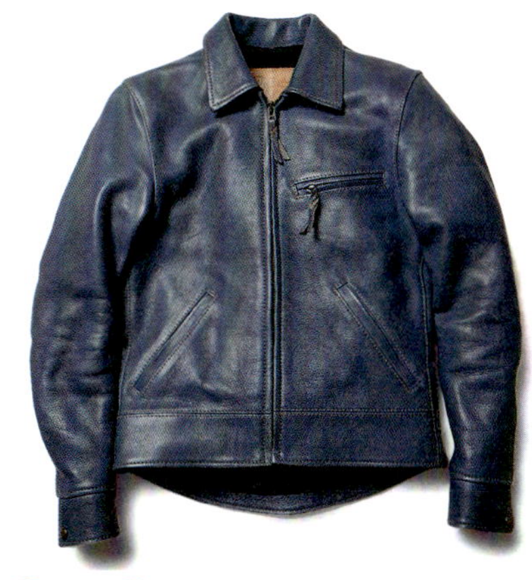

### JS02

'40年代のスポーツジャケットをインスパイア。袖口はホックのようなデザインで、腰回りはタイトめなシルエット。コバルトブルーのほか、全8色を用意。14万5000円

Bits of knowledge

革ジャン知っトク豆知識
PART.1

**呼び名の違いで革質を見極めるべし。**

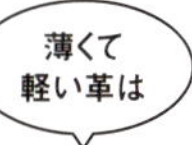

薄くて軽い革は
**スキン**
○○スキンと呼ばれる革は、薄手で軽いのが特徴。季節を問わずサラッと羽織れて、タウンユースにも気軽に使える

厚くて重い革は
**ハイド**
○○ハイドと呼ばれる革は、厚みと重量があるのが特徴。ライディングギアに必要な、保護性能を備えているのだ

COLLECTION 025

# TENJIN WORKS

天神ワークス

## 革にこだわる職人気質のブランド。

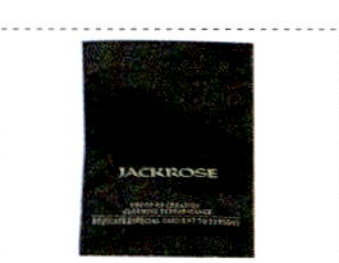

天然の革素材にこだわり、強く、美しいレザープロダクトを生み出す天神ワークス。革を育てることに楽しみを見出すなら、天神こだわりのライダースに注目だ。素肌のようなヌメ革は、日焼けや酸化で色が濃く、艶やかに変化。カラーレザーも当たりが出やすい手染めのオリジナルレザー『OKAZOME』レザーを仕様している。

問い合わせ／天神ワークス　TEL03-3870-8658
www.tenjinworks.com

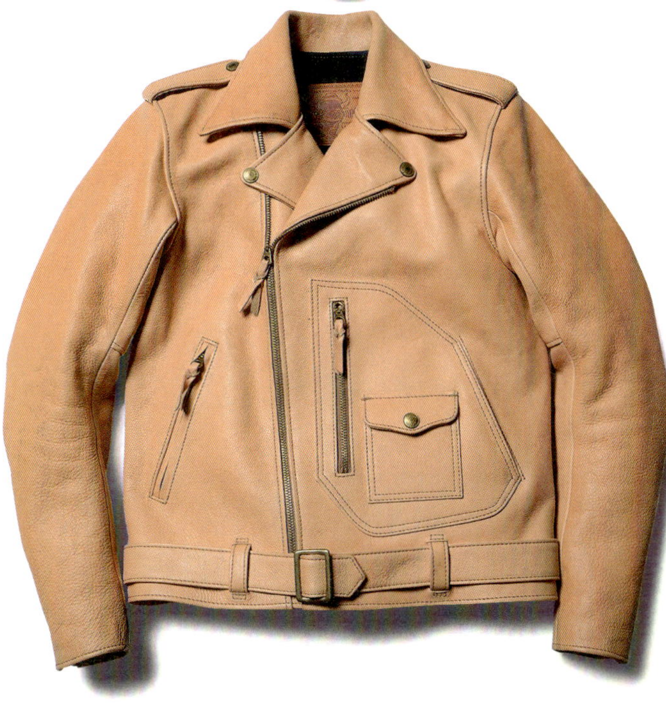

### JW02

天神ワークスが満を持して出したダブルライダースは、時代を彷彿させるディテールが満載。写真のように素肌のようなヌメ革も、カラメル色に深く艶を増していく。16万5000円

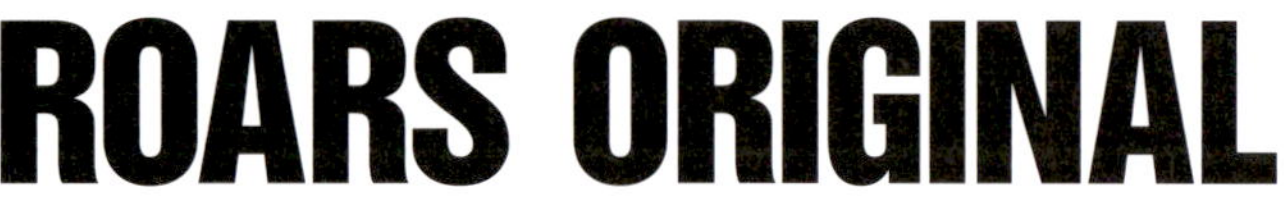


ロアーズオリジナル

## アーディスティックな世界観で バイクシーンを盛り上げる。

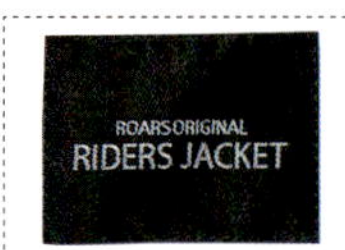


アメカジともブリティッシュとも違う、独自の世界を持ち、ほかとは一味違ったギミックを搭載したプロダクツは、モードでアーティスティックなイメージを放つ。しかし、ただ奇抜さを狙ったデザインなのではなく、その根底には“モーターサイクル”が息づく。合理的で機能美に優れたアイテムが、バイクシーンを盛り上げるのだ。

問い合わせ／ロアーズオリジナル　TEL03-6434-0961
www.roars.jp

実はパーカー“風”のデザイン!

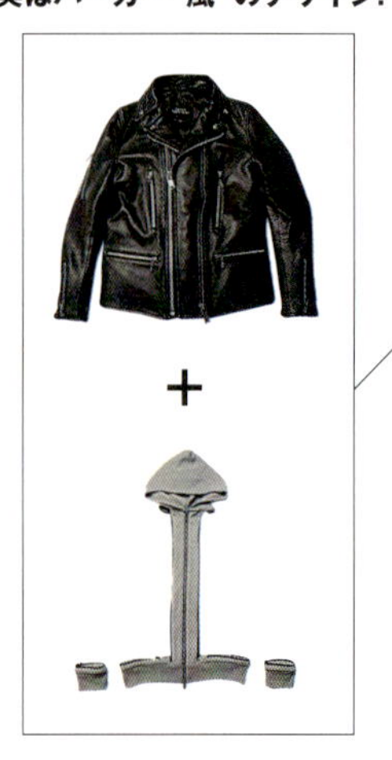

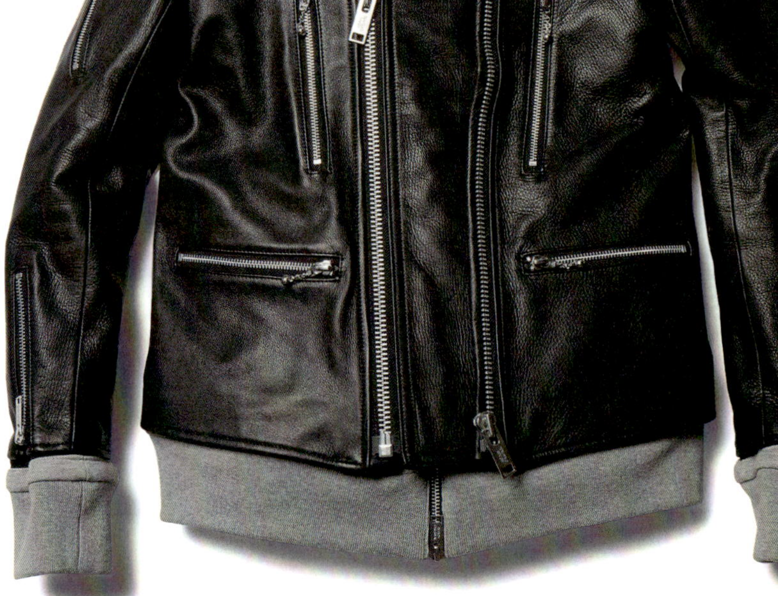

### HOOD LAYERED RIDERS JACKET

下にパーカーを重ねているようだけど、じつは簡単に着脱できるフードとリブだけが付いている。中に服を重ねるよりスッキリ、ジャストサイズで着用できるのが魅力だ。14万9040円

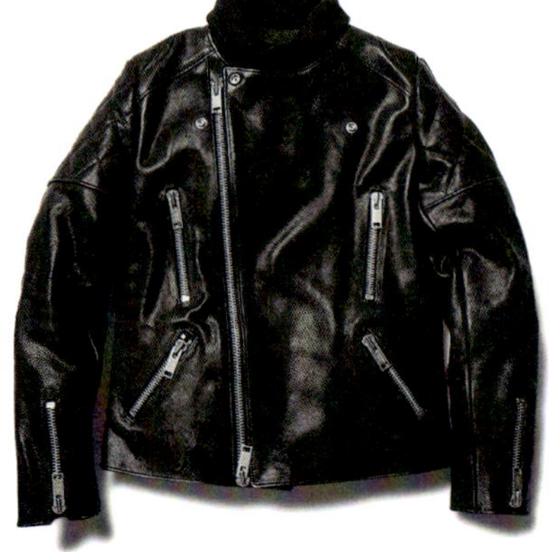

### QuiltingPad RidersJacket

革の表情が荒々しい、無骨な一着。素材にヒートシュリンクレザーを採用しているので、非常に硬く、素上げ加工でキズもちらほら。味がある男臭いライダースを、一枚いかが？　店頭限定販売。16万2000円

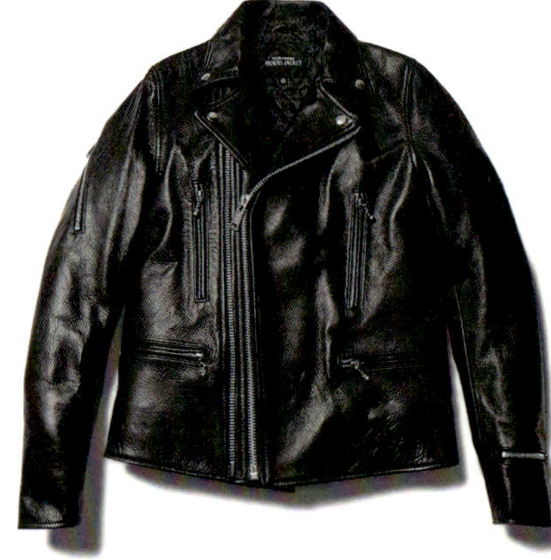

### 08 BASIC

このジャケットの最大の特徴は、ジャストサイズな着丈。日本人のバランスに合わせたサイジングで、ベルトが隠れるくらいの長さになっている。裏地は中綿のキルティングを採用。寒い時季に心強い。10万5840円

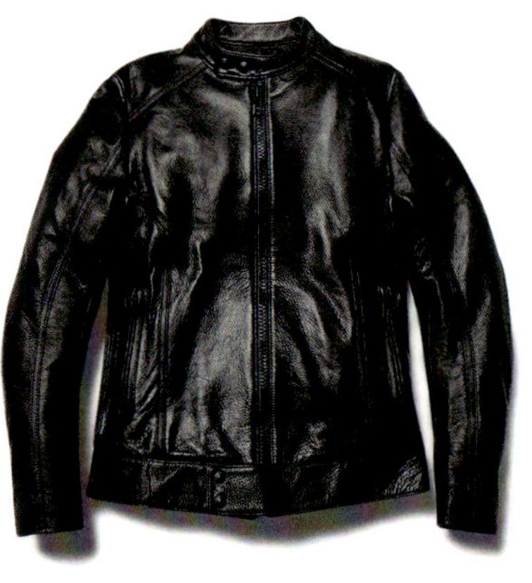

### Single RidersJacket

目を引くのは肩から腰にかけて入った大胆なシャーリング。ディテールの細かいデザインながら、ブラックで統することでスタイリッシュにまとまっている。シャーリングは前傾ポジションもサポート。12万4200円

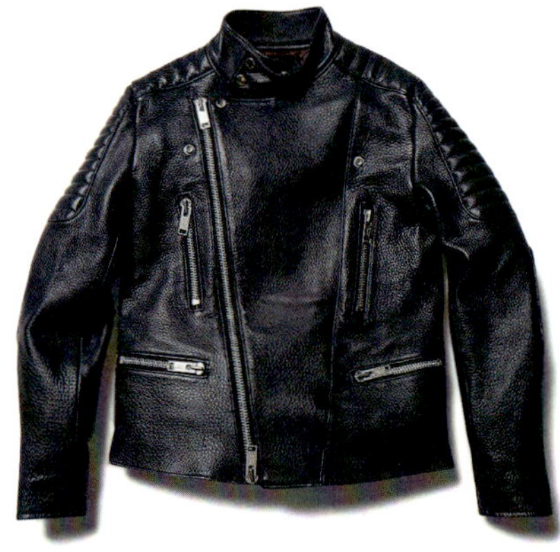

### PADDED RIDERS JACKET

パテッド付きなのに、ハードじゃない。オリジナルのパッドデザインで、スタイリッシュにモーターサイクルを楽しめる。しかも中にスポンジを内蔵し、機能面でも活躍。13万9320円

## バイクライドを知り尽くしたスタイリッシュウエア。

バイク乗りが求めるギアとしての機能性と、バイクを降りても様になる高いデザイン性。相容れなさそうな2つの要素を上手く取り入れ、バイク好きから絶大な支持を集めているのがウエストライドだ。スタッフ全員がバイク乗りであるだけに、レザーに対する拘りと情熱がアイテムにも反映されている。

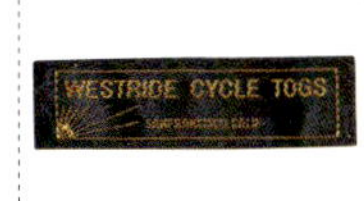


COLLECTION 027

# WESTRIDE

ウエストライド

問い合わせ／ウエスタンリバー　TEL025-526-2415　www.w-river.com

バイク乗りのための、定番アイテム

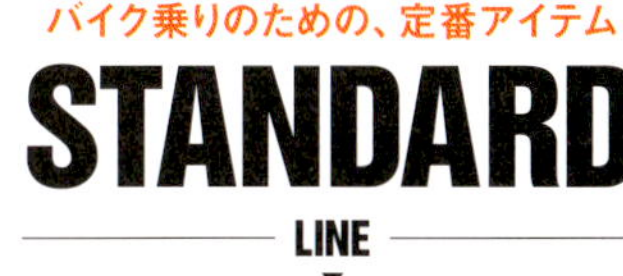


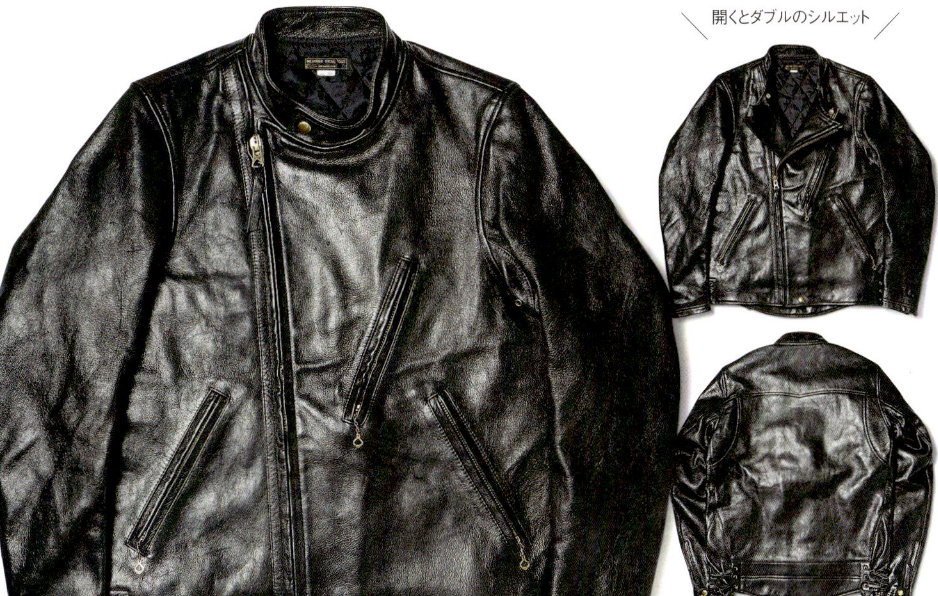

開くとダブルのシルエット

### OAK CANYON LEATHER JACKET

ジッパーを閉めるればシングルに、開ければダブルのシルエットを楽しめる、今注目のコサックカラー。ブランド初のキルティングライニングは防寒性バツグン。10万5840円

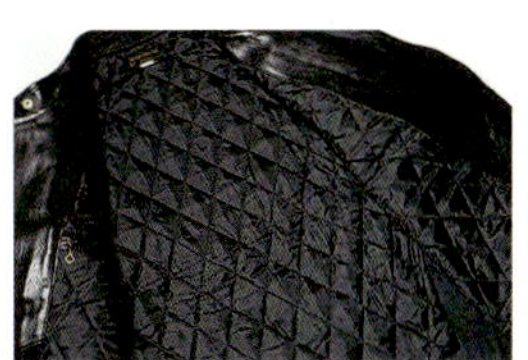

### THICK RIDE TAILORED JACKET

上品さと無骨さを併せ持つのテーラードジャケット。ベジタブルタンニンなめしのオリジナルゴートスキンは、味わい深く育っていく。経年変化が楽しみな一着。10万5840円

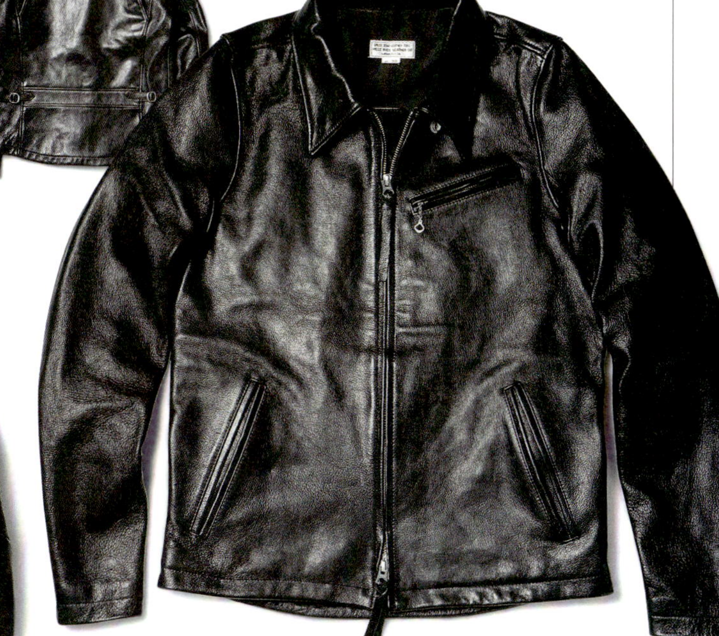

### CRUISER JACKET

ウエストライド初のシャツカラータイプのシングルライダース。程よくタイトな着心地と、やや前付けされたスリーブは、ライディング時の疲れをサポート。10万5840円

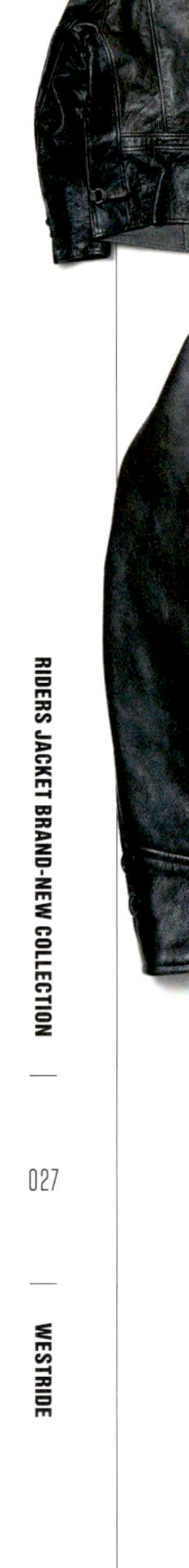


一人の職人による、こだわりの逸品

# SPECIALITY

LINE

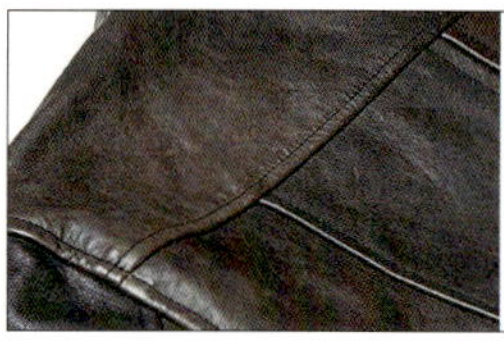

革は手塗りのフルベジタブルタンニンなめし。独特なムラ感が味わい深く、さらに経年変化することでより一層、表情豊かに育っていく

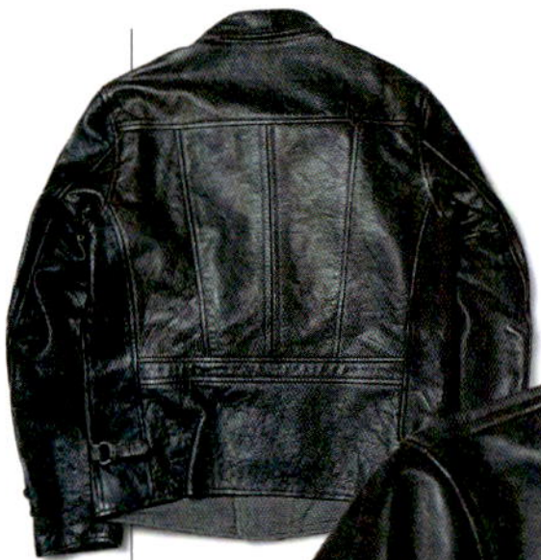

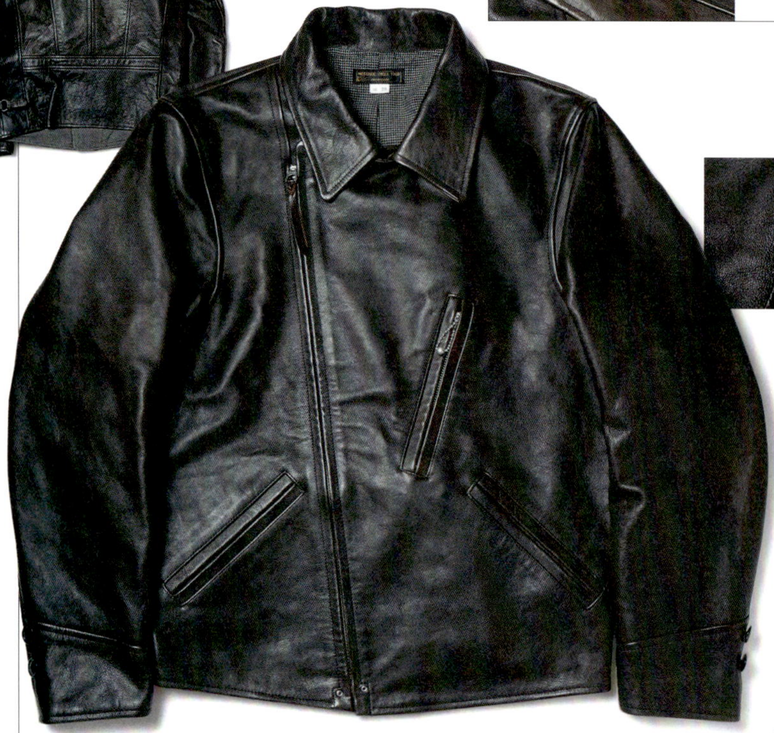

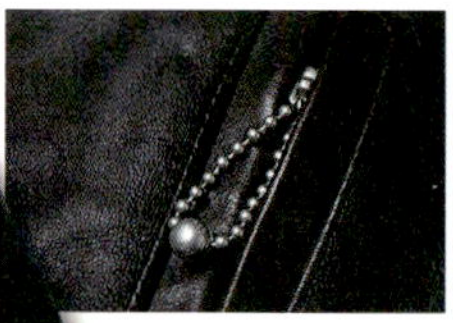

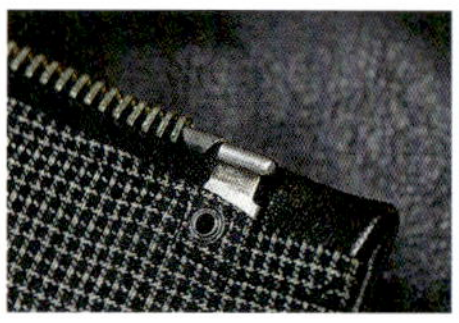

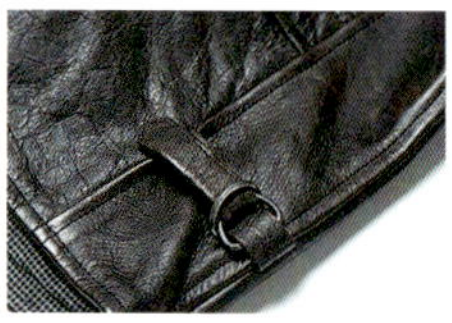

## REDWOOD HORSE JACKET

'30年代のスポーツジャケットを現代に合わせたシルエットで再現。時代感を伺わせるディテールや佇まいからは、旧車でのんびりバイクを流す様が想像できる。17万640円

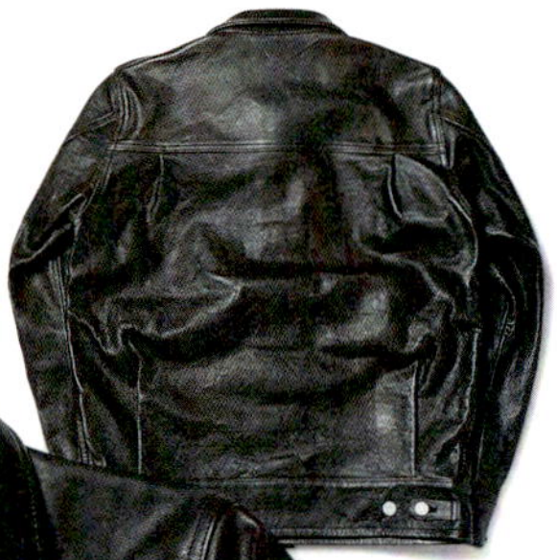

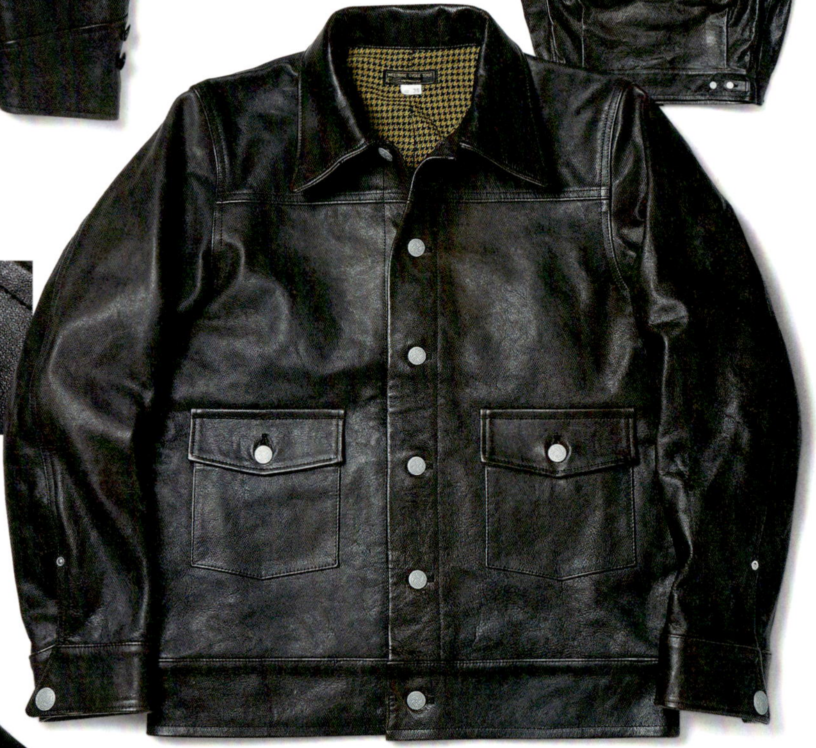

## SWASTIKA HORSE JACKET

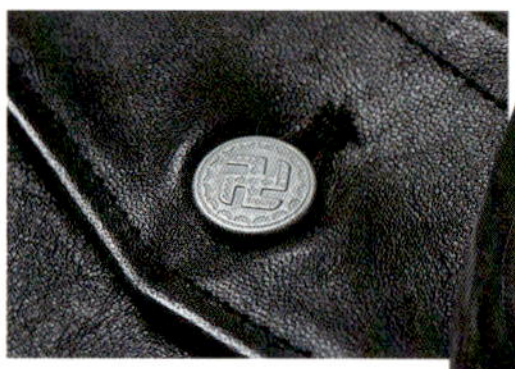

デニムラインの新定番ジャケットが、職人が手染めで仕上げたこだわりのレザーで登場。SWASTIKAオリジナルボタンを使用。ライニングは新潟県産力織機ネル。14万9040円

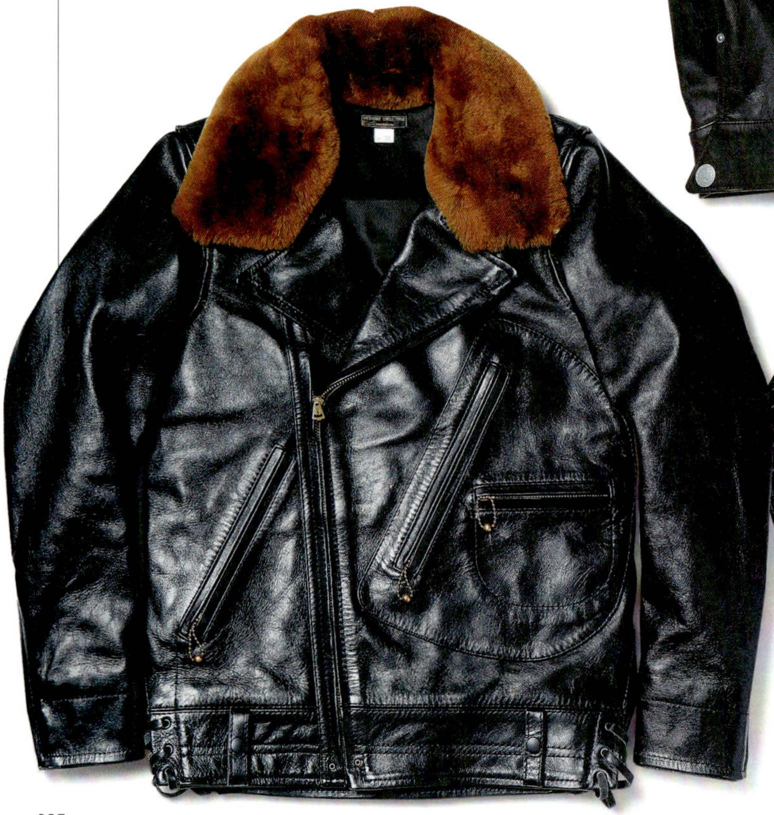

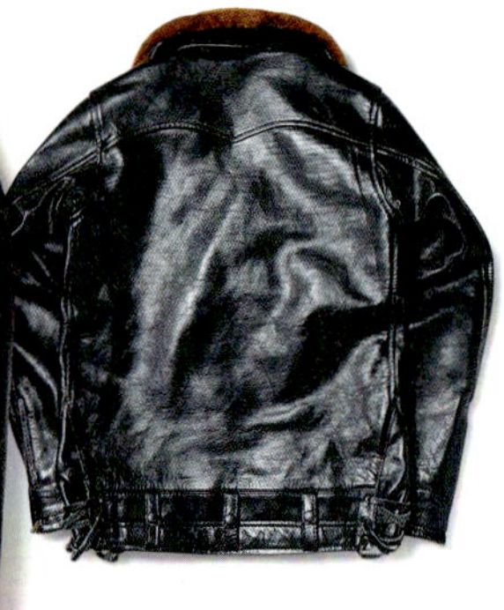

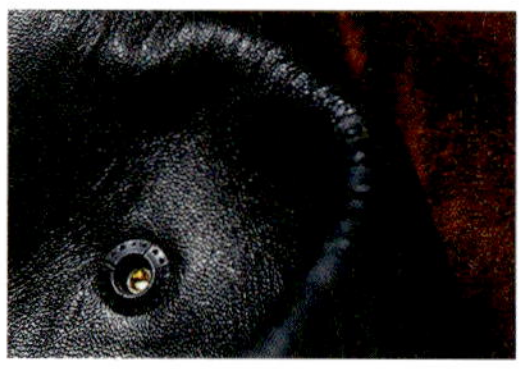

## WEST GLOVE LEATHER HIGHWAY JKT

背面は独特のゆとりをもち、ムートンファーを着脱するボタンは四ツ割れ。ジャケットを走るステッチの幅は8種類にも及ぶなど、こだわり満載の1着に仕立てた。21万3840円

**正しいケアで自慢のジャケットを末永く大切に。**

# 革ジャンメインテナンス5つの基礎知識。

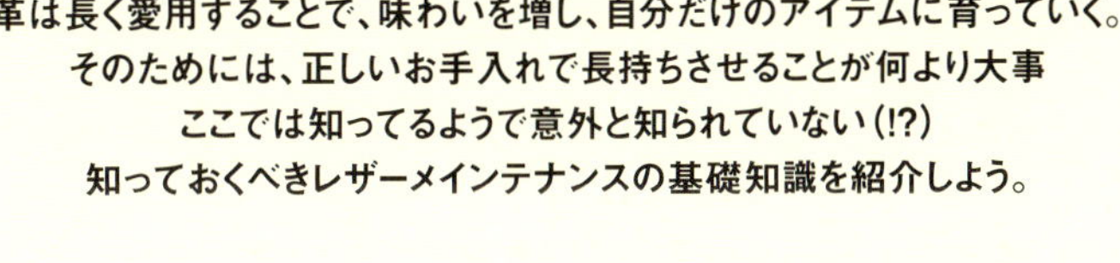

**革は長く愛用することで、味わいを増し、自分だけのアイテムに育っていく。そのためには、正しいお手入れで長持ちさせることが何より大事ここでは知ってるようで意外と知られていない(!?)知っておくべきレザーメインテナンスの基礎知識を紹介しよう。**

BASIC KNOWLEDGE

## 1

**Q オイルを塗るほど、状態がよくなるんですよね？**

**A ただ塗り重ねるだけでは充分な効果は得られません。**

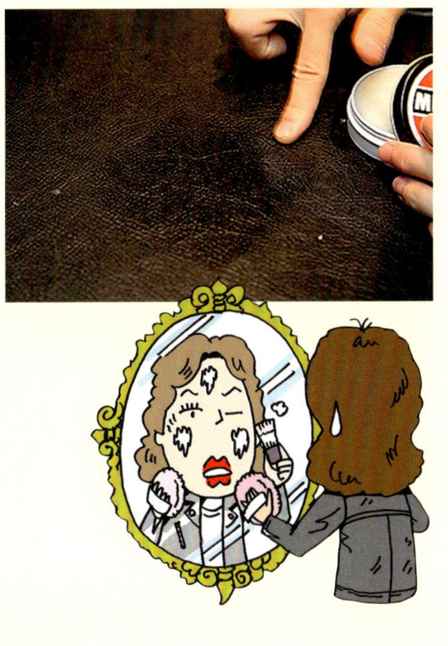

革のケアはスキンケアと同じと考えてください。洗顔でしっかり汚れを落として、化粧水や美容液を浸透させますよね。レザーもこれと同じなんです。表面に余分な油や汚れが付着した上にいくらオイルを重ねても、効率よく浸透していきません。化粧の上にまた化粧を重ねた状態を想像してください。決してキレイではないし、お肌にも良くありませんよね。そういうことです。そしてオイルを塗る時は、手で薄く、まんべんなく伸ばすようにしましょう。硬いオイルも体温ですぐに溶け、少ない量で広範囲に広がります。ここで注意したいのが、オイルを塗り過ぎないこと。革が保有できる油分は一定量決まっています。それを超えると表面に白い粉として出てきてしまったり、ベタベタして汚れを吸着し、くすみの原因となります。何事もほどほどが大事なんです。

BASIC KNOWLEDGE

## 2

**Q 油分が多いほど、オイルとして優れているんですよね？**

**A そうとは限りません。革質に合わせてオイルを選びましょう。**

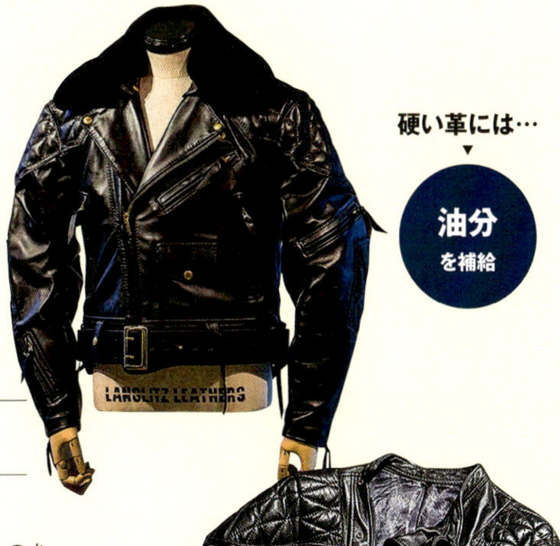

硬い革には…

油分を補給

柔らかい革には…

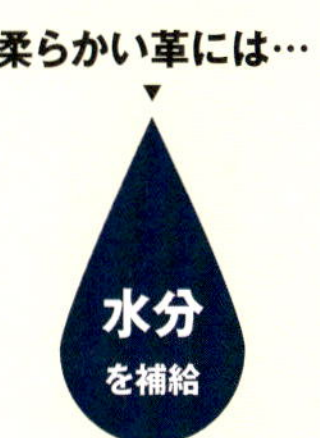


何にでも適した万能オイルは存在しません。革質に合ったものをしっかり選んで使いましょう。例えば硬いレザーには、油分が多く革を柔らかくしてくれるオイルを。もともと柔らかいレザーには、水分を補給しヒビ割れを防ぐローションタイプのものを選ぶといいでしょう。一般的にミンクオイルが保革オイルとしてメジャーですが、柔らかい物に使ってしまうと、革がダレて型崩れの原因に。また、もともとは硬い革でも柔らかくなってきたら水分の多いものに切り替えるなど、レザーの状態に合わせて使い分けられるとベストです。ちなみに革ジャンが活躍するシーズン中は、体から出る汗を吸収するので水分補給は必要ナシ。乾拭き程度に留めましょう。

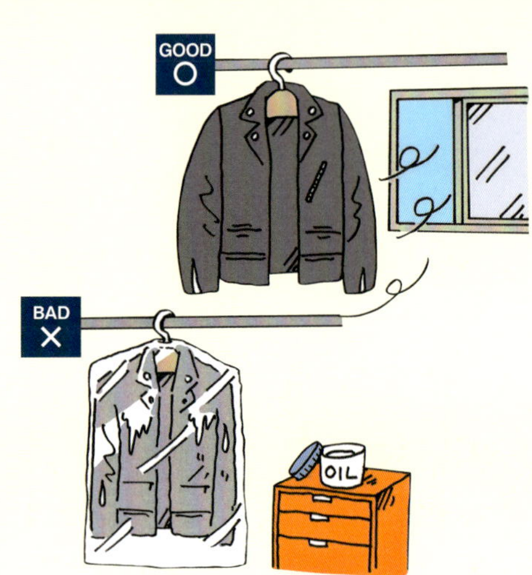


## Q どうやって保管したらいいんですか？

## A カビ菌・湿気・栄養の3つを避けた環境で保管しましょう。

保管中にカビが発生するのには3つの原因があります。まずカビ菌の存在。次にカビ菌にとって快適な高湿度の環境。最後にカビ菌が繁殖するための栄養です。よくシーズン終わりにオイルを塗って、ビニール袋を掛けて保存する人がいますが、これは最悪の状態。カビ発生の要素が全て揃ってしまいます。保管のポイントは風通しのいい日陰で保存すること。クローゼットに除湿剤を置くのも◎。また、リムーバーで汚れを落としつつ殺菌し、そのまま少し乾燥した状態で保管するのもオススメ。また着るときが来たら、油分を多めに入れてあげましょうね。

BASIC KNOWLEDGE

4

## Q 久しぶりに着ようと思ったらカビが…これってどうにかなりますか？

## A 表面は取れますが、根っこの部分は残ります。

カビの表面はリムーバーなどで簡単に除去できます。ただし根っこまでは除去しきれません。またカビ菌には白カビと黒カビの二種類があり、何色の革にどんなカビが生えてしまったか、というのもポイントです。運が良ければ根っこが残っても目立ちませんが、運が悪いと……。そんな場合のリペアは自分ではどうにもできないので、お店に相談しましょう！

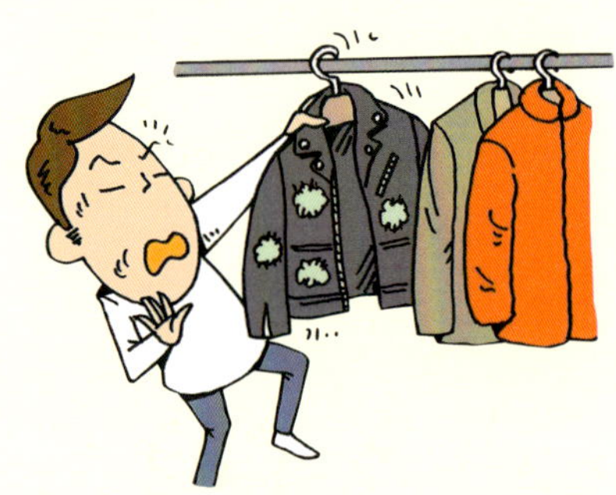

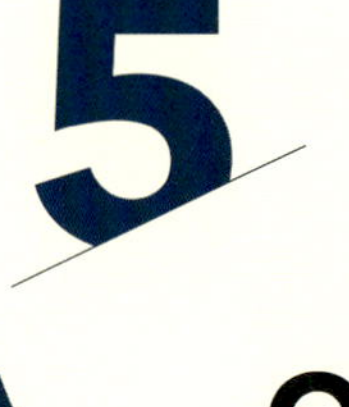


## Q ケアアイテムはどうやって選んだらいいですか？

## A 専門店に相談するか、いろんな商品を試してみましょう。

東急ハンズなどに行くと様々なオイルが置いてありますが、成分表記はほぼ同じ。パッケージで見分けることはほぼ不可能なので、いろいろ試してみましょう。ちなみにファッション修理専門店の『GMTファクトリー』では、サンプルを試しながらベストな商品探しをサポートしてくれる。もちろん修理の依頼もできるぞ。自然由来成分で作られたニオイの少ないアイテムなど、専門店ならではの商品がめじろおし！

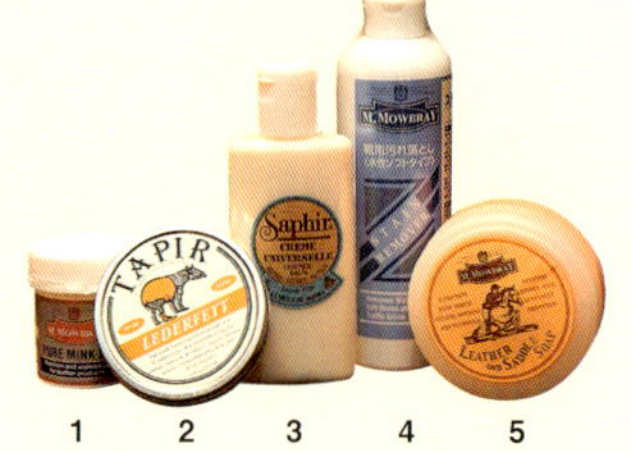


1.防水効果と保革性を高める定番オイル。ピュアミンクオイル（864円）2.天然由来成分で作られた、ニオイの少ないオイル。レーダーフェット（1512円）3.水分多めのローションタイプオイル。ユニバーサルレザーローション（1620円）4.表面の汚れや古いクリームを除去。ステインリムーバー（2160円）レザー専用石けん。サドルソープ（972円）GMTファクトリーでの販売価格 TEL03-6416-8703 www.gmtfactory.com

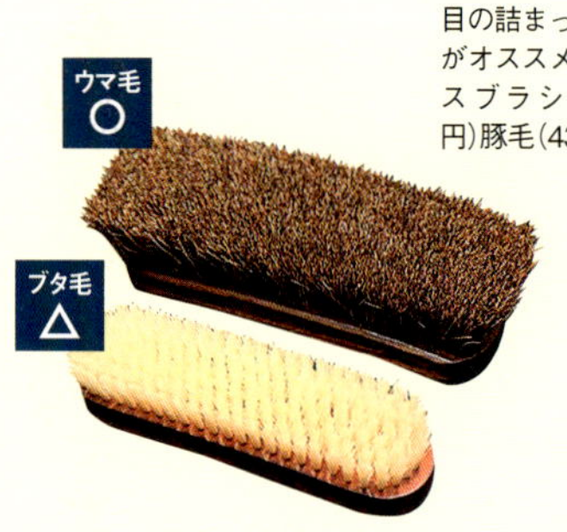


仕上げのブラシは毛質が柔らかく、目の詰まった馬毛がオススメ。ホースブラシ（2160円）豚毛（4320円）

## 正しいケアで味わい深く育てよう！

レザーアイテムは、磨けば磨くほど光る宝石のように、長い年月を重ねれば重ねるほど、味わい深く成長していく。しかしそのためには、カビや腐食、ヒビ割れなどのダメージから守るケアをしなくてはいけない。ではどんな手入れが必要なのか。一般的に知られているのは、革にはオイルを塗るといい、というメンテ方法。確かにオイルを塗ると、しっとり柔らかい質感になる。ところがただ塗りたくればいい、というわけでもない。塗り過ぎれば油が浮いて革の表面が汚れてしまうし、柔らかい革にさらに油分を加えてしまうと、ダレて型崩れの原因になってしまう。また、正しい保管方法も、意外と知らない人が多いのでは？　クリーニングでもらう透明のビニールに入れて保管する人もいるかもしれないが、実はとてもキケンな方法。レザージャケットは風通しのいい場所に保管するのが鉄則だ。

それらを踏まえた上でいざ手入れをしようと量販店に行くと、ケア商品売場にはたくさんの商品が並んでいる。しかも含有成分はほぼ同じ。パッケージのまま見極めることはムリに等しいので、気長に試して、ジャケットに合うものを見つけよう。伸びや浸透力、撥水性など、同じようで個性があっておもしろいぞ。もちろん、プロに相談すれば的確なアドバイスをもらえるので、一度話を聞いてみるのもいいかもしれない。正しいケアで、末永く大切に着よう。

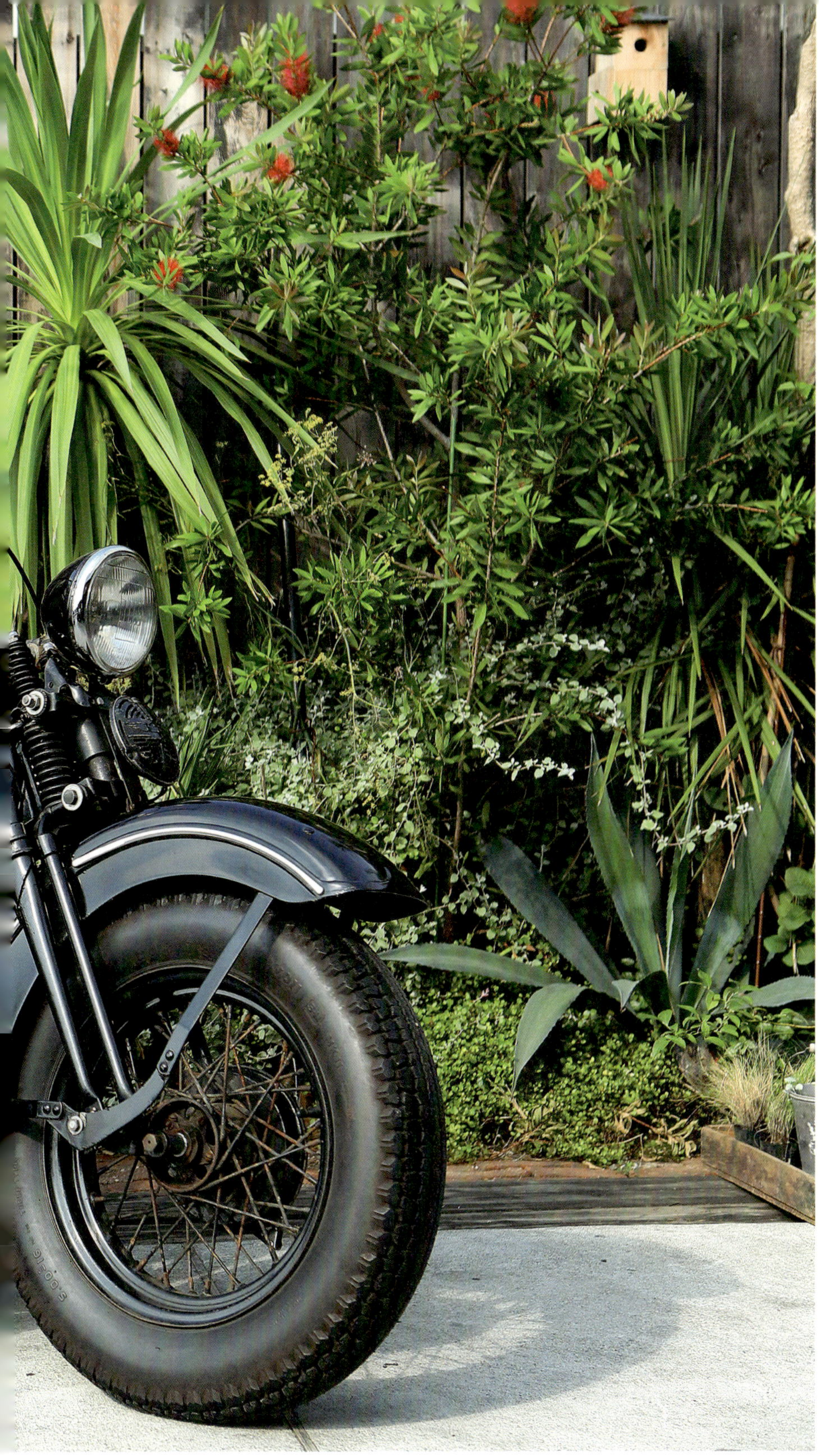

オーナーに聞く、ブランドストーリー。

# ヴィンテージを見てきた男が作る、温故知新のライダースジャケット。

**ヴィンテージライダースの深く果てのない世界に魅了され、数々の名品をこの目で見てきた。そして沸き上がったのは、年月が経っても愛される、オリジナルのレザージャケットを作りたいという思いだった。**

text/K.Ueda 植田一礼　photo/M.Morichika 森近真
取材協力／サンセットベイ　TEL0467-84-7740　www.sunsetbay.jp　ブルーグルーブ　TEL0467-38-7080　www.blue-groove.com

## 革ジャンに特別なイメージを持っていた。

オリジナルのレザージャケットブランド、『サンセットベイ』でディレクターを務める加藤さんは、小学生のときからバイクが好きだった。高円寺の近くに住んでいたので、中学生の頃から古着屋を巡っていた。当時通ったショップの天井近くには、ヴィンテージのライダースやレザージャケットが高嶺の花のように飾ってあったのに憧れたという。

「バイク＝革ジャン。革ジャンって特別なイメージがすごいあるんです。アメリカではモーターサイクルジャ

Bike

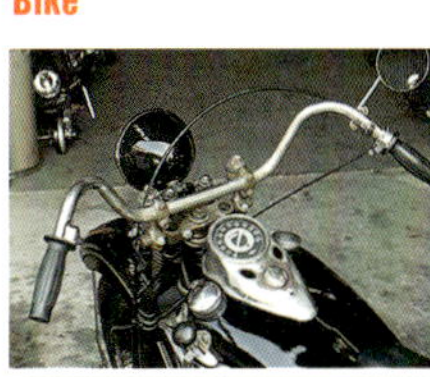
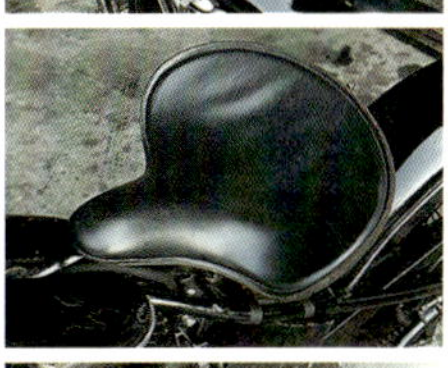
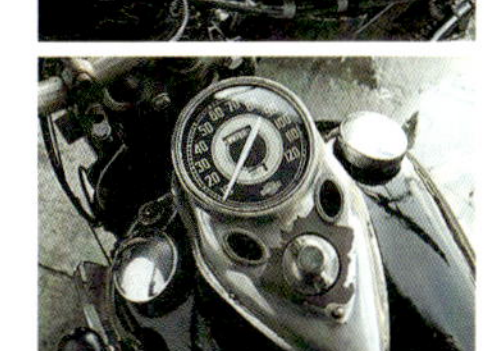
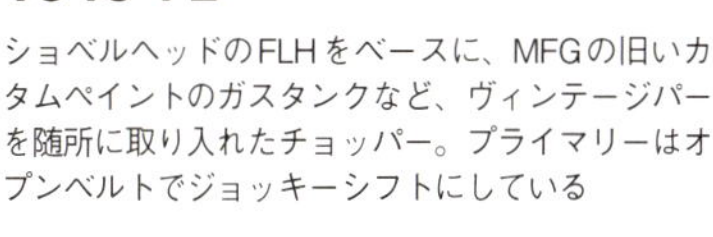

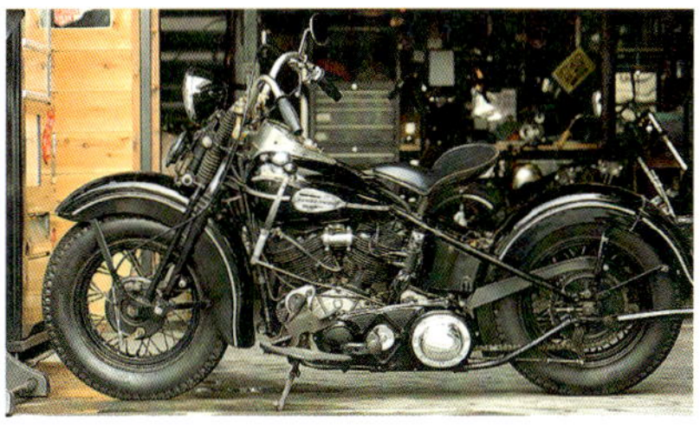

**1946 FL**

ショベルヘッドのFLHをベースに、MFGの旧いカスタムペイントのガスタンクなど、ヴィンテージパーツを随所に取り入れたチョッパー。プライマリーはオープンベルトでジョッキーシフトにしている

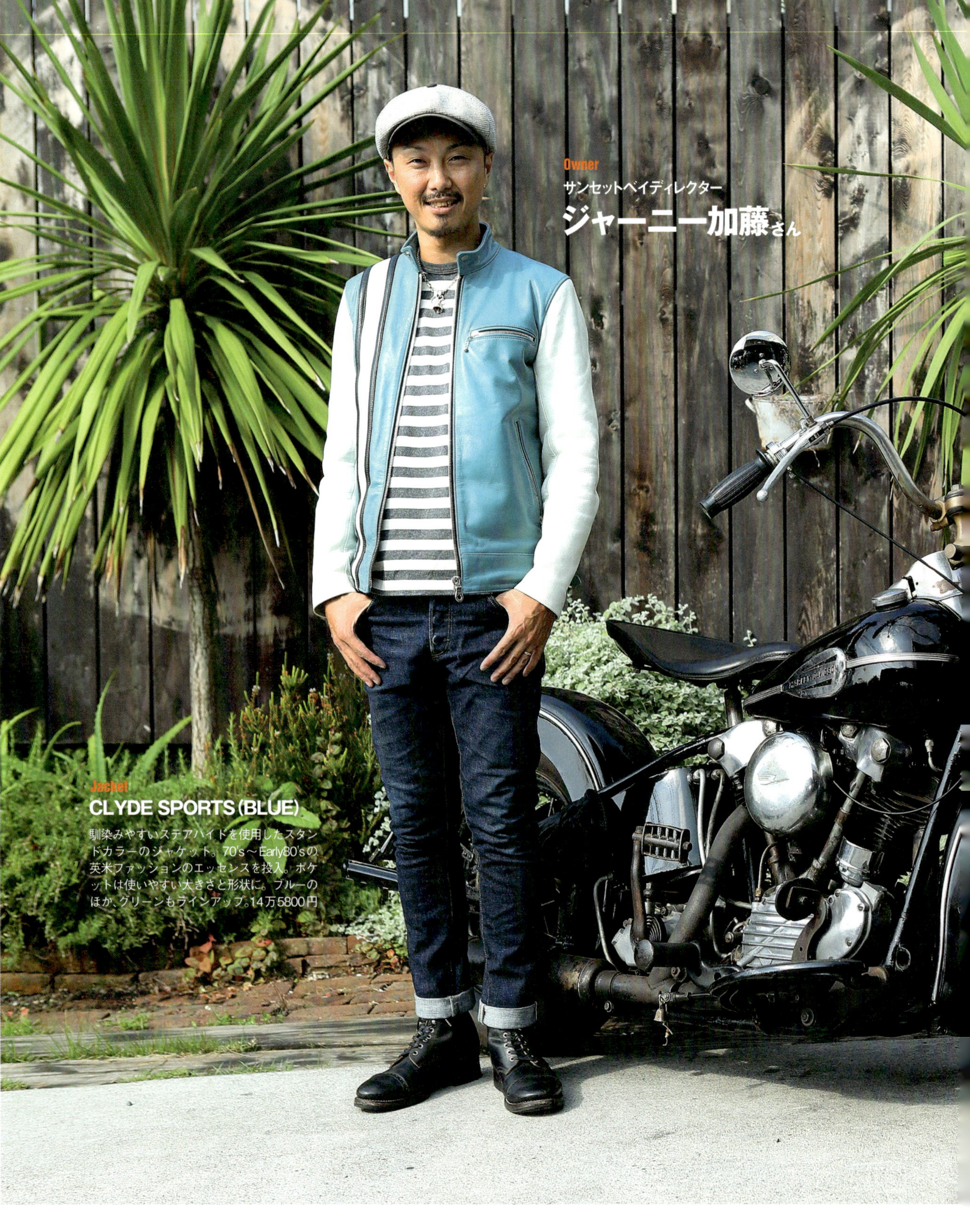

Owner
サンセットベイディレクター
**ジャーニー加藤さん**

Jacket
**CLYDE SPORTS (BLUE)**
馴染みやすいステアハイドを使用したスタンドカラーのジャケット。70's～Early80'sの英米ファッションのエッセンスを投入。ポケットは使いやすい大きさと形状に。ブルーのほか、グリーンもラインアップ。14万5800円

Brand

# Sunset Bay

サンセットベイ

**サンセットベイは、2015年に最初のモデルをリリースした新しいブランド。海をイメージしたオリジナルのレザージャケットを製造販売。製品のモデル名には世界各地にある湾の名前がつけられている。シンプルで幅広く着回せるデザインで、カラーバリエーションも展開。バイク乗りからも支持されるカジュアルアイテムとして、高い機能性を備える**

ケットっていうくらい、それだけのために作られた防具ですよね」

最初にライダースを手に入れたのは18歳。中型バイクに乗り始めた記念に、'70年代のワンスターを購入した。年代やメーカーによって異なるディテールの豊かさに興味を持ち、ディープなヴィンテージ・ライダースの世界にのめり込んでいく。

「当時はブコってなんだ？って感じでした。相当勉強しましたよね。騙されたくなくて。知識ないから吹き込まれて、良いと思って買ったら……というのが結構あったんです」

その後ファッション業界に入った加藤さんは、古着とは無縁のショップで働いていた。しかしヴィンテージ・ライダースへの傾倒は止まることがなく、ついには仕事を辞めてヴィンテージの世界に飛び込む。そして今までに、1000着を超えるヴィンテージのレザージャケットを取り扱ってきた。

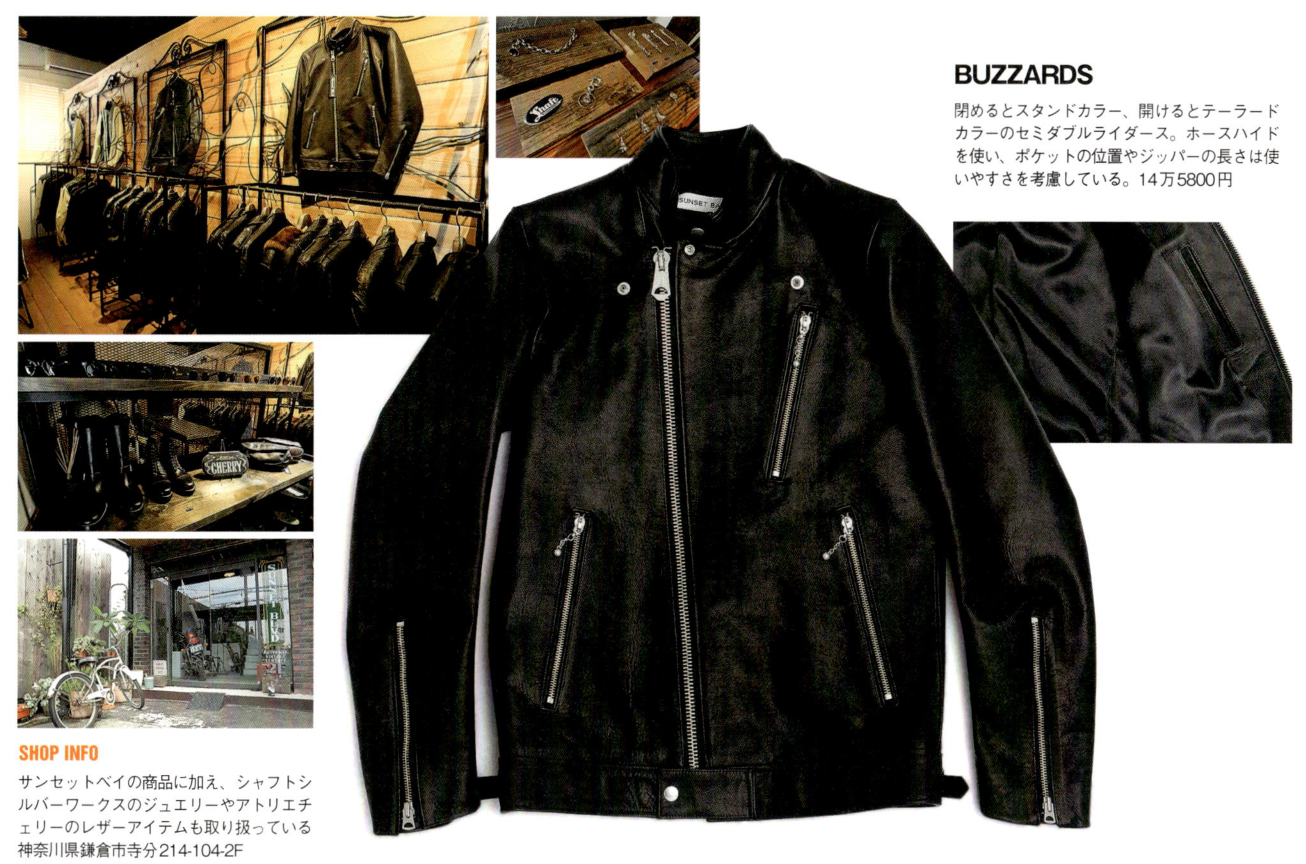


## BUZZARDS

閉めるとスタンドカラー、開けるとテーラードカラーのセミダブルライダース。ホースハイドを使い、ポケットの位置やジッパーの長さは使いやすさを考慮している。14万5800円

**SHOP INFO**

サンセットベイの商品に加え、シャフトシルバーワークスのジュエリーやアトリエチェリーのレザーアイテムも取り扱っている
神奈川県鎌倉市寺分214-104-2F
TEL0467-38-7080
10時〜18時営業　水曜定休

TOPIC 1

いま買える!

# サンセットベイのヴィンテージ顔ジャケット

SUNSET BAY

細かいことは気にせず
ガンガン着込むことで、自分だけのものになる。
そんなネオクラシックなライダースたち。

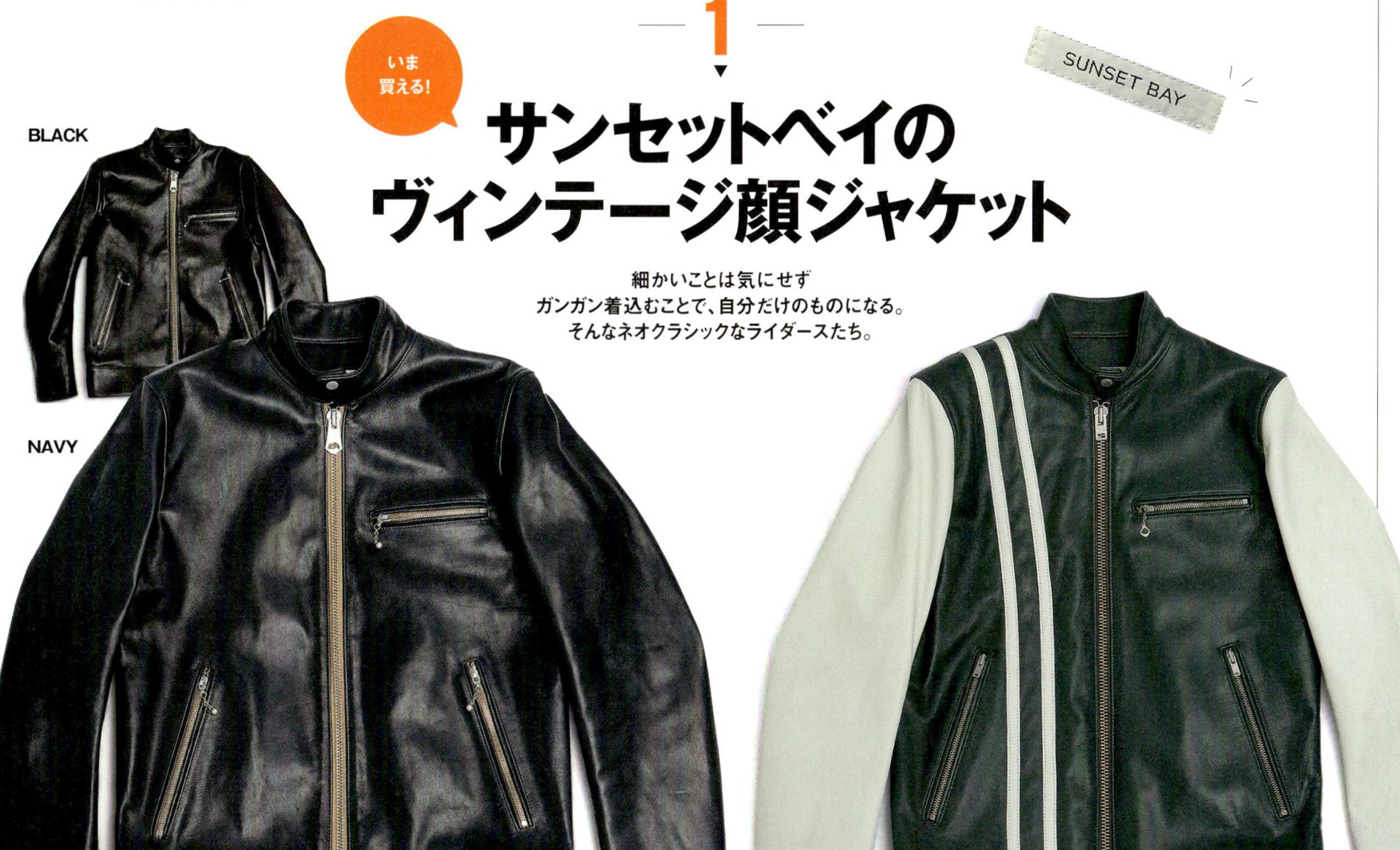

BLACK

NAVY

## CLYDE

ホースハイドの経年変化を楽しめる1着。部分でステッチの強弱を変え、古いライダースを思わせる部品を用いるなど品質を追求。色はネイビーとブラックの2種。13万5000円

## CLYDE SPORTS(GREEN)

ホワイトラインの入り方がブルーと異なるグリーンのクライド。厳選したステアハイドは馴染みやすく着やすさと実用性を備える。色はブルーとグリーンの2種類。14万400円

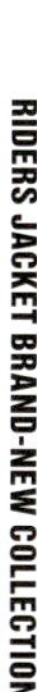

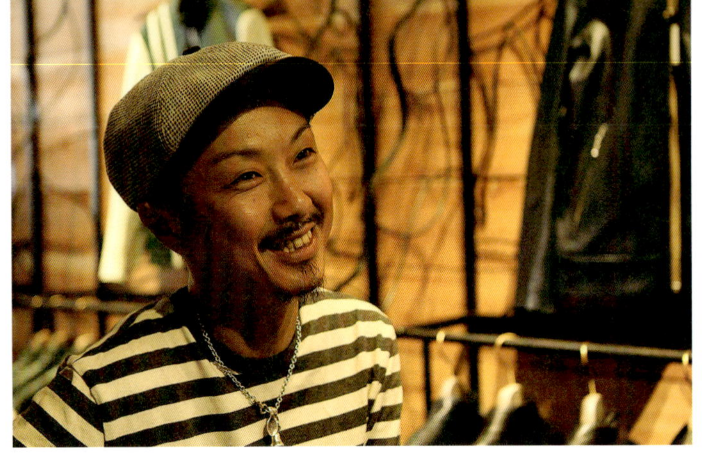

## 「時が経っても カッコいいと言われる1着を」

そして2014年に、ヴィンテージレザージャケット専門店『サンセットブルバード』をオープン。同店の数百を数える豊富で貴重な品揃えと、クオリティの高さはフリークたちの間で評判となった。

同時にオリジナルのレザージャケット開発も進めていて、バイク乗りにも指示されるカジュアルアイテムを念頭に、『サンセットベイ』のファーストモデルを15年にリリース。ヴィンテージに関する豊富な知見と経験を活かして、シンプルで実用性と使い勝手に優れたレザージャケットを展開中だ。加藤さんは、見た目じゃなく中身で勝負したいと語る。

「20年、30年という時間が経ってから、かっこいい革ジャンがあるって言われるような本物を作りたいんです。新しい物に旧い物を融合させて、21世紀に生きてるからこそできる、時代にふさわしいものを作りたいというのがありますね。洋服で革に勝る物はないと僕は思います。だからこれで勝負していきたいんです」

'60sのラングリッツ・キャスケード。後づけと思われる肩パッドとエルボーの接ぎ当てがある。ステアハイドは表面に本来の革の色である茶芯が出てきている。お客様所有品

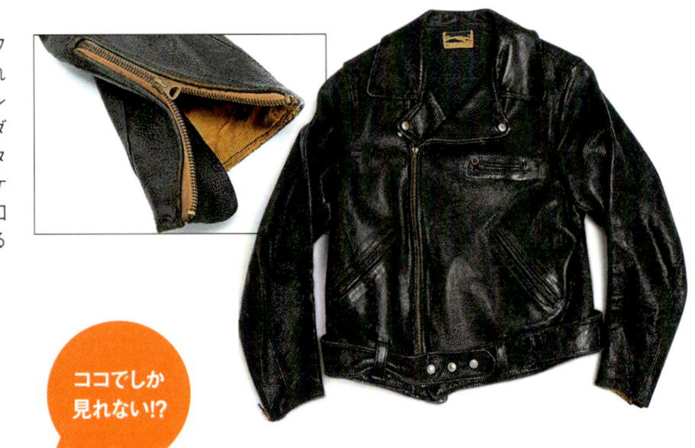

ブコJH1は'47年のファーストモデル。これは珍しくゴートスキンを使ったもの。ライダース以前のアビエーターや、スポーツジャケットに近い作り。袖口をめくることができる

TOPIC 2

ココでしか見れない!?

# ジャーニーさん秘蔵のヴィンテージコレクション

消えていった物も多いが、数奇な運命を経て生き残ったヴィンテージには絶対的な雰囲気がある。

SUNSET BLVD VINTAGE LEATHER

ルイス・ライトニングは'70sのラムレザーを使ったもの。裏地はサテンの中綿で、ロッカーズのバッジとパッチは当時からついたままだった。ダブルベルト&バックルが特徴的

'40sのインディアン純正でステアハイドを使用。ユニークな配置の胸ポケットや、裏地とラベル、ベルトもダメージなくきれいに残っている非常に珍しいフルオリジナルな1着

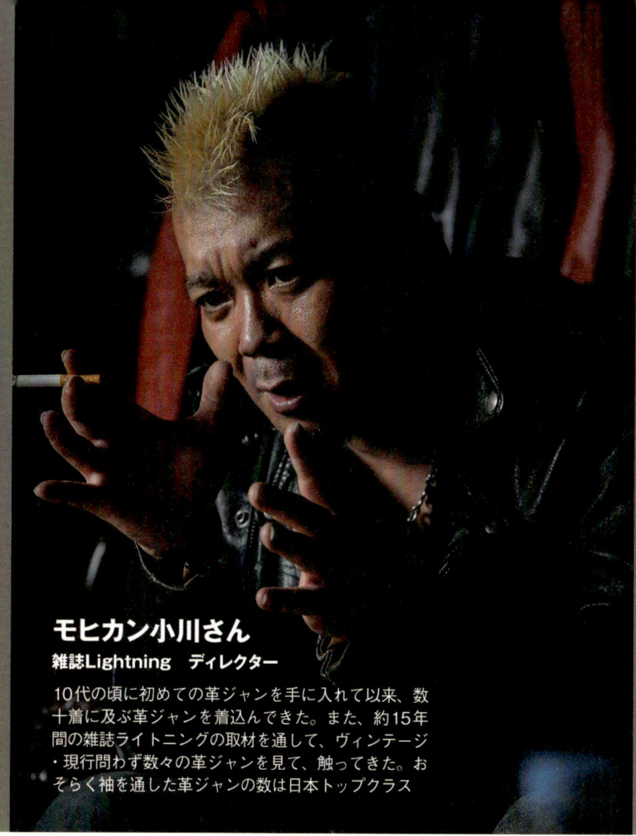

**モヒカン小川さん**
**雑誌Lightning　ディレクター**

10代の頃に初めての革ジャンを手に入れて以来、数十着に及ぶ革ジャンを着込んできた。また、約15年間の雑誌ライトニングの取材を通して、ヴィンテージ・現行問わず数々の革ジャンを見て、触ってきた。おそらく袖を通した革ジャンの数は日本トップクラス

### 革ジャンマスター・モヒカン小川に聞く

# 男の一張羅 革ジャンの魅力とは?

**なぜ革ジャンは屈強な男達に愛されるのか?**
**バイク乗りのためのギアとして?　はたまたファッションアイテムとして?**
**男達はどんな思いを込めて革ジャンを身にまとうのか。**
**そこで、ライトニングのディレクターを務める**
**革ジャンマスター・モヒカン小川さんに革ジャンの魅力を伺った。**

## 「自分が気に入った革ジャンを着続ける、それが何より大切だ」

**編集部（以下編） いきなりですが、モヒカンさんってなんでそんなに革ジャンが好きなんですか？**

**モヒカン小川（以下モ）** 突拍子もない質問だな。いいか、革ジャンは数多ある服の中で、唯一それを着た男が強くなった気持ちになれる服なんだ。特にライダースはそもそもギアだから男としてソリッドな魅力があるわけだ。1953年にマーロン・ブランド主演の『乱暴者』が公開されて以来、ライダースは不良のアイコンとして認知された。それ以降もバイカーだったり、ロッカーだったり、常に強い男が着る服だったわけだ。それにフライトジャケットはミルスペックとしてデータが残っているが、ライダースは現行・ヴィンテージに関わらずより多種多様な存在だからコレクタブルな楽しみがあるのも魅力だな。

**編 なるほど。やっぱり革ジャンってヴィンテージが偉いんですか？**

**モ** 愚問だな。旧いディテールや革質を楽しむなら、確かにヴィンテージも良いだろう。しかし、自分だけの革ジャンを育て上げることを楽しむなら絶対に新品だ。誰かがそう言っているから、ヴィンテージの方がカッコイイと思うような奴に革ジャンを着る資格はない。値段が高い革ジャンが偉いわけじゃない。自分で着込んで育て上げた革ジャンが一番カッコ良いと俺は思う。バイク乗りなら、バイクのカスタムやパーツにこだわるのと同じように革ジャンにも情熱を注いでほしい。

**編 革ジャンには育てる楽しさがあるんですね。確かに革ジャンの〝味〟が好きって人は多いですよね。**

**モ** その通り。でも、勘違いしてはいけないのが、味を出したいから毎日革ジャンを着るのは大間違い。イイ老夫婦になりたいから好きな女と結婚するわけじゃないだろう。本当にこの革ジャンが好き、自分にフィットする、毎日身に付けたい、その結果経年変化する。それが本当の味なんだ。経年変化を加速させるドーピング方法も後で教えるが、それはあくまで裏技。良い味が出る革ジャンを探すのが正解じゃない。毎日着たいと思う革ジャンと出会う（見つける）ことが大切なんだ。

**編 革ジャンを上手に育て上げるコツってあるんですか？**

**モ** コレだけは覚えておけ、革ジャンは子供と一緒。甘やかしたらろくな大人（革ジャン）に育たない。雨の日でも迷わず着る。ワイルドな男

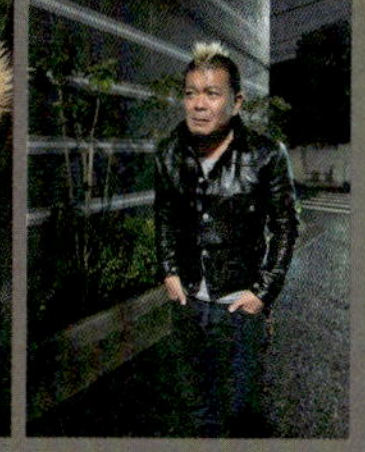

雨が降れば、「寒いから濡れたくない」と思うのは人間として当然。しかし、革ジャンを育てるチャンスと思えば雨なんて怖くない。雨の中どうせ走るなら革ジャンを着るべきだ。走行中のポジションは味を出すためには効果的

### 雨は“恵みの雨”として受け入れろ!!

革ジャンを育て上げたいなら、環境に問わず革ジャンを甘やかさないことだ。雨が降ったら喜んで革ジャンを着て外にでる。人間が耐えうるあらゆる環境下を共にすることで革は立派に育つ。雨を受けている最中も絶えず着て動き続けることで、細いシワが刻み込まれ、ガチガチだった部分も熟れた雰囲気が出てくる。しかし、濡れすぎはサイズが縮む可能性があるので注意。

**ヴィンテージ**　　**現行**

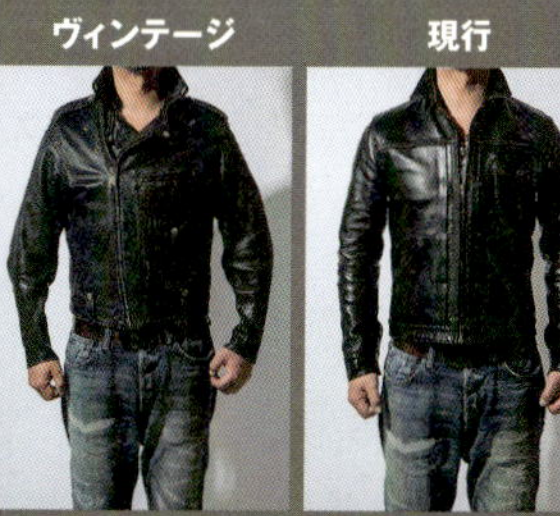

ブランドにもよるが、'60s以前のヴィンテージはどうしても、アームホールが太く、丈が短いので野暮ったく見えてしまうのはしょうがない。身体にフィットするサイズ、形を選ぶのが味を出すのには最も近道だ

### 味が出やすいサイジングはジャストが鉄則!

ライダースのベストなサイズ感はフロントを閉めて着用した時に胸・肩にテンションがかかる程度のものを選ぶのが吉。大きすぎて肩が浮いてしまっているのは、革ジャンに“着られてる感”が出てしまって格好悪い。肩・胸・脇がしっかりフィットするサイズが、見た目的にもしっくりくるし、ジャストで着ることで身体に馴染みやすく、味も出やすいのだ。

# モヒカン小川流、革ジャン筆下ろしの儀式。

革ジャンはどうしても着始めは硬くて、新品感がはっきりと現れてしまう。着込んだ革ジャンはカッコイイのに、新品丸出しの状態は少し恥ずかしかったりする。そこで、特別な道具を使わずに革ジャンを少しこなれた雰囲気に変化させる、モヒカン小川さんが着始めに必ず行うという儀式を教えて貰った。

BEFORE

AFTER

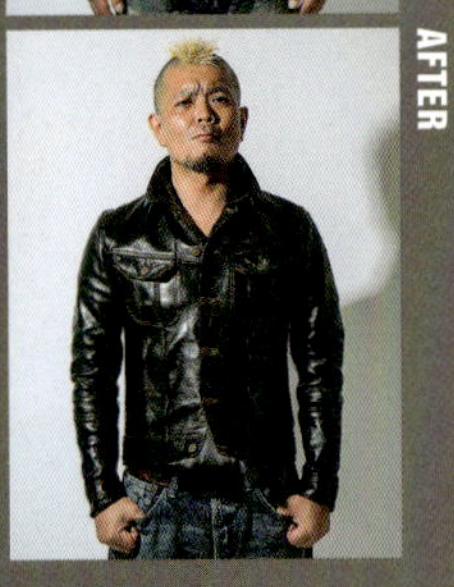

板のように硬いピンピンの革ジャンが、およそ30分の"儀式"でここまで成長する。買ったばかりの革ジャンが恥ずかしいなんて思っているそこのアナタ、これさえマスターすれば初日からこなれた革ジャン姿を披露できるぜ

## エッジを揉む

まずは、革ジャンのエッジとなる部分をとにかく揉んでみよう。襟や裾、フラップなど、エッジの固さがほぐれるだけで、新品感が薄れ、少しこなれた印象になる。また、襟などは着ている時に理想と思う形に癖付けすることで着ている姿が簡単にサマになるので、新品を下す時には騙されたと思って試してみるべし！

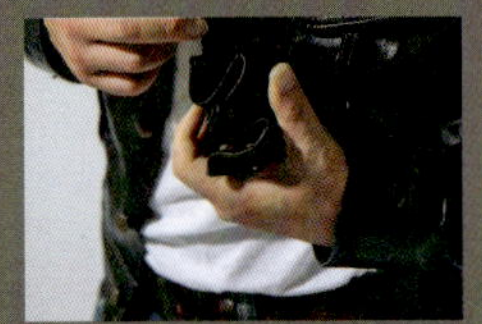

意外と目に付きやすい前立て部分は折り曲げるように揉みこむべし

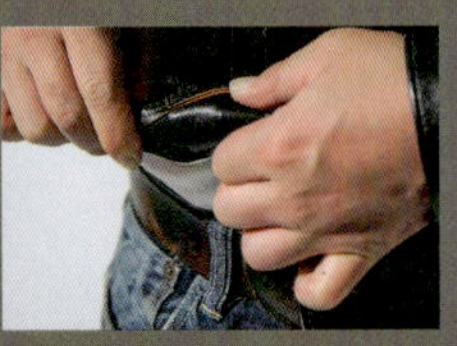

裾の端など縁となる部分にクセがつくと着込んだ感じに見えやすい

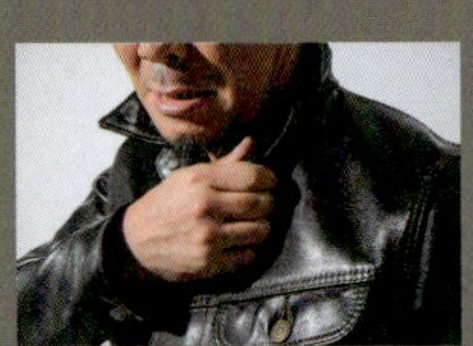

襟は全体の印象を左右する重要なポイント。入念にクセ付けすべし

## 革ジャン味出し体操

革ジャンは日常的に着こむことで身体の動きに対応して皺やアタリが入り、雰囲気の良い革へと成長する。つまり、革ジャンを着て革にテンションがかかる動きをすれば強制的に経年変化を進められるというわけだ。そこで、モヒカン小川さんが開発した革の成長を加速させる味出しのための体操を紹介しよう。

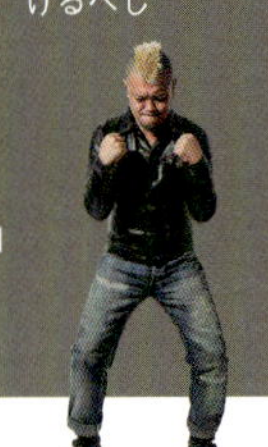

まずは基本中の基本、肘に皺が入るように力を入れてじっくりと肘を曲げるべし

肘を曲げたまま、胸にテンションが掛かるのを感じながら腕を体の後ろに持って行く

腹部分に皺が入るようにかがむ！袖口を掴んで袖にひねりを加えることも忘れずに！

再び腕を体の内側に。背中の張りとお腹の皺がポイント。肘の曲がりはここまでキープ

そしてついに腕を解放して深々とお辞儀をする姿勢にチェンジ。肩の張りとお腹の皺を意識すべし！

が着る服なのに、「雨が降っているから今日は革ジャン着るのはやめておこうかな……」なんていう奴がいるが、それのどこがワイルドですか？雨でも革ジャンを甘やかしてはいけない。俺は雨が降れば喜んで革ジャンを着て街に出る。革ジャンはどんな状況下でも着られるからカッコイイんだ。そして、過酷な状況下でも着ることで革がたくましく育つということを忘れるな。一番大切なことは、自分が気に入った革ジャンを着続けること。革ジャンはあなたが思うほどヤワじゃない。

**編　モヒカンさんは毎日革ジャンを着続ける上で、メインテナンスはどんなことに気を使っていますか？**

モ　革ジャンは女と一緒だ。「今日も料理おいしいよ、今日もキレイだよ」と愛の言葉をかける、それがメインテナンス。週末の夜に革を愛でながら、一生懸命革ジャンにオイルを塗りこむ。それと同じこと。でも、毎日褒めていたら女も慣れてくる。だから革ジャンのメインテナンスはたまにでいい。そんなことより、毎日着ることの方が大切だ。着ている時は自分の汗や体温で保湿もされるし脂も抜けないから、毎日着ていればメインテナンスをするのはごくたまにで十分だ。

**編　革ジャンを着るのにベストなサイジングって何を基準に決めればいいんですか？**

モ　基本的にはキヲツケをして、胸・肩にテンションがかかるくらいが、見栄えもよくて味も出やすいサイズだろう。注意しなければいけないのは、最近の革ジャンは細いやつが多いからと言って、細いやつが似合うと思ったら大間違い。最近の日本人用のモディファイは肉付きではなく、骨格に対する話。ゴツい革ジャンが細いやつには似合わないのは今も昔も変わらない。男だったら肩・胸に肉をつけるべし。革ジャンを着た時に肩・胸に余剰分があるとブカブカして袢みたいで格好悪い。特にライダースはエポレットがあるから、袢スタイルは男子便所のマークに見えてしまうだろ。それだけはやってはいけないことだ。バイクに乗る時は厚めのインナーを着たいから余裕を持ちたいのはわかるが、それならスウェット、または厚手のシャツを着た時にぴったりのサイズを選ぶのが良いだろう。

**編　カッコイイ味が出やすい革ジャンってあるんですか？**

モ　それこそ愚問だ。最近の傾向的に渋なめしがフィーチャーされがちだが、もちろん渋なめしだから偉いわけじゃない。渋なめしにもクロームにも良いところがある。それぞれ個性が違うだけなんだ。それに革には個体差があるから一概にどれが良いなんて言えないんだよ。そんなことは気にせずに、自分がオッと思うものを選べば良い。味を出すには、何より着込むことが大切なんだから、自分が気に入って毎日着たくなるものが一番良いに決まっている。考えるな、感じたものをとにかく着込め。革ジャンのエイジングがカッコイイんじゃない、革ジャンをエイジングさせるお前がカッコイイんだ。

# どうしてもすぐに着込んだ雰囲気を、手に入れたい人のためのドーピング術。

## 革シャン味出し法。

革好きの間ではもはやメジャーな方法だが、ファーストシャワーはかなり勇気のいる行動。ここでは失敗しないように正しい革シャン法を簡単に説明しよう。渋なめしの革に特に効果テキメンだが、やりすぎると革が縮んでサイズが変わるので注意が必要だ！

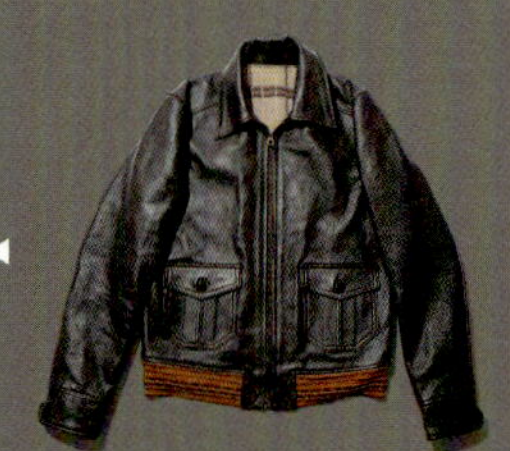

ジェラードの新品のA-1スタイルホースハイドジャケット。コシのあるホースハイドがどう変化するか楽しみだ！

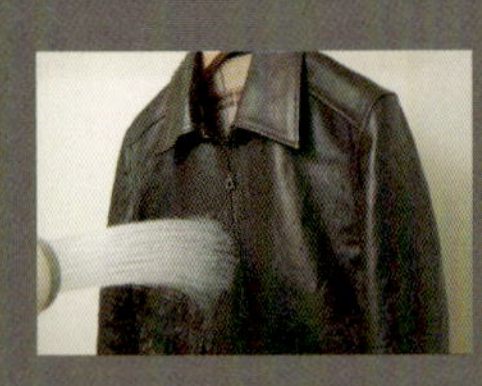

初心者はハンガーにかけてやってみよう。水温はぬるま湯程度が◎。さらに上のレベルを目指すなら着たままシャワーが効果的！

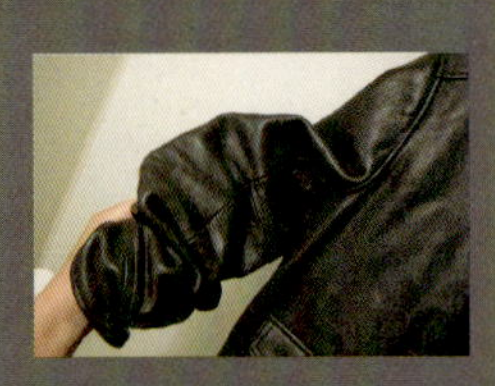

軽く染み込ます程度のシャワーを終えたら、表面を拭いて室内で乾燥。そして半乾きの頃に、味が出るであろう部分を揉みまくれ！

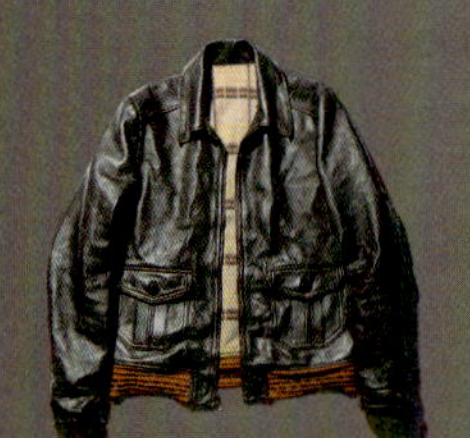

乾いたらオイルを入れて、これが二日目の姿。細かいエッジ部分のクセ付けなど長い間着込んだような雰囲気になってるでしょ？

# OUR JACKET STORY

## 十人十色の、出会いと暮らし。

着込むほどにレザーが体に馴染み、変化していくライダースジャケット。
同じブランドでもライフスタイルとともに、まったく違う味をかもし出す。
それぞれのライダースジャケットが持つ、それぞれのストーリーとは?

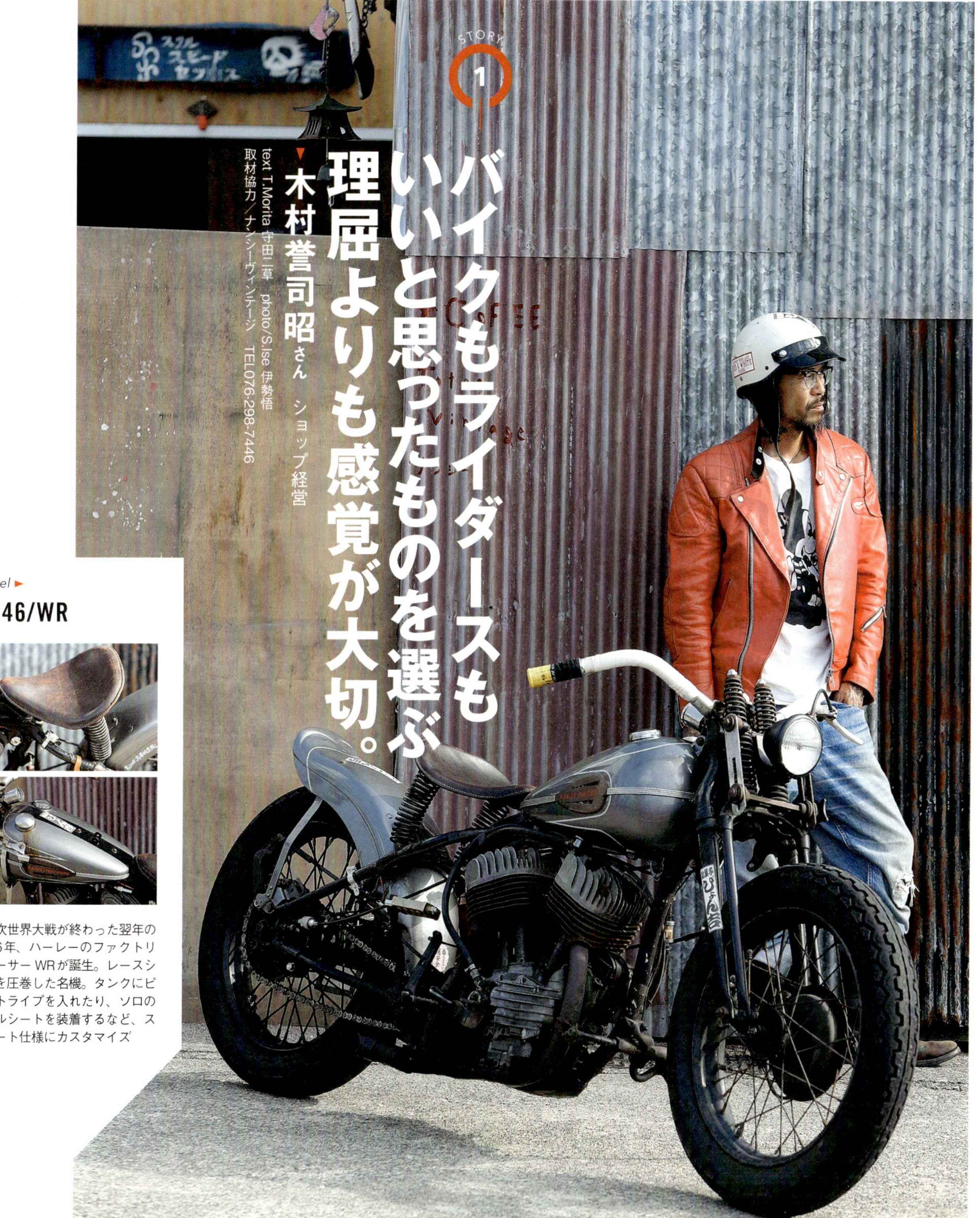

STORY 1

## バイクもライダースもいいと思ったものを選ぶ理屈よりも感覚が大切。

▼木村誉司昭さん　ショップ経営

text T.Morita 守田二草　photo/S.Ise 伊勢悟
取材協力／ナンシーヴィンテージ　TEL076-298-7446

model ▶
**1946/WR**

第二次世界大戦が終わった翌年の1946年、ハーレーのファクトリーレーサーWRが誕生。レースシーンを圧巻した名機。タンクにピンストライプを入れたり、ソロのサドルシートを装着するなど、ストリート仕様にカスタマイズ

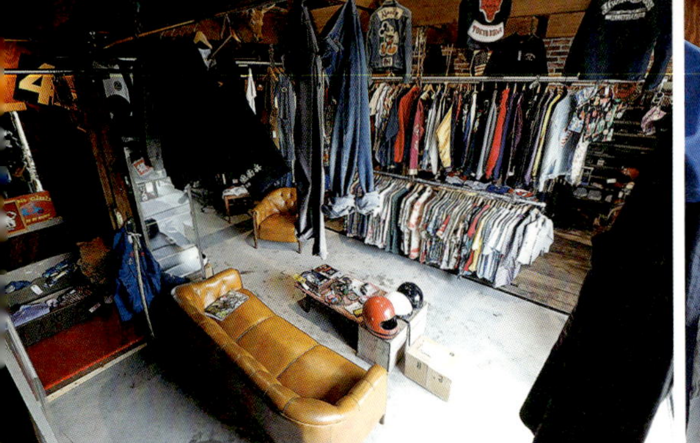

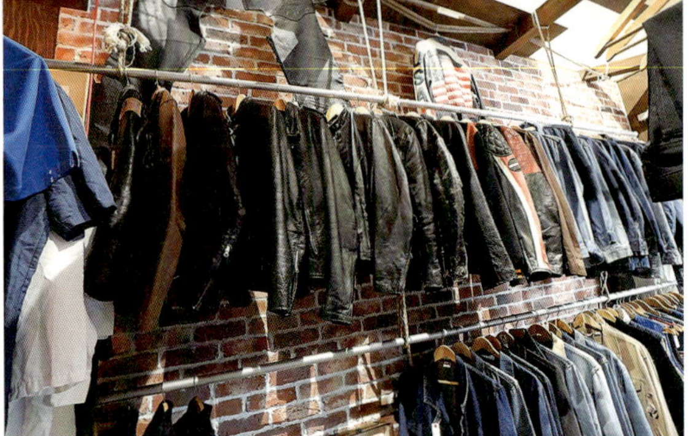

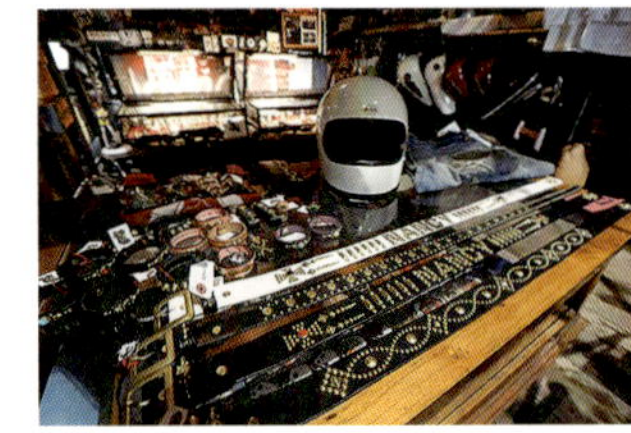

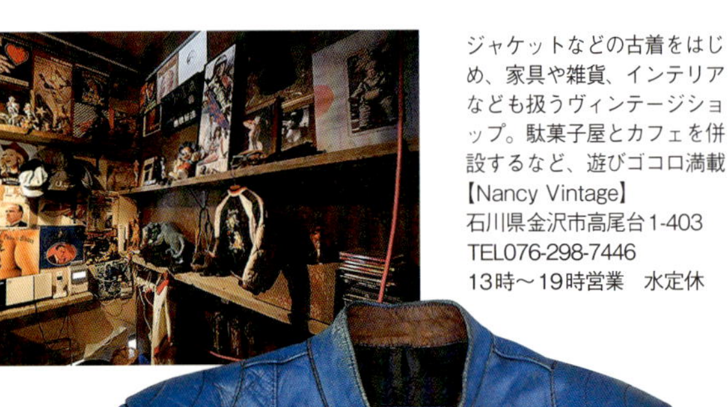

ジャケットなどの古着をはじめ、家具や雑貨、インテリアなども扱うヴィンテージショップ。駄菓子屋とカフェを併設するなど、遊びゴコロ満載
【Nancy Vintage】
石川県金沢市高尾台1-403
TEL076-298-7446
13時～19時営業　水定休

イギリスの名ブランド・ベルスタッフのダブルライダース。スタンドカラーで、スポーティなショート丈がカッコイイ。ポケットのボールチェーンもキレイな極上品

ルイスレザーのスーパーモンザ。バックに装着されたシャープなパッドとウエストベルトの切り替え部分がデザインの特徴。長めの着丈とボディラインのシェイプがスマートさを演出

## カッコいいモノを選ぶのにヘタな理屈は要らない。

「もともと旧いモノが好きだったんです。なぜかと言われても説明できないんですが（笑）」

あっけらかんと語るのは木村誉司（よし）昭（あき）さん。石川県で『ナンシーヴィンテージ』を経営している。ショップには古着から家具、インテリアに雑貨にオモチャやアートまで、さまざまなモノが勢ぞろい。駄菓子屋とカフェも併設し、まるでオモチャ箱をひっくり返したよう。地元の名物スポットとなっている。代表の木村さんもユニークで、〝ぴょん吉さん〟と呼ばれて親しまれている。愛用品のチョイスも独自のセンスで集められている。例えば、愛車のハーレーはサイドバルブのレーサーWRとコンペティションスペシャルのWLDR。ライダースも赤のラングリッツと青のベルスタッフとカラフルだ。

「ハーレーは名前に〝R〟がついているのがカッコいいなと（笑）。ライダースは色が着いているのが好み。なぜかはちゃんと説明できない（笑）」

理屈じゃないという。仕事の仕入れの時より、出先でひと目ボレして買ってしまうことが多いのだそう。

「感覚なんでしょうね。でも、理屈よりも大切ですよ」

model ▸ 1939/WLDR

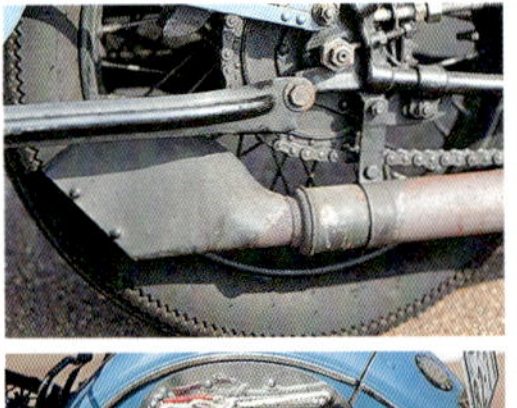

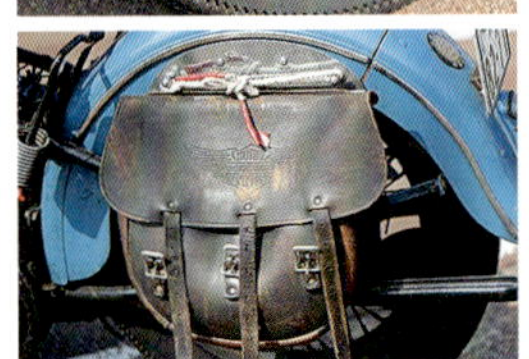

1937年にコンペティションスペシャルとして誕生。初期型は3速で、'38年に4速化。'41年まで生産された。木村さんの愛車は'39年式。フィッシュテールマフラーやヴィンテージサドルバッグが、クラシカルな雰囲気を盛り上げる

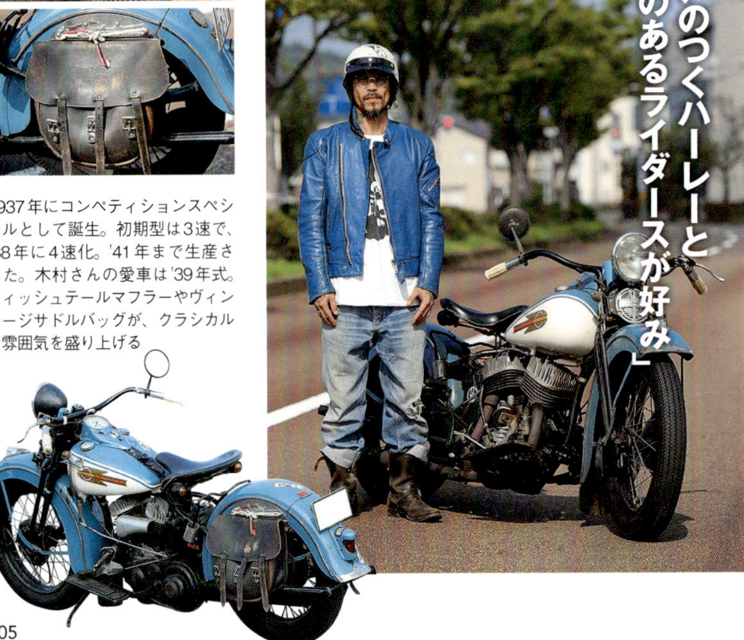

## 「〝R〟のつくハーレーと色のあるライダースが好み」

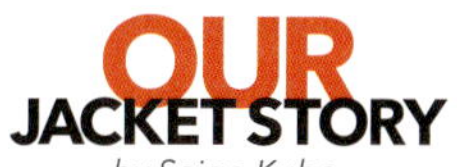

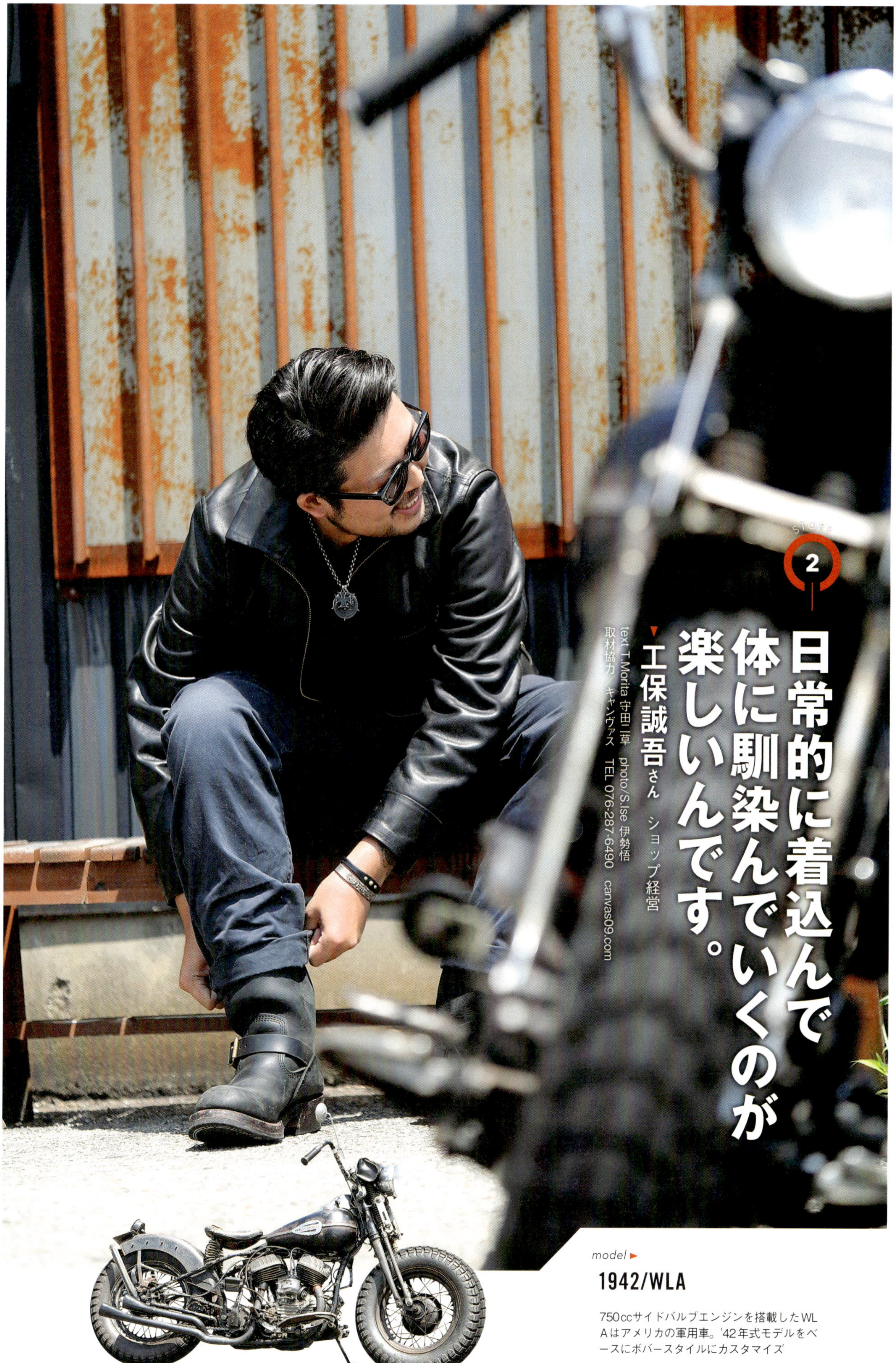

STORY 2

# 日常的に着込んで体に馴染んでいくのが楽しいんです。

▼工保誠吾さん　ショップ経営

text T.Morita 守田一草　photo/S.Ise 伊勢悟
取材協力／キャンヴァス　TEL 076-287-6490　canvas09.com

model ▶

**1942/WLA**

750ccサイドバルブエンジンを搭載したWLAはアメリカの軍用車。'42年式モデルをベースにボバースタイルにカスタマイズ

## 「バイクに乗るたびにアタリが出て心地がいい」

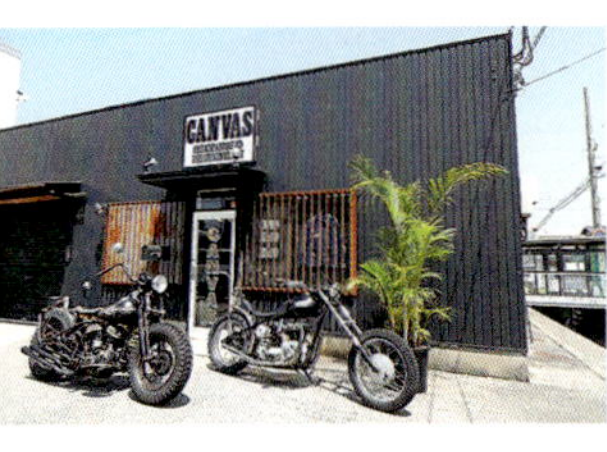

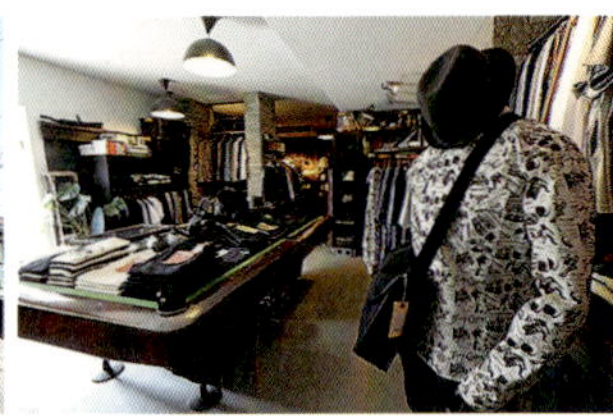

オリジナルブランドをはじめ、人気のアメカジブランドを集めたセレクトショップ。ウエア、アクセサリー、ジュエリーなど、幅広く取り扱っている
【CANVAS】
石川県金沢市高畠3-199
TEL076-287-6490
12時～21時営業　不定休

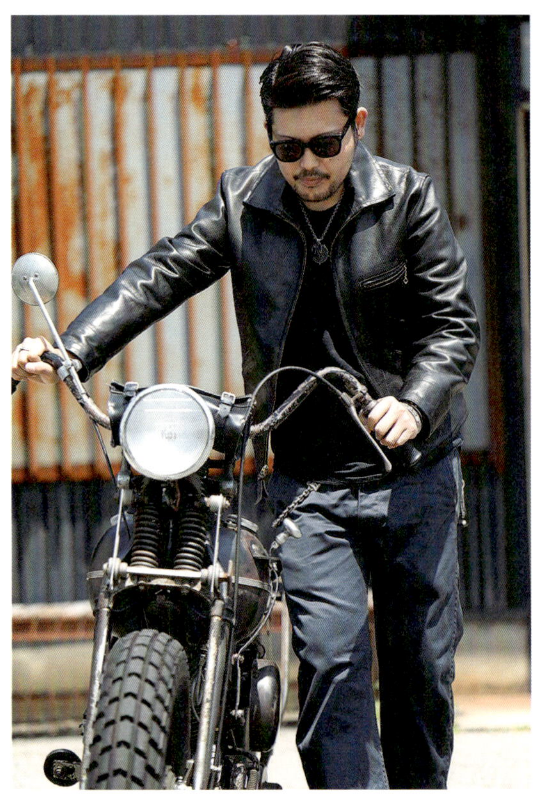

### 自分だけのライダースに変化していく喜びがある。

石川県で『キャンヴァス』を経営する工保誠吾さんは、16歳で国産中型バイクに乗りはじめた頃に古着のライダースを手に入れた。しかし、バイクに乗る時に着ることはほぼなかった。バイクもライダースもヴィンテージが好きだったが、趣味としては別物だったのだ。

「当時、バイクに乗る時にライダースを着る意識がなかったですね」

現在の愛車はハーレーの'42年式WLAのほか、トライアンフの'62年式ボンネビルT120Rも所有。ライダースは4年前に新調したという。トロフィークロージングのハミングバードジャケットだ。

「シングルジャケットが欲しいと探していたところだったんです。クラシカルでシンプルなディテールを見て即決でした（笑）」

愛車に乗る時を中心に、日常的に着るように心がけた。4年かけてようやくいいアタリが出てきたそう。

「特に腕の部分。袖を通した時にシックリくる。だんだん自分の体に馴染んできているのが楽しいです」

トロフィークロージングのハミングバードジャケットを4年前に購入。素上げに近いタンニンなめしの上質なホースハイドレザーを採用。背面は一枚革で制作されている。'40年代スポーツジャケットのようなシンプルなディテールが魅力

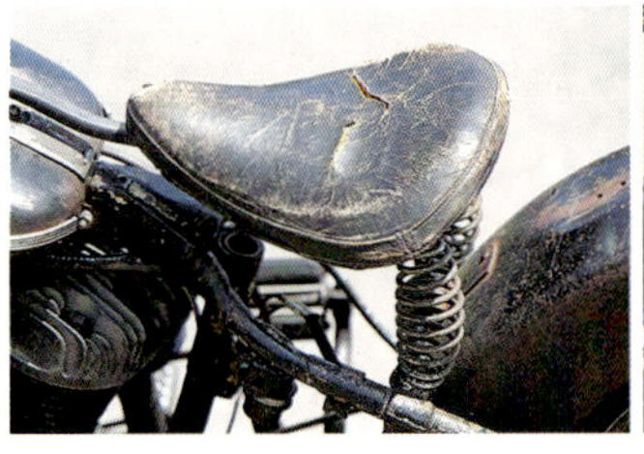

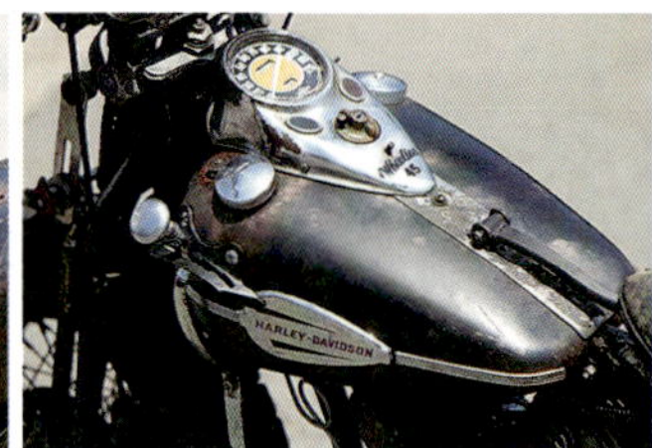

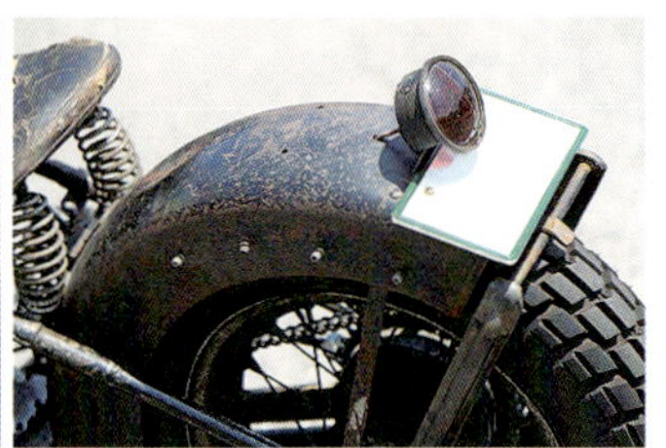

ソロタイプのサドルシートはヴィンテージのベイツ製を装着。タンクはオリジナルのティアドロップが気に入っている。リアフェンダーはヒンジ付きの先部分を取り外し、ボブフェンダーに。リアエンドでセンタースタンドを固定している

STORY 3

# ライダースとモーターサイクル。すべてはバンソンの衝撃から始まった。

## ► チャガーさん　防水職人

text/K.Ueda 植田一礼　photo/M.Morichika 森近真
取材協力／フィルモアトリップカフェ
TEL045-324-5077　www.fillmoretripcafe.com

model ►
**1993/FXDWG**

ナローグライド＆ミッドコントロール化し、コネリーズ製カウルを追加してスピードクルーザーに仕立てたワイドグライド。ミクニHSR42キャブレター、バッサーニ2in1マフラーでパワフルにチューンアップ

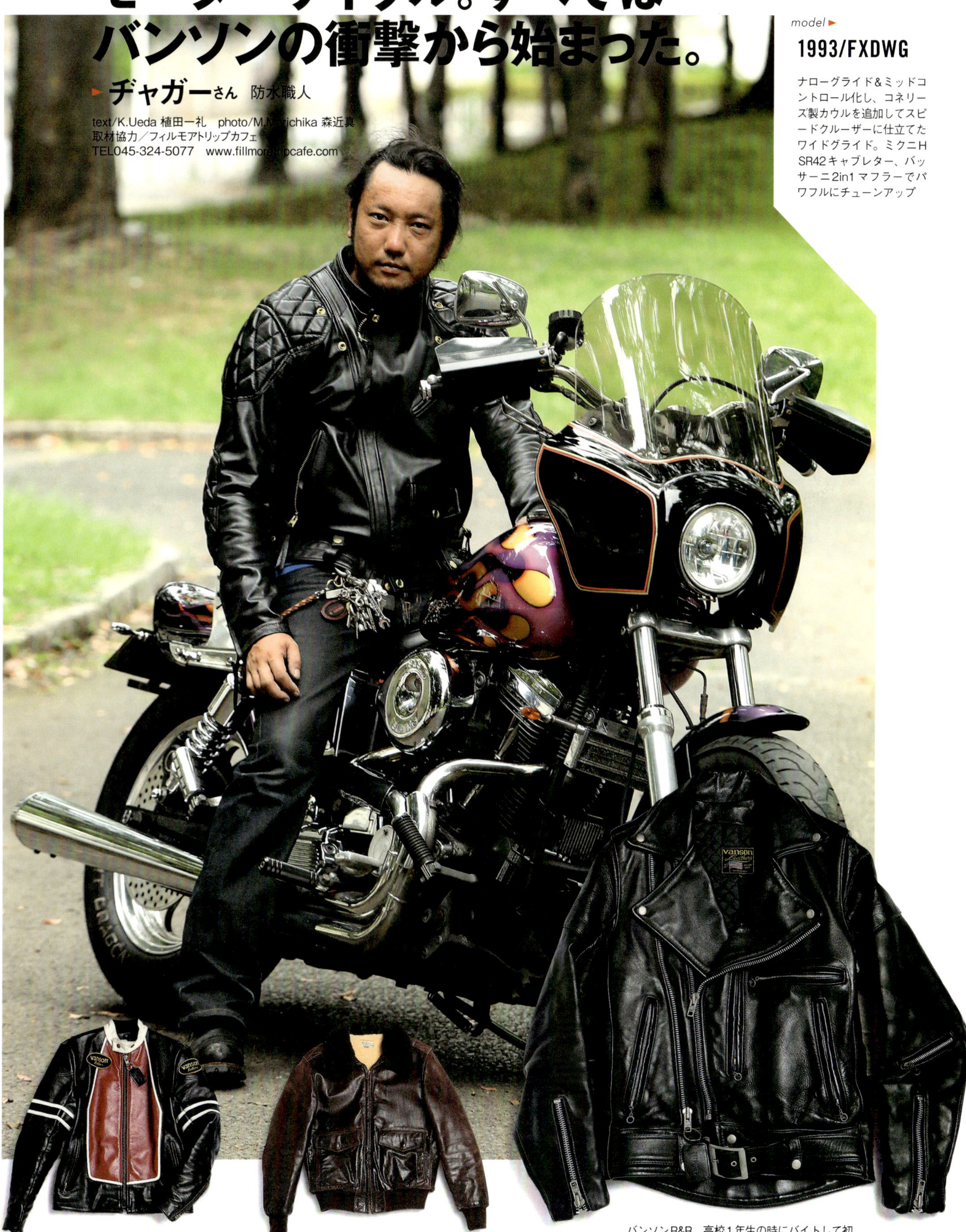

バンソンRJ。ハーレーの前、スズキ・ハヤブサに乗っていた頃、バイクのイメージに合わせて購入。2着目のシングルライダースで、丈が短くて寒いのが難点だとか

ゴールデンベアG-1は、サンフランシスコエアサプライ名義である以外詳細は不明。ステアハイドで化繊のムートン風ボアが暖かい。10年前に知人から引き取ったもの

バンソンR&R。高校1年生の時にバイトして初めて買ったステアハイドのライダース。銀色のジッパーのライダースが欲しくて購入したが、着てみると袖が大きい上に、サイズを変更できるツインジッパーはいらなかったそう

OUR
JACKET STORY
*by Jagger*

# 新品のライダースを体に馴染ませていく快感。

「バイクより革ジャンの方が若干先ですね。10代の頃からハードコアとかロックが好きで。上下オールレザーでお袋のカゴつきスクーターに乗ったりしてました（笑）」

16歳で最初に手に入れたのはバンソンのライダースだった。革の厚さ、色、艶、すべてに衝撃を受けた。他と比べ道具感があり、色気を感じるほどだった。そして18歳からカワサキ・ゼファー400に始まり、同Z1000、ドゥカティ・モンスター、スズキ・ハヤブサなどバイクと共に生きる人生を送っている。そこには必ずライダースジャケットがあった。

「基本的に新品で買います。一から育てたいので。買ったらまず着て寝る。俺はあんたと一緒になりたいんだって、24時間、雨でも気にせず着倒す。そうすると勝手に体に馴染んでいくんです。それが快感でしょうがない。馴染むと離れられなくなるんです」

着ていてもっとこうなら良かったという部分が出てくれば、それを次の一着を選ぶ時に活かす。失敗だった物もあるが、むしろどんどん失敗して理想を求めていく。行き着くところはフルオーダーメイドだが、まだ作ったことはない。いつか自分にとって、究極のライダースを手に入れたいと思っている。

「買ったものはすべて持ってます。それなりにドラマがあるんで」

カドヤ・バレンツFPW-EVO。昨年購入した最近お気に入りの1着。20年に渡りいろいろなレザージャケットを試してきた結果、カドヤの製品に行き着いたという。もとはダブルだった襟まわりを友人にカスタムしてもらい、シングルにして防風性を高めている

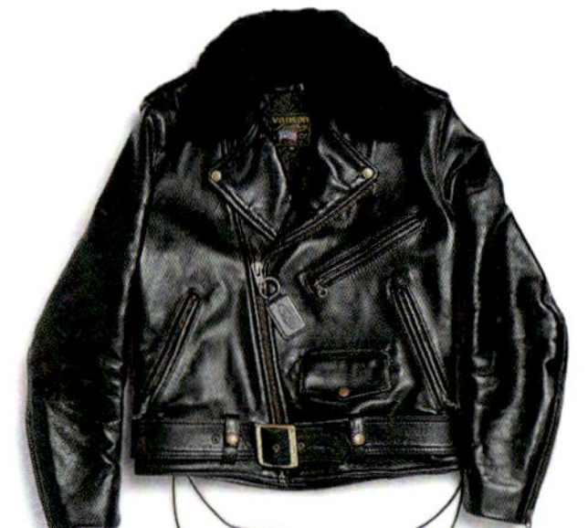

バンソンEタイプは18年前に購入。当時はカワサキZ1000MKⅡに乗っていたので、男っぽい革ジャンが欲しかった。脱着可能なボアがついており、暖かいのが良かった

バンソンTJは10年前に普段使い用に購入したもので、春先や秋にさらりと着こなす一着。赤が好きで色つきの革ジャンが好き。カラーバリエーションもいろいろあった

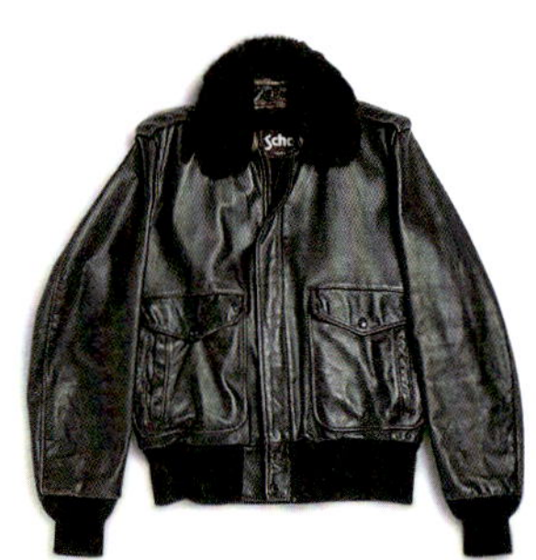

ショットのG-1タイプだがモデル名などは不明。襟のボアと内部のボアは脱着可能になっている。着やすいところが気に入っているが、色合いがバイクに合わなかった

バンソン・チョッパーは、アメリカの革ジャンらしい形と荒々しい革の感じが最高に良かった一着。ジッパーを閉めるとシングルになるのもお気に入りで、よく着ていた。サイズがS・M・Lしかなく、フィット感はそこそこ

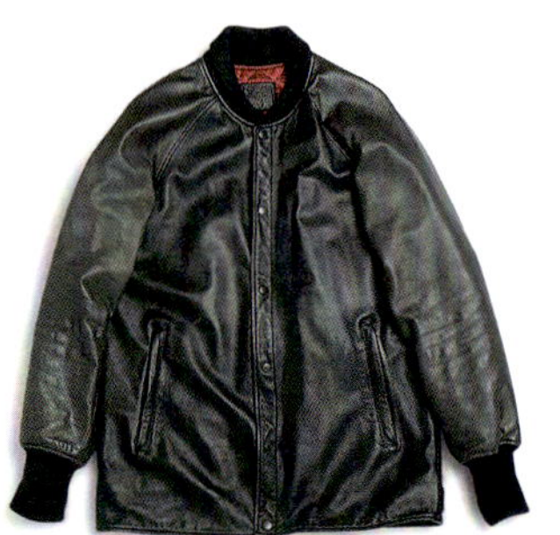

カドヤ50'sコート。映画『アメリカングラフィティ』に登場するファラオ団が着ていたコートが好きで選んだ。50年代のロング丈スタジャンタイプのレザージャケット

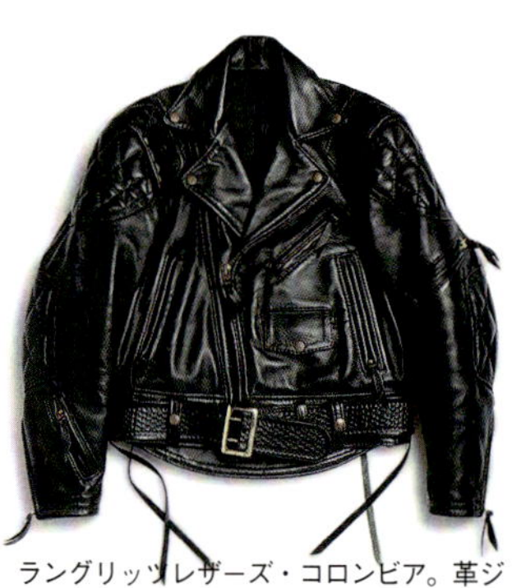

ラングリッツレザーズ・コロンビア。革ジャン好きなら持っておくべきだろうと思い、18年前に入手。パッド、ジッパー、ベルトなどフル装備済みだったものを購入した

STORY 4

# ヴィンテージ・ライダースの醍醐味は、最高の一着との奇跡的な出会い。

**秩父広一郎**さん　ヴィンテージショップJohnnyオーナー

text/K.Ueda 植田一礼　photo/M.Morichika 森近真

取材協力／ヴィンテージショップ ジョニー　TEL03-6458-0658　vintageshop-johnny.com

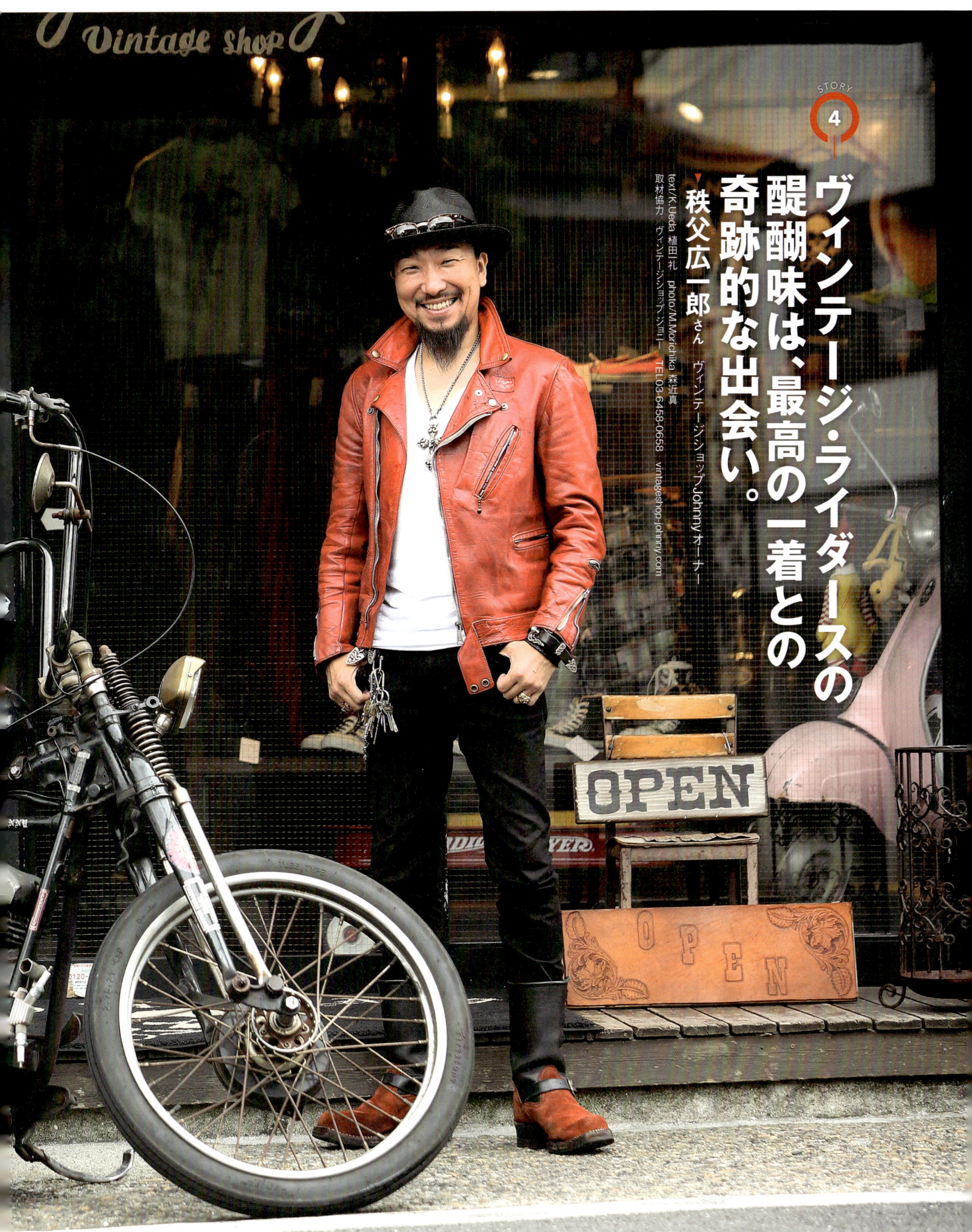

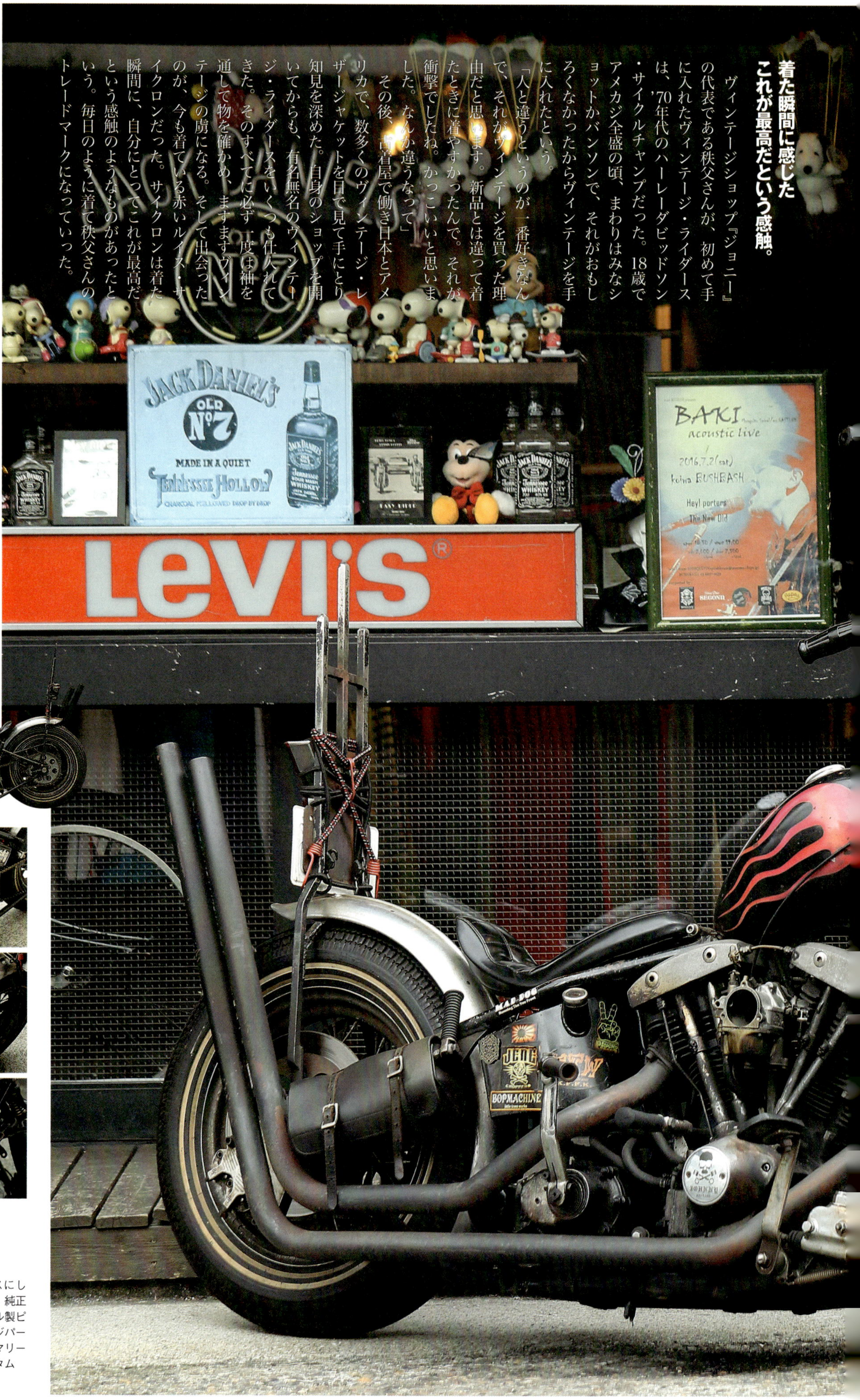

## 着た瞬間に感じた これが最高だという感触。

ヴィンテージショップ『ジョニー』の代表である秩父さんが、初めて手に入れたヴィンテージ・ライダースは、'70年代のハーレーダビッドソン・サイクルチャンプだった。18歳でアメカジ全盛の頃、まわりはみなショットかバンソンで、それがおもしろくなかったからヴィンテージを手に入れたという。

「人と違うというのが一番好きなんで、それがヴィンテージを買った理由だと思います。新品とは違って着たときに着やすかったんで。それが衝撃でしたね。かっこいいと思いました。なんか違うなって」

その後、古着屋で働き日本とアメリカで、数多くのヴィンテージ・レザージャケットを目で見て手にとり知見を深めた。自身のショップを開いてからも、有名無名のヴィンテージ・ライダースをいくつも仕入れてきた。そのすべてに必ず一度は袖を通して物を確かめ、ますますヴィンテージの虜になる。そして出会ったのが、今も着ている赤いルイス・サイクロンだった。サイクロンは着た瞬間に、自分にとってこれが最高だという感触のようなものがあったという。毎日のように着て秩父さんのトレードマークになっていった。

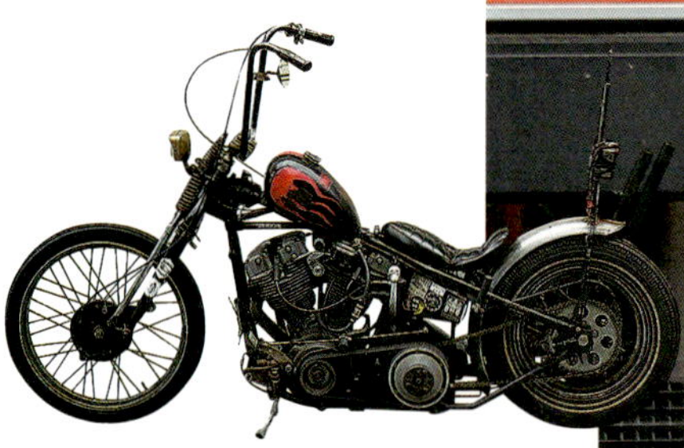

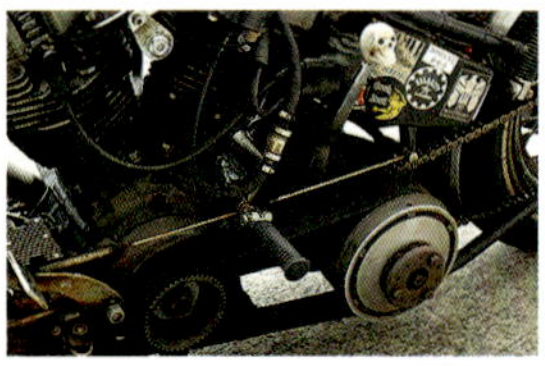

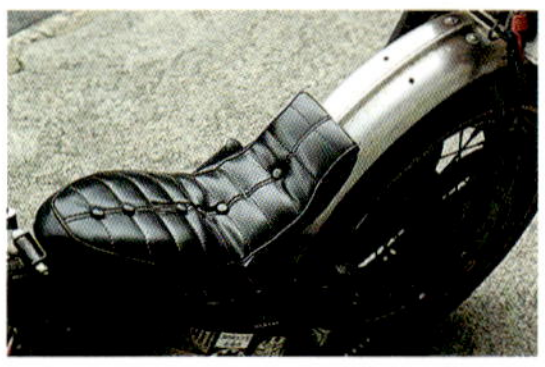

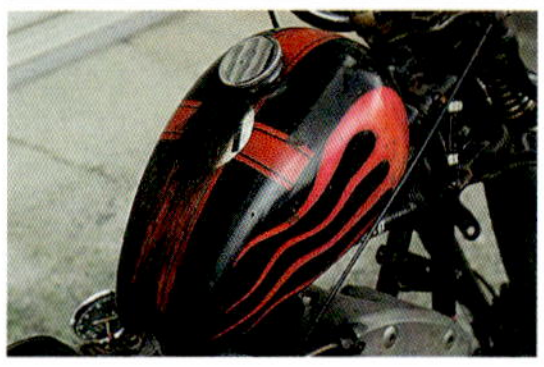

model ►

### 1978/FLH

ショベルヘッドのFLHをベースにしたオールドスクールチョッパー。純正スプリンガーフォーク、ワッセル製ピーナッツタンクなどヴィンテージパーツを取り入れ、オープンプライマリーにジョッキーシフトなどでカスタム

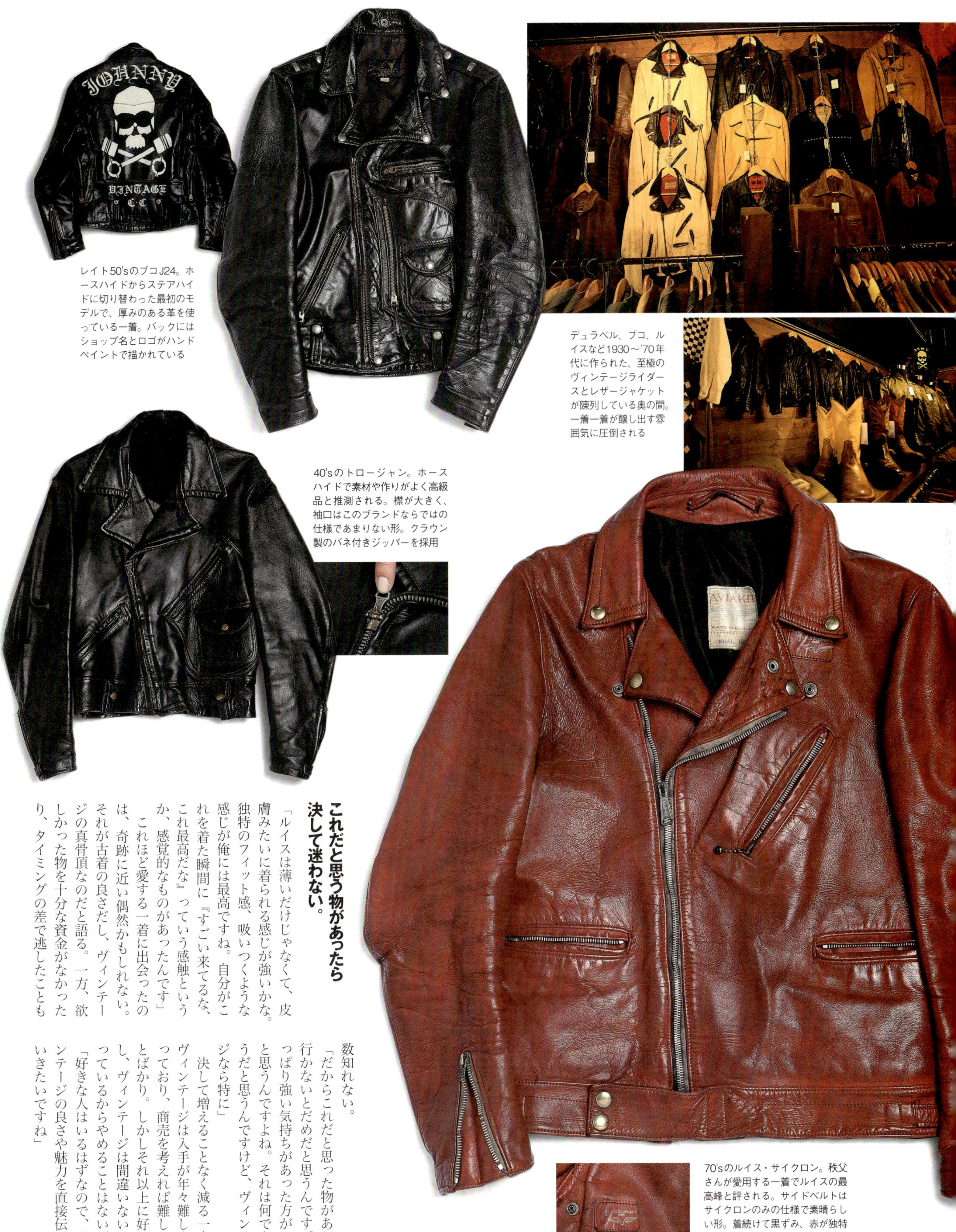


レイト50'sのブコJ24。ホースハイドからステアハイドに切り替わった最初のモデルで、厚みのある革を使っている一着。バックにはショップ名とロゴがハンドペイントで描かれている

デュラベル、ブコ、ルイスなど1930〜'70年代に作られた、至極のヴィンテージライダースとレザージャケットが陳列している奥の間。一着一着が醸し出す雰囲気に圧倒される

40'sのトロージャン。ホースハイドで素材や作りがよく高級品と推測される。襟が大きく、袖口はこのブランドならではの仕様であまりない形。クラウン製のバネ付きジッパーを採用

70'sのルイス・サイクロン。秩父さんが愛用する一着でルイスの最高峰と評される。サイドベルトはサイクロンのみの仕様で素晴らしい形。着続けて黒ずみ、赤が独特の色合いになった。ロゴのプリントがずれているのは時代のせいか

## これだと思う物があったら決して迷わない。

「ルイスは薄いだけじゃなくて、皮膚みたいに着られる感じが強いかな。独特のフィット感、吸いつくような感じが俺には最高ですね。自分がこれを着た瞬間に『すごい来てるな、これ最高だな』っていう感触というか、感覚的なものがあったんです」

これほど愛する一着に出会ったのは、奇跡に近い偶然かもしれない。それが古着の良さだし、ヴィンテージの真骨頂なのだと語る。一方、欲しかった物を十分な資金がなかったり、タイミングの差で逃したことも数知れない。

「だからこれだと思った物があれば、行かないとだめだと思うんです。やっぱり強い気持ちがあった方がいいと思うんですよね。それは何でもそうだと思うんですけど、ヴィンテージなら特に」

決して増えることなく減る一方のヴィンテージは入手が年々難しくなっており、商売を考えれば難しいことばかり。しかしそれ以上に好きだし、ヴィンテージは間違いないと思っているからやめることはない。

「好きな人はいるはずなので、ヴィンテージの良さや魅力を直接伝えていきたいですね」

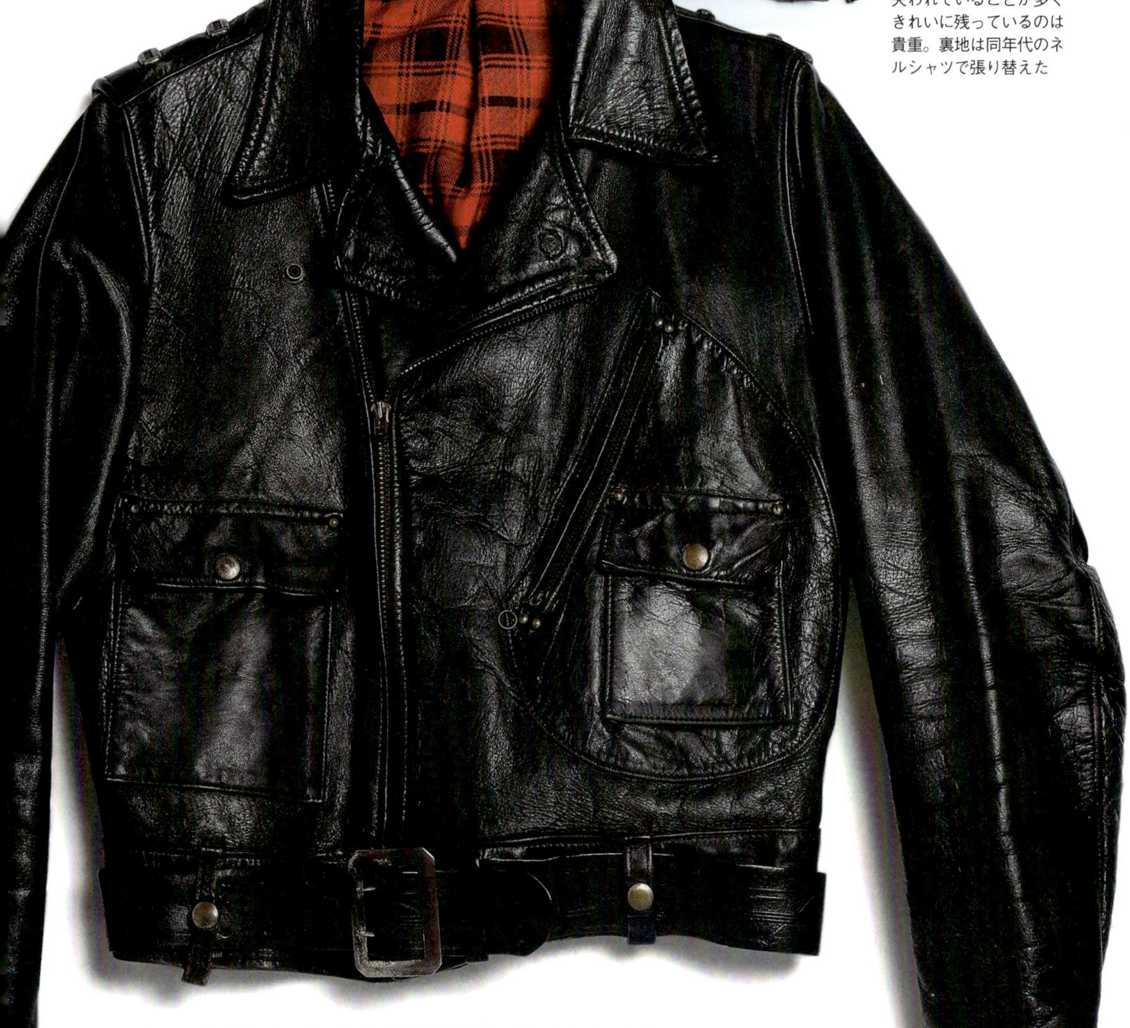

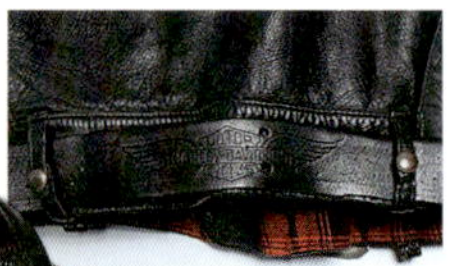

40'sハーレーダビッドソン・サイクルチャンプの1stモデル。小さいポケットつきDポケットは1stならでは。ベルトは失われていることが多くきれいに残っているのは貴重。裏地は同年代のネルシャツで張り替えた

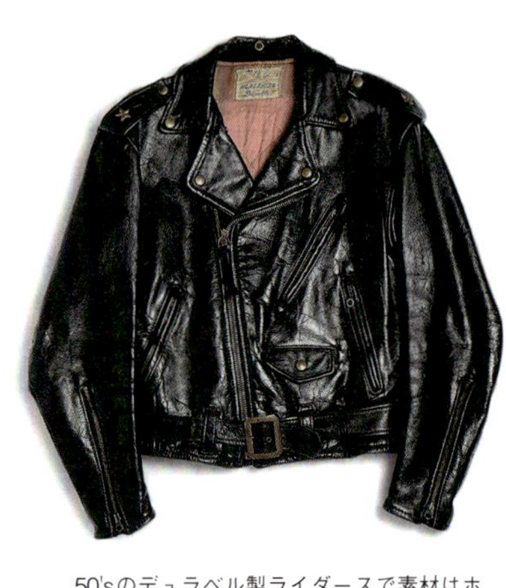

50'sのデュラベル製ライダースで素材はホースハイド。映画『乱暴者』でマーロン・ブランド演じる主人公が着ていたジャケットとほぼ同じ。袖のジッパーが長いのが特徴

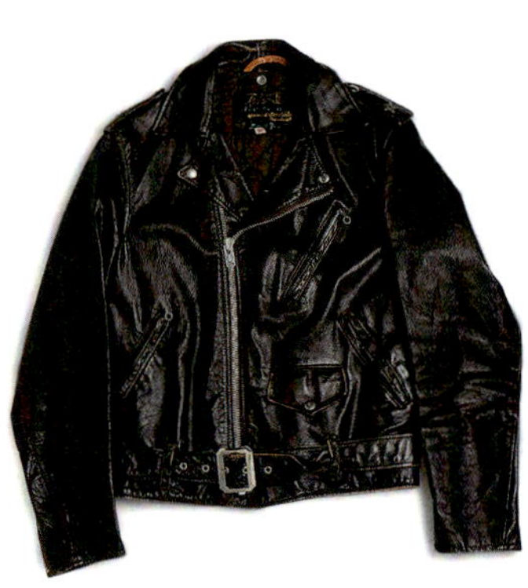

60'sのショット・ワンスター。ホースハイドからステアハイドに移行した過渡期のジャケットで、革は薄くてペラペラなほどの柔らかさ。ベルトとサイドレースアップの2種類ある

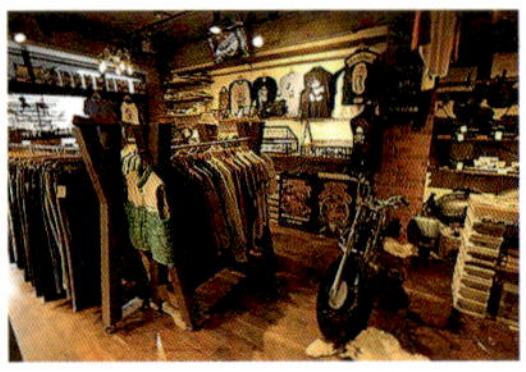

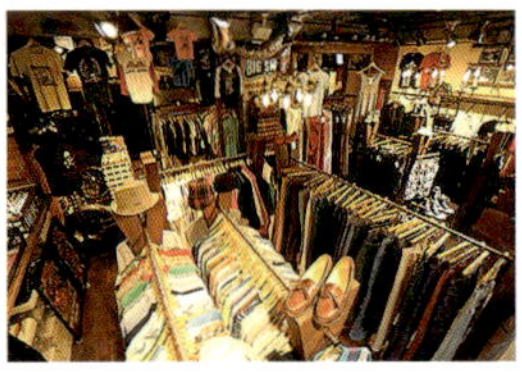

レザージャケット以外にも厳選した良質の古着が並ぶ店内。できるだけリーズナブルな価格で取り揃えている。オリジナルのウエアやグッズも不定期で登場する

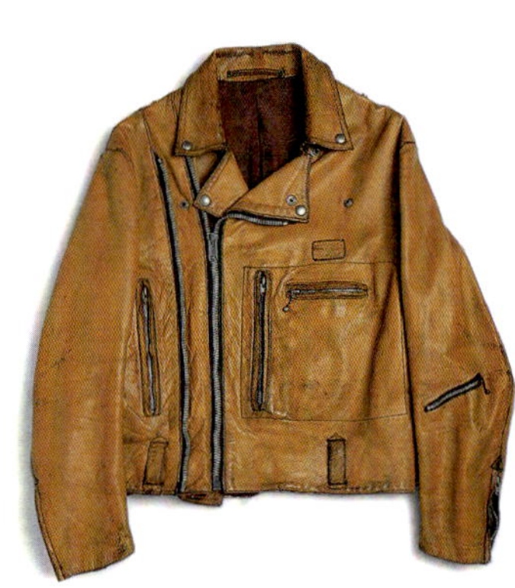

70'sのルイス・スーパーブロンクスは、同社の1stモデル。マスタードゴールドは当時のオーダー色で、クリックス製ツイントラックジッパーを使用。エポレットは失われていた

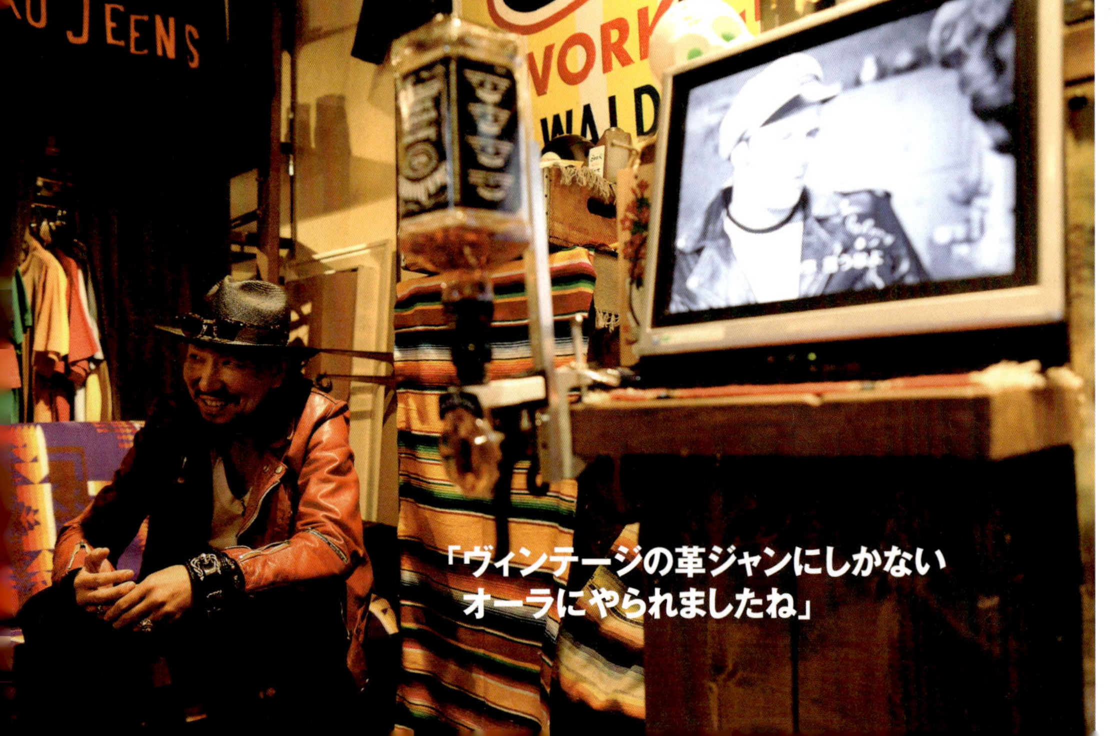

「ヴィンテージの革ジャンにしかない
オーラにやられましたね」

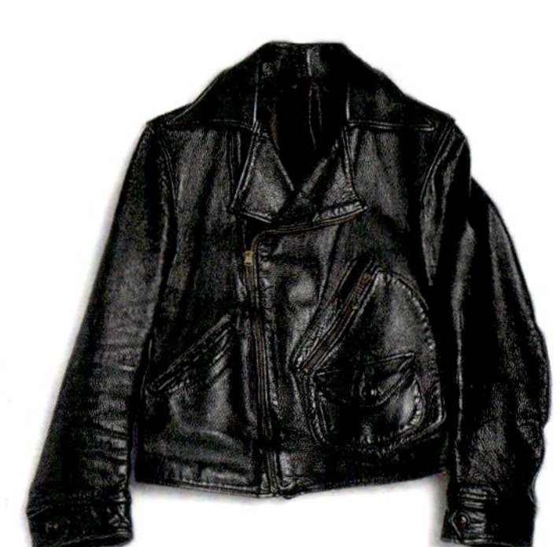

30'sのサイモンズビルト。革質が独特なホースハイドを使い、変形Dポケットがついている。襟の形状、扇タイプのジッパー、ボタンの袖口など、独特のディテールを楽しめる

みんなどんなカッコで乗ってるの!?

# ライダースフリーク達のリアルな着こなしをチェック!

求めるのはファッションと機能性。ホンモノのバイク乗り達は実際どんなライダースを選んでいるのか見てみよう。

▲ 足立結城さん

着こまれたタフなライダースに合わせるのはあえて細身のデニム。シルエットで軽快さを加えてる

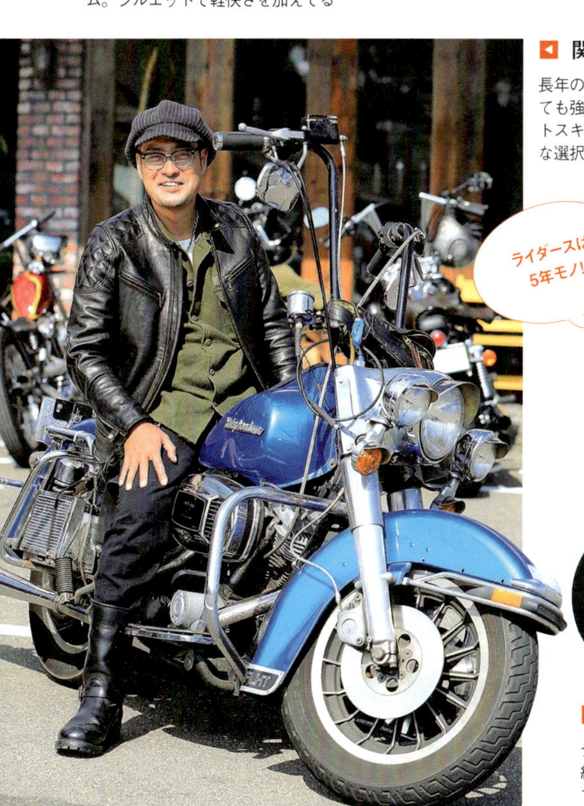

◀ 関谷敏郎さん

長年の相棒は、柔らかくても強い特徴のあるゴートスキンを選んだ。大人な選択肢である

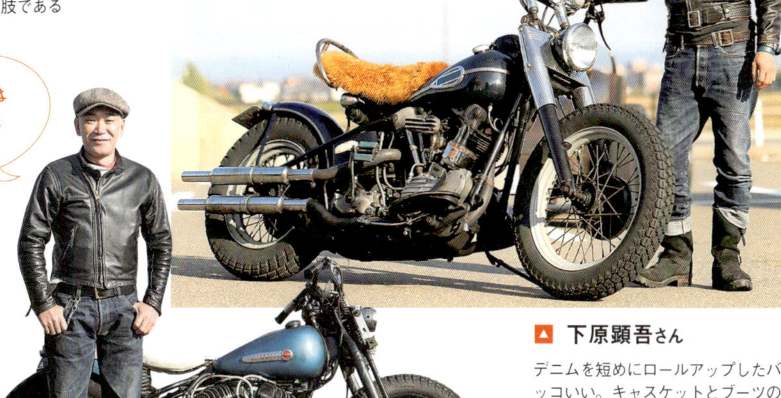




▲ 下原顕吾さん

デニムを短めにロールアップしたバランス感がカッコいい。キャスケットとブーツの質感もいい

▲ 黒沢32さん

デニムとライダース。シンプルな組わせはハンチングを加えるだけでバイクと時代感があう

▼ 瀬川雅人さん

ホンモノの大人が着ればシンプルなライダースほど男を引き立てる、の好例。カッコいいね

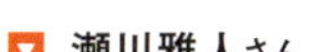

▲ 中村則昭さん

ボリュームあるボトムをブーツインして'50sなスタイルに。バイクにもあってるね



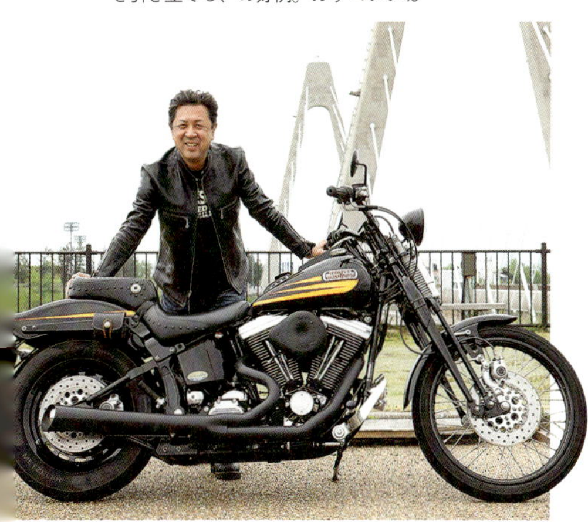



▲ 伊藤健治さん

バイクのイメージにぴったりのレーシーなライダース。上級者の着こなしだね

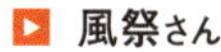

▶ 風祭さん

バイク乗りの新しいトレンドボーダーパンツをライダースと。組み合わせでも今を表現できる

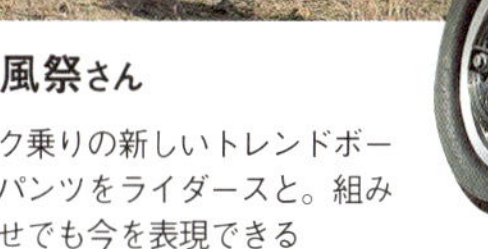

▼ 岩井リオさん

インナーにストライプをのぞかせる着こなしは、'50sに始まるバイク乗りの大定番

▼ 浅野勇人さん

ヴィンテージバイクに合わせたウエア。ホワイトデニムが新鮮。アイウエアでポップに

▼ 松成一馬さん

明るいインナーでレザーの重さをやわらげるアメリカンカジュアルのお手本

▼ 石掛善昭さん

デニムベストと組み合わせてライダースの着こなしに幅を持たせた。マネしてみたいね

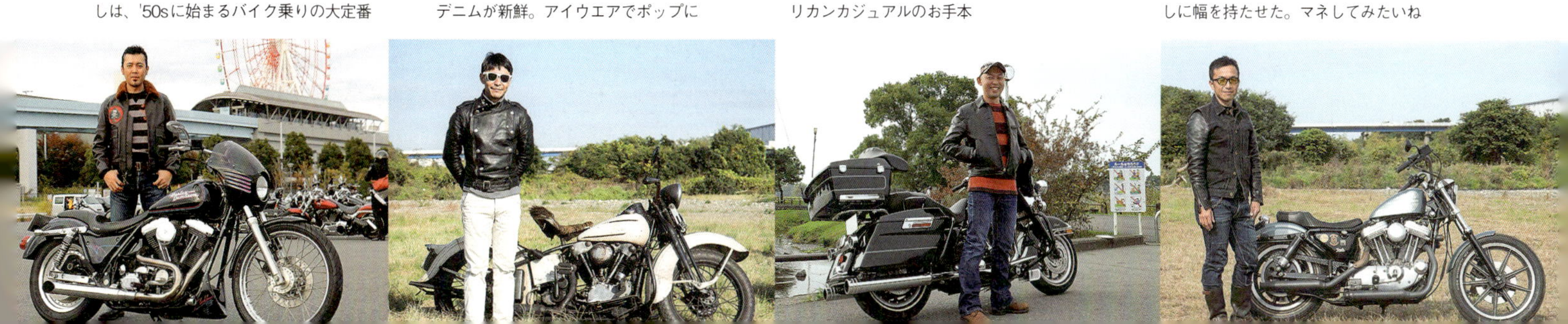

POINT!

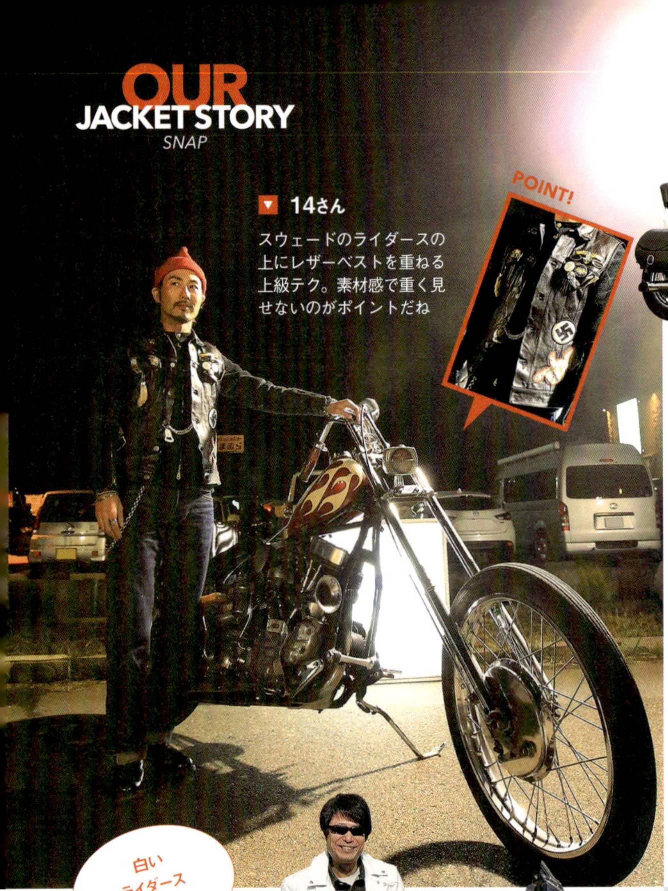

▼ **14さん**

スウェードのライダースの上にレザーベストを重ねる上級テク。素材感で重く見せないのがポイントだね

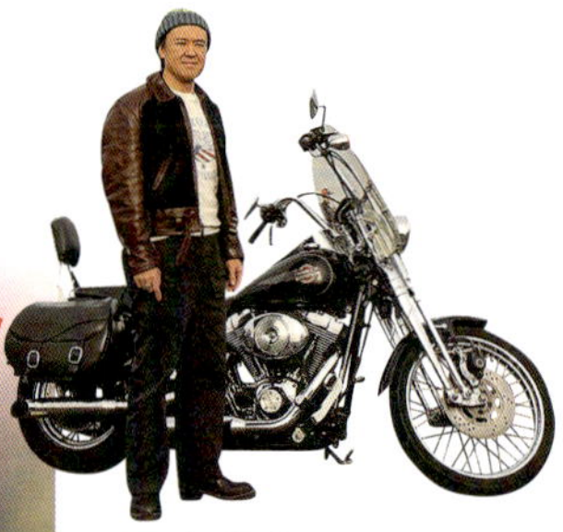

▲ **新井良さん**

ボリュームのある熊ジャンはショート丈でスッキリ。ヴィンテージもサイジングでイメージが変わる

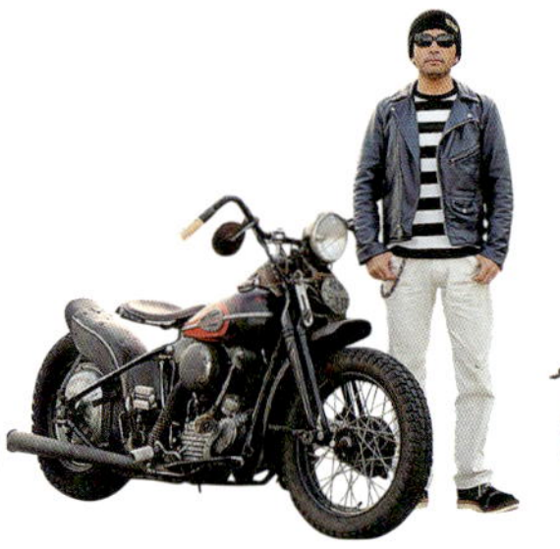

▲ **勝さん**

色のあわせは定番だけど、ネイビーのライダースという変化球で個性を主張。バイクにも合ってるね

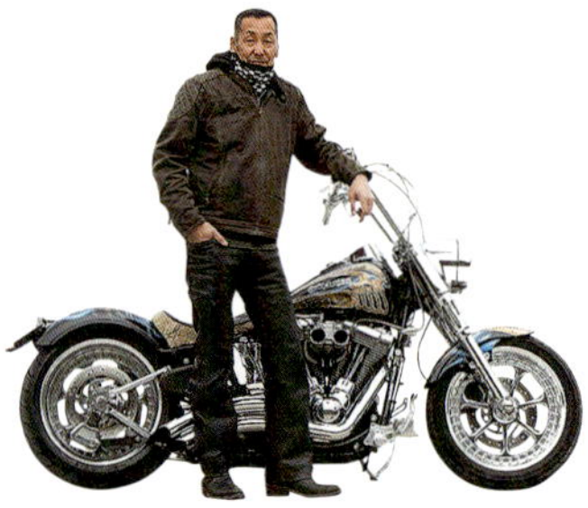

▲ **石川良治さん**

パデッドのライダースも淡いトーンのライダースならゴツくならない。チェッカーのストールをのぞかせて

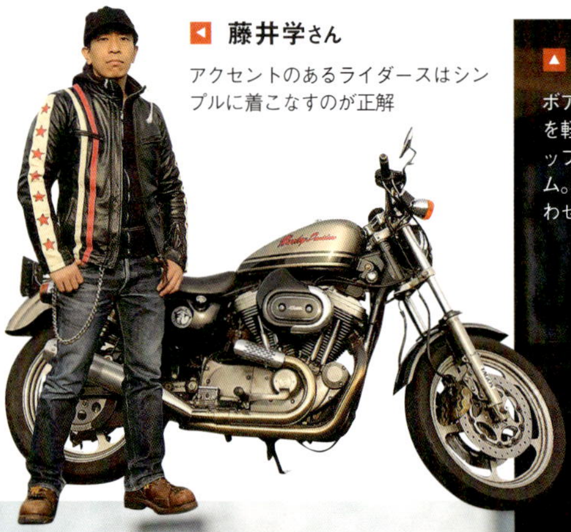

◀ **藤井学さん**

アクセントのあるライダースはシンプルに着こなすのが正解

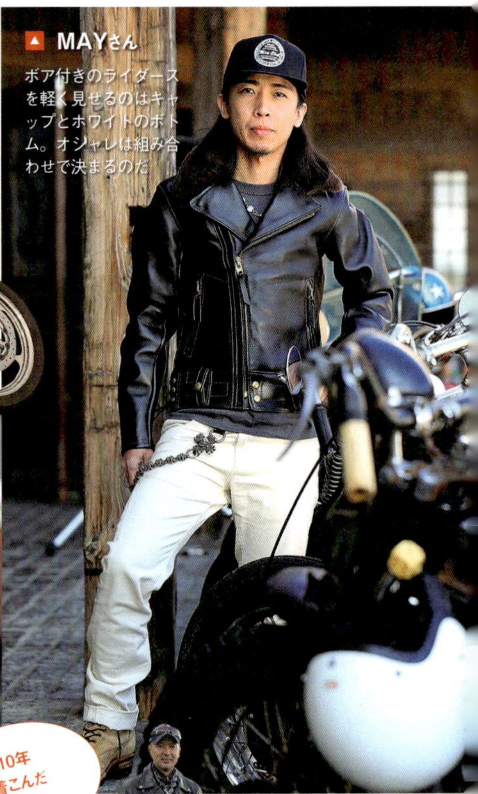

▲ **MAYさん**

ボア付きのライダースを軽く見せるのはキャップとホワイトのボトム。オシャレは組み合わせで決まるのだ

白い
ライダース
で勝負!

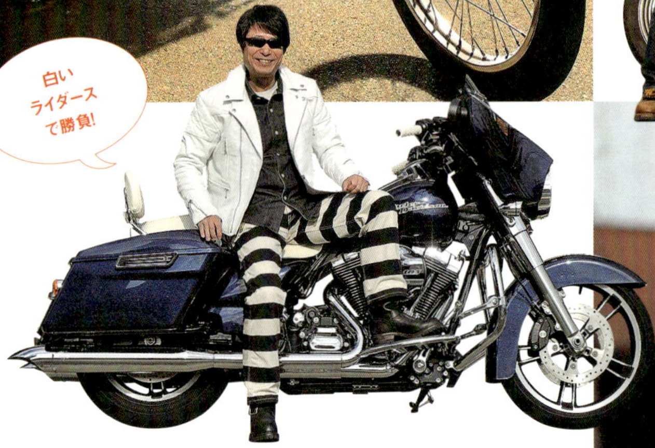

▲ **Tuneさん**

オールドなアイテムもスリムな着こなしで最新のバイカースタイルになる

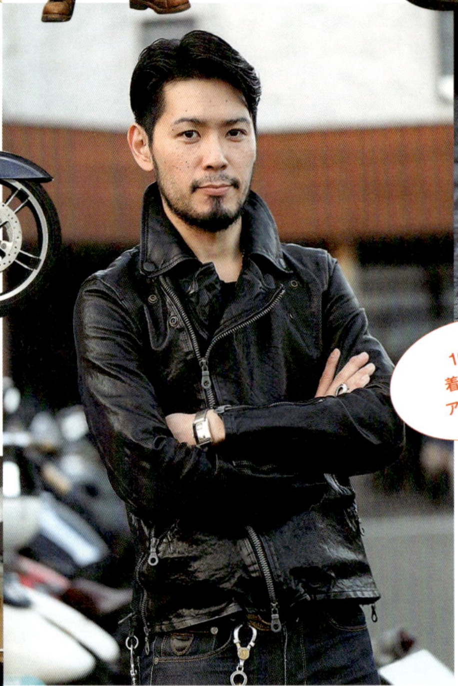

10年
着こんだ
アジです。

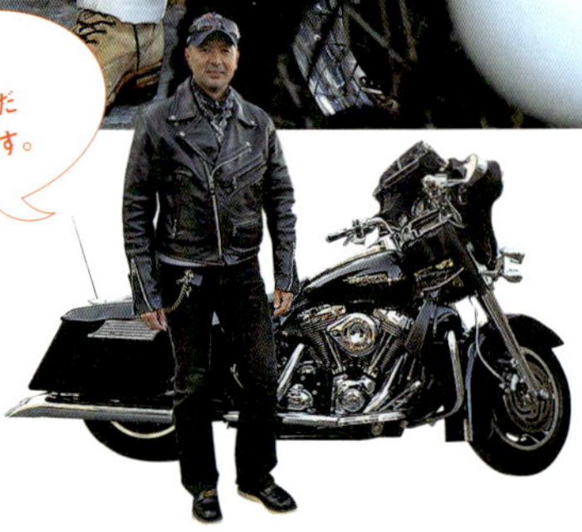

▲ **薮田浩司さん**

10年着こんだというライダース。着られていないライダースはやっぱりカッコいい

▲ **白井昭吾さん**

柔らかいレザーのライダースは逆にハードなアクセサリーを合わせると男らしさが増してくる

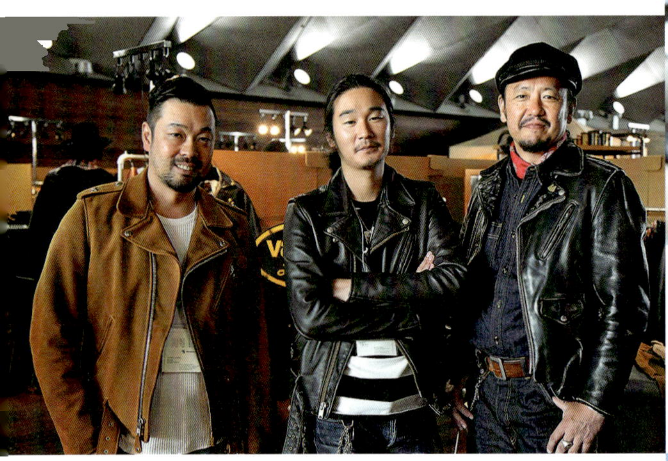

▼ **中村智宏さん**

ロールアップの丈を長めにするだけで'50sなイメージに変身。リアルなライディングスタイルだ

▲ **東秀樹さん**

スウェードのライダースは2着目に欲しいアイテム。シンプルでもアジがあるね

▲ **工藤淳平さん**

別注モデルのSchottでストリート感の強い着こなしに。ライダースをカジュアルに着る

▲ **飯塚記一さん**

ヴィンテージのSchottを着こなす。かすれた風合いがいい。インナーの差し色がポイント

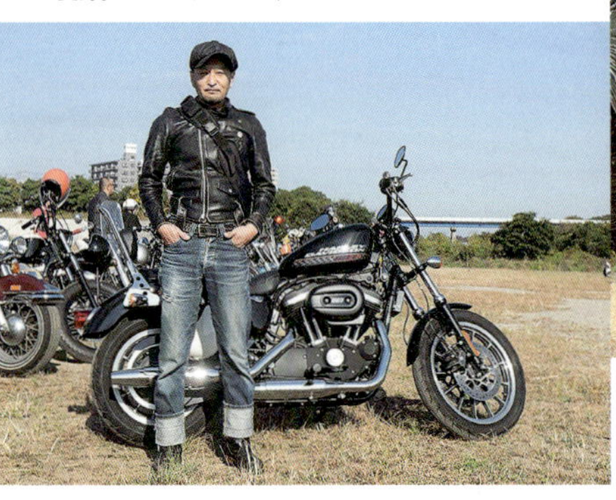

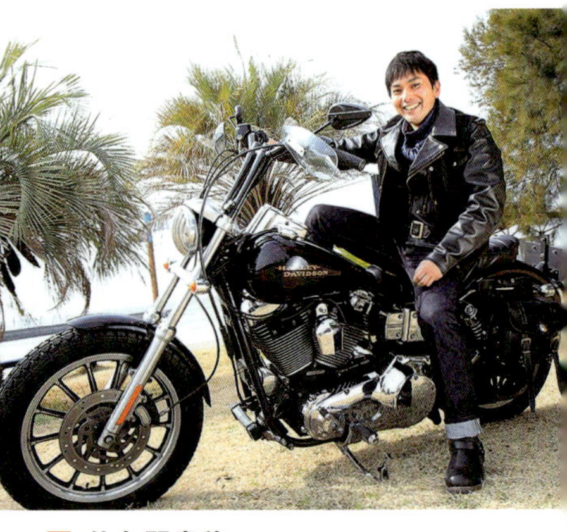

▲ **佐久間貴稔さん**

Wライダース×ベストの着こなしはなかなか難しいけれどうまく着こなしてるね

◀ **別役和也さん**

レザー×レザーを着こなすのは大人の貫録あってこそ。着られていない雰囲気がイイね

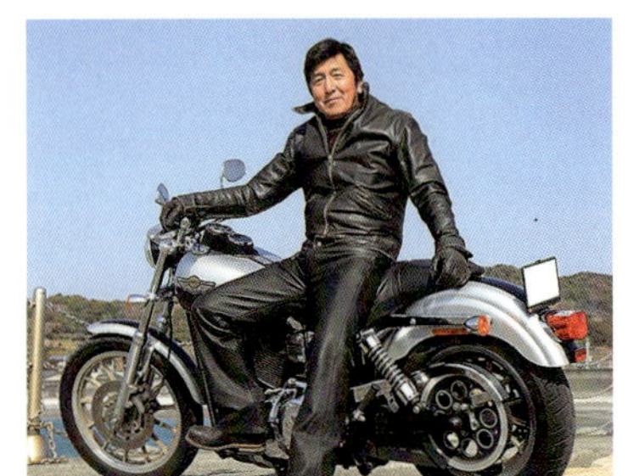

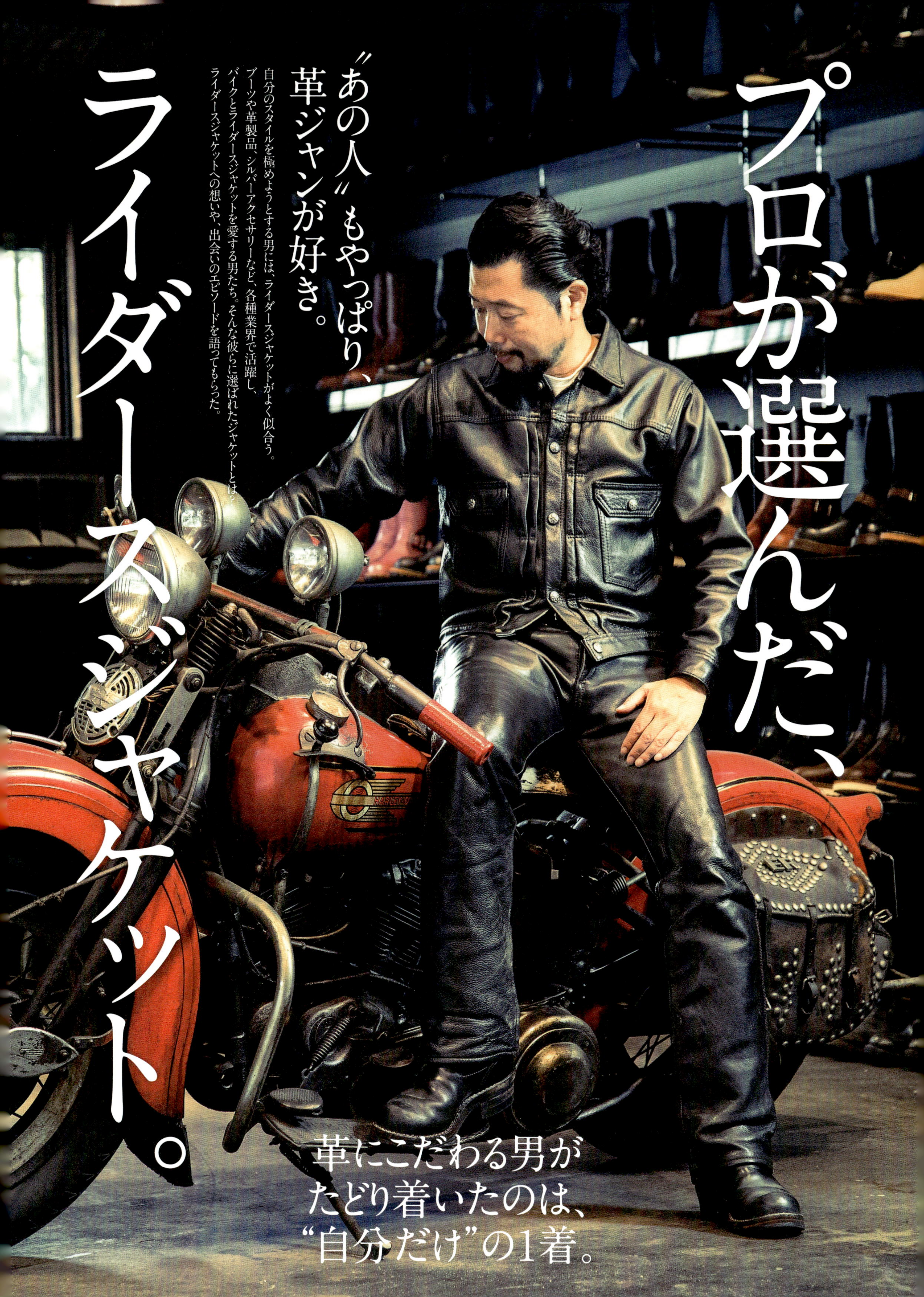

# プロが選んだ、ライダースジャケット。

## 〝あの人〟もやっぱり、革ジャンが好き。

自分のスタイルを極めようとする男には、ライダースジャケットがよく似合う。ブーツや革製品、シルバーアクセサリーなど、各種業界で活躍し、バイクとライダースジャケットを愛する男たち。そんな彼らに選ばれたジャケットとは？ライダースジャケットへの想いや、出会いのエピソードを語ってもらった。

革にこだわる男が
たどり着いたのは、
“自分だけ”の1着。

*Boots*
**WESCO**
×
*Jacket*
**Langlitz Leathers**

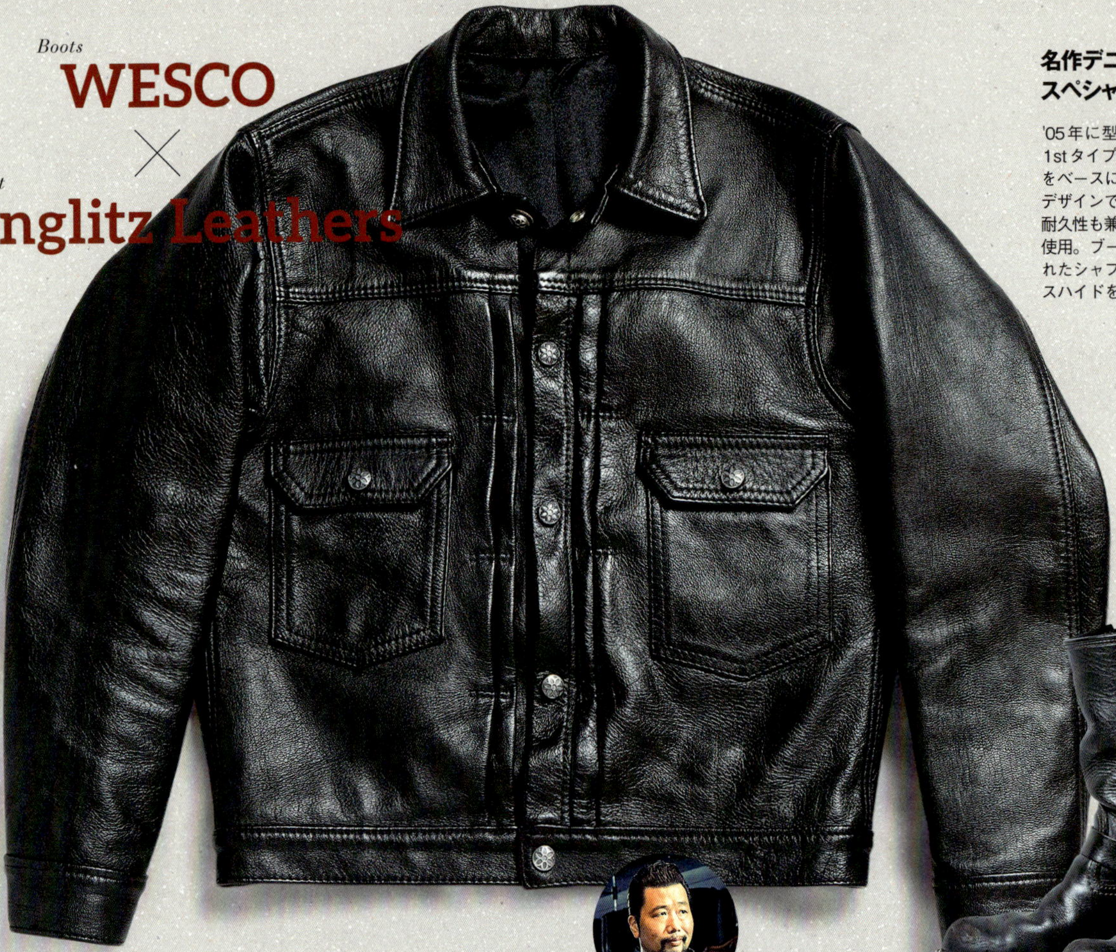

**名作デニムジャケットのスペシャルオーダー。**

'05年に型紙から作ってもらった1stタイプ（次ページ参照）の型紙をベースに'09年には2ndタイプのデザインで特別オーダー。着心地に耐久性も兼ね備えたゴートスキンを使用。ブーツは'11年に限定発売されたシャフトにラングリッツのホースハイドを使った「THE BOSS」

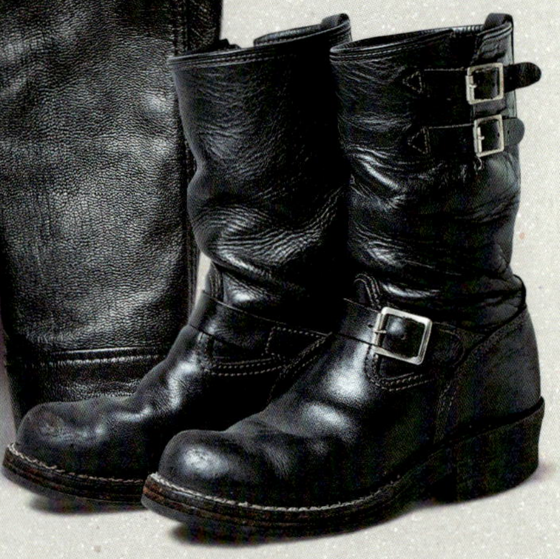

*Riders Jacket of Professional_no.1*

# WESCO JAPAN

## 岡本直さん

ブーツのプロ

text/M.Terano 寺野正樹 photo/H.Yoda 依田裕章
取材協力／ウエスコ ジャパン TEL06-6783-6888 www.wescojapan.com

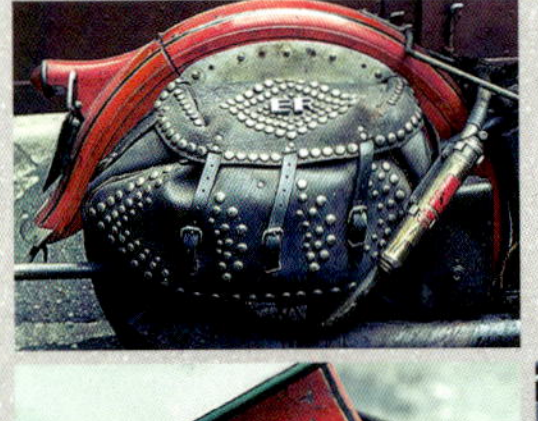

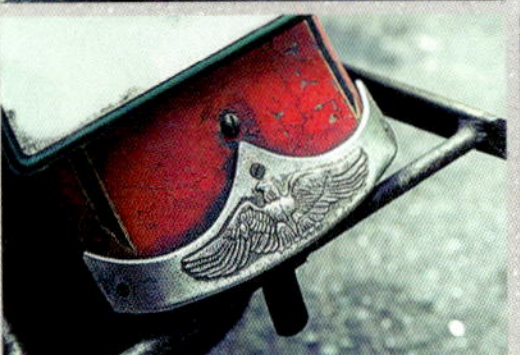

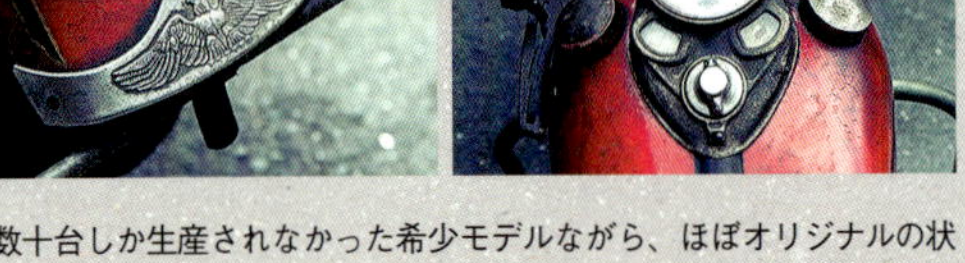

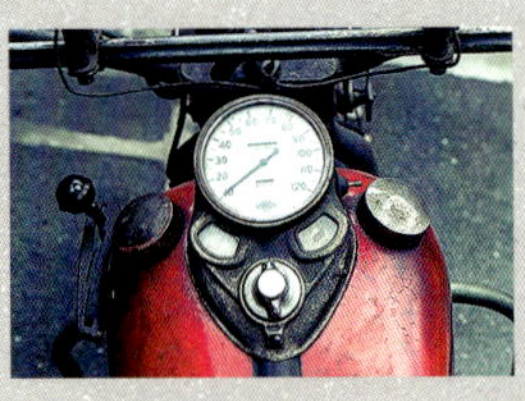

*model*
**1937 EL**

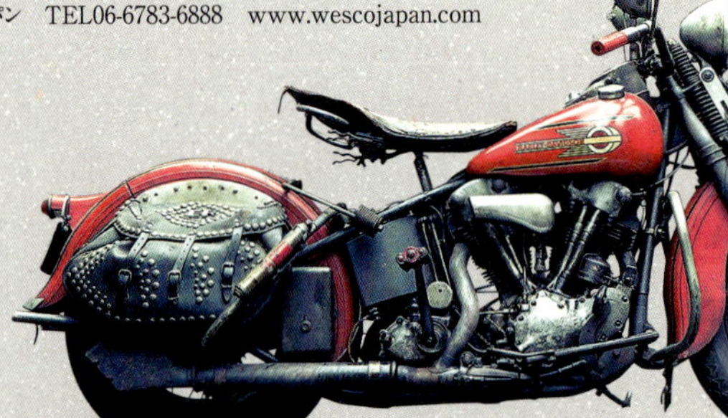

2千数十台しか生産されなかった希少モデルながら、ほぼオリジナルの状態。しかも当時のドレスアップパーツも付いた激レア車両だ。さすがに毎日は乗らないが、遠出も難なくこなせる極上の状態をキープする

### 20年以上ブーツはウエスコ、ライダースはラングリッツ。

アメリカの老舗ブーツブランドウエスコ。シンプルなデザインと頑丈な作りから、バイク乗りはもちろん、高所作業や港湾関係などタフな現場で働くワーカーからの信頼が厚い。そんなウエスコに惚れ込み、日本総代理店となるウエスコジャパンを立ち上げた代表の岡本さん。

「365日毎日ブーツです。近所のコンビニに買い物に行く時もブーツ。僕にとってはブーツは体の一部みたいな感覚です」

そう語るほどウエスコのブーツを愛する岡本さんだが、実はブーツと同じくらい愛してやまないのがライダースジャケットとバイクだ。

'48年式FLパンヘッドから6年前に'37年式ELナックルヘッドに乗り換え。それからは毎日ではないものの、ハーレーに乗るときは夏以外基本的にライダースジャケットにブーツというのがお決まり。

ブーツはもちろんウエスコ。そして、ライダースジャケットはウエスコに負けず劣らず約20年間ラングリッツ一筋だそう。

「元々革が好きで、20代の頃からブーツや革ジャンを色々着ていくうちにウエスコとラングリッツに行き着いた感じですね。バイク乗りのために作られているから機能性・耐久性に優れているし、何より革の質感がいいんですよ」

現在所有するライダースジャケットのほとんどすべてがラングリッツのヴィンテージ。

さらに、ここ10年はカスタムオーダーやフルオーダーで〝自分だけの1着〟を作ることも多いという。

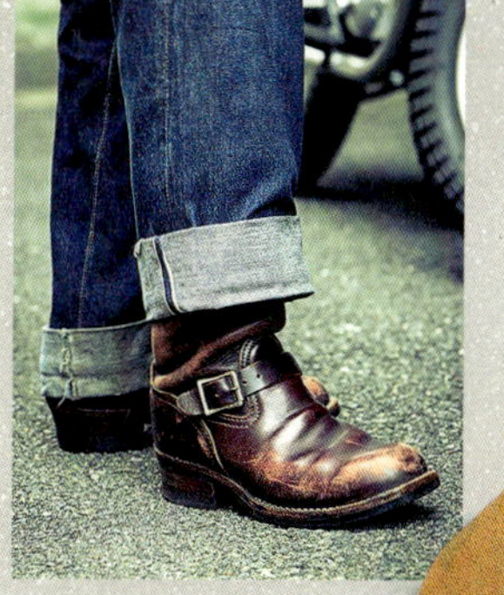

バーガンディレザー。'08年に製作。デニムのような美しい色落ちや当たりがなんともいえない

*Boots*

# WESCO × *Jacket* Langlitz Leathers

**ラングリッツのイメージを覆すスペシャルな1枚。**

「ラングリッツはゴツいイメージがあったけど、もっと普通に着れるのが欲しかった」と、2005年に特別にオーダーした1stタイプ。ゴートスキンを使用し、ヴィンテージをベースに岡本さんの体型に合わせて製作。デニムと合わせてカジュアルな街着にもなるし、バイクにもよく似合う

「やっぱり自分の体型に合わせた1枚というのは着心地が全然違いますから。それに、色々着ていくうちにここはこういう風になっているといいとか、こんなデザインのものを着てみたいって思うようになってきてね。ヴィンテージのようなありのままの姿というのもいいですけど、"自分だけの一着"になると、より愛着も増しますからね」

所有するコレクションの中でもお気に入りとして紹介してくれたのが、リーバイスの1st、2ndタイプのジャケット。いずれも、特別なカスタムオーダーで作られたモノで、長年ラングリッツを愛する愛好者だから生まれた逸品だ。

「自分の好きなデザインを世界最高峰のモーターサイクルガーメントであるラングリッツに作ってもらえたので、これは本当に気に入ってます。値段も聞かずにオーダーしたから、ビックリするぐらい高かったけどね(笑)。でも、本当に自分の気に入ったものを作れるのは金額ではなくプライスレスなもの。一生大事に着ますよ！」

20年以上ラングリッツとウエスコに惚れ込んだ岡本さんの真っ直ぐな生き様は、単にお金をかけることではなく、本気で惚れ込み、長年愛し続けることこそがオリジナルスタイルを生み出す原動力になるということを教えてくれているようだ。

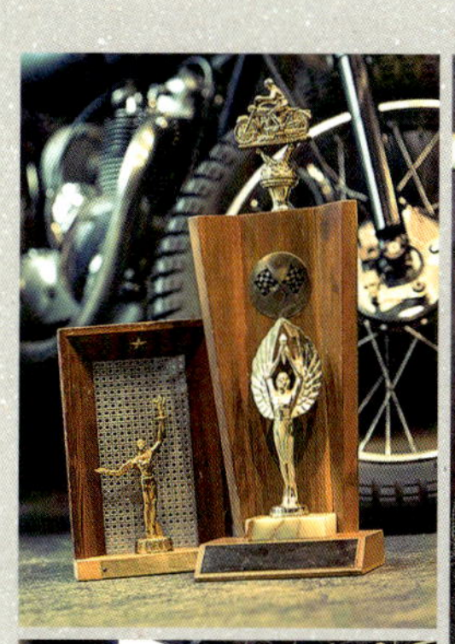

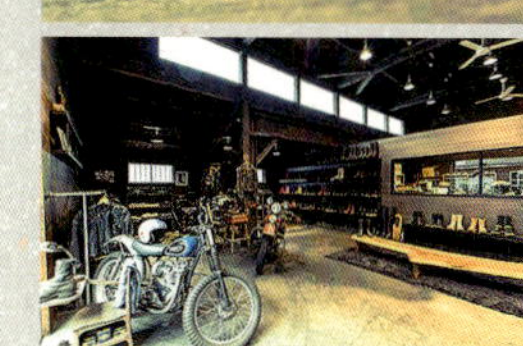

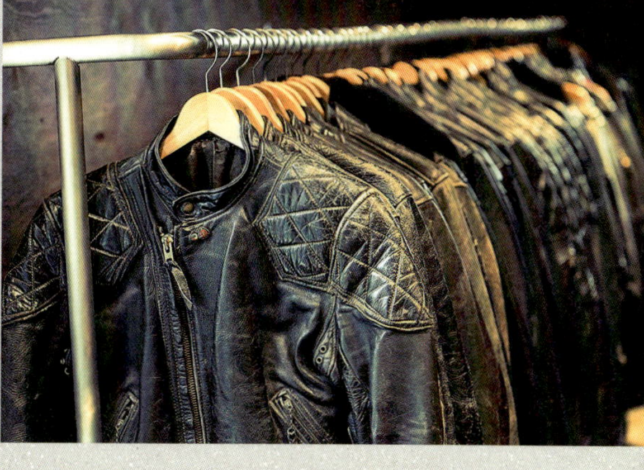

東大阪にあるウエスコジャパンのショールームはラングリッツの正規代理店でもあり現行品のカスタムオーダーはもちろんのこと、ユーズド、ヴィンテージも取り揃えている

*model*

## 1959 speed twin 5TA

ヒルクライム仕様のトライアンフ5TA。'50年代後半～'60年代前半にヒルクライム大会で活躍したトム・ハインズが'59年の大会で優勝した実車。優勝トロフィーも揃うヒストリックなモデル。来年はこれで千里浜のSAND-FLATSに参戦？

### ▶ ANOTHER COLLECTION

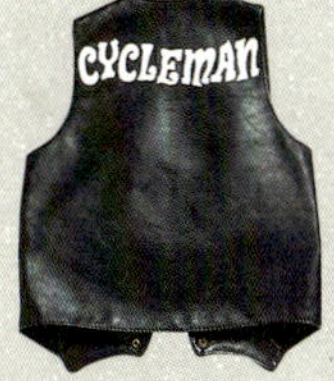


Back

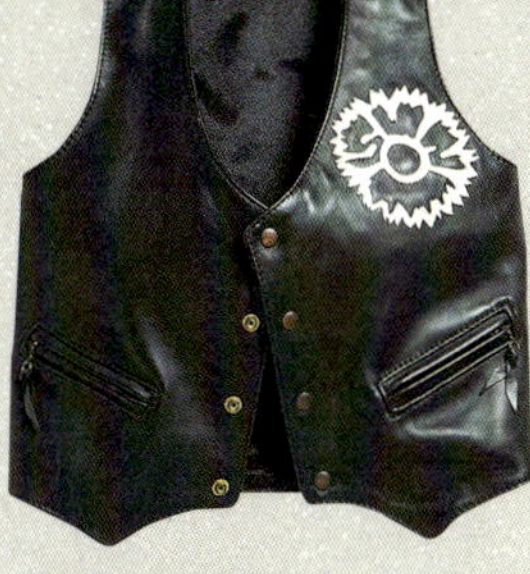

'03年にオーダーで作ったベスト。シームレスの1枚革で襟のデザインやポケット位置にもこだわった。バックロゴはボン・フランコ作

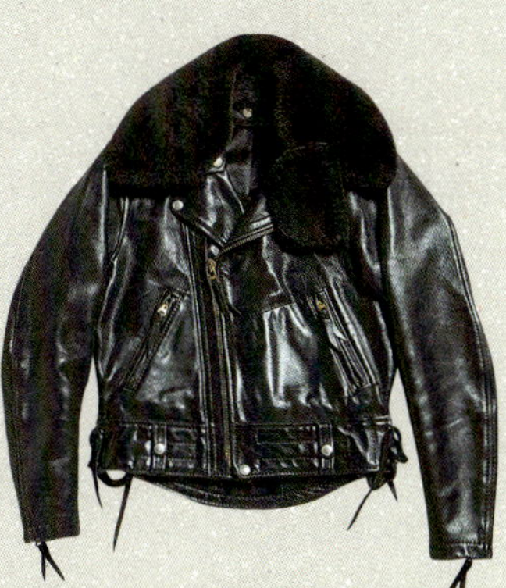

'00年、半世紀ぶりにラングリッツ社がホースハイドを使用した日本限定モデル「TOM'S SPEEDWAY-TOGS」。今見ても惚れぼれする質感

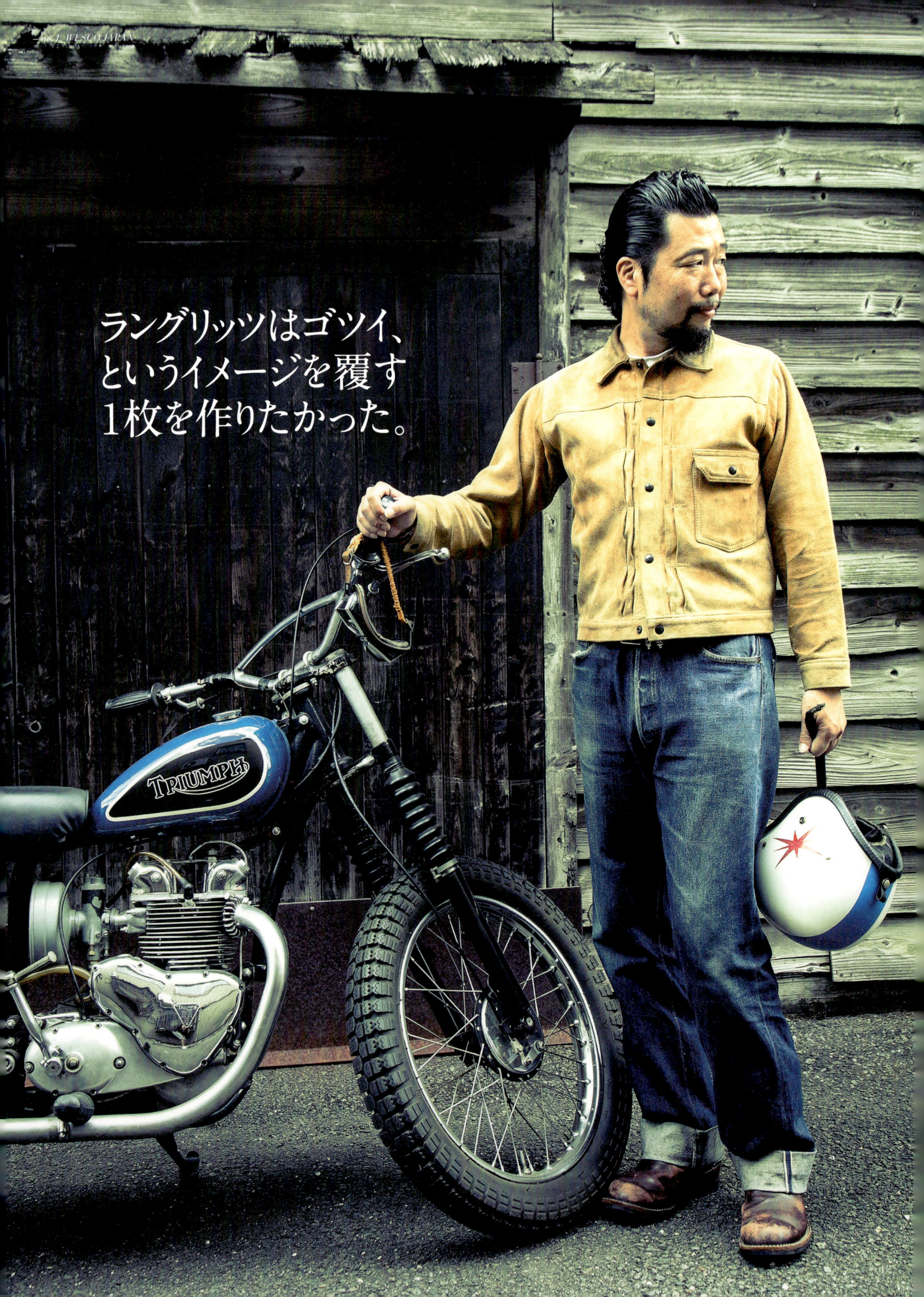


ラングリッツはゴツイ、
というイメージを覆す
1枚を作りたかった。

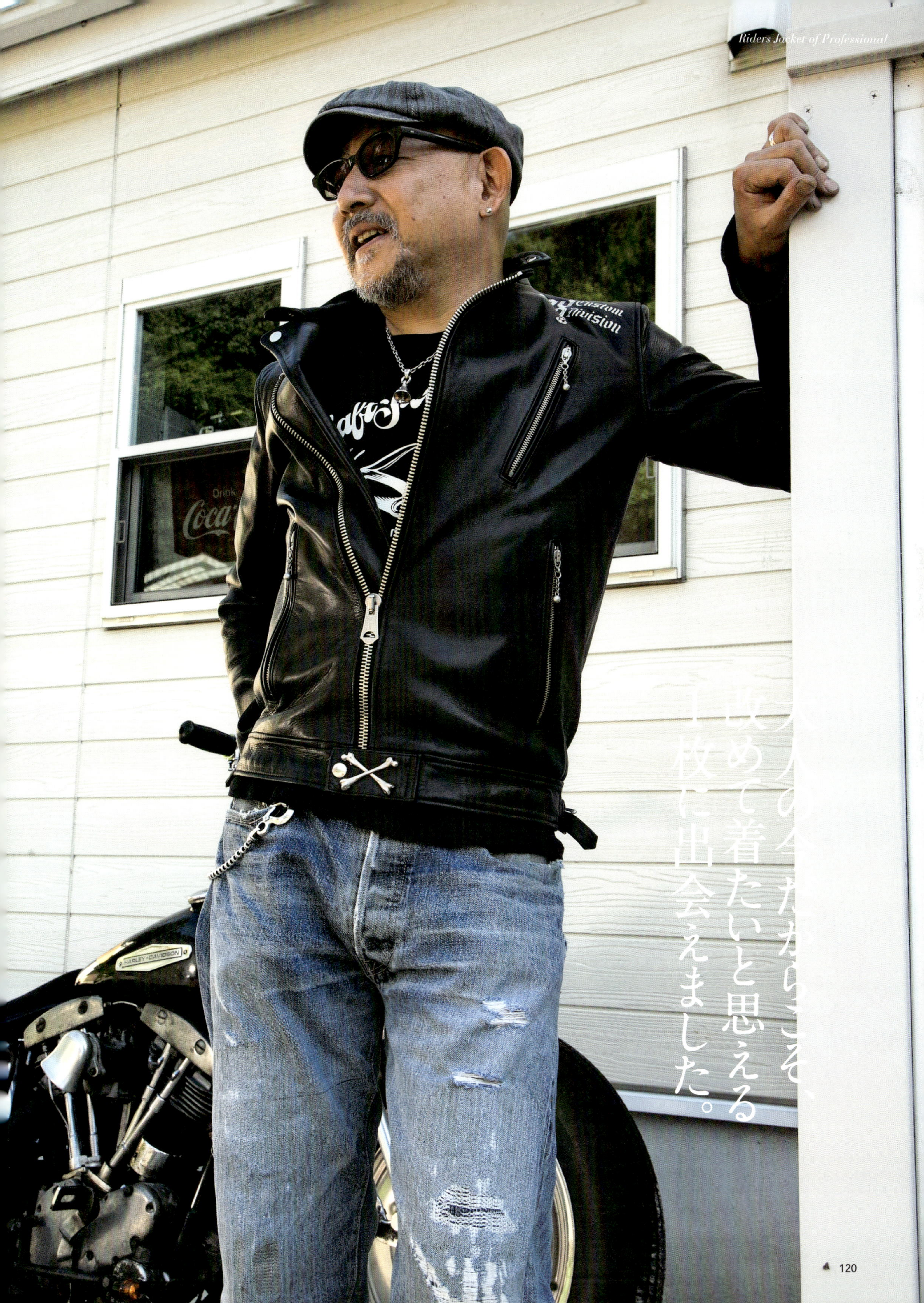


大人の今だからこそ、
改めて着たいと思える
1枚に出会えました。

Silver
## Shaft Silver Works
×
Jacket
## Sunset Bay

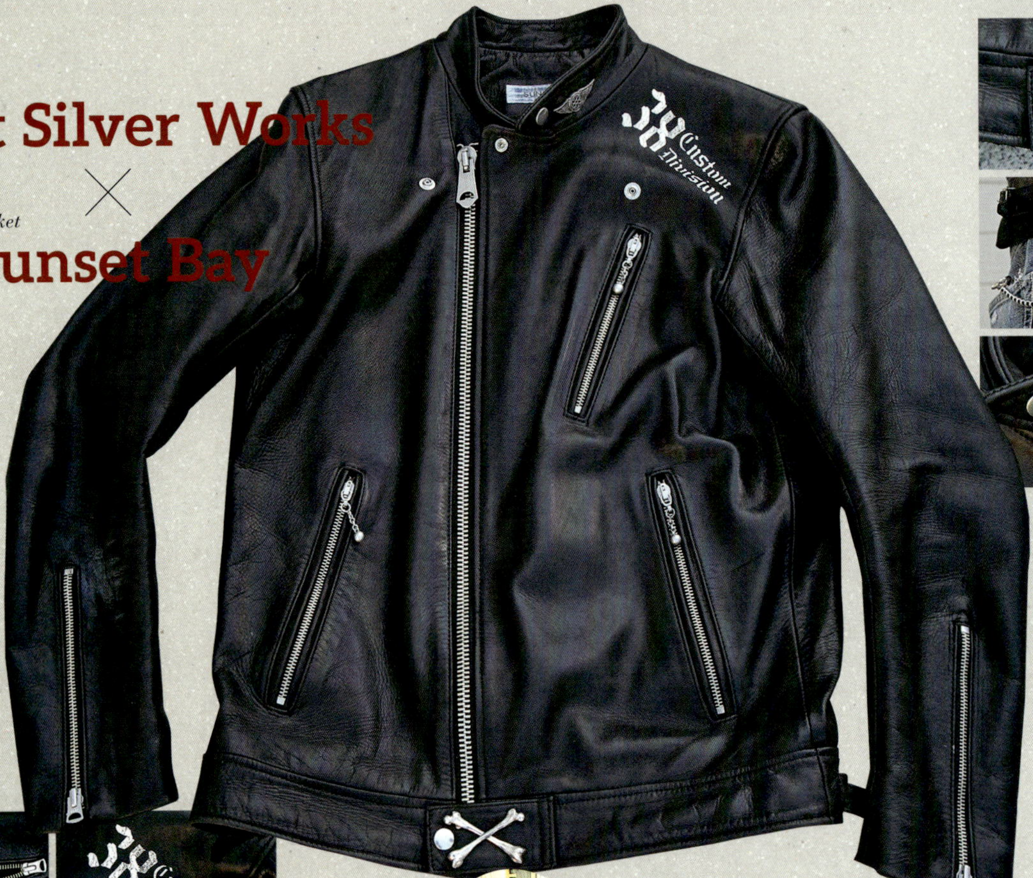

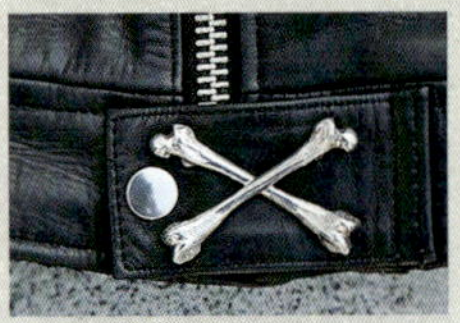

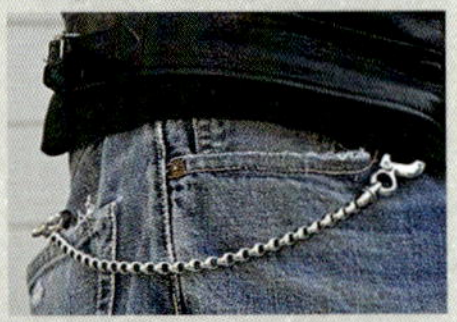

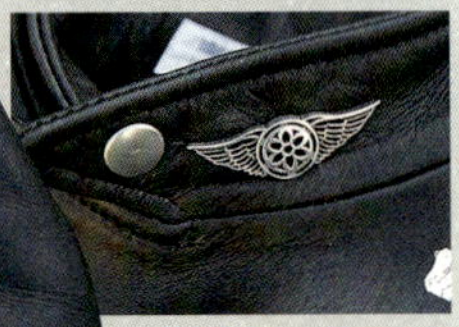

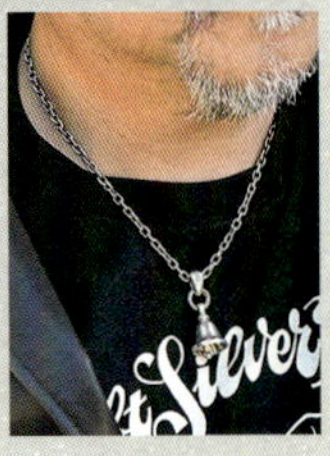

鎌倉のヴィンテージレザーを扱うサンセットブルバードのオリジナルブランド、サンセットベイのスタンドカラーのセミダブル。しなやかな馬革かつタイトなフィット感

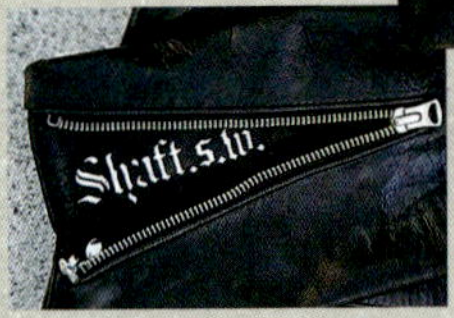

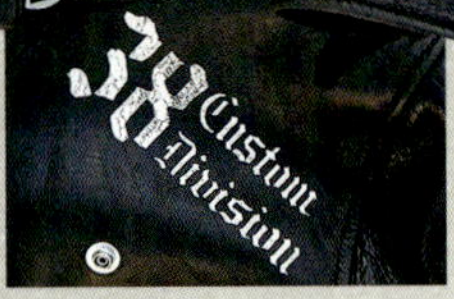

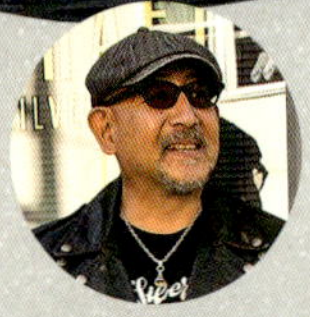

襟にはアメリカのショーで知り合った『グッドアートハリウッド』のジョシュからもらった思い出の品。それ以外はシャフトの作品。小ぶりで上品なスタイルが革に合う

*Riders Jacket of Professional_no.2*

# SHAFT SILVER WORKS

**本間正己**さん

シルバーのプロ

text/M.Terano 寺野正樹　photo/M.Kato 加藤正憲
取材協力／シャフトシルバーワークス　TEL0467-39-2680　shaftsilverworks.jp

model
**1966 FLH**

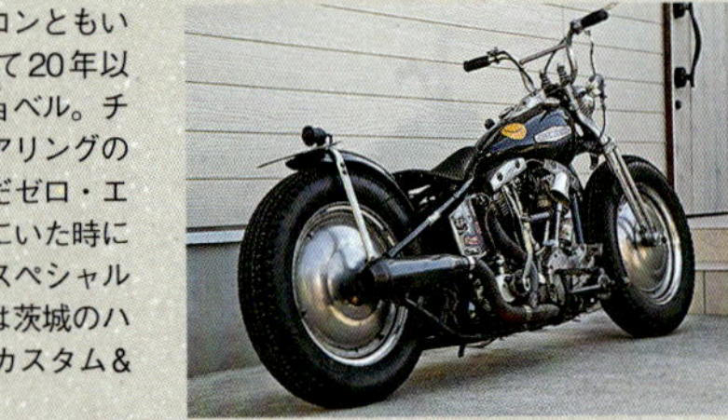

本間さんのアイコンともいえる、乗り始めて20年以上のアーリーショベル。チャボ・エンジニアリングの木村さんが、まだゼロ・エンジニアリングにいた時に作ってもらったスペシャルな1台だ。現在は茨城のハマーサイクルでカスタム&整備を行うそう

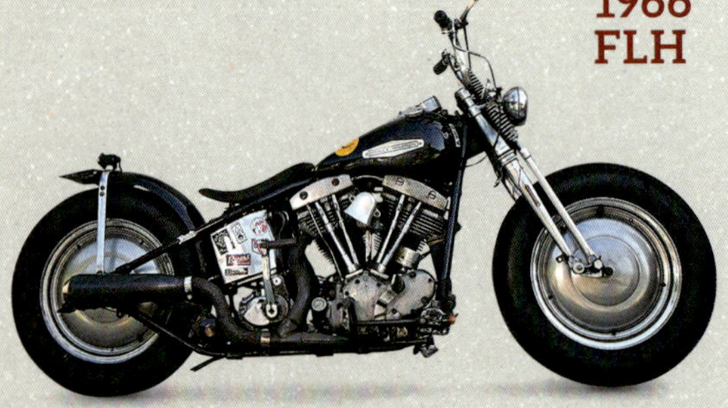

## サイズ感とデザインに惚れて約20年ぶりに新調した。

鎌倉に拠点を置くシルバーアクセサリーブランド『シャフトシルバーワークス』。ブランドの設立は'00年。長年シルバーも扱っているが、現在の愛車歴はすでに20数年で、ハーレー乗りなら、ショーやミーティングなどハーレー関連のイベントで出店している姿や愛車を見かけたことがある人も多いはず。

かつては自宅からアトリエまで出勤するために、夏以外ほぼ毎日革ジャン、革パン、ブーツというのが定番だったが、'13年に今の自宅兼アトリエに引っ越してからはバイクに乗る機会が減少。それにともなって、何着もあった革ジャンもほとんど手放してしまったそう。

そんな本間さんが1年前に出会ったのが同じ鎌倉に拠点を置く『サンセットベイ』の1枚。

「たまたま出来上がったばかりの1枚に袖を通してみたら、革の質感はいいし、サイズ感もシルエットも今の僕にピッタリだったので、その場で『買う！』ってなりましたね」

本間さんにとっては実に20年ぶりのライダースジャケット。

「昔着ていた本格的なライダースだと今ではゴツすぎて重い感じがしちゃいますけど、これは軽いから革のシャツくらいの感覚で着れる。それに、チョッパーに乗ってるからファッションも大切だと思います」

さらに、フロント裾部に自作のシルバーを、左胸と袖には「シェイキンスピードグラフィックス」清水さんの手によるペイントでカスタマイズするなど、大人ならではの遊び心もプラスした1枚となっている。

ライダースジャケットを彩る、シャフトのシルバーアクセサリー。

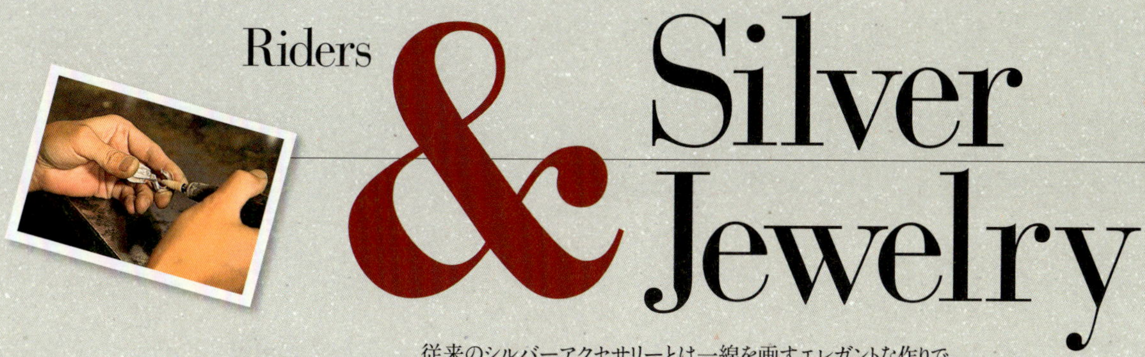

# Riders & Silver Jewelry

従来のシルバーアクセサリーとは一線を画すエレガントな作りで、
ライダースジャケットにもよく似合うシャフトの作品。その一部を紹介しよう。

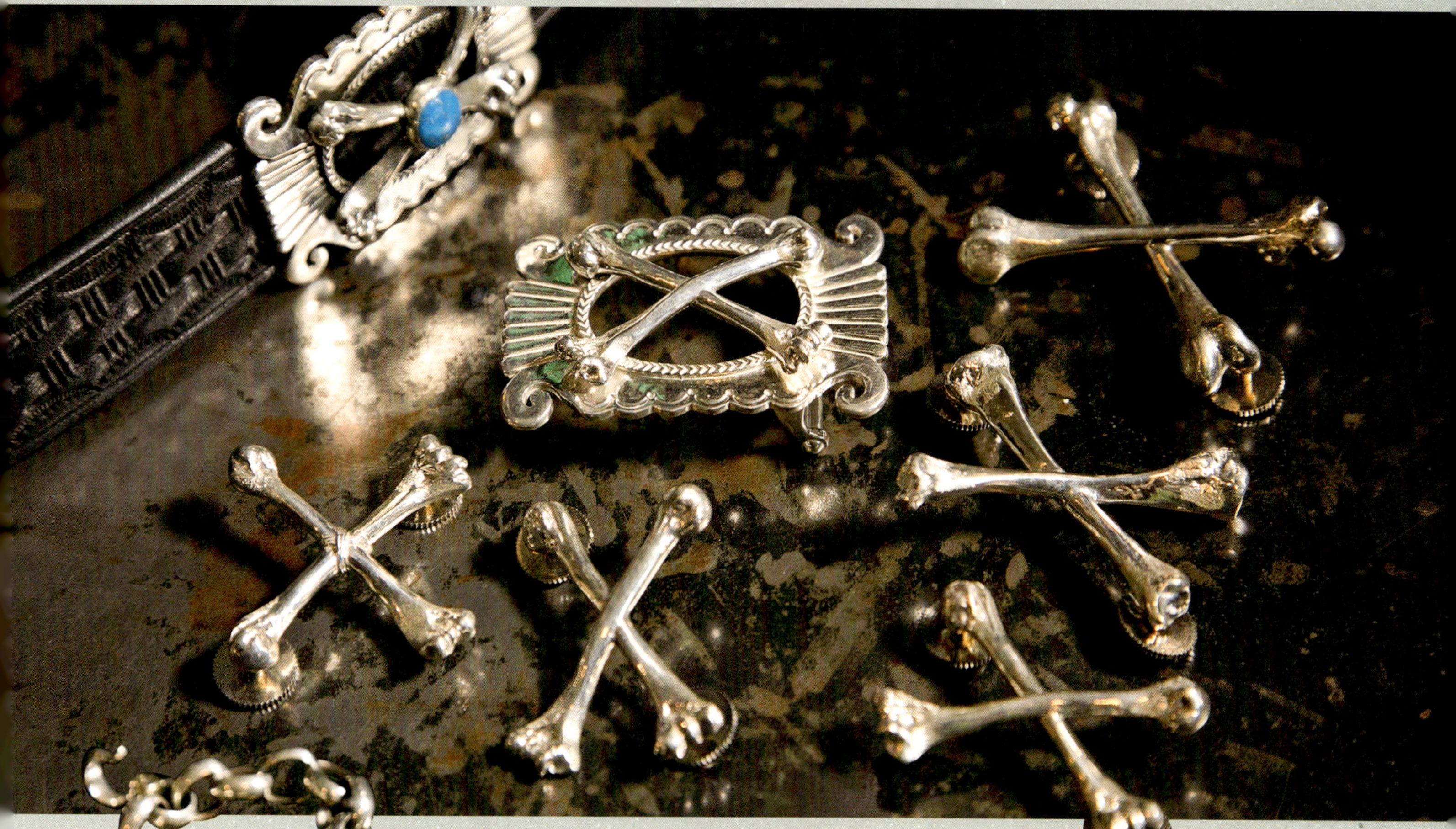

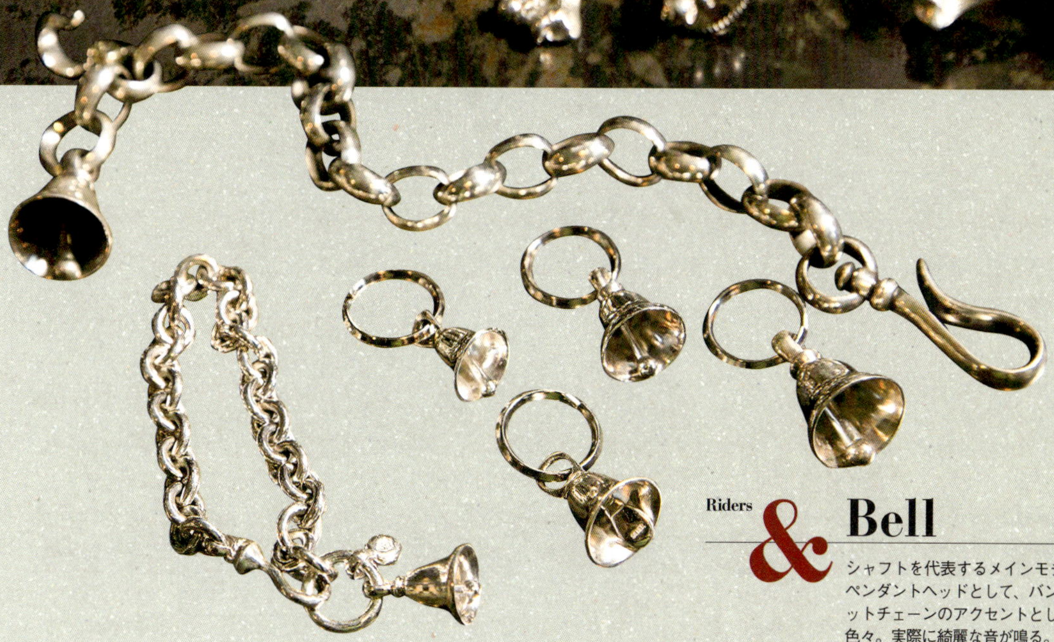

## Riders & Buckle

最近のお気に入りモチーフ「骨」を組み合わせたバッチ（2万8080円～）や同じデザインのバックル。ネイティブ系に自分なりの解釈を加えてオリジナリティを出すのも、本間さん流

## Riders & Bell

シャフトを代表するメインモチーフのベル。ペンダントヘッドとして、バングルやウォレットチェーンのアクセントとして。使い道は色々。実際に綺麗な音が鳴る。1万3716円

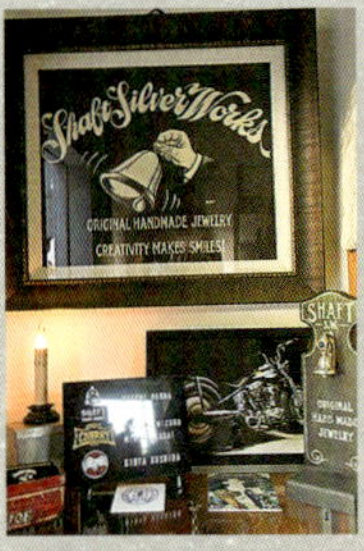

## 医者にもお墨付きをもらった「骨」シリーズ。

**レザーブランドとコラボしたカスタマイズブランドも発足。**

『シャフトシルバーワークス』のメインモチーフはベル。ゴツゴツしたネイティブ系ではなく、スタイリッシュなデザインが特徴だ。最近は愛用のライダースにも付いている「骨」のモチーフがお気に入りだそう。

「頭蓋骨を作る人はたくさんいますけど、骨そのものはあまり見たことないでしょ。しかも、大きさによって大腿骨、脛骨、上腕骨と違っていて、医者の人にも形が合ってるとお墨付きをもらってます（笑）」

今後はレザーブランド『サンセットベイ』と、骨モチーフのバッジやスタッズをプラスしたり、ベルトのバックル交換などのカスタムでコラボする『38 custom division』というブランドも本格始動。ライダースジャケットをさらに楽しむためのプロジェクトにも、乞うご期待！

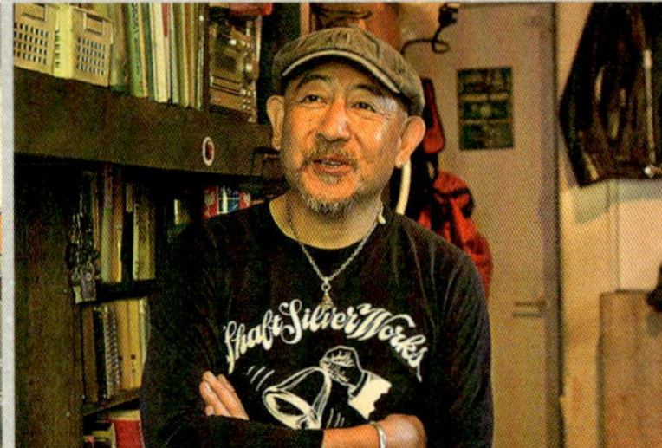

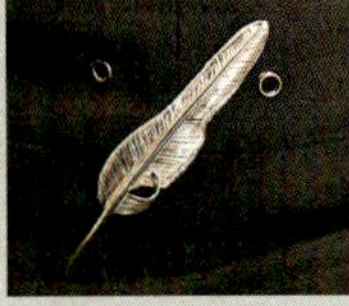

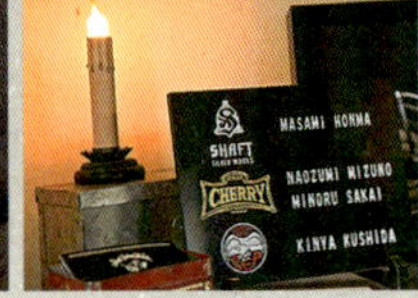

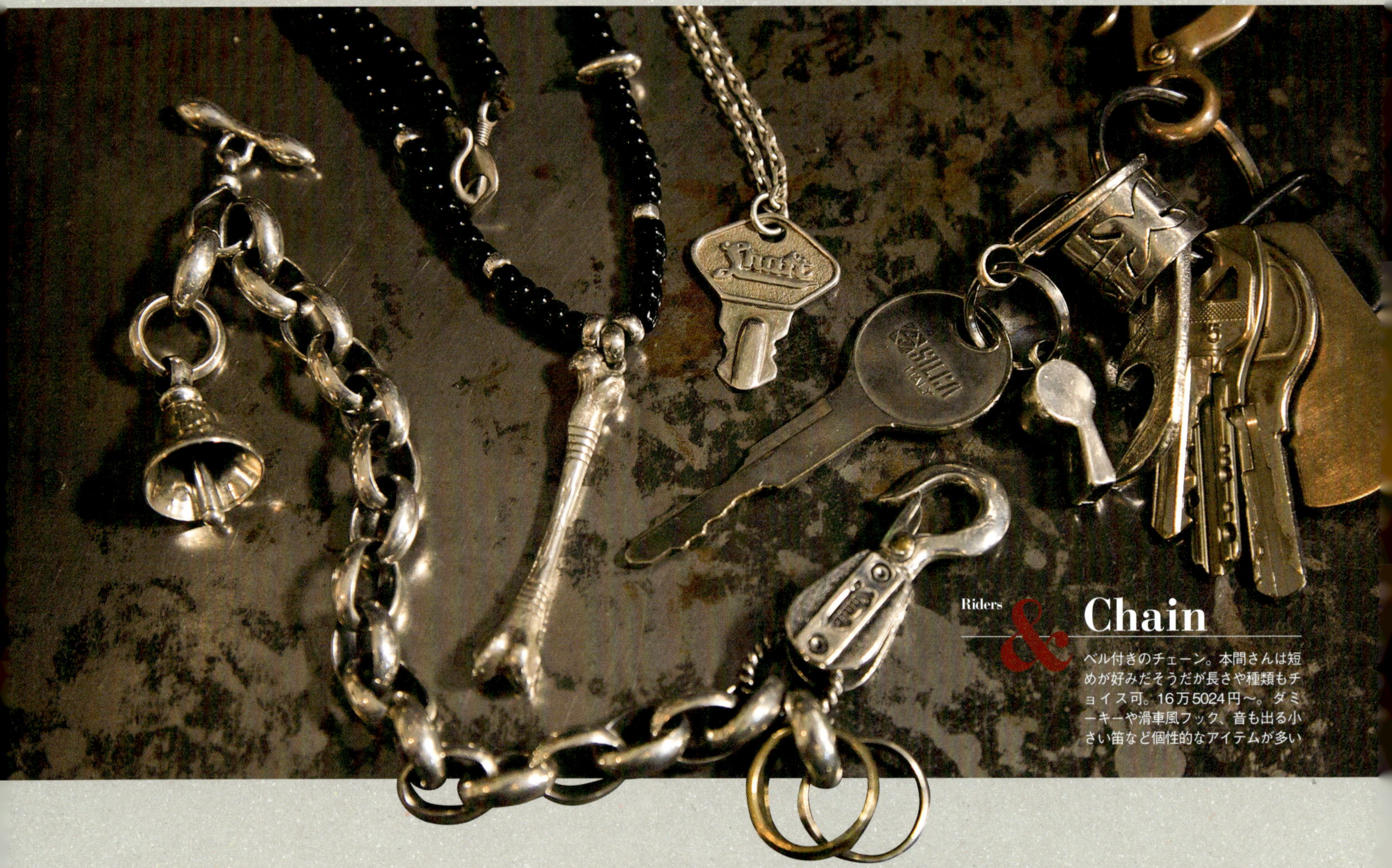

独特の作風と気さくな人柄に、バイク乗りからの支持も厚い本間さん。アポを取ればアトリエで作品を手にとって見ることもできる

Riders **&** **Chain**

ベル付きのチェーン。本間さんは短めが好みだそうだが長さや種類もチョイス可。16万5024円～。ダミーキーや滑車風フック、音も出る小さい笛など個性的なアイテムが多い

### ▶ ANOTHER COLLECTION

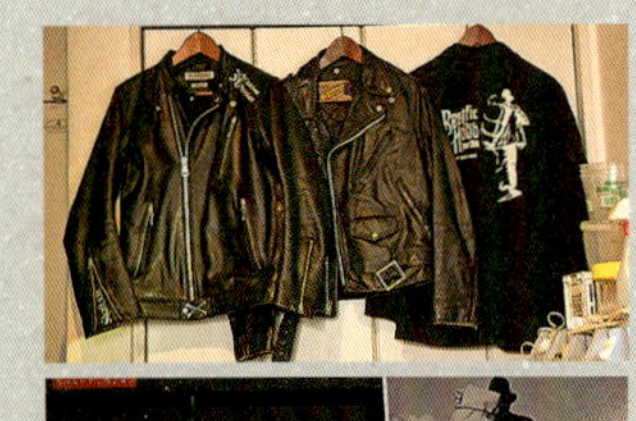

新旧のライダースが並ぶ。基本はクローゼットに保管しているが、年に1～2度は外に出してオイルを入れるなどして手入れするそう

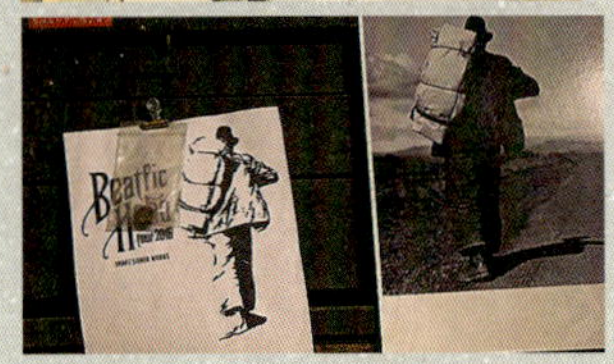

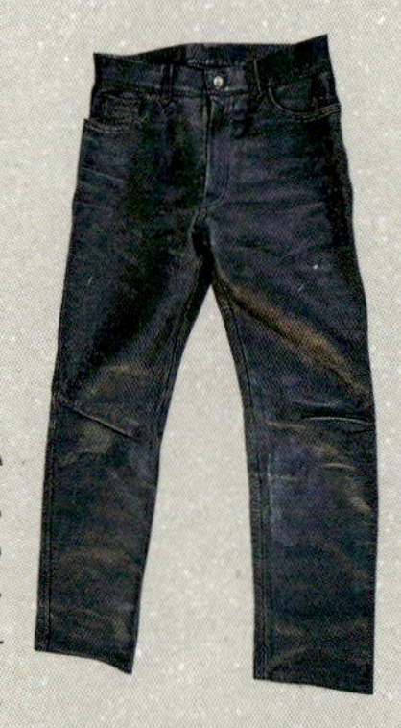

10年以上の付き合いとなるレザーパンツ。かつてはアトリエでも革パンを履いて製作していたほどのヘビーユーザーだったという

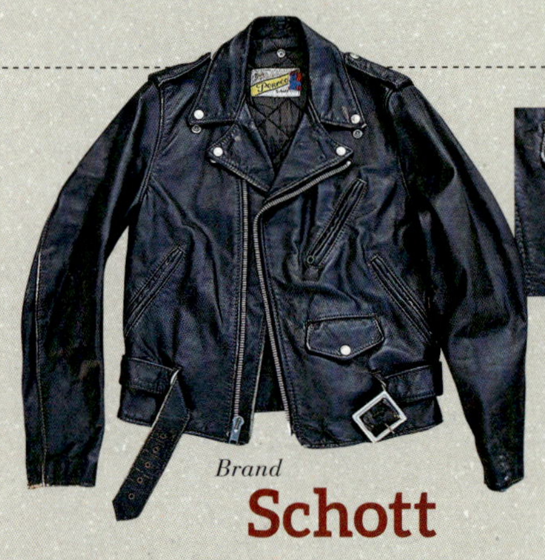

Brand
**Schott**

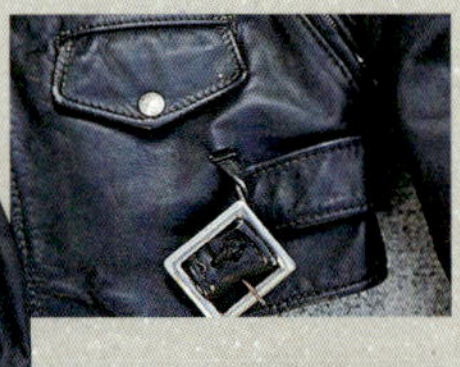

こちらは30数年前に新品で購入したショットのダブルタイプ。他のライダースは全て手放したが、これだけはずっと手元に残っていたという。様々な思い出も染み付いた大切な1枚

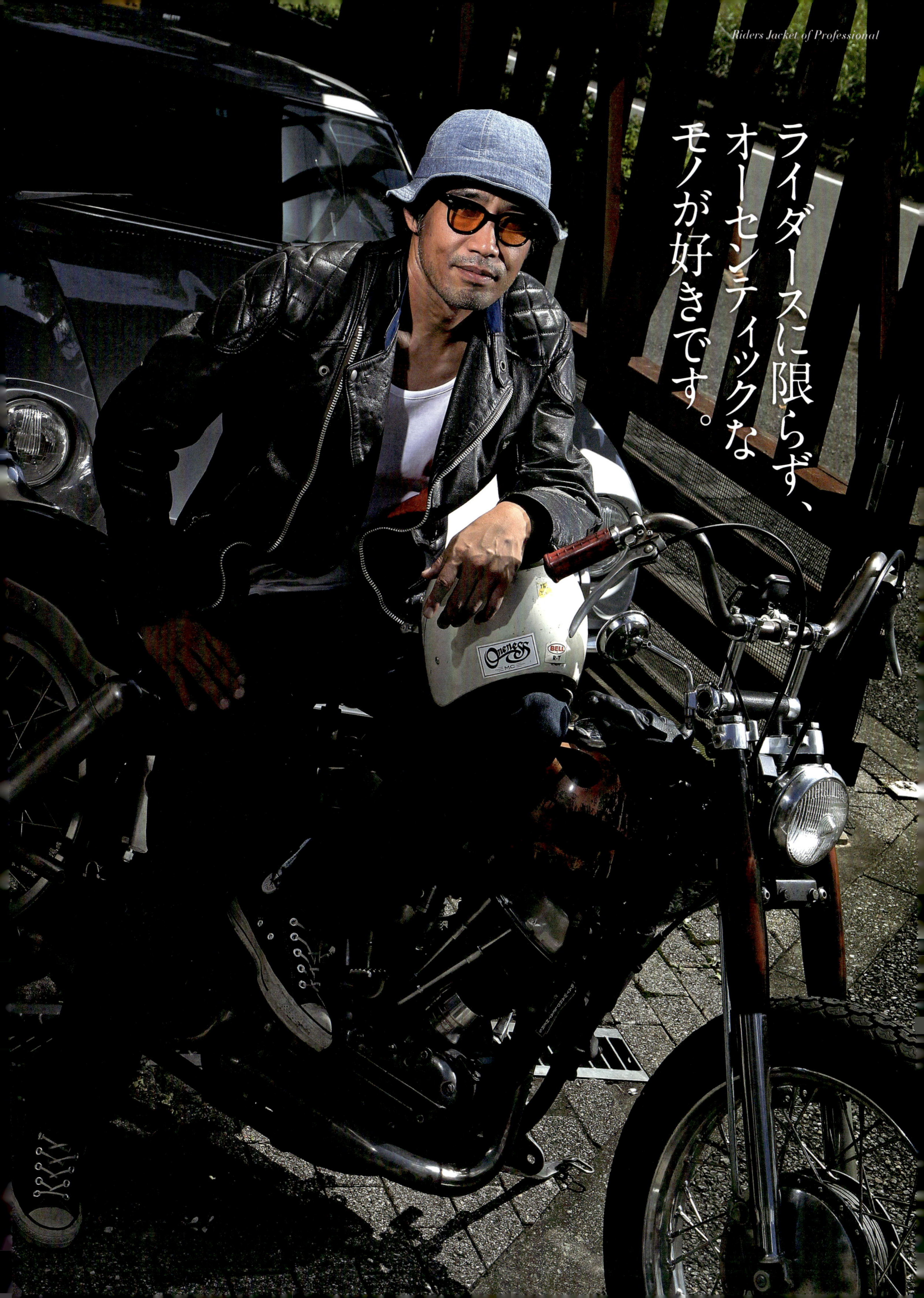


ライダースに限らず、
オーセンティックな
モノが好きです。

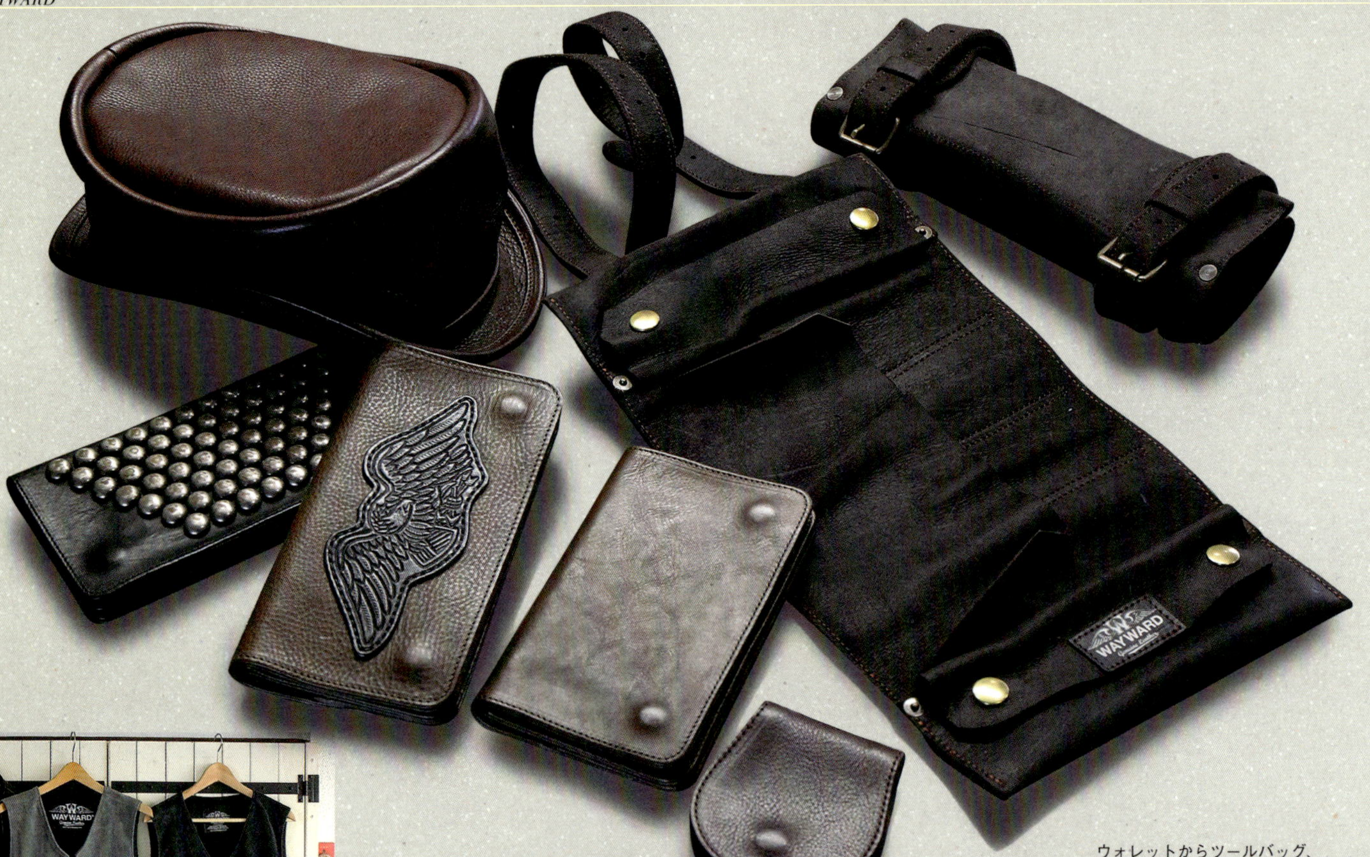

ウォレットからツールバッグ、ハットやベストまで幅広いラインアップ。店舗はなく、アパレルブランドとのコラボ制作や受注生産をメインにしているので、一般的な知名度はそれほど高くないが、確かな技術とシンプルながら遊び心溢れるデザインに、コアなファンも多い

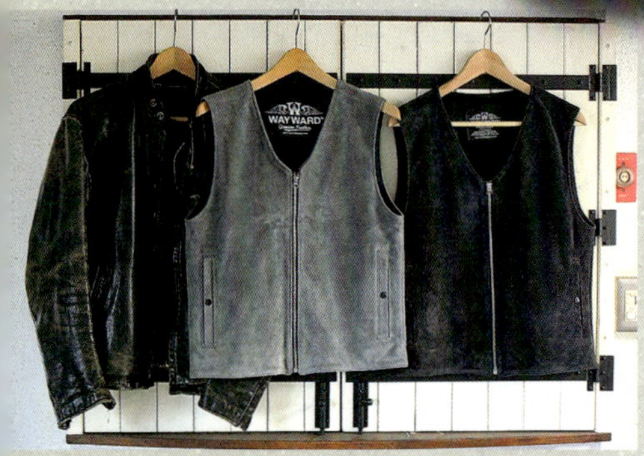

スウェードのレザーベスト。ハーレーにはもちろん、シックな色合いとスウェードの質感で、BDシャツなどに合わせれば落ち着いた雰囲気に。5万4000円

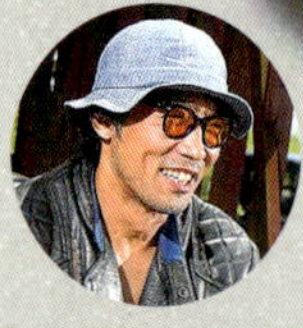

*Riders Jacket of Professional_no.3*

# WAYWARD

## 高橋真也さん

レザーのプロ

text/M.Terano 寺野正樹　photo/K.Shimada 島田健次
取材協力／ウェイワード　TEL03-3791-4520　waywardleathers.com

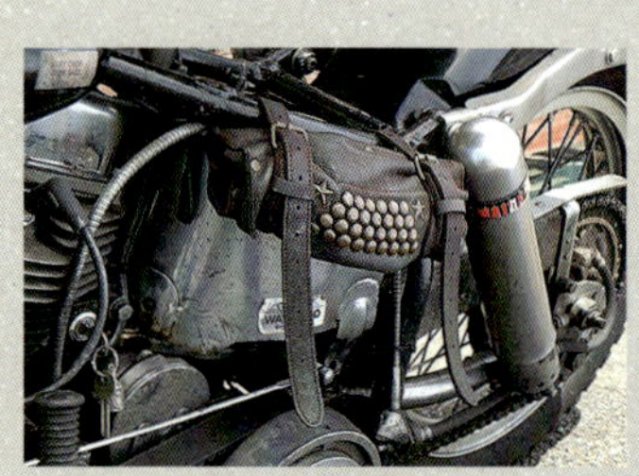

前年の'58年式からリアサスを搭載したパンヘッドのデュオグライド。ハンドルをサンダースにした以外は、ほぼハーレーが出しているボルトオンパーツでカスタムしている。基本毎日通勤で乗るので、走りやすさに加えて「やりすぎない、というのがテーマです」

*model*
**1959 FLH**

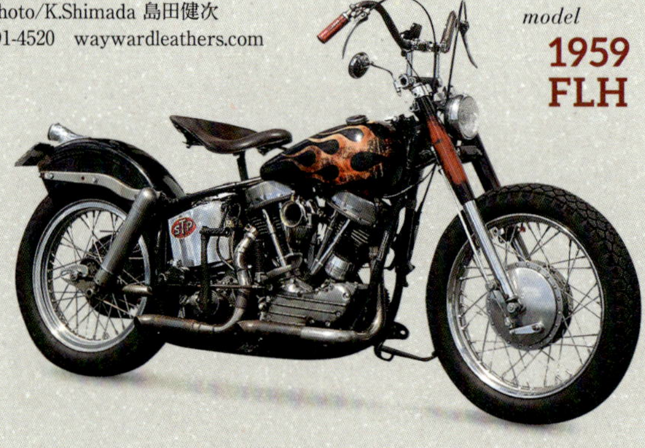

## バイクと革ジャンへのこだわりは、10代の頃から。

東京・中目黒にアトリエを持つハンドメイドレザーブランド『ウェイワード』を主宰する高橋さん。

高校卒業後にスティード、20歳で初のハーレー（スプリンガーソフテイル）に乗って以来、30歳でイギリスに2年渡るなど途切れる期間はあったが、基本的にハーレーを乗り継いできた。ライダースジャケットも同時期から好きで、現在も夏以外の時期は革ジャンを着て'59FLHで通勤することも多い。そんな生粋のバイク乗りともいえる高橋さんだが、自身のブランドは「特にバイカーブランドではない」という。

「ツールバッグもありますし、自分がいいと思うモノを作っていますが、特にバイク乗り専門のブランドというわけではなくて、バイクに乗っていても、街で普通に使っても似合うようなモノを目指しています」

モノづくりにこだわるクラフトマンだけにバイクやライダースジャケットだけでなく、ジーンズにスニーカー、ブーツなどこだわりのジャンルは多岐に渡る。

「こだわるといっても、ジーンズはリーバイス、スニーカーはコンバース、ブーツはレッドウィング、Tシャツはヘインズの白Tと、基本的にオーセンティックなものが好きです。バイクもあえてハーレーのパーツだけでカスタムするなど、〝やりすぎない〟というのがテーマです」

オーセンティック好きというだけあってライダースに関しても、長年愛用しているのはショットやルイスなど王道ブランドが中心。しかも長年の付き合いになるモノが多いとか。

# レザー職人が惚れた、

## これぞプロを落とした逸品！

数ある高橋さんのライダースジャケットコレクションの中でも思い入れが強く、また出番の多いお気に入りたちがコチラ。いずれも長年愛し続けてきた逸品ばかりだが、定番でありながら、どこか王道を外したチョイスというのが高橋さん流。

*Brand*
### CALEE× Vanson Leathers

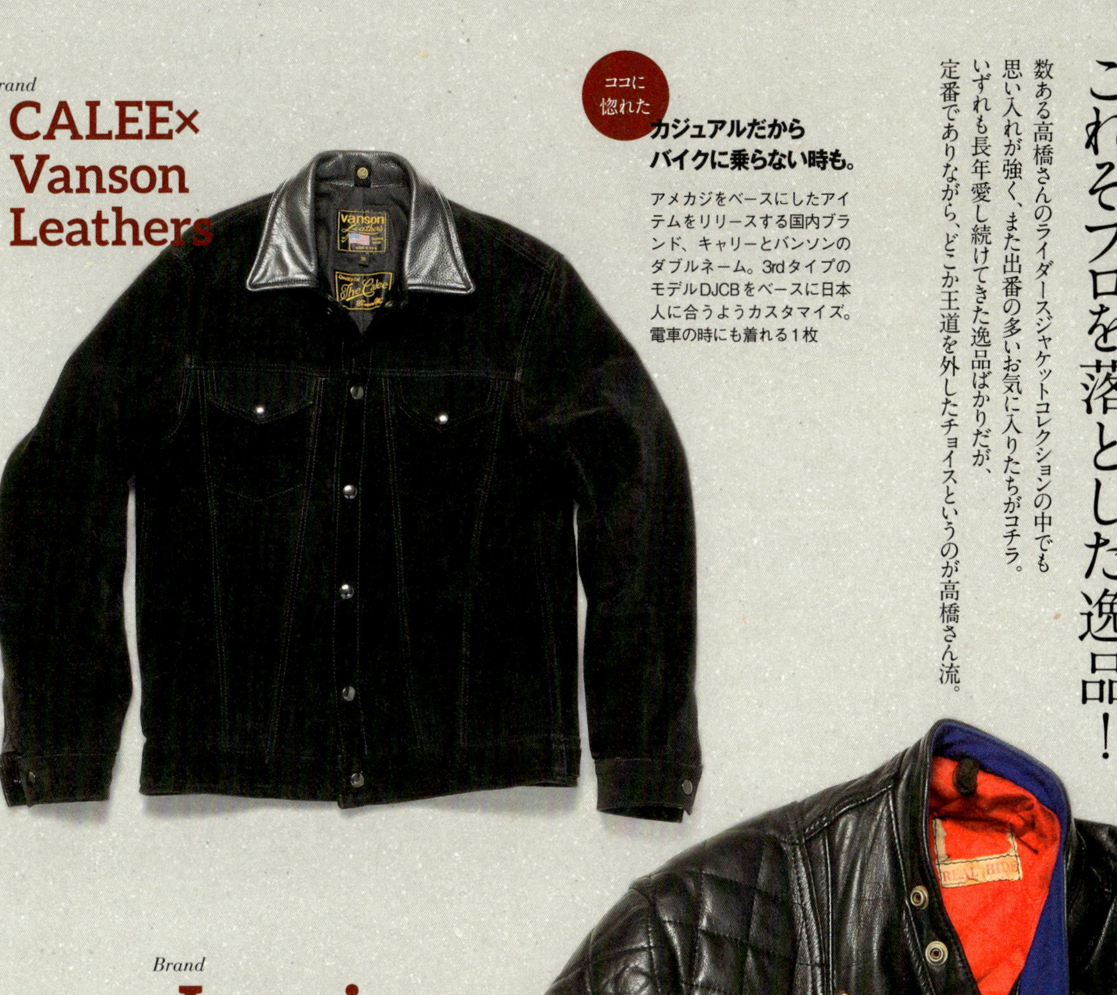

ココに惚れた

**カジュアルだからバイクに乗らない時も。**

アメカジをベースにしたアイテムをリリースする国内ブランド、キャリーとバンソンのダブルネーム。3rdタイプのモデルDJCBをベースに日本人に合うようカスタマイズ。電車の時にも着れる1枚

*Brand*
### Lewis Leathers

ココに惚れた

**イギリス滞在時にマーケットで一目惚れ。**

'90年代半ばに2年間英国に滞在していた頃、マーケットで見つけて即買いしたルイスのスーパーモンザ。極上の状態で8000円だったので即買いしたという。「アメリカにはないシャープな雰囲気が気に入っています。意外とハーレーでもアリ」購入から20年経つが、未だ現役！

**30年前に買った初めての1枚がまだ、現役で活躍。**

そもそも高橋さんがライダースジャケットに興味を持ち始めたキッカケには映画『ラブレス』('82)の影響があるという。「それまでも周りで革ジャンを着ている人はいたけど、どこかピンと来なくて。でも、あの映画を見てカッコいいバイク乗りは革ジャンを着るんだ、と改めて知りました」そして10代後半で「当時はみんな持っていた」というショットのワンスターを新品で購入。以来、約30年経った今でも現役で着るという。

# 魅惑のライダース。

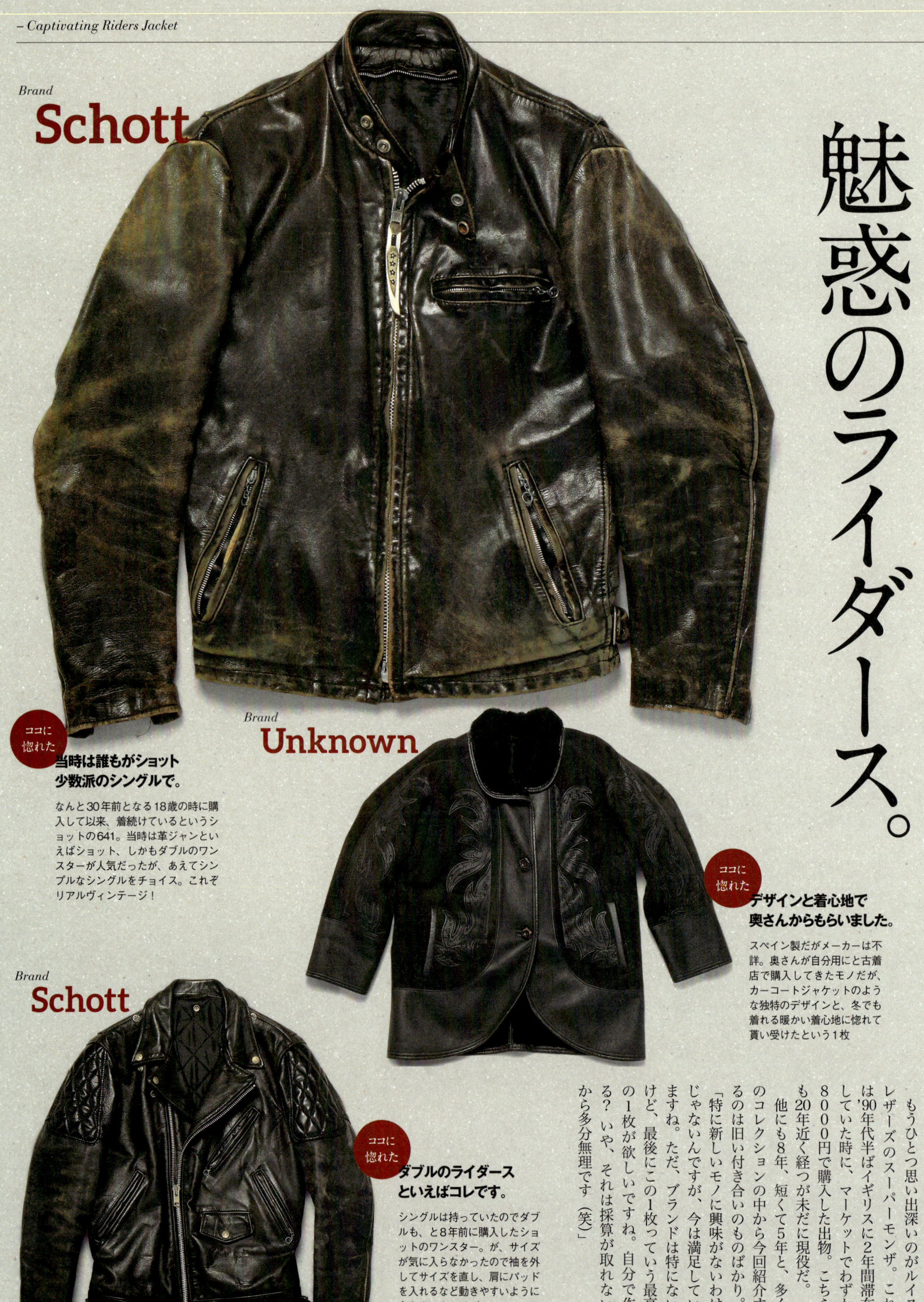

Brand
## Schott

ココに惚れた

**当時は誰もがショット少数派のシングルで。**

なんと30年前となる18歳の時に購入して以来、着続けているというショットの641。当時は革ジャンといえばショット、しかもダブルのワンスターが人気だったが、あえてシンプルなシングルをチョイス。これぞリアルヴィンテージ！

Brand
## Unknown

ココに惚れた

**デザインと着心地で奥さんからもらいました。**

スペイン製だがメーカーは不詳。奥さんが自分用にと古着店で購入してきたモノだが、カーコートジャケットのような独特のデザインと、冬でも着れる暖かい着心地に惚れて貰い受けたという1枚

Brand
## Schott

ココに惚れた

**ダブルのライダースといえばコレです。**

シングルは持っていたのでダブルも、と8年前に購入したショットのワンスター。が、サイズが気に入らなかったので袖を外してサイズを直し、肩にパッドを入れるなど動きやすいように自らカスタマイズ

もうひとつ思い出深いのがルイスレザーズのスーパーモンザ。これは'90年代半ばイギリスに2年間滞在していた時に、マーケットでわずか8000円で購入した出物。こちらも20年近く経つが未だに現役だ。

他にも8年、短くて5年と、多くのコレクションの中から今回紹介するのは旧い付き合いのものばかり。

「特に新しいモノに興味がないわけじゃないんですが、今は満足していますね。ただ、ブランドは特にないけど、最後にこの1枚っていう最高の1枚が欲しいですね。自分で作る？ いや、それは採算が取れないから多分無理です（笑）」

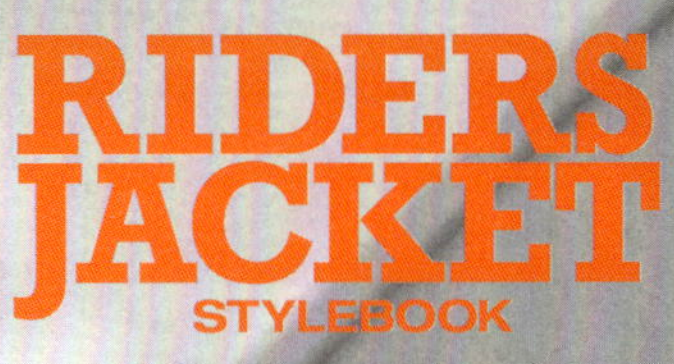


ライダースジャケット スタイルブック

## Staff

**Editor in Chief**
竹内淳　Atsushi Takeuchi

**Associate Editors**
室伏梨華　Rika Murofushi

**Art Director**
大村裕文　Hirofumi Omura

**Art Associates**
溝田宏祐　Kosuke Mizota
矢部夕紀子　Yukiko Yabe
五反田早織　Saori Gotanda
伊藤理奈　Rina Ito

**DTP Section**
東草多　Sota Higashi

**Design Production**
ピークス株式会社　PEACS Inc.

**Advertising Section Associates**
河村聡巳　Satomi Kawamura
福田裕之　Hiroyuki Fukuda
庭山晴美　Harumi Niwayama
入江凱　Gai Irie
松井花音　Kanon Matsui

**Director**
高橋大一　Hirokazu Takahashi

**Producer**
松島睦　Atsushi Matsushima

発行人　角謙二
編集人　竹内淳
発行所　株式会社枻出版社
広告部　TEL03-3708-6051
販売部　TEL03-3708-5181
編集部　TEL03-3708-1954
〒158-0096
東京都世田谷区
玉川台2-13-2 玉川台ビル4F

印刷　大日本印刷株式会社
Printed in Japan